Friedrich Beese

Der Neurotiker und die Gesellschaft

Friedrich Beese

Der Neurotiker und die Gesellschaft

R. Piper & Co. Verlag
München Zürich

ISBN 3-492-02065-8

Gesetzt aus der Cornelia
Gesamtherstellung Clausen & Bosse, Leck/Schleswig
Printed in Germany

Inhalt

Vorwort .. 9

I. Einführung .. 11
1. Tatbestände und Herleitung der Problemstellung .. 11
2. Das Psychische (Definition) und seine Zuordnung zum Körperlichen .. 13

II. Die seelische und soziale Entwicklung des Menschen und die Entstehung seelischer Krankheiten aus seinen im Verlaufe dieser Entwicklung auftretenden Konflikten (Entwicklungspsychologie und Allgemeine Neurosenlehre) .. 21
1. Vorbemerkungen .. 21
1.1 Psychoanalyse als Grundlage .. 21
1.2 Der gegenwärtige Stand der Psychoanalyse .. 22
1.3 Lustprinzip – Realitätsprinzip .. 23
1.4 Instinkt- und Lernvorgänge .. 24
1.5 Die Persönlichkeitswerdung – das Selbst – kausale und finale Betrachtungsweisen .. 27
2. Die Stadien der seelischen Entwicklung des Menschen vom Trieb- zum Sozialwesen .. 34
2.1 Die symbiotische Phase .. 35
2.2 Der Übergang vom Nicht-Ich zum Ich .. 40
2.3 Die Sprache und der Beginn der geistigen Welterfassung 49
2.4 Die endgültige Ich-Findung, der Eintritt in die Primärgruppe (Familie) und die Ausbildung der sozialen Fähigkeiten .. 52
2.5 Die Weiterentwicklung nach dem Abschluß der Charakterbildung bis vor dem Einsetzen der Geschlechtsreife (Latenzphase, ca. 6.–11. Lebensjahr) .. 62
2.6 Die geschlechtliche Reifung, der Übergang vom Kind zum Erwachsenen, das Pubertätsalter .. 65

2.7 Die Ablösung vom Elternhaus und die Vollendung der Persönlichkeitsreifung 68
3. Die seelischen (psychosozialen) Konflikte und die Möglichkeiten ihrer Bewältigung 70
3.1 Die Entstehungsbedingungen der psychosozialen Konflikte 70
3.2 Die »normale« Form der Konfliktbewältigung, die Charakterbildung 71
3.3 Die kompensatorische Wunscherfüllung im Traum 72
3.4 Minderung von Konfliktspannungen durch unbeabsichtigte Handlungen (Fehlleistungen) 74
3.5 Die Symptombildung als mißlungene (krankhafte) Form der Konfliktbewältigung 75
3.5.1 Die zentrale Bedeutung der Angst- und Schuldgefühle im Erleben des Neurotikers 78
a) Die Rolle der Angst und der Angstgefühle bei der Entstehung neurotischer Erkrankungen 78
b) Die Rolle der Schuldgefühle bei der Entstehung neurotischer Erkrankungen 87
3.5.2 Die neurotische Fixierung, der Wiederholungszwang und das Phänomen der Übertragung 90
3.5.3 Die Rückkehr in die Kindheit (Regression) 93
3.5.4 Unterschiedliche Formen der Unlustvermeidung – die Abwehrmechanismen 95
4. Die Persönlichkeits- und Charakterstrukturen 99
4.1 Die schizoide Persönlichkeitsstruktur 100
4.2 Die depressive Persönlichkeitsstruktur 102
4.3 Die zwanghafte Persönlichkeitsstruktur 105
4.4 Die hysterische Persönlichkeitsstruktur 109
5. Vererbung und Pseudovererbung psychischer Eigenschaften 112
6. Der neurotische Teufelskreis 116

III. Der Neurotiker in unserer Gesellschaft (Seine Stellung zur Gesellschaft und die Stellung der Gesellschaft zu ihm) 120
1. Wer ist normal? – Die Relativität des psychischen Normalitätsbegriffes 120
1.1 Der Krankheitsbegriff bei körperlichen Krankheiten 120
1.2 Der Krankheitsbegriff bei psychischen Krankheiten 121
1.3 Psychische Normalität und Anormalität bei anderen Völkern und zu anderen Zeiten 123

1.4 Schafft sich eine Gesellschaft »ihre« psychisch Kranken selbst? 124
1.5 Versuch einer (relativen) Definition des psychisch Normalen 126
2. Der Geisteskranke als besonders auffallend psychisch Kranker in unserer Gesellschaft 126
2.1 Ansätze und Anzeichen positiver Einstellungen zum Geisteskranken 127
2.2 Das Weiterwirken irrationaler Einstellungen zum Geisteskranken in unserer heutigen Zeit 128
3. Massenerkrankung Neurose 133
4. Die vielfältigen Äußerungsformen der Neurosen 136
4.1 Die Neurosen des Kindesalters 137
4.2 Die Neurosen mit überwiegend psychischen Symptombildungen 137
4.2.1 Neurotische Charakterentwicklungen 138
4.2.2 Psychische Symptomneurosen 138
4.3 Neurotische Störungen der Sexualfunktion 139
4.4 Neurosen mit körperlich-funktionellen Störungen 140
4.5 Die psychosomatischen Erkrankungen 140
5. Die Auswirkungen des Massenphänomens Neurose 141
6. Kulturpsychologische und soziologische Ursachen für das massenhafte Auftreten von Neurosen 146
6.1 Die (neurotisierende) Wirkung von Institutionen und Wertnormen unserer Gesellschaft auf den Einzelnen 147
6.1.1 Die Institutionen und die in ihnen vertretenen offiziellen Wertnormen 147
6.1.2 Die »inoffiziellen« in unserer Gesellschaft wirksamen Wert- und Handlungsnormen 151
6.1.3 Die Auswirkung der (offiziell vermittelten und der inoffiziellen) Wertnormen auf den Einzelnen und ihre Beziehung zum massenhaften Auftreten von Neurosen 162
6.2 Erörterung über mögliche psychologische Gesetzmäßigkeiten in der Entwicklung der menschlichen Gesellschaft .. 170
6.2.1 Die Kulturpsychologie Freuds 171
6.2.2 Die psychoanalytische Kulturinterpretation G. Mendels .. 178
6.2.3 Die gesellschaftspsychologischen Hypothesen H. Marcuses 183
6.2.4 Der Neurotiker, ein psychisch Kranker oder ein »Symptom« einer gesellschaftlichen Situation 189

IV. Die Heilungschancen des Neurotikers in unserer Gesellschaft .. 191
1. Die Behandlung von Neurotikern 192
1.1 Die »aufdeckenden« psychotherapeutischen Verfahren .. 193
1.1.1 Die psychoanalytische Standardmethode 194
1.1.2 Die psychoanalytische Kurz- oder Fokaltherapie 206
1.1.3 Weitere aufdeckende = bewußtseinserweiternde psychotherapeutische Methoden 210
1.1.4 Die analytische Gruppenpsychotherapie 215
1.2 Stützende und sinngebende psychotherapeutische Verfahren 224
1.2.1 Existenzanalyse und Logotherapie 224
1.2.2 Humanistische Psychologie 227
1.2.3 Gesprächspsychotherapie 228
1.2.4 Psychotherapie in der ärztlichen Allgemeinpraxis 231
1.2.5 Balint-Gruppen 232
1.3 Teilverbale und nichtverbale psychotherapeutische Verfahren 235
1.3.1 Psychodrama 236
1.3.2 Primärtherapie 238
1.3.3 Sensitivitätstraining 239
1.4 Übende und konditionierende Verfahren 240
1.4.1 Hypnose 240
1.4.2 Autogenes Training 241
1.4.3 Verhaltensmodifikation 242
1.5 Medikamentöse und andere physische Behandlungsmethoden bei Neurosen 244
1.6 Kombinierte Behandlungsmethoden 245
2. Die Rehabilitation von Neurotikern und psychosomatisch Kranken 246
3. Die Vorbeugung gegen das Auftreten von Neurosen durch Maßnahmen des Einzelnen oder beim Einzelnen 249
4. Ist eine Verringerung der Neurosen durch Veränderung gesellschaftlicher Verhältnisse möglich? 252

Personenregister 257

Sachregister 259

Vorwort

Die Anzahl behandlungsbedürftiger Neurotiker in der Bundesrepublik Deutschland wurde 1971 mit 7 Millionen angegeben[1]. Die Neurosen stellen damit die mit Abstand größte Krankheitsgruppe in unserer Bevölkerung dar. Dem stehen die folgenden erstaunlichen Tatsachen gegenüber:

1. Bei weitem der größte Prozentsatz der heute in bundesdeutschen Praxen, Krankenhäusern oder sonstigen Institutionen tätigen Ärzte, z. Z. etwa 120 000, hat keine oder nur unzureichende Kenntnisse auf dem Gebiet der Neurosen.

2. Unser heutiges Wissen über Ursachen und Heilungsmöglichkeiten von Neurosen wurde bis Ende 1972 unseren angehenden Ärzten während ihres Medizinstudiums nicht vermittelt.[2]

3. Auch heute noch (1974) müssen sich Ärzte und Diplom-Psychologen unter großem finanziellen Einsatz in mehrjährigen Studiengängen neben ihrer vollberuflichen Tätigkeit im Abendstudium die notwendigen Kenntnisse über die Entstehung und Behandlung von Neurosen aneignen.

4. Die Angehörigen zahlreicher Berufsgruppen, welche heutzutage im vorbeugenden, therapeutischen und rehabilitativen Umgang mit Neurotikern ebenfalls über umfassende Kenntnisse der Neurosenentstehung und -behandlung verfügen müssen, um ihren Aufgaben als Lehrer, Pfarrer, Sozialarbeiter, Richter, Justizbeamte u. a. gerecht zu werden, müssen diese Kenntnisse ebenfalls in einem berufsbegleitenden Zusatz- oder Fortbildungsstudium erwerben.

5. Für die Ausbildung und Forschung auf dem Gebiet der Neurosen werden in der Bundesrepublik von den öffentlichen Geldgebern (Bund, Länder und Gemeinden) bei weitem die geringsten Mittel zur Verfügung

1 Soz. Psych. Informat. Nr. 4, 1971.

2 Seit 1. 10. 1972 sind in der Approbations- und Prüfungsordnung für Mediziner 4 Pflichtfächer aus dem Gebiet der Neurosenlehre enthalten. (Med. Psychologie, Med. Soziologie, Psychotherapie u. Psycho-somatische Medizin).

gestellt, verglichen mit den Aufwendungen zur Erforschung körperlicher Krankheiten oder für die Unterstützung technologischer Weiterentwicklungen.[3]

Der Verfasser möchte in dem vorliegenden Buch den möglichen Ursachen dieser schwer verständlichen Unterentwicklung auf dem Gebiet der neurosenpsychologischen Wissensverbreitung nachgehen und damit einen Beitrag zur Verringerung des Notstandes auf diesem Gebiet leisten.

Die kritische Auseinandersetzung mit den irrationalen Vorurteilen unserer Gesellschaft gegenüber dem Neurotiker ist das Hauptanliegen dieses Buches. Sie setzt jedoch ein Wissen von den grundlegenden Tatbeständen der seelischen Krankheitsverursachung und -behandlung voraus. Deshalb soll der Leser durch eine Einführung in die Entwicklungspsychologie und allgemeine Neurosenlehre (Kapitel II) auf diese im III. Kapitel des Buches abgehandelte Auseinandersetzung vorbereitet werden. Im letzten (IV.) Kapitel werden die Möglichkeiten und Grenzen der Vorbeugung, Besserung und Heilung von Neurosen unter Berücksichtigung der in den vorangegangenen Abschnitten aufgezeigten psychischen und sozialen Gegebenheiten innerhalb unserer Gesellschaft dargestellt.

Das Buch wendet sich somit an zwei Gruppen von Lesern:

1. An alle diejenigen Laien, die an dem Problem der Entstehung seelischer Erkrankungen aus dem Zusammenwirken innerseelischer Entwicklungstendenzen und äußerer sozialer Faktoren interessiert sind.

2. An diejenigen Ärzte, Psychologen, Soziologen, Theologen, Juristen, Pädagogen, Sozialarbeiter und Justizbeamten im Strafvollzug, die eine Ausbildung oder Fortbildung auf dem Gebiet der Erkennung, Vorbeugung, Behandlung und Rehabilitation (Sozialtherapie) neurotischer Erkrankungen anstreben. Ihnen soll eine erste grundlegende Einführung in die Gesamtzusammenhänge auf diesem Gebiet an die Hand gegeben werden.

3 Wir können aus den Entwicklungen in anderen Ländern sehen, daß eine solche Unterentwicklung nicht zwingend ist. In den USA setzte John F. Kennedy durch, daß zur Verbesserung der Situation bei den seel. Erkrankungen mehrere Milliarden Dollar zur Verfügung gestellt wurden (Mental Health-Program).

I. Einführung

1. Tatbestände und Herleitung der Problemstellung

Es ist uns heute nahezu selbstverständlich, in dem gleichen medizinischen Sinne von psychischen Krankheiten zu sprechen, wie wir von Verdauungs- oder Herzkrankheiten reden. Dabei sind es erst 70 bis 80 Jahre her, daß wir Geistes- und Gemütskrankheiten, Schwachsinn, Neurosen, Süchte, sexuelle Perversionen und Kriminalität als krankhafte Erscheinungsweisen des menschlichen Seelenlebens erkennen gelernt haben.

Es bedurfte vor allem des Abbaues jahrhundertelang bestehender und von Generation zu Generation weitergegebener Glaubens-, Denk- und Wertungsgewohnheiten, um uns den psychischen Vorgängen im Menschen wertfrei mit wissenschaftlichen Methoden annähern zu können, und um die Auswirkungen dieser innerpsychischen Vorgänge im Verlaufe der Lebensgeschichte des einzelnen Menschen, ihre krankhaften Erscheinungsweisen und ihre Auswirkungen auf die Menschen seiner Umgebung, also die Gesellschaft, und schließlich die rückwirkenden Einflüsse der letzteren auf den Einzelnen verstehen zu lernen.

Bei näherer Betrachtung der Einstellung unserer heute lebenden Mitmenschen gegenüber seelisch Kranken und Abnormen wird uns jedoch rasch bewußt werden, daß der Prozeß einer Versachlichung psychischer Vorgänge und Krankheiten und der Beseitigung der diese Betrachtungsweise behindernden irrationalen Kräfte in unserer gegenwärtigen Gesellschaft noch keineswegs abgeschlossen ist, sondern sich eher noch in den Anfängen befindet. Der Leser mag sich einmal selbst prüfen: Unser aufgeklärter Verstand sagt zwar, daß Homosexualität ein krankhaftes Phänomen ist, das entweder durch angeborene Ursachenfaktoren erbbiologisch verursacht oder durch gestörte frühkindliche psychische Entwicklungen und Prägungen psychoanalytisch erklärbar ist. Wir fordern deshalb auch von uns selbst, eine wertfreie Einstellung gegenüber dem Homosexuellen einzunehmen. Bei genauerer und ehrlicher bewußter Registrierung der eigenen seelischen Gefühlsregungen werden jedoch viele von uns ein bestimmtes Unbehagen wahrnehmen. In Worten ausgedrückt könnten diese

Gefühle und Einstellungen etwa lauten: »Ich empfinde Homosexuelle doch als unsympathisch – Homosexualität ist doch etwas Unnatürliches – Homosexuelle sind doch minderwertig – Homosexualität ist letztenendes doch etwas Unmoralisches – Homosexuelle neigen doch eher als andere zu asozialen oder kriminellen Handlungen«.

Ein anderes Beispiel: Wir wissen, daß Schwachsinn medizinisch meist Folge einer krankhaften Erbanlage oder – beim sekundären Schwachsinn – Folgeerscheinung einer Gehirn-, Drüsen- oder Stoffwechselerkrankung ist. Wir »verstehen« also den Schwachsinnigen und bedauern ihn vielleicht auch allenfalls noch, verwenden aber andererseits Worte wie »Idiot« oder »doof« im Affekt als Schimpfworte, wenn wir jemanden herabsetzen wollen. Wir bringen damit unwillkürlich zum Ausdruck, daß wir in einer tieferen Schicht unseres Gefühls- und Werterlebens den Schwachsinnigen doch nicht wertfrei annehmen können, sondern als minderwertig erleben. Es ist gar nicht lange her, daß sich aus dieser Einstellung heraus eine Ideologie in unserem Volke durchsetzen konnte, aufgrund derer Schwachsinnige als Menschen mit minderwertigem Erbgut und damit als Schädlinge der menschlichen Gesellschaft durch Sterilisation an der Fortpflanzung gehindert und später sogar umgebracht wurden.

Die Beispiele lassen sich beliebig vermehren: Der *Geisteskranke* wird zwar heute ärztlich behandelt, aber andererseits von vielen Menschen doch nicht als gleichwertiger Mitmensch angenommen und teilweise sogar weiterhin bewußt abgelehnt und abgewertet. Auch »irrsinnig« und »verrückt« gelten weiterhin als beliebte Schimpfworte.

Der *Neurotiker* wird als »labiler«, »nervöser« oder »willensschwacher« Mensch häufig nicht als vollwertiger Mitmensch angenommen und oft wegen der Auswirkungen seiner neurotischen Symptome und Fehlhaltungen angegriffen oder isoliert. Am Arbeitsplatz muß der häufig verschweigen, daß er unter bestimmten Ängsten, Zwängen, Depressionen oder anderen neurotischen Symptomen leidet oder gar, daß er sich in psychotherapeutischer Behandlung befindet, da er befürchten muß, deswegen sozial abgewertet und in der Kollegenschaft isoliert zu werden. Sein Arbeitskollege, der sich bei einem Autounfall das Bein gebrochen hat, kann hingegen ohne Angst vor sozialer Abwertung ausführlich seine ganze Krankheitsgeschichte erzählen.

Die noch weit verbreitete gefühlsmäßige Ablehnung der psychisch Kranken zeigt sich auch in den zahlreichen Witzen, in denen Neurotiker oder Geisteskranke einschließlich der sie behandelnden Psychotherapeuten oder Psychiater lächerlich gemacht werden.

Wir können demnach in den Einstellungen, Äußerungen und Urteilen, welche sich in den angeführten Beispielen widerspiegeln, deutlich erkennen, daß das zweifellos vorhandene Bemühen der modernen Gesellschaft, den psychisch kranken Menschen zu akzeptieren und ihm zu helfen, noch durch vielfältige bewußte und noch zahlreichere unbewußte affektive Widerstände behindert wird. Im III. Kapitel soll später eine ausführliche Auseinandersetzung mit diesen teils bewußten und teils unbewußten Widerständen gegenüber dem psychisch Kranken erfolgen. Dort wird dann auch die Problematik des Normalitäts- bzw. Gesundheitsbegriffes im Bereich des Psychischen diskutiert werden. Zunächst sind jedoch einige definitorische Klärungen und Abgrenzungen erforderlich.

2. Das Psychische (Definition) und seine Zuordnung zum Körperlichen

Die Begriffe Seele, Psyche und Geist werden innerhalb der verschiedenen Wissenschaftsbereiche (Philosophie, Theologie, Psychologie, Psychoanalyse) so unterschiedlich gehandhabt, daß einer Untersuchung des Problems psychischer Krankheiten und des psychisch Kranken in unserer Gesellschaft eine Definition dessen vorausgehen muß, was im Folgenden mit den Begriffen »psychisch« oder »seelisch« gemeint sein soll.

Da Psychisches nach unserer Erfahrung stets an lebendig Körperliches gebunden ist und über körperliche Ausdrucksvorgänge (Sprache, mimisches und gestisches Verhalten) in Erscheinung tritt, soll eine Annäherung an das Phänomen des Psychischen im später verwendeten Sinne über eine Untersuchung der Zuordnung des Psychischen zum Körperlichen (Physischen oder Somatischen) erfolgen.

Bei der historischen Betrachtung der gedanklichen Erfassung des Leib-Seele-Problems können wir erkennen, daß diese Frage anfänglich vorzugsweise von Philosophen aufgegriffen wurde. Dabei herrschten *dualistische* Anschauungsweisen, welche das Nebeneinanderbestehen und Aufeinanderwirken verschiedener Kategorien, nämlich Leib, Seele und Geist voraussetzten, zunächst vor. Während eine Gruppe dieser Dualisten eine strenge Parallelität der psychischen und körperlichen Erscheinungsweisen annahm (psycho-physischer Parallelismus, vertreten u. a. von Spinoza, Leibniz, Schelling, Schopenhauer und Fechner), sah eine andere Gruppe von Dualisten eine doppelte Verursachung beim Zustandekommen eines psychischen oder physischen Vorganges als gegeben an: Danach habe jeder psychische Vorgang sowohl eine psychische als auch eine physische Verursachung und Wirkung, wie auch umgekehrt jeder physische Vorgang sowohl eine körperliche als auch eine psychische Ursache und Wirkung erkennen lasse (psycho-physische Wechselwirkung, vertreten u. a. von E. v. Hartmann, W. James, Külpe, E. Becher und A.

Wenzl). Später setzten sich dann in verstärktem Maße Anschauungen durch, die eine Aufhebung der leib-seelischen Gegensätze wie auch anderer Polaritäten innerhalb unserer inneren und äußeren Wahrnehmungswelt in einem übergeordneten Ganzen gedanklich zugrundelegten. Einige dieser als *Monisten* bezeichneten Denker setzten im Bereich der leibseelischen Beziehungen eine Einheit bzw. Identität aller körperlichen und geistigen Erscheinungsformen voraus. Diese monistischen Theorien haben durch die Forschungen der Hirnphysiologie und Hirnpathologie in der zweiten Hälfte des vorigen Jahrhunderts, besonders aber durch die Entdeckungen der Psychoanalyse und der Psychosomatik seit der Jahrhundertwende eine zunehmende Bedeutung erlangt. Die aufgezeigte Entwicklung brachte es auch mit sich, daß nunmehr vorwiegend Ärzte, Biologen und Psychologen die Erforschung der leib-seelischen Zusammenhänge vorantrieben.

In den folgenden Erörterungen wird ebenfalls eine monistische Anschauung zugrundegelegt. Das heißt, die seelischen oder psychischen Phänomene werden als bestimmte Aspekte eines ganzheitlichen lebendigen Geschehens betrachtet. Die Lebensäußerungen des Menschen können aufgrund unseres an Hirnfunktionen gebundenen Denksystems und der darin enthaltenen Wahrnehmungsbegrenzungen nur durch das *Einnehmen verschiedener Standpunkte* voll, d. h. in ihrer Ganzheit und Zusammengehörigkeit erfaßt werden. Nämlich in der Einnahme des psychischen (seelischen) und des somatischen (physischen oder körperlichen) Beobachtungsstandpunktes. Dabei können niemals beide Standpunkte *gleichzeitig* eingenommen werden. Das hat zur Folge, daß bei einem bestimmten Lebensvorgang entweder der somatische Anteil dieses Vorganges erfaßt wird und dabei vorwiegend naturwissenschaftliche (physikalische und chemische) Begriffe verwendet werden, oder es wird die psychische Seite desselben Vorganges beschrieben. Auf die Schwierigkeit der Begriffskategorien, mit Hilfe derer die psychische Seite lebendiger Gesamtvorgänge beschrieben werden kann, wird noch einzugehen sein.

Am Beispiel des Erblickens und des anschließenden Ergreifens und Verzehrens eines Apfels soll versucht werden, die körperliche und die psychische Betrachtungsweise eines ganzheitlichen lebendigen Vorganges zu verdeutlichen:

Der *somatische Anteil* des Gesamtvorganges müßte – ohne Anspruch auf Vollständigkeit – folgende Einzelabläufe beschreiben: Zuerst die physikalischen Vorgänge beim Eintreten der Lichtwellen-Kombination, die von dem Apfel ausgeht, in das menschliche Auge und deren Auftreffen auf die Netzhaut des Auges. Anschließend die neurophysiologischen Vorgänge bei der Fortleitung des Netzhautreizes über die Sehbahnen zum optischen Wahrnehmungszentrum im Hinterhirn. Anschließend die elektrischen und chemischen Veränderungen, die bei der Weiterleitung des Reizes vom optischen Wahrnehmungszentrum zu den verschiedensten weiteren Gehirnzentren auftreten, und die einerseits Energiespannungen im Appetitzentrum und andererseits in denjenigen Hirnbezirken hervorrufen, welche eine Entscheidung darüber vorbereiten, ob dem spannungssteigernden Sinnesreiz eine zur Entspannung führende Handlung folgen soll. Hierauf folgend setzen die Nervenerregungen ein, welche die muskulösen Aktivitäten zum Ergreifen und Zum-Munde-Führen des Apfels veranlassen. Noch vor dem In-Gang-Kommen dieser muskulären Aktivitäten setzen verstärkte Drüsenabsonderungen im Mund und Magen ein, die der Vorbereitung des Verdauungsvorganges dienen. Dem Ergreifen und Zum-Munde-Führen des Apfels schließen sich die muskulären Aktivitäten beim Beißen, Kauen und Schlucken an, sowie die gleichzeitig sich verändernden Funktionen der Speichel- und Magendrüsen einschließlich der sie in Gang setzenden Nervenerregungen. Zum somatischen Anteil dieses Gesamtvorganges gehören auch die im gesamten Organismus einsetzenden Erscheinungen wie Veränderungen des Stoffwechsels, der Herz- und Kreislauftätigkeit usw. Abschließend wären die rückläufigen somatischen Vorgänge zu beschreiben, die sich im Gefolge der Energiespannungsverminderung durch den allmählichen Sättigungseffekt einstellen.

Bei der Beschreibung des *psychischen Anteiles* des Gesamtvorganges sollen hier lediglich die *bewußt* erlebten Anteile desselben berücksichtigt werden. Dieser beginnt mit der bewußten Wahrnehmung eines unbeweglichen Gegenstandes und der Farbe eines Apfels. Unmittelbar daran anschließend – für die Trägheit unseres Zeitbewußtseins als gleichzeitig erlebt – gesellt sich die Vorstellung eines bekannten Objektes, welches bestimmte lustvolle und begehrliche Gefühle in uns hervorruft, nämlich der eines Apfels, dazu. Unter Umständen treten an der Grenze unseres bewußten Wahrnehmungsfeldes bildhafte und mit bestimmten Gefühlen verknüpfte Assoziationen zu früheren Äpfeln oder mit Äpfeln verbundene Situationen auf. Abhängig von der äußeren Situation, der Intensität des bewußt gewordenen Gefühles von Eßlust und der Art und Intensität der inneren moralischen Instanzen können anschließend Gefühle verstärkter Lust, des Unbehagens oder der Schuld wahrgenommen werden. Lautet die Entscheidung, daß der Apfel ergriffen werden soll, so können lustbetonte Empfindungen beim Ergreifen des Apfels in der Haut der Hand und beim Gewahrwerden des Duftes auftreten, sobald der Apfel an den Mund und damit auch in die Nähe der Nase geführt wird. Beim Berühren des Apfels mit den Lippen, beim Hineinbeißen, dem Ausströmen des Saftes in die Mundhöhle, dem Kauen und Herunterschlucken der Bissen treten vielfältige lustbetonte Gefühle auf, die in unserem Bewußtsein teils in den beteiligten Schleimhäuten der Lippen, der Mundhöhle und der Zunge lokalisiert werden und teils allgemeinerer Art sind. Wiederum kann das Erleben dieses Teilvorganges durch Assoziationen zu früheren ähnlichen Situationen in verschiedenster Weise modifiziert werden. Abgeschlossen wird der psychische Anteil des Gesamtvorganges mit der Wahrnehmung des Gefühles einer Sättigung und eines Nachlassens der Lustspannung.

Zur weiteren Verdeutlichung der Notwendigkeit, zur geistigen und wesensmäßigen Erfassung eines ganzheitlichen Gebildes nacheinander verschiedene Beobachtungsstandpunkte einzunehmen, mag anschließend, wenn auch mit allen Unzulänglichkeiten einer solchen Analogie behaftet, folgendes Bild dienen: Um das Wesen eines Hauses zu erfassen, muß man es einmal von außen und einmal von innen betrachten. Man kann es aber niemals von außen und innen gleichzeitig betrachten. Obwohl die Eindrücke bei der Betrachtung von außen und der von innen außerordentlich verschieden sind, und beide Eindrücke unter Umständen zu völlig unterschiedlichen Schlußfolgerungen über das Wesen dieses Hauses führen können, bleibt es dessenungeachtet ein einheitliches Gesamtgebilde. Wahrscheinlich werden wir dem Wesen dieses Hauses am besten gerecht, wenn wir die bei der Betrachtung von außen gewonnenen Eindrücke mit denen bei der Betrachtung von innen erlangten in unserem Bewußtsein miteinander verknüpfen.

Bei der konsequenten Weiterverfolgung des ganzheitlichen Standpunktes im Bereich des Leib-Seele-Problems in der eben dargestellten Weise stoßen wir allerdings bald auf eine wesentliche Schwierigkeit. Diese besteht darin, daß sich psychische und somatische Anteile bei zahlreichen Lebensvorgängen häufig nicht in gleicher Deutlichkeit beobachten lassen. Bei zahlreichen gesunden oder krankhaften Lebensvorgängen wird uns nur der somatische Aspekt deutlich und faßbar und bei anderen nur der psychische. Wenn Vorgänge mit ausschließlich somatischen Kriterien solche mit ausschließlich psychischen Erfassungsmerkmalen zeitlich zur Folge haben, so liegt es nahe, von einer physio-psychischen oder im umgekehrten Falle von einer psycho-physischen Wechselwirkung zu sprechen. Wenn dies in den späteren Erörterungen gelegentlich geschieht, dann nur aus Gründen der Anschaulichkeit, etwa um deutlich zu machen, wie ein ins Unbewußte gelangter Affekt, also etwas Psychisches, die Verkrampfung von Blutgefäßen, also etwas Somatisches, zur »Folge« haben kann. Hierbei darf aber keinesfalls außer acht gelassen werden, daß der ins Unbewußte gelangte Affekt auch eine somatische Zuordnung hat, also nur Bestandteil eines psychisch-physischen Gesamtvorganges ist, wenn auch seine körperliche Zuordnung im Einzelfall nicht wahrnehmbar ist. Ebenso hat die in Gang gesetzte körperliche Funktionsstörung, also die Blutgefäßverkrampfung, immer auch eine psychische Zuordnung, auch wenn diese im Einzelfall nicht erfaßbar ist oder nicht beschrieben wird. Die monistische Ganzheitsauffassung behält also auch dann ihre Gültigkeit, wenn aus Zweckmäßigkeitsgründen in manchen Zusammenhängen eine Ursache-Wirkungs-Folge dargestellt wird. Diese Art von »Wechselwirkung« hat aber nichts mit der psycho-physischen Wechselwirkung im Rahmen einer dualistischen Weltanschauung zu tun, innerhalb derer Körper und Seele getrennte Wesenheiten sind.

Als Konsequenz der Ablehnung dualistischer Theorien zur Erfassung psycho-physischer Zusammenhänge werden auch die Begriffe »Seele« und »Psyche« als unabhängig vom Körper des Menschen, wenn auch in ihm existierende selbständige Wesenheiten, und die daraus folgenden religiösen und philosophischen Ableitungen in den folgenden Erörterungen nicht verwendet werden.

Zur Kennzeichnung der zu erfassenden Kategorien wird im Folgenden von *seelischen oder psychischen Vorgängen, Funktionen und Phänomenen* gesprochen werden. Damit sollen, nach den vorangegangenen Erörterungen über eine ganzheitliche Auffassung der Lebensvorgänge des Menschen, die von demjenigen Beobachtungsstandpunkt aus erfaßbaren und beschreibbaren Vorgänge gekennzeichnet werden, die der allgemeinen Verabredung nach psychische genannt werden.

Hierzu gehören im Einzelnen sowohl im Bewußtsein vorhandene als auch im Unterbewußtsein befindliche (latente) *Gedanken, Wahrnehnehmungsinhalte*[1], *Vorstellungen, Gefühle, Stimmungen, Emotionen* und *Affekte.* Nach dieser Definition gehört damit auch das Geistige zum Gesamtbereich der psychischen Vorgänge.

Der Psychoanalytiker Rapaport[2] subsummiert auch das *Verhalten,* und zwar sowohl das äußerlich sichtbare als auch das latente, unter dem Begriff des Psychischen, während hier das Verhalten nur in dem Sinne untersucht und verstanden werden soll, in welcher Weise und in welchem Ausmaß Psychisches, z. B. Gefühle, darin zum Ausdruck kommt und dadurch eine Möglichkeit entsteht, Psychisches indirekt meßbar zu machen.

Die hier zur Erfassung psychischer Vorgänge verwendete Darstellungsmethode ist *beschreibend (phänomenologisch).* Und zwar wird sowohl das *bewußte* Erleben der psychischen Vorgänge (Gedanken, Gefühle, Affekte usw.) als auch das mit unterschiedlichen Wahrscheinlichkeitsgraden *zu vermutende nicht bewußte* (latente) Erleben beschrieben. Letzteres reicht nach den Forschungen der Psychoanalyse[3] vom leicht im Bewußtsein reproduzierbaren *Vorbewußten* über das nur mit Kunstgriffen (Analyse der freien Einfälle und der Träume) und gegen innere Wider-

1 Nicht jedoch die sich bei der Sinneswahrnehmung abspielenden physischen Vorgänge der Nervenerregung usw.

2 D. Rapaport, The Structure of Psychoanalytical Theory. In: S. Koch (ed.), A Study of Science. Vol. 3. New York 1959.

3 S. Freud, Das Unbewußte. Ges. W. London: Imago, Bd. X, S. 264–303.

stände *reproduzierbare Unbewußte* bis zu demjenigen Teil des Unbewußten, welcher trotz Anwendung technischer Hilfsmittel *nicht* mehr *reproduzierbar* ist.

Die hier vertretene Auffassung von der Ganzheit der Lebensvorgänge mit den von unterschiedlichen Wahrnehmungsstandpunkten aus erkennbaren Aspekten der psychischen und körperlichen Abläufe beinhaltet auch, daß die psychische Seite der Lebensvorgänge nicht nur beim Menschen, sondern auch bei anderen belebten Organismen, vor allem bei den höher organisierten Tieren, zu beobachten ist. An anderer Stelle wurde vom Verf.[4] aufzuzeigen versucht, daß an irgendeiner Stelle der Entwicklung von den tierischen Vorformen bis zum Menschen im Verlaufe der Stammesgeschichte Phänomene aufgetreten sind, die als psychische Vorgänge oder Vorformen von solchen bezeichnet werden können. Je höher die Arten sich entwickelt haben, desto stärker sind diese Erscheinungen gegenüber dem Körperlichen (Physischen) hervorgetreten.

Wenn ein Wurm sich bei einer bestimmten Versuchsanordnung nach dem 10. oder 20. Mal »merkt«, daß er beim Kriechen auf eine Futterquelle zu an einer bestimmten Stelle immer einen kleinen elektrischen Schlag bekommt und schließlich diese Stelle meidet und um dieselbe herumkriecht, so können wir schon Vorstufen von Gedächtnisfunktionen im Sinne einer unbewußten Merkfähigkeit und damit psychische Vorgänge im hier verwendeten Sinne bei diesem primitiven Lebewesen beobachten.

Von biologischer Seite hat sich besonders Rensch[5] mit den psychischen Vorgängen in der Tierwelt beschäftigt. In mehreren eindrucksvollen Veröffentlichungen[6] konnte er, gestützt auf zahlreiche eigene Experimente mit Tieren verschiedener Organisationsstufen, nachweisen, daß sich die psychischen Vorgänge des Menschen über die sehr ähnlichen Abläufe beim Menschenaffen, z. B. dem Schimpansen, mit fließenden Übergängen zurückverfolgen lassen, über verschiedene Säugetierarten und Vögel bis hin zu den Gliedertieren, Weichtieren und Würmern. Die Qualität der psychischen Vorgänge bei den einzelnen Tierarten ändere sich zwar jeweils beim Heruntersteigen auf der stammesgeschichtlichen Stufenleiter, und der Differenziertheitsgrad der Vorgänge werde von Stufe zu

4 F. Beese, Entwicklungspsychologie (Psychoanalyse). In: W. Bitter (Hrsg.), Evolution, Fortschrittsglaube und Heilserwartung. Stuttgart 1970, S. 75 bis 93.

5 B. Rensch, Neuere Probleme der Abstammungslehre. Göttingen 1965.

6 B. Rensch. Homo sapiens. Vom Tier zum Halbgott. Göttingen 1965. – ders.: Basale Prinzipien der Evolution, mit besonderer Berücksichtigung der Psychogenese. In: W. Bitter (Hrsg.), Evolution, Fortschrittsglaube und Heilserwartung. Stuttgart 1970, S. 39–56.

Stufe geringer, entsprechend der einfacheren Struktur des Nervensystems der jeweiligen Tierarten, welche die körperliche Entsprechung der psychischen Vorgänge darstellt. Aber die Zugehörigkeit all dieser Funktionen zum Bereich des Psychischen bleibt nach Rensch davon unberührt.

Der Autor geht sogar noch weiter, indem er den einfachsten Lebewesen, den Einzellern, von denen bekannt ist, daß sie z. B. auf chemische oder Lichtreize durch Vorstülpen von Protoplasmawülsten oder Einziehen derselben reagieren, aufgrund dieser Fähigkeiten ebenfalls »psychische« Funktionen zubilligt. Da diese jedoch, obwohl sie grundsätzlich der gleichen Wesenskategorie angehören wie die psychischen Funktionen des Menschen oder höherer Tiere, in der Qualität recht unterschiedlich von letzteren sind, vor allem undifferenzierter, verwendet der Autor für die Phänomene, welche die Einzeller zeigen, das Wort *»protopsychisch«*, d. h. Funktionen noch vor der Erreichung der psychischen Stufe.

Diese protopsychischen Qualitäten mißt Rensch letzten Endes der gesamten Materie, also auch der unbelebten und damit jedem einzelnen Molekül und jedem Atom zu.

Bei der erkenntnistheoretischen Einordnung dieser Hypothese in das Problem der leib-seelischen Zusammenhänge gelangt er zur Vermutung eines *panpsychistischen Identismus*[7]. Diese Hypothese besagt, daß Materie und protopsychische Funktion identisch sind und jeweils nur zwei unterschiedliche Aspekte des Gesamtbildes darstellen. Bei der Differenzierung der Materie aus dem unbelebten Zustand zur Herausbildung lebender Organismen[8] und der allmählichen Höherentwicklung derselben im Verlaufe der Stammesgeschichte erreichen die protopsychischen Phänomene allmählich einen Differenziertheitsgrad und treten in einem solchen Ausmaß hervor, daß sie von einer bestimmten Integrationsstufe an als psychisch bezeichnet werden können.

Diese Annahme einer Identität psychischer und materieller Vorgänge oder Erscheinungsweisen eines einheitlichen Gesamtgeschehens entspricht weitgehend der ganzheitlichen Auffassung von den psychischen Funktionen und ihrer Zuordnung zu den körperlichen Vorgängen, wie sie in diesem Buch zugrundegelegt werden. Einer Weiterführung dieses Ganzheitsprinzips als panpsychistische Identität bis in den Bereich der unbelebten Materie hinein bedarf es zwar zum Verständnis der in den späteren Abschnitten dargestellten Zusammenhänge nicht mehr unbedingt. Dennoch kann kaum bezweifelt werden, daß eine solche Ergänzung der psycho-physischen Identitätstheorie bis zu den Molekülen und

7 B. Rensch, Biophilosophie auf erkenntnistheoretischer Grundlage. Stuttgart 1968.

8 Nachdem es in den letzten beiden Jahrzehnten gelungen ist, alle für lebende Organismen unerläßlichen chemischen Verbindungen zu synthetisieren, hat die Annahme, daß Leben allmählich aus Unbelebtem entstanden ist, weiter an Wahrscheinlichkeit gewonnen.

Atomen hin eine in ihrer Folgerichtigkeit überzeugende oder zumindest bestechende Denkmöglichkeit darstellt.

Es ist zum Verständnis der späteren Ausführungen über psychische Vorgänge und Entwicklungen beim Menschen im übrigen nicht so bedeutsam, ob im Verlauf der Differenzierung psychischer Funktionen, wie wir sie in der Stammesgeschichte[9] der lebenden Organismen erkennen können, die bedingten Reflexe des vorhin zitierten Wurmes schon als psychische Vorgänge bezeichnet werden sollen oder erst die Gedächtnisleistungen eines Fisches, der bestimmte optische Wahrnehmungseindrücke über mehrere Monate hinweg behalten kann, um sie anschließend in einer sinnvollen Handlung zu integrieren, oder erst das lange Überlegen einer Schimpansin, die bei einem Labyrinth-Versuch[10] im Geiste mehrere Lösungsalternativen durchdenkt, ehe sie die der richtigen Lösung dienenden Handlungen durchführt. Wichtig ist vor allem, daß die Zugehörigkeit all dieser in unterschiedlichen Qualitäten und Differenziertheitsgraden auftretenden Phänomene zu einem einheitlichen Wesens- und Erscheinungsbereich im Sinn behalten wird.

9 Die hier als gültig zugrundegelegte *Abstammungslehre* hat nach den Äußerungen namhafter Biologen in den letzten Jahrzehnten immer mehr Bestätigungen erfahren.

So schreibt K. Lorenz in einer Abhandlung »Über die Wahrheit der Abstammungslehre« (Naturwissenschaft und Medizin, 1964, 1, S. 5–18): »In der Geschichte menschlichen Wissensfortschrittes hat sich noch nie die von einem einzigen Manne aufgestellte Lehre unter dem Kreuzfeuer von tausenden unabhängiger und von den verschiedensten Richtungen her angestellter Proben so restlos als wahr erwiesen wie die Abstammungslehre von Charles Darwin.«

B. Rensch äußert sich in seinem vorher (S. 18) zitierten Beitrag in sehr ähnlicher Weise. Er führt aus, daß die bereits vor Darwin veröffentlichten Hypothesen zur Abstammungslehre von ihm »durch eine Fülle von Beweismaterial aus verschiedenen biologischen Disziplinen« dieser Lehre »schnell zu genereller wissenschaftlicher Anerkennung« verholfen hätten. Die von Darwin aufgestellte Hypothese von der «natürlichen Auslese« (Ch. Darwin, On the Origin of Species by Means of Natural Selection. London 1859) habe sich »dann im Prinzip als zutreffend erwiesen und konnte durch viele paläontologische, tiergeographische und experimentelle Befunde gestützt werden. Mit der am Anfang unseres Jahrhunderts aufblühenden Genetik, mit der Entdeckung der *Mutationen* und dem Studium der *Genkombinationen* wurde es dann auch deutlich, wie es zur Entstehung neuer erblicher Varianten kommen konnte. Zahlreiche populationsgenetische und Selektions-Experimente ließen erkennen, in welcher Weise und in welchem Tempo sich neue Rassen und Arten bilden konnten«.

10 B. Rensch / J. Döhl, Wählen zwischen zwei überschaubaren Labyrinth-Wegen durch einen Schimpansen. In: Z. f. Tierpsych. 25 (1968), S. 216–231.

II. Die seelische und soziale Entwicklung des Menschen und die Entstehung seelischer Krankheiten aus seinen im Verlaufe dieser Entwicklung auftretenden Konflikten (Entwicklungspsychologie und Allgemeine Neurosenlehre)

1. Vorbemerkungen

1.1 Psychoanalyse als Grundlage

Es gibt verschiedene Theorien, die zur Erklärung der seelischen Entwicklung des Menschen herangezogen werden. Zur Grundlage der hier darzustellenden seelisch-geistigen Entwicklungsvorgänge beim Menschen wird eine psychologische Betrachtungsweise genommen, die von der Existenz von Seelenkräften ausgeht, welche zwar im Menschen wirksam sind, welche ihm aber unter normalen Umständen zum großen Teil nicht bewußt, also unbewußt sind. Die *Psychoanalyse* als Wissenschaft[1] hat die Verankerung der Triebkräfte im Unbewußten des Menschen zuerst systematisch beschrieben und ihre Dynamik hervorgehoben. Deshalb soll sie zur Grundlage der hier aufgezeigten Zusammenhänge genommen werden. Dabei muß gleich hinzugefügt werden, daß sich diese Wissenschaft seit ihren Anfängen wesentlich gewandelt hat. Während sie anfänglich eine ausschließlich auf die Wirksamkeit von *sexuellen (libidinösen) Triebregungen* im Menschen orientierte Theorie war, kamen folgende Ergänzungen im Verlaufe ihrer Entwicklung hinzu: Einmal die Entdeckung eines weiteren wichtigen Triebbereiches als Motivationsfaktor für menschliches Handeln und menschliche Entwicklungsvorgänge, nämlich des *Aggressionstriebes*.

Der nächste Fortschritt in der Entwicklung der Psychoanalyse war die Erkennung und Beschreibung derjenigen seelischen Funktionen und Instanzen, die wir in ihrer Gesamtheit das Ich nennen. Hiermit wurde die Phase der *psychoanalytischen Ich-Psychologie* eingeleitet.

1 Unter Psychoanalyse wird auch gleichzeitig eine nach bestimmten Regeln durchgeführte seelische Behandlungsmethode verstanden.

Einen weiteren wichtigen Schritt vollzog die Psychoanalyse dann schließlich damit, daß sie über die Grenzen ihrer bisherigen, auf die seelischen Innenvorgänge des Menschen gerichteten, also der *intrapsychischen* Betrachtungsweise hinausging und sich den Gesetzmäßigkeiten der zwischen den Menschen und innerhalb von Menschengruppen wirksamen Kräfte, also den *interpersonellen* und *sozialen* Beziehungen und den ihnen innewohnenden Dynamismen zuwandte.

Mit dieser Weiterentwicklung der Psychoanalyse ging eine Ausweitung ihres Forschungs- und Anwendungsbereiches einher. Während anfänglich nur die Hysterie psychoanalytisch behandelt wurde, kamen später die an bestimmte seelische Situationen oder Objekte gebundenen Ängste, die sog. Phobien, die Zwangsneurosen, die neurotischen Depressionen, die psychisch bedingten Erkrankungen mit körperlichen Symptombildungen bis zu den psychosomatischen Erkrankungen hin und schließlich die Psychosen (Geistes- und Gemütskrankheiten), die Charakterneurosen, die Süchte und die kriminellen Verhaltensweisen hinzu.

Die Entwicklung der psychoanalytischen *therapeutischen* Anwendungen führte dazu, daß es jetzt neben der klassischen psychoanalytischen Langzeitbehandlung eine psychoanalytische Kurz- oder Fokal-Therapie gibt, verschiedene Variationen von psychoanalytisch fundierten ärztlichen Gesprächs- und Psychotherapie-Formen, daß sich eine auf psychoanalytische Vorstellungen gründende Kinder-Psychotherapie entwikkelt hat, daß mit der Einbeziehung nichtverbaler Methoden ein Zugang zur psychoanalytischen Behandlung bislang unzulänglicher Krankheitsformen, nämlich bestimmter Psychosen, eröffnet wurde, und daß sich schließlich die in einer stürmischen Entwicklung befindliche psychoanalytische Gruppen-Psychotherapie etablieren konnte. Eingehender sollen die therapeutischen Anwendungen einschließlich ihrer Indikationen, ihrer Möglichkeiten und auch ihrer Grenzen im letzten (IV.) Kapitel beschrieben werden.

1.2 Der gegenwärtige Stand der Psychoanalyse

In den folgenden Ausführungen wird von dem *gegenwärtigen* Stand der psychoanalytischen Theorie und Praxis ausgegangen. Die beschriebenen Weiterentwicklungen sind also darin eingeschlossen. Dies ist deshalb wichtig, besonders hervorgehoben zu werden, weil sich bei einigen unserer Zeitgenossen beim Hören des Wortes Psychoanalyse sofort eine Vorstellung aufdrängt, die vielleicht für den Psychoanalytiker in den ersten beiden Jahrzehnten unseres Jahrhunderts gültig gewesen sein könnte, und die ein kritischer Fachkollege etwas abfällig als »Hintercouchler«

bezeichnet hat. Der heutige Psychoanalytiker führt zwar – bei gegebener Indikationsstellung – *auch* noch weiterhin die bewährte, lange Zeit dauernde Behandlungsform durch, bei welcher der Patient entspannt auf der Couch liegt, seine Einfälle und Träume ausspricht und der hinter ihm sitzende Analytiker ihm durch seine Deutungen hilft, sich selbst besser zu verstehen, seine Konflikte zu erkennen und mit seinen Lebensproblemen besser fertig zu werden. Der heutige Psychoanalytiker sitzt aber *außerdem* anderen Patienten auf dem Stuhl gegenüber, um ihnen in verhältnismäßig wenigen Sitzungen bei der Bewußtmachung eines einzigen, ihn behindernden, krank machenden Persönlichkeits- oder Lebenskonfliktes zu helfen.

Er ist außerdem als Leiter einer Gruppe von bis zu acht Patienten tätig, stellt sich auf die zur Sprache kommenden Konflikte des einzelnen Patienten in dieser Gruppe, auf die gegenseitigen Einflußnahmen, die sog. Interaktionen, der einzelnen Teilnehmer zueinander und auf die in der Gruppe als Ganzer in Erscheinung tretenden Entwicklungen und Phantasien ein. Durch Deutungen der mittels Worten (verbal) oder nicht-verbalen Ausdrucksformen (z. B. Finger-trommeln) zum Vorschein kommenden Konflikte des Einzelnen, durch Deutung der Interaktionen mehrerer Gruppenmitglieder und durch Deutung der Dynamik, welche sich in der gesamten Gruppe manifestiert, versucht er, seine therapeutische Wirksamkeit zu entfalten. Auch bei der Einbeziehung nicht-verbaler Therapie-Formen in das psychoanalytische Behandlungskonzept, wie sie bei schwer in ihrer Ich-Entwicklung gestörten Patienten, insbesondere bei Psychotikern, aber auch bei Kindern, hier in Form der Spiel-Therapie, notwendig wird, weicht der heutige Psychoanalytiker weit von dem Bild des ausschließlich hinter dem auf der Couch liegenden Patienten sitzenden, etwas verstaubt wirkenden Patriarchen ab.

1.3 Lustprinzip – Realitätsprinzip

Eines der grundlegendsten Prinzipien innerhalb der psychoanalytischen Theorie ist dasjenige vom Lustprinzip und dem diesem entgegenwirkende Realitätsprinzip. Danach wird das ganze Leben des Menschen, werden seine einzelnen Lebensäußerungen, also sowohl die ihm selbst bewußten als auch seine unwillkürlichen Handlungen, vom *Lustprinzip* beherrscht. Das soll besagen, daß sich in jeder seiner Handlungen ein Streben nach Gewinn oder Vermehrung von Lust und eine Tendenz zur Vermeidung von Unlust erkennen läßt.

Der Mensch kann aber niemals sein ständig in ihm wirksames Luststreben ungehemmt und optimal befriedigen, sondern wird dadurch gebremst und gehemmt, daß er auf andere Menschen, mit denen er zusammen lebt, und von denen er abhängig ist, Rücksicht nehmen muß, daß er in moralische, rechtliche und ökonomische Gegebenheiten und Ordnungen hineingestellt ist, die seinem Drang nach Lustbefriedigung Einschränkungen auferlegen, und daß er in seinen Handlungen auch durch die Kräfte und Einwirkungen aus dem noch unveränderten Teil der ihn umgebenden Natur begrenzt wird (Wetter, Temperatur, Nahrungsmenge und -zusammensetzung, Naturgewalten u. a.). Das *Realitätsprinzip* schließt die *Gesamtheit* dieser äußeren Gegebenheiten in sich ein, welche das nach Lustgewinn strebende Handeln des einzelnen Menschen behindern oder einschränken.

Es hat sich, soweit sich die Geschichte des Menschen verläßlich zurück verfolgen läßt, erwiesen, daß der von seiner Erbanlage her gesunde Mensch ein hohes Maß an Lusteinschränkung, wie es ihm oft vom Realitätsprinzip her abgenötigt wird, ertragen kann, ohne seelisch geschädigt zu werden oder zu erkranken.

Für die Entwicklung des einzelnen Menschen ist es entscheidend wichtig, daß es ihm gelingt, sich mit seinem Verhalten in der Weise an die äußere Realität und das in ihr wirksame Realitätsprinzip anzupassen, daß deren Forderungen zwar berücksichtigt werden, daß ihm aber andererseits ein ausreichendes Maß an Lustbefriedigung verbleibt. Das, was wir als seelische Reifung bezeichnen, besteht zum größten Teil aus dem Entwickeln und Erlernen solcher Anpassungsvorgänge.

1.4 Instinkt- und Lernvorgänge

Um den Ablauf der seelischen Reifungsvorgänge beim Menschen besser verstehen zu können, erscheint es angebracht, die Einbeziehung des Realitätsprinzips bei der Reifung eines *Tieres* ins Auge zu fassen, denn auch für dieses gilt die Polarität Lustprinzip – Realitätsprinzip. Auch das neugeborene Tier ist in seiner Hilflosigkeit, Schwäche und Unerfahrenheit großen Gefahren und starken darin wirksamen Kräften aus seiner Umgebung ausgesetzt. Es muß demnach über Möglichkeiten verfügen, oder solche im Verlaufe seiner Entwicklung ausbilden, um diesen Realgegebenheiten zu begegnen und sich gleichzeitig die Möglichkeiten für ein ausreichendes Maß an Lustbefriedigung zu erhalten.

Das Tier verfügt in viel höherem Maße als der Mensch über angeborene *Instinkte.* Diese stellen sicher, daß es sich in seiner Umgebung zurecht- und insbesondere wieder zurück in seine Behausung findet, wenn es sich von dort fort begeben hat, daß es bestimmte Gefahren unwillkürlich (instinktiv) wahrnimmt und meidet und daß es diejenigen Objekte in seiner Umgebung findet, die seiner Lustbefriedigung dienen. Die Instinkt-Begabung des Muttertieres sorgt während des kindlichen Abhängigkeitsstadiums des Jungtieres dafür, daß Letzteres vor den äußeren Gefahren geschützt wird, denen es selbst noch nicht begegnen kann.

Während das Verhalten von Tieren in den ersten Lebenstagen ausschließlich von vorgebildeten, vorwiegend der Nahrungsaufnahme und Sättigung dienenden Instinkten motiviert und gesteuert wird, denen sich die Instinkthandlungen des Muttertieres korrespondierend hinzugesellen, kommt es im Verlaufe der Auseinandersetzung mit anderen Tieren seiner Umgebung und mit den natürlichen Geschehnissen in seiner Umgebung zu einem Vorgang, den wir als *Lernen* bezeichnen. Wir waren ihm schon anläßlich der Erörterung der leib-seelischen Zusammenhänge in der Einleitung begegnet (s. S. 18). Das Lernen, und zwar die als Erstes zu beschreibende Form des *unwillkürlichen Lernens* besteht darin, daß das Tier Erfahrungen macht und sich diese merkt. Es merkt sich zum Beispiel diejenigen Handlungsabläufe, die zum Erfolg führen, d. h. zu einem Ergebnis, das mit Vermehrung von Lust oder Verringerung von Unlust verknüpft ist.

Für das Erste ein Beispiel: Es merkt sich, durch welche Handlungs- und Bewegungsabläufe es am besten und schnellsten an die Brustwarze des Muttertieres herankommt. Es wird künftig diesen speziellen Bewegungsablauf beibehalten.

Ein Beispiel für die Verringerung von Unlust: Ein kleiner Hund ist nach dem Verlassen seines Lagers an einer bestimmten Stelle an eine Treppenstufe gekommen und dort mehrmals heruntergefallen. Beim dritten (sechsten oder zehnten) Mal vermeidet er diese Stufe. Er hat sich gemerkt, daß man an einer bestimmten Stelle herunter fällt und läuft in Zukunft nicht mehr zu dieser gefährlichen Stelle hin.

Als unwillkürliches Lernen wurde dieser Vorgang deshalb bezeichnet, weil sich die in ihm abspielenden Funktionen und Handlungen unbewußt, reflektorisch abspielen. Diese unwillkürlichen Lernvorgänge sind weitgehend mit denjenigen identisch, welche der russische Physiologe Pawlow[2] *bedingte Reflexe* nannte.

Die *unbedingten Reflexe* in der Theorie von Pawlow sind demgegenüber den Instinkt-Vorgängen gleichzusetzen, also den vorgegebenen biologischen Automatismen.

In den Lernvorgängen des Tieres während seiner Entwicklung werden allmählich weitere Mechanismen erkennbar. Vor allem kommen in zunehmendem Maße *Nachahmungen* des Verhaltens erwachsener Tiere

2 I. P. Pawlow, Sämtliche Werke. Akad. Verl. Berlin 1954.

hinzu. Man hat in diesem Zusammenhang direkt von einem Nachahmungstrieb des Jungtieres gesprochen. Die Fähigkeit zur Nachahmung ist sicher angeboren. Aber ob es sich um einen echten primären Trieb handelt, ist nicht sicher. Auf jeden Fall läßt sich das Nachahmungsverhalten des Tieres auch aus seiner Lernfähigkeit verstehen. Es macht eines Tages die Erfahrung, daß ein ausgewachsenes Tier diejenige Handlung schon vollzieht, zu der es selbst erst gerade aufgrund seiner eigenen Lernerfahrung gekommen ist. Diese Erfahrung wiederholt sich mehrmals und führt schließlich dazu, daß das Jungtier den Erfahrungsvorsprung des erwachsenen Tieres bemerkt und sich daraufhin mittels Nachahmung der Überlegenheit des erwachsenen Tieres bedient.

Die Überlegenheit des erwachsenen Tieres wird ihm auch dadurch bemerkbar, daß Letzteres es schon vor dem Zeitpunkt, zu dem es selbst zu einer bestimmten Erfahrung kommen kann, zu derjenigen Handlung veranlaßt, die es selbst erst später machen würde, nachdem es mehrere Male dieselben Erfolgs- oder Mißerfolgserlebnisse gehabt haben würde.

Je intelligenter ein Tier ist, in desto größerem Maße wirken in seiner Entwicklung Lernvorgänge neben den instinktbedingten Handlungsvollzügen mit.

Beim *Menschen* werden die ersten Lebenstage ebenso wie beim Tier von Instinktvorgängen beherrscht. Es kommt dann aber in zunehmendem Maße zur Entwicklung von Anpassungsvorgängen im Sinne des oben beschriebenen unwillkürlichen Lernens. Das Baby und Kleinkind merkt sich unwillkürlich, welche seiner Handlungsabläufe zum Gewinn von Lust führen, z. B. zum Gefüttertwerden, zur Befriedigung von Eß- und Sättigungslust, etwa als Reaktion auf sein Schreien, und welche Handlungen zur Lustversagung oder zu Unlusterlebnissen führen, z. B. Geschlagenwerden, wenn es etwas Verbotenes anfaßt oder ins Bett macht.

Die Instinktvorgänge treten im Verlauf der weiteren psychischen Entwicklung des Menschen gegenüber den sich immer mehr ausbreitenden und differenzierenden Lernvorgängen relativ zurück.

An anderer Stelle wird in diesem Kapitel noch genauer beschrieben werden, in welcher Weise sich beim Menschen diejenigen Funktionen entwickeln, die unter dem Oberbegriff des Ichs zusammengefaßt werden. Diese Ich-Funktionen, die sich in ihrer hochentwickelten Form beim erwachsenen Menschen als Abstraktionsvermögen, Urteilsfähigkeit, künstlerisches, ästhetisches und religiöses Erleben äußern, heben den Menschen über jedes Tier hinaus, verschaffen ihm ein Bewußtsein seiner Selbst, seiner Vergangenheit und Zukunft, erheben ihn also auch zu einem historischen Wesen. Die Ich-Leistungen ermöglichen dem Menschen über das unwillkürliche Lernen hinaus ein *bewußtes Lernen.* Er kann sich aus freier persönlicher Entscheidung heraus – wobei über die Relativität dieser Freiheit noch zu sprechen sein wird – ein bestimmtes Lernziel setzen und die zur Erreichung dieses Lernzieles notwendigen Schritte vollziehen. Diese sind vorgegeben und enthalten den Niederschlag der Erfahrungen, welche andere Menschen bei der Erreichung des betreffenden Lernzieles schon gemacht haben. Die in erster Linie hierbei zu beobachtenden Vorgänge sind die der bewußten Wissensvermehrung und des bewußten Einübens. Mittels der Ich-Leistungen und der sich darauf gründenden Fähigkeiten zum bewußten Lernen kann der Mensch Beiträge zur Überwindung der Polarität Lustprinzip – Realitätsprinzip leisten, welche über seine gegenwärtige Situation hinausreichen und einen längeren Zeitraum überbrücken.

Die Überwindung der Gegensatzspannung Lustprinzip – Realitätsprinzip kann demnach beim Menschen in drei unterschiedlichen Formen der Anpassung erfolgen:

1. Über ein geringes Maß von Instinktvorgängen, die sich in seinem ersten Lebensjahr noch deutlicher zeigen, dann aber im Verlauf seiner weiteren Entwicklung immer mehr zurücktreten,

2. über ein erhebliches Maß von unbewußten oder unwillkürlichen Lern-Vorgängen, die insbesondere seine Frühentwicklung bis zum 3./4. Lebensjahr beherrschen und

3. über ein hohes Maß von Ich-Leistungen, die aus bewußtem Lernen, Denken, Urteilen und bewußt intendierten Handlungen bestehen. Diese Ich-Vorgänge dienen in erster Linie der Abstimmung jener Kräfte, die dem Lustprinzip unterworfen sind, also der Triebwünsche im eigenen Inneren – man kann diesen Bereich auch als *innere Realität* bezeichnen – mit den Gegebenheiten der äußeren Realität. Darüber hinaus vermitteln sie dem Menschen das Gefühl einer gewissen Unabhängigkeit sowohl von der inneren als auch der äußeren Realität. Er erlebt dieses Gefühl als relative persönliche Freiheit oder relative Willensfreiheit.

1.5 Die Persönlichkeitswerdung – das Selbst – kausale und finale Betrachtungsweisen

Nach den bisherigen Ausführungen könnte mancher Leser auf den Gedanken kommen, als ließe sich das ganze Leben des Menschen darauf reduzieren, daß es ein Reagieren auf äußere Reize, Einschränkungen oder Gefahren wäre mit dem Ziel, die eigenen Lebensbedürfnisse dabei noch so gut wie möglich zu verwirklichen. Die Lebensbedürfnisse würden dabei auf Selbsterhaltung, Stillung von Hunger und Durst, Befriedigung sexueller Wünsche und aggressiver Strebungen beschränkt sein. Übertrieben ausgedrückt würde das auch heißen, daß der Mensch eigentlich auch nur wie jedes Tier von seinen animalischen Bedürfnissen her lebt, und daß er auf Grund seiner besonderen Begabung mit hoher Intelligenz, Fähigkeit zur bewußten Erkennung seiner selbst, seiner Endlichkeit und seiner Geschichtlichkeit, sowie auch seiner Fähigkeit, die ökonomischen und sozialen Verhältnisse in seiner Umgebung aktiv zu verändern, gezwungen worden ist, ein besonders hohes Maß an Triebeinschränkung, Triebaufschub und Triebverzicht auf sich zu nehmen.

Im Rahmen einer solchen Betrachtungsweise würden die für den Menschen kennzeichnenden Errungenschaften wie Geist, Kultur, Tugenden, schöpferische Fähigkeiten und Religiosität, zu einem bloßen Nebenprodukt seiner im Vergleich zum Tier besonders vielfältigen Anpassungsleistungen degradiert werden.

In seinem kulturhistorischen Spätwerk »Das Unbehagen in der Kultur« vertritt Freud[3] weitgehend eine solche skeptische Auffassung. Er leugnet darin zwar nicht, daß er sich der eben erwähnten kulturellen Errungenschaften erfreue und sich der Sicherheit und Bequemlichkeit vermittelnden zivilisatorischen Fortschritte gern bediene. Er sei sich aber gleichzeitig bewußt, daß ihm der dem Menschen im Verlaufe seiner Stammesgeschichte aufgenötigte Triebverzicht als Preis für seine kulturellen und zivilisatorischen Errungenschaften zu hoch erscheine. Er befürchte sogar, daß im Verlaufe der weiteren Menschheitsentwicklung der arterhaltende Sexualtrieb beim Menschen so weit verkümmern werde, daß dadurch die Menschenart aussterben könne.

Vom heutigen Stand der zivilisatorischen Weiterentwicklung – 50 Jahre nach dem Erscheinen des zitierten Freudschen Werkes – könnte man hinzufügen, daß das Überwuchern wissenschaftlicher und technologischer Aktivitäten und Fortschritte, die unter der zitierten Anschauung als Kompensation für die immer stärker frustrierten animalischen Triebwünsche des Menschen anzusehen wären, die Menschheit jetzt an einen Punkt gebracht hat, an dem die auf den Menschen zurückwirkenden Folgen der Zivilisation sich immer deutlicher bemerkbar machen.

Die sich ständig anhäufenden Abfälle der Zivilisation führen zu einer Verschmutzung seiner Umwelt von solchem Ausmaß, daß seine Lebensvoraussetzungen hierdurch immer mehr eingeschränkt werden (Luftverpestung durch Industrieabgase, Denaturierung von Nahrungsmitteln durch Chemikalien, Medikamente u. a., Verschmutzung der Gewässer mit Vernichtung des Fischbestandes, radioaktive Verseuchung durch Atomversuche und Atommüll u. a. m.). – Die im Grunde so begrüßenswerten

3 S. Freud, Das Unbehagen in der Kultur. Ges. W., Bd. XIV.

Erfolge bei der Bekämpfung der Säuglingssterblichkeit und der Seuchen und dem dadurch erreichten rapiden Anstieg der durchschnittlichen Lebenserwartung führen zu einer »Bevölkerungsexplosion« solchen Ausmaßes, daß es fraglich erscheint, ob derselben mit der Erschließung neuer Nahrungsquellen und weltweiter Geburtenkontrolle in naher Zukunft ausreichend begegnet werden kann. – Die Gefährlichkeit und Zerstörungskraft der durch Menschengeist entwickelten atomaren, biologischen und chemischen Waffen ist so groß geworden, daß es fraglich erscheinen muß, ob diese Waffen immer unter Verschluß und Kontrolle bleiben werden. Anderenfalls könnten bei ihrer Anwendung Katastrophen eintreten, die unter Umständen den Fortbestand der Menschenart in Frage stellen würden. – Die vom heutigen Menschen, vor allem in den hoch zivilisierten gesellschaftlichen Systemen, geforderten sozialen Anpassungsleistungen sind derartig hoch, daß wir einem ständigen Anstieg von Zivilisationskrankheiten, vor allem von Neurosen und psychosomatischen Krankheiten, wie z. B. der Herzneurosen, bis hin zum Herzinfarkt registrieren müssen.

Wir können aber auch in unserer Gegenwart in zunehmendem Maße Anzeichen dafür beobachten, daß sich die eben angestellte düstere Zukunftsperspektive nicht zwangsläufig verwirklichen muß. Es mehren sich die Stimmen, welche eine Befreiung von den durch die Zivilisation und den Zwang zur Überanpassung und ständigen Leistungsvermehrung herrührenden Einschränkungen der persönlichen menschlichen Bedürfnisse fordern. Diese gegenläufigen Bestrebungen, welche selbstverständlich immer zu gesellschaftlichen und politischen Konsequenzen führen müssen (vgl. dazu Kapitel III und IV) zeigen deutlich, daß der Mensch nicht dazu bestimmt oder verurteilt ist, an den Folgen der von ihm entwickelten Zivilisation zugrunde zu gehen. Er registriert, daß bstimmte Auswirkungen der Zivilisation ihn in seinen Bedürfnissen und vielleicht sogar in seiner Existenz und dem Fortbestand seiner Art bedrohen, und er versucht mit zunehmender Eindringlichkeit, die im einzelnen Menschen wie auch die in den von den Menschen geschaffenen gesellschaftlichen Verhältnissen liegenden Ursachen aufzuspüren, um sich in Zukunft dieser schädlichen Zivilisationsfolgen entledigen zu können. Die verschiedensten Wissenschaftsbereiche bieten dazu Beiträge, um diesem Ziel näher zu rücken: angefangen bei der Psychologie, einschließlich der Tiefenpsychologie, über die Soziologie, die politischen und Gesellschaftswissenschaften, bis hin zur vergleichenden Verhaltensforschung der Tiere, der Anthropologie und der Biologie.

Wenn aber eine solche Kraft oder Tendenz im Menschen wirksam ist, die sich gegen die zivilisationsbedingte zunehmende Einschränkung seiner körperlichen und seelischen Bedürfnisse wehrt, wird es schwierig, allein mit dem Denkmodell von Trieb, Triebeinschränkung und Anpassung auszukommen. Es liegt hingegen nahe, weitere, nicht ohne weiteres unter dem Oberbegriff des Triebes oder der vitalen Bedürfnisse einzuordnende, im Menschen wirksame Kräfte zu vermuten. Es soll damit gesagt sein, daß im Menschen eine auf seine *Zukunft* hin gerichtete Tendenz wirksam ist, die ihn insgesamt zur *Verwirklichung seiner selbst* lenkt und drängt. Man könnte auch sagen, diese Kräfte wollen den Menschen seiner Bestimmung zuführen. Dieser Ausdruck kann jedoch nur mit einigem Zögern verwendet werden, da von den Vertretern verschiedenster weltanschaulicher Gruppierungen, entsprechend ihren Ideologien, dem Menschen äußerst unterschiedliche »Bestimmungen« zugelegt werden. Es soll deshalb hier nicht der Fehler wiederholt werden, den zahlreichen, schon festgelegten »Bestimmungen« des Menschen eine weitere hinzuzufügen oder zu definieren.

Mit der für wahrscheinlich gehaltenen Tendenz zur Selbstverwirklichung des Menschen soll lediglich zum Ausdruck gebracht werden, daß sowohl im subjektiven Eigenleben des Menschen als auch bei der Fremdbeobachtung einzelner Menschen durch andere sowie in vielerlei Erscheinungen und Tendenzen in Menschengruppen im Verlaufe der Entwicklung zahlreiche Symptome beobachtet werden können, die sich am besten aus der Wirksamkeit solcher Selbstverwirklichungstendenzen verstehen lassen.

Es ist sogar möglich, wenn nicht wahrscheinlich, daß diese Tendenz im Menschen zur Verwirklichung seiner selbst über die Zeitspanne seines individuellen Seins hinausreicht. Der Mensch erlebt sich zwar als zwischen Geburt und Tod Existierender. Er hat darüber hinaus aber den Trieb zur Fortpflanzung und damit zur Erhaltung seiner Art in sich. Damit einhergehend scheint es gut möglich, daß auch eine auf Zukunft gerichtete Tendenz zur Weiterentwicklung seines Menschseins über seine individuelle Existenz hinaus wirksam ist.

Kritische Denker mögen dieser, auf bestimmte, in der Zukunft des einzelnen Menschen oder gar der Menschheit liegende Verwirklichungsmöglichkeiten gerichteten und damit *finalen* oder *teleologischen* Betrachtungsweise entgegenhalten, daß sie im Widerspruch zu einer *kausalen* Betrachtungsweise stehe, welche am Ausgangspunkt unserer Erörterungen gestanden hatte. Diesem möglichen Einwand kann entgegen gehalten werden, daß die kausalgenetische, also die nachträglich nach Ursachen forschende Betrachtungsweise, nicht unbedingt im Gegensatz zu der auf zukünftige Entwicklungen und damit auf Selbstverwirklichung gerichteten finalen Verstehensweise stehen muß, oder daß sich beide Betrachtungsweisen gegenseitig ausschließen müssen. Im Gegenteil können sich *beide* Betrachtungsweisen sogar ausdrücklich ergänzen und damit die Gesamtheit der bei der Entwicklung des Menschen wirksamen Kräfte und Gesetzmäßigkeiten einem umfassenderen Verständnis näher bringen.

Der Biologe A. Portmann zeigt uns in einem seiner Aufsätze[4], daß in der modernen Biologie nicht mehr nur diejenigen Phänomene untersucht werden, welche im Sinne der Darwinschen Selektionstheorie und der bereits erwähnten (s. S. 20) neueren Forschungsergebnisse der Genstrukturen, Mutationen usw. die kausalen Erklärungsmöglichkeiten für die Evolution der belebten Pflanzen- und Tierwelt weiter verbessern sollen, sondern daß neuerdings auch Untersuchungen angestellt werden, die sich mit der besonderen Eigenart der verschiedenen Tierarten, mit ihren morphologischen Besonderheiten beschäftigen. Und zwar mit denjenigen Besonderheiten, die sich nicht aus dem kausalen Selektionsprinzip heraus erklären lassen, und die dementsprechend in der bisherigen biologischen Forschung vernachlässigt worden waren. In diesem Zusammenhang führt Portmann in der zitierten Arbeit folgendes aus:

»Die neue Wendung der Morphologie bezeugt schon heute, daß der Organismus einen großen Anteil seiner Energien verwendet zum Aufbau von Gebilden, die in allererster Linie der Manifestation seiner Eigenart, der Selbstdarstellung, dienen. Niemand wird die Rolle erhaltender Funktionen gering achten. Aber die übersteigerte Aufmerksamkeit, die sie durch eine nach Nutzen und Zwecken fahndende Naturdeutung erlangt haben, wird von der jetzt werdenden neuen Morphologie sehr stark eingeschränkt.«

Die Vereinbarkeit der kausalen und der finalen Betrachtungsweise und damit die Etablierung einer beide Sichtweisen einschließenden Verstehensform lebendiger Phänomene und Entwicklungen wird demnach durch neuere Forschungsansätze in der Biologie gestützt. Der von Portmann verwendete Begriff der »Selbstdarstellungstendenz« der Tiere ist weitgehend identisch mit dem Begriff der Selbstverwirklichung des Menschen.

Die historische Entwicklung der Psychoanalyse zeigt uns, daß einer der begabtesten und begeistertsten Anhänger Freuds, nämlich C. G. Jung, sich unter anderem deswegen von seinem Lehrer abwandte, weil ihm die rein kausale Betrachtungsweise psychischer Erscheinungen und Entwicklungen durch Freud zu einseitig erschien. In die von ihm ent-

4 A. Portmann, Probleme der lebenden Erscheinung. In: Entläßt die Natur den Menschen? München 1972. S. 11–119.

wickelte analytische Psychologie führte er deshalb den Begriff der *Individuation* ein. Diese Bezeichnung bedeutet nach seiner eigenen Definition:

»Zum Einzelwesen-werden und insofern wir unter Individualität unsere innerste, letzte, unvergleichliche Einzigartigkeit verstehen, zum eigenen Selbst-werden.«[5]

Auch in der Weiterentwicklung der psychoanalytischen Theorie ist in den Arbeiten bedeutender Forscher ein Verlassen des ursprünglichen Freudschen Vorstellungsmodells vom psychischen Apparat zu beobachten, in welchem die Begriffe Ich, Selbst und Persönlichkeit noch identisch waren. Hartmann, der zusammen mit Kris und Loewenstein die Ichpsychologische Entwicklungsphase der Psychoanalyse einleitete, hat z. B. den Begriff des *Selbst* eingeführt. Im Unterschied zum Ich soll damit nach Hartmann die ganze Person gekennzeichnet werden[6]. Weitere Arbeiten Hartmanns und anderer Psychoanalytiker lassen erkennen, daß die zur Entwicklung des Menschen führenden Energien nicht nur aus dem Triebbereich stammen, sondern auch aus den Bereichen des Ich und des Selbst. Die Qualität dieser innerseelischen Kräfte ist nicht mit denjenigen gleichzusetzen, welche aus dem Bereich des Es (Oberbegriff für alle dem Triebbereich zugeordneten Kräfte) stammen. Hiermit treten in der neueren Psychoanalyse Tendenzen in Erscheinung, die eine Annäherung an eine auch final zu definierende Theorie der psychischen Entwicklung erkennen lassen. Denn unter denjenigen Kräften, die vom Ich ausgehen, sind zweifellos auch solche zu verstehen, die auf die Konstituierung eines eigenständigen und auch einzigartigen Selbst hinwirken.

In jüngster Zeit hat H. Argelander[7] die Bedeutung der vom Selbst ausgehenden Kräfte stark hervorgehoben, was zur Folge hat, daß er den Vorbehalt nicht entkräften kann, aus der bisherigen dualistischen (Sexual- und Aggressionstrieb) eine trialistische Theorie gemacht zu haben, welche als dritte Kraft den primären Narzißmus mit einbezieht. Der finale Anteil dieser primärer Narzißmus genannten dritten Kraft kommt indirekt zum Ausdruck, wenn der Autor schreibt, daß sich die »gelungene

5 C. G. Jung, Die Beziehungen zwischen dem Ich und dem Unbewußten. Zürich 1939.

6 H. Hartmann, Ich-Psychologie und Anpassungsprobleme. Int. Ztschr. Psa, 24 (1939), S. 62–135.

7 H. Argelander, Der Flieger, eine charakteranalytische Fallstudie. (Literatur der Psychoanalyse) Frankfurt/Main 1972.

narzißtische Entwicklung in allen den Bereichen« zeige, »die den Menschen im guten Sinne groß und einzigartig machen«.

Balint bezieht ebenfalls die finale Betrachtungsweise in die psychoanalytische Theorie mit ein, wenn er das gewöhnlich als Ausdruck eines Widerstandes angesehene Schweigen eines in der psychoanalytischen Kur befindlichen Patienten als Ausdruck einer auf Zukunft gerichteten schöpferischen Seelentätigkeit interpretiert. Er sagt: »Der Patient läuft vor etwas davon – gewöhnlich vor einem Konflikt; aber es ist ebenso korrekt zu sagen, daß er zu etwas hinläuft ... Dieses Etwas ist auch eine Art Schöpfung«[8].

In den Arbeiten Schultz-Henckes, des bedeutendsten deutschen Vertreters der als neopsychoanalytisch bezeichneten Wissenschaftsrichtung, wird die finale, auf Selbstverwirklichung gerichtete Betrachtungsweise neben der kausal-genetischen ebenfalls mit einbezogen.

In der »Humanistischen Psychologie«, einer Richtung, in der sich einige amerikanische Autoren wie Ch. Bühler, Bugenthal, Masslow, Massarik u. a. 1962 zusammengeschlossen haben, hat die finale, hier intentional genannte Betrachtungsweise sogar eine zentrale Bedeutung bei der Interpretation seelischer Entwicklungsvorgänge und menschlichen Verhaltens bekommen. Ch. Bühler nennt als wichtigste Grundannahme der humanistischen Psychologie »die Überzeugung, daß alle Menschen grundsätzlich schöpferisch sind, und daß Intentionalität und Werte die grundlegenden Determinanten menschlicher Handlung« seien[9]. Die kausal bestimmte psychoanalytische Motivationslehre hat innerhalb der eben charakterisierten psychologischen Richtung nur noch die Bedeutung eines Rahmens, innerhalb dessen sich die eigentlichen, von ihrer Zielgerichtetheit her zu verstehenden Handlungen vollziehen.

Für das Selbstverständnis des seelisch *gesunden* Menschen hat eine Betrachtungsweise, welche wie die humanistische Psychologie den finalen Gesichtspunkt ganz in den Vordergrund rückt, sicher ihre Berechtigung. Es muß jedoch hervorgehoben werden, daß wir uns bei der Erkennung von seelischen Ursachen neurotischer Erkrankungen, also beim Bemühen, den seelisch *kranken* Menschen zu verstehen, in besonderem Maße der kausalen Betrachtungsweise bedienen müssen, ohne allerdings die finale dabei aus den Augen zu verlieren.

Die Erfahrungen haben im übrigen gezeigt, daß die Einbeziehung der finalen Betrachtungsweise bei der Psychotherapie der in der zweiten

8 M. Balint, Therapeutische Aspekte der Regression. Stuttgart 1970.

9 Ch. Bühler, Lebenslauf und Lebensziele. Studien in humanistisch-psychologischer Sicht. Stuttgart 1969.

Lebenshälfte stehenden Menschen eine bedeutungsvollere Rolle spielt als bei solchen in der ersten Lebenshälfte.

Bei der im folgenden gegebenen Darstellung psychischer Einzelvorgänge muß der Mensch mit seinem Erleben und Handeln also immer von zwei Hauptdeterminanten her verstanden werden: Erstens von den in ihm wirkenden animalischen Triebkräften und deren Umwandlungen im Verlaufe ihrer Auseinandersetzungen mit den ihnen entgegenwirkenden Kräften aus der Außenwelt und zweitens aus den in ihm wirksamen, zur Verwirklichung seines Selbst drängenden Kräften.

Während die erstgenannten Kräfte Gemeinsamkeiten mit denen aller anderen Menschen und auch mit denen der Tierwelt erkennen lassen und sich einer bevorzugt kausalen Betrachtungsweise anbieten, sind die Letzteren Ausdruck der Einzigartigkeit jedes einzelnen Menschen und können nur durch eine überwiegend finale Betrachtungsweise dem Verstehen zugänglich gemacht werden.

2. Die Stadien der seelischen Entwicklung des Menschen vom Trieb- zum Sozialwesen

Die hier gegebene Darstellung der seelischen Entwicklungsvorgänge beim Menschen von seiner Geburt an soll dem Leser die Möglichkeit geben, sich von dem jeweils beschriebenen Entwicklungsabschnitt einen umfassenden Eindruck zu verschaffen. Dies soll dadurch ermöglicht werden, daß sowohl die innerpsychischen Vorgänge (Trieb-, Ich- und Selbst-Vorgänge) als auch die Beziehungen des Menschen in der jeweiligen Entwicklungsphase zu einzelnen und mehreren Menschen seiner Umgebung (Objekt- und Sozialbeziehungen) wie auch die Gesetzmäßigkeiten und Kräfte ins Auge gefaßt werden sollen, die innerhalb dieser Menschenpaare und -gruppen zu erkennen sind, und die dem zu beschreibenden, sich entwickelnden Menschen einen bestimmten Stellenwert verleihen. Die angewandte Darstellungsweise folgt demnach intrapsychischen, interpersonellen und soziodynamischen Erfassungskriterien. Die Eigenart der seelischen Entwicklung bringt es mit sich, daß bei der Beschreibung der ersten Entwicklungsstadien die intrapsychische Betrachtungsweise ein Übergewicht haben wird und beim Übergang auf die weiteren Entwicklungsphasen die interpersonelle und soziodynamische Sichtweise in zunehmendem Maße mit einbezogen werden wird.

2.1 Die symbiotische Phase

Bei dem Versuch, das Erleben eines neu geborenen Kindes zu beschreiben, sind wir weitgehend auf Vermutungen angewiesen, da unsere bewußte Erinnerungsfähigkeit nicht so weit zurückreicht. Das Früheste, an das sich der einzelne Mensch erinnern kann, sind Bruchstücke von Wahrnehmungen, Ereignissen oder sind Gefühle aus dem Anfang des zweiten Lebensjahres. Wir können uns deshalb nur indirekter Hilfsmittel bedienen, um uns die seelischen Vorgänge bei einem Säugling in den ersten Lebensmonaten klar zu machen. Wir können versuchen, aus seinem äußeren Verhalten Rückschlüsse auf das dahinter zu vermutende Erleben zu ziehen, oder wir können bewußt erinnerbare seelische Erlebnisweisen, die nach einer erkennbaren Entwicklungsgesetzlichkeit abgelaufen sind, über den Zeitpunkt ihrer bewußten Erinnerbarkeit nach denselben Gesetzmäßigkeiten weiter zurück verfolgen.

Wir können aber auch Spuren des aus diesem früheren Entwicklungsstadium stammenden Erlebens, welche dieses im Erwachsenen-Erleben hinterlassen hat, wenn auch oft in veränderter Form, aufzugreifen und zu entschlüsseln versuchen. Dabei führt uns nicht selten die Beschäftigung mit seelischen Ausnahmezuständen, wie sie manchmal bei neurotischen oder psychotischen Erkrankungen vorkommen, unserem Ziel näher. Ebenso die Beschäftigung mit den Trauminhalten.

Im Seelenleben des Säuglings können verschiedenartige Vorgänge vermutet und auf entsprechende unterschiedliche Determinanten zurückgeführt werden. Selbstverständlich spielen sich all diese verschiedenartigen Vorgänge – ebenso wie ihre somatischen (körperlichen, organischen) Entsprechungen – gemäß dem identischen leib-seelischen Ganzheitsgeschehen (s. S. 19) alle gleichzeitig ab und stellen ein zusammenhängendes Gefüge dar. Zum näheren Verständnis bedarf es jedoch der Untergliederung in einzelne Kategorien.

Die erste der beim Kleinstkind zu vermutenden Strebungen ist die nach einem »voraussetzungslosen« allgemeinsten *Wohlbehagen.* Wir dürfen darin wahrscheinlich einmal den unbewußten Wunsch des Kindes annehmen, den Dauerzustand des Wohlbehagens in der absoluten Geborgenheit des Mutterleibes während der vorangegangenen Embryonalphase fortzusetzen oder wiederherzustellen. Zum anderen vermutlich die auf zukünftige Entwicklungsstadien gerichtete, also finale Tendenz, das einzigartige Selbst zu seiner späteren Form zu bringen. Um die Erscheinungsweisen zu verstehen, in welchen sich dieses Bedürfnis nach allgemeinem Wohlbehagen zeigen und äußern kann, müssen wir uns die Begleitumstände und Bedingungen vergegenwärtigen, unter denen sich das Leben im Mutterleib, auf das dieses Gefühl zurückgeführt wurde, vollzogen hatte. Dabei können wir als wichtigsten Tatbestand erkennen, daß der Embryo sich in einer absoluten nutritiven (bezüglich der Versorgung mit lebenswichtigen Stoffen) Abhängigkeit vom mütterlichen Organismus und in absoluter Einheit mit demselben befunden hat. Bei völliger eigener Passivität gelangten die ihn am Leben erhaltenden und sein Wachstum fördernden Nährstoffe über das mütterliche Blut in ihn hinein. Äußerlich begleitet wurde der Embryonalzustand von der Wahrnehmung der Schwerelosigkeit durch das Schwimmen im Fruchtwasser und das Getragen-werden im mütterlichen Körper und die sanften Bewegungen, welche indirekt durch die Bewegungen des mütterlichen Körpers vermittelt wurden.

Bei der plötzlichen Trennung von dieser »paradiesischen« Situation des Embryonalstadiums im Verlauf der Geburt ist am einschneidensten für das Neugeborene wahrscheinlich die abrupte Absperrung von der ernährenden Zufuhr des mütterlichen Blutstromes. Im Zusammenhang mit in diesem Augenblick sehr rasch einsetzenden organismischen Umstellungen, die vermutlich in einem Todesangst-ähnlichen Gefühlszustand gipfeln, setzt dann der erste Schrei und damit der Beginn der eigenen aktiven Atemtätigkeit ein. Letztere ermöglicht nunmehr die Selbstversorgung mit dem lebenswichtigen Sauerstoff aus der umgebenden Luft.

Der ernährende Körper der Mutter wird nun durch das Ganze der Welt ersetzt. Die nutritive Einheit Embryo – Mutterleib wird ersetzt durch die nutritive Einheit Säugling – Weltganzes. Das zugrundegelegte Streben des Säuglings nach allgemeinem Wohlbehagen, nach bestmöglichem Fühlen seines Selbst, ist wahrscheinlich stark an die überall vorkommenden und nicht in formierten Objekten in Erscheinung tretenden Urelemente Wasser, Luft, Feuer und Erde gebunden. Sie verkörpern jeweils unterschiedliche Aspekte des Weltganzen, mit welchem sich der Säugling in dieser Entwicklungsperiode in einer Einheit befindet.

In den mitgeteilten Erlebnisschilderungen zahlreicher seelisch gesunder und kranker Erwachsener treten die als glückhaft oder faszinierend beschriebenen Gefühlzustände im Erlebniszusammenhang mit Feuersbrünsten, Wüstenwanderungen, Fahrten auf der unendlichen Weite des Meeres oder Getragen-werden von der Luft beim Fliegen deutlich hervor.

R. Rolland wies in einem Brief an S. Freud auf ein Gefühl hin, das er die »Empfindung der Ewigkeit« nannte, ein »Gefühl wie von etwas Unbegrenztem, Schrankenlosem, gleichsam Ozeanischem«. Freud führte dieses Gefühl – ganz im Sinne der eben angestellten Betrachtungen – in seinen Ursprüngen auf die frühen Entwicklungsstadien des Säuglings zurück, in denen dieser noch keine Ich zu nennende Instanz entwickelt hat und dementsprechend noch nicht zwischen Ich und Außenwelt unterscheiden kann. »Also ein Gefühl der unauflöslichen Verbundenheit, der Zusammengehörigkeit mit dem Ganzen der Außenwelt«.[10] Es muß aber hervorgehoben werden, daß Freud bei seiner Erklärung nur kausal und reduktiv vorging. D. h. er leitete dieses »ozeanische Gefühl« davon ab, daß beim Säugling noch etwas fehlt, was der Erwachsene aber hat, und was ihm ermöglicht, zwischen dem Ich und der Außenwelt abzugrenzen, nämlich die seelische Instanz des Ichs. Außer acht gelassen wird bei Freud der finale Aspekt, der auf Selbstverwirklichung gerichtete prospektive Anteil dieses Erlebens. In den Arbeiten der Psychoanalytiker der neueren Zeit, welche die hier behandelte Strebung unter dem Begriff des primären Narzißmus beschreiben, wird der prospektive Aspekt hingegen in zunehmender Deutlichkeit mit einbezogen (Hartmann, Kohut, Joffe und Sandler, Balint, Argelander).

Auch in den Gefühlszuständen beim Erleben bestimmter landschaftlicher Eindrücke, wie auch vielleicht dessen, was wir als Gefühl der Erhabenheit beim Anblick oder Anhören großartiger Dinge bezeichnen, treten die weiter verarbeiteten Erlebnisweisen der beschriebenen Art aus der ersten Säuglingsepoche beim Erwachsenen in Erscheinung.

Als weiteren wichtigen Bereich im Erleben des Säuglings können wir seinen vom Hunger- und Dursttrieb abgeleiteten Drang erkennen, sich an der mütterlichen Brust Nahrung zu verschaffen. Anlagemäßig vorgebildete biologische Instinkte beim Säugling und korrespondierende biologische Vorgänge bei der Mutter, welche das In-Gang-Kommen der Milchproduktion in den Brustdrüsen bewirken, führen dazu, daß dieser Hunger- und Dursttrieb gestillt werden kann.

In dem Vorgang der Nahrungsaufnahme aus der Mutterbrust oder ersatzweise aus einer Milchflasche können aber noch weitere seelische Vorgänge isoliert werden, außer der Stillung des Hunger- und Dursttriebes. Am mimischen und gestischen Verhalten des Säuglings kann abgelesen werden, daß er beim Stillvorgang gleichzeitig *lustvolle* Erlebnisse hat. Diese lustvollen Erlebnisse treten in Verbindung mit dem Berühren der Lippen-, Zungen- und Mundhöhlen-Schleimhaut durch die Brustwarze auf. Sie sind also an die Eintrittspforte des Verdauungskanals, den Mund, gebunden und werden dementsprechend als *orale* (Os = Mund) Lusterlebnisse und die ihnen zugrundeliegenden Bedürfnisse als orale Bedürfnisse oder Antriebe bezeichnet.

Weiterhin besteht nach den Ergebnissen von Forschungen und Ver-

10 S. Freud, Das Unbehagen in der Kultur. Ges. W. XIV.

haltensbeobachtungen, die insbesondere Kinderärzte und -psychologen angestellt haben, Wahrscheinlichkeit für die Annahme, daß das unbewußte psychische Erleben des Säuglings in den ersten Lebensmonaten in besonders starkem Maße von *Wahrnehmungserlebnissen* bestimmt wird. Und zwar Wahrnehmungserlebnissen, die sowohl von Außenreizen hervorgerufen werden, wie auch von solchen Reizen, die aus dem Körperinneren des Säuglings herrühren. Zu den ersteren gehören optische, akustische und vor allem Hautsinnesreize (Berührung, Streicheln, Feuchtigkeits- und Temperaturreize), zu letzteren solche, die vom Spannungs- und Funktionszustand der Organe, insbesondere der Muskulatur, aber auch von der Lage des Körpers und einzelner seiner Teile im Raum, der Verteilung des Blutes u. a. herrühren. Im Verlauf der Entwicklung des Säuglings während dieser Phase gewinnen die von außen kommenden Wahrnehmungsreize zunehmend gegenüber den anfangs vorherrschenden Innenreizen an Bedeutung.

Gleichzeitig mit den sensorischen (Wahrnehmungs-)Reizen bestimmen *spontane* und gleichzeitig ganz diffuse, nicht zielgerichtete Körperbewegungen, also *motorische Aktivitäten,* das Verhalten des Säuglings. Die Wichtigkeit der sensorischen Erlebnisse und der spontanen ungerichteten Muskelaktivitäten während dieser Entwicklungsperiode veranlaßte einige Autoren, ihr den Namen *sensomotorische* Phase zu geben.

Anzeichen von bewußt zu nennenden seelischen Vorgängen können in dem dargestellten Entwicklungsabschnitt noch nicht beobachtet werden. Dies bedeutet gleichzeitig, daß keine geistigen Vorgänge oder Erlebnisweisen zu registrieren sind. Ebenso fehlen darin solche Vorgänge, die der erst später sich strukturierenden psychischen Instanz des Ichs zugeordnet werden könnten. Dies besagt, daß auch noch keine Beziehungen zu und Abgrenzungen von bestimmten, formierten lebenden und unbelebten Objekten vorhanden sein können.

Es wurde am Anfang der Beschreibung der ersten Entwicklungsperiode des Säuglings die unter der Bezeichnung »primärer Narzißmus« zusammengefaßte Tendenz des eigenständigen Selbst hervorgehoben, die sich in einer Allverbundenheit mit dem Ganzen der elementaren Welt befindet und auf eine spätere Verwirklichung des individuellen Selbst ausgerichtet ist. Vordergründiger in der Gesamtheit der für diese Phase typischen Gegebenheiten ist jedoch die sich aus der Ernährungsfunktion der Mutter ergebende Abhängigkeit des Kindes von dieser. Die *Verbindung zwischen Kind und Mutter* und umgekehrt erschöpft sich aber nicht in der gegenseitigen Kommunikation durch die Nahrungsaufnahme bzw. -vermittlung. Sondern es besteht daneben oder darüber hinaus eine gegenseitige *seelische* Verbindung über eine beiden zur Verfügung stehende aufeinander abgestimmte, unsichtbare »Sende- und Empfangsanlage«.

Von Wallon[11] wurde diese sowohl der Mutter als auch dem Kinde eigene, zur gegenseitigen Kommunikation führende Funktion *coen-ästhetisch* genannt. Im Volksmund entspricht diese Funktion dem, was man den sechsten Sinn der Mütter für ihre Kinder nennt. Winnicott[12] nannte sie die Gefühle der primären Mütterlichkeit und vertrat die Ansicht, daß sie sich in den letzten Monaten der Schwangerschaft konstellieren, um nach der Geburt des Kindes zu dessen Wohl zur Verfügung zu stehen. Die Mutter werde mittels dieser Gefühle in die Lage versetzt, auf bestimmte, auch leiseste Reize und Signale, die vom Kinde ausgehen, instinktiv zu reagieren, z. B. aus dem Schlaf zu erwachen, während viel massivere Reize, die nichts mit den Bedürfnissen des Kindes zu tun haben, z. B. plötzlicher Lärm auf der Straße, ihren Schlaf nicht unterbrechen. (Freud beschrieb dieses Phänomen schon als sog. »Ammenschlaf der Mütter«). Mit der darauf abgestimmten, bei ihm ebenfalls instinktiv von der Geburt an vorhandenen coen-ästhetischen Funktion stellt sich der Säugling seinerseits auf die Mutter ein.

Die Zusammengehörigkeit von Kind und Mutter über die Ernährungsabhängigkeit und über die gegenseitig sich aufeinander einstellende coenästhetische Funktion ist so eng, daß man dem beschriebenen ersten Entwicklungsabschnitt mit Recht die Überschrift »*symbiotische Phase*« geben kann. Das Zusammenleben von Mutter und Kind im Sinne eines Abhängigkeitsverhältnisses ist auch von den Bedürfnissen der Mutter her von Abhängigkeit dem Kinde gegenüber gekennzeichnet. Der entwicklungsgeschichtlich wahrscheinlich vom Brutpflegeinstinkt der Tiere abzuleitende Mutterinstinkt hat ausgesprochenen Bedürfnischarakter und bedarf zu seiner Befriedigung des Vorhandenseins des Kindes mit den Charakteristika der Hilflosigkeit, der Abhängigkeit und der auf sie gerichteten Ernährungsbedürfnisse und emotionalen Einstellungen im Sinne der coen-ästhetischen Funktionen des Säuglings.

Zusammenfassend können wir über diesen, etwa die ersten drei Lebensmonate des Säuglings umfassenden Entwicklungsabschnitt folgende Feststellungen treffen:

Es besteht eine symbiotisch zu nennende enge gegenseitige Abhängigkeit des Kindes und der Mutter über die Ernährungsfunktion, über die

11 H. Wallon, L'enfant turbulent. Paris 1925.

12 D. Winnicott, Primäre Mütterlichkeit. In: Psyche, Bd. IV, S. 393–399.

auf das Kind gerichteten instinktiven Gefühle der primären Mütterlichkeit und die von letzterem auf sie gerichteten coen-ästhetischen Einstellungen. Daneben ist das Bestehen von Erlebnissen und Tendenzen zu vermuten, die einerseits aus dem Weiterwirken der dem Embryonalstadium entstammenden Gefühle der Weltverbundenheit zu verstehen sind, und die andererseits – im Sinne des primären Narzißmus' – Ausdruck einer auf zukünftige Selbstverwirklichung gerichteten unbewußten Strebung sind. Eine große Bedeutung haben die mit Wahrnehmungseindrükken aus der inneren Körperwelt wie aus der äußeren Welt stammenden Reize und die damit verbundenen Erlebnisse ebenso wie diejenigen aus den spontanen, ungerichteten motorischen Aktivitäten des Säuglings. Die bei der Nahrungsaufnahme vermittelten Schleimhautreize am Mund führen zu lustvollen Erlebnissen, welche diesem Entwicklungsabschnitt, von der Betrachtung der Triebseite her gesehen, auch die Bezeichnung orale Entwicklungsphase gegeben haben. Das Seelenleben spielt sich in dem beschriebenen Abschnitt noch ganz im unbewußten Bereich ab.

2.2 Der Übergang vom Nicht-Ich zum Ich

Im Verlaufe der zweiten Hälfte des ersten Lebensjahres und über den längsten Teil des zweiten Lebensjahres hin spielen sich beim Kind Vorgänge ab, welche einer Tendenz entstammen, die symbiotische Einheit Kind–Mutter umzuwandeln in eine Zweiheit. Während dieser Entwicklung beginnen sich in der anfänglich undifferenzierten seelischen Ursphäre (Matrix) Instanzen zu strukturieren, welche später die Voraussetzung dafür abgeben, daß sich ein Ich gegenüber einem Nicht-Ich, also gegenüber einem oder mehreren anderen Menschen abgrenzen kann, aber auch, daß es sich gegenüber unbelebten Gegenständen und schließlich auch geistigen und abstrakten Inhalten gegenüber abzugrenzen vermag.

Diese Übergangsphase vom Vor-Ich-Stadium zum Ich-Stadium ist insofern schicksalhaft für das gesamte weitere Leben des Kindes, als die Herausbildung eines stabilen Ichs, welches das Kind später zu wachen und vielfältigen Wahrnehmungsleistungen, zu kritischen Denk- und Urteilsleistungen und zum Einsatz von realitätsbezogenen Willensleistungen befähigt, von der seelischen Gesundheit seiner Mutter oder anderweitigen primären Beziehungspersonen und weiterhin von der Gesundheit der sozialen Beziehungen in der familiären Kleingruppe abhängt. Denn gröbere Störungen in dem sozialen Familiengefüge wirken sich immer auch auf jedes Mitglied dieser Gruppe und damit auch auf die Mutter und über diese auch auf das Kind aus.

Gerade in dieser Entwicklungsperiode bedarf das Kind deswegen einer gleichbleibenden, andauernden, das eigene Wesen bestätigenden liebevollen Zuwendung. Die Ich-Funktionen beginnen sich erst in allerersten Ansätzen zu bilden und können noch nicht einen solchen Grad von Selbständigkeit und Unabhängigkeit vermitteln, daß das Kind in der Lage wäre, schon Einstellungen von gröberem Unverständnis oder Ablehnung zu ertragen. Infolge dieser anfänglichen Schwäche und Unvollständigkeit der Ich-Funktionen grenzt sich das Kind auch zunächst nur *einem* Nicht-Ich, *einem* Objekt, nämlich der Mutter gegenüber ab. Auf Grund direkter Beobachtungen von Kleinkindern hat Spitz[13] gezeigt, daß das erstmalige Auftreten eines angstvollen Weinens beim Anblick einer fremden Person, also einer Person, die nicht seine Mutter ist, als Beginn dieser Fähigkeit anzusehen ist, vom Ich ein anderes, ein Nicht-Ich abzugrenzen. In der Regel tritt diese »Achtmonatsangst« zwischen dem sechsten und neunten Lebensmonat erstmalig auf. Sie dauert etwa bis zum sechzehnten oder zwanzigsten Lebensmonat. Bis dahin strukturieren und verstärken sich die Ich-Funktionen so weit, daß das Kind danach in der Lage ist, in gewissem Grade unabhängiger von der Mutter zu werden und auch weitere menschliche Objekte in seine Kontaktbedürfnisse mit einzubeziehen.

Entsprechend den sich erst nach und nach herausbildenden *Ich-Funktionen* strukturieren und stabilisieren sich auch die *Objekt-Beziehungen* nur allmählich. In dieser Phase kann man beim Kind beobachten, wie es sich bei der Auseinandersetzung mit Teil-Objekten (z. B. die Finger) allmählich klar zu werden versucht, welche davon zu ihm gehören und welche zu seiner Mutter. Dieser Vorgang der Objekt-Konturierung wird auch noch von da her begünstigt, daß gewisse weder zur Mutter noch zu ihm selbst gehörende, aber zwischen beiden ausgetauschten leblosen Objekte wie Schnuller, Kissenzipfel oder Stoffbär in den Vorgang der Objektfindung einbezogen werden. Diese auch *Übergangsobjekte*[14] genannten Gegenstände enthalten einerseits emotionale Anteile des geliebten mütterlichen Objektes im Erleben des Kindes, sind aber andererseits nicht an die ständige Anwesenheit der Mutter gebunden und unterstützen somit die Fähigkeit, sich von der Anwesenheit der Mutter unabhängiger zu machen.

Die große Bedeutung, welche für diese mit der Achtmonatsangst beginnende Übergangsphase die bereits erwähnte gleichbleibende Zuwen-

13 R. Spitz, Die Entstehung der ersten Objektbeziehungen (Direkte Beobachtungen an Säuglingen des ersten Lebensjahres). Stuttgart 1957.

14 D. Winnicott, Transitional Objects and Transitional Phaenomena. In: Int. J. of Psychoanal., Vol. XXXIV, 1953, S. 89.

dung der Mutter im Rahmen einer gesunden familiären Atmosphäre und Struktur hat, geht aus der Tatsache hervor, daß es beim Fehlen dieser notwendigen Entwicklungsvoraussetzungen (Heimkinder, totale Ablehnung der Kinder durch die Mütter u. a.) zu schweren seelischen Störungen beim Kind kommt, die sich als Rückzug in völlige Interesselosigkeit an der Umgebung, Apathie und Abkapselung (Autismus) äußern können. In besonders schweren Fällen wirkt sich diese frühe seelische Störung auch im körperlichen Bereich aus. Die Kinder nehmen keine Nahrung mehr zu sich und sterben an *Hospitalismus*[15].

Veränderungen und Entwicklungen vollziehen sich während der Übergangsphase nicht nur im Bereich der Ich-Funktionen und der Objektbeziehungen, sondern können auch im Bereich der Triebe und Bedürfnisse beobachtet werden.

Einmal können wir vermehrte Anzeichen eines Bedürfnisses beim Säugling beobachten, sich neugierig bzw. interessiert allen Eindrücken, Vorgängen und Gegenständen seiner Umwelt zuzuwenden. Dieses allgemeine neugierig-interessierte und gleichzeitig emotional getönte *Weltzuwendungsbedürfnis* wurde besonders von Schultz-Hencke[16] hervorgehoben und eingehend beschrieben. Er nannte es, in Anlehnung an den Begriff der intentionalen Akte in der Psychologie Husserls das *intentionale Antriebserleben*. Es beinhaltet ein von Schultz-Hencke für originär gehaltenes Bedürfnis, sich interessiert und emonional beteiligt handelnd (auch im Sinne des geistig interessierten Handelns, also des aktiven Denkens) mit den Menschen, der belebten und unbelebten Natur und ihren einzelnen Teilen mit dem Ziel auseinanderzusetzen, in eine Befriedigung vermittelnde Beziehung zu diesen Objekten zu gelangen. Hierbei scheint ein Teil des Befriedigungserlebnisses auch darin zu liegen, daß die Neugier erweckenden Gegenstände auch in ihrem Wesen und in ihrer Funktion erfaßt werden.

Weiterhin läßt sich beim Kind in dem genannten Entwicklungsabschnitt eine ständige Verstärkung seiner *spontanen motorischen Bedürfnisse* feststellen. Entsprechend der Reifung seiner motorischen Fähigkeiten – es kann mit sechs Monaten sitzen und Gegenstände gezielt ergreifen, mit zehn Monaten stehen und mit zwölf bis fünfzehn Monaten frei laufen – werden seine Handlungsvollzüge gezielter, differenzierter und effektvoller. Die mit dem Erlernen des Zugreifens und Festhaltens möglich wer-

15 R. Spitz, Die Entstehung der ersten Objektbeziehungen. Stuttgart 1957, S. 93.

16 H. Schultz-Hencke, Lehrbuch der Analytischen Psychotherapie. Stuttgart 1951, S. 24.

denden Gefühlserlebnisse stellen für den Säugling solch wichtige Neuerungen dar, daß dieses mit aktivem manuellen Zugreifen verbundene Antriebserleben von Schultz-Hencke und anderen Autoren eine besondere Bezeichnung erhalten hat. Er nannte es *kaptatives* Bedürfnis (capere = nehmen).

Mit dem freien Laufen kann das Kind sogar seinen Standort aus eigener Kraft verändern und durch entsprechende Expansion seinen Aktionsradius erweitern und die Objekte seines Handelns vervielfältigen. Dies kommt wiederum sowohl den Wahrnehmungs- und Handlungsanteilen seines Ichs als auch der Förderung seiner Unabhängigkeitsbedürfnisse als weiteren Anteilen seines Ichs und auch seines Selbst zugute.

Die Verstärkung des originären motorischen Antriebes in dieser Phase scheint weitgehend mit dem identisch zu sein, was K. Bühler[17] als *Funktionslust* des Kindes beschrieben hat, und welches, wie wir bereits gesehen hatten, schon in den spontanen, völlig ungerichteten motorischen Aktionen des Säuglings in der symbiotischen Phase seinen ersten Ausdruck gefunden hatte.

Das Kind entdeckt während dieser, sich rasch ausweitenden und differenzierenden motorischen Handlungsäußerungen in zunehmendem Maße, daß es mittels dieser Fähigkeiten seine Umwelt partiell verändern kann. Und zwar sowohl die Gegenstandswelt, daß z. B. ein Milchglas vom Tisch fällt, wenn es an der Tischdecke zieht, als auch die Menschen seiner Umgebung, bei denen Reaktionen und Handlungen durch sein Tun ausgelöst werden. Z. B. bückt sich die Mutter immer wieder nach dem Ball, den es aus dem Laufstall herausgeworfen hat und wirft ihn zurück. Dieses Spiel wird nicht selten so lange fortgesetzt, bis die Mutter Unmutsäußerungen von sich gibt. Das Kind erprobt dabei unwillkürlich die Grenzen seiner *Macht.* Im Zusammenhang mit dieser besonderen Seite des motorischen Bedürfnisses werden in ständig sich verstärkendem Ausmaß diese Bedürfnisse nach Macht und Bemächtigung oder Beherrschung von Menschen und Gegenständen wach gerufen. Ihnen gesellen sich später in zunehmendem Grade Bedürfnisse nach *Geltung* hinzu. In der *Individualpsychologie* A. Adlers[18] haben die Bedürfnisse nach Macht und Geltung zur Überwindung der Unterlegenheit des Kindes gegenüber dem Erwachsenen eine zentrale Bedeutung für das Verständnis der seelischen Entwicklung des Menschen und der seelischen Erkrankungen erhalten.

17 K. Bühler, Die geistige Entwicklung des Kindes. Jena 1918.

18 A. Adler, Praxis und Theorie der Individualpsychologie. München und Wiesbaden 1920.

Wir können in Zusammenhang mit den eben beschriebenen ersten Interaktionen des Kindes mit seiner Umgebung gleichzeitig die ersten Ansätze dessen erkennen, was zuvor (s. S. 25) bereits als *Lernen* aus Erfolgs- und Mißerfolgserlebnissen bezeichnet worden war. Daß dieses Lernen wiederum eine Stärkung und Differenzierung der Ich-Fähigkeiten bewirkt, ergibt sich beinahe selbstverständlich.

Mit dem eben Geschilderten ist aber der Bereich der sich in der Übergangsphase zeigenden Antriebsqualitäten noch nicht vollständig. Gegen Beginn des zweiten Lebensjahres, bei ehrgeizigen Müttern auch früher, wird in den zivilisierten Ländern das Kind daran gewöhnt, seinen Kot in einen Nachttopf abzusetzen. Dieser von den Reinlichkeits- und Ordnungsbedürfnissen der Erwachsenen in Gang gesetzte Vorgang der sogenannten *Sauberkeitsgewöhnung* ruft nun erfahrungsgemäß beim Kind eine ganze Fülle von Erlebnissen hervor und führt gleichzeitig dazu, daß sich einige latent vorhandene Triebe erstmalig manifestieren und zunehmend an Bedeutung gewinnen.

Wir haben ausreichenden Anlaß anzunehmen, daß das Kind im ersten und zweiten Lebensjahr seinen Kot noch nicht wie der Erwachsene als ekelerregend empfindet, sondern ihn eher als interessanten, vielleicht in gewissem Grade sogar geliebten Bestandteil seines eigenen Körpers empfindet. Von da her gesehen erlebt es wahrscheinlich die Forderung seiner Mutter, ihr den Kot zu liefern und zu schenken (denn die Mutter nimmt ihn ja im Anschluß an die vollbrachte Leistung an sich) als eine Möglichkeit, der Mutter mit dem Vollbringen dieser Leistung ein Liebesgeschenk zu machen. Gleichzeitig entdeckt das Kind aber auch, daß es mit dem Nichtvollbringen der geforderten Leistung unterschiedliche Reaktionen von liebevollem geduldigem Zuspruch über ungeduldiges Warten bis zu bösen Strafandrohungen und Strafvollzügen bei der Mutter hervorrufen kann. Es kann also im Rahmen dieser intimen Zweiersituation mit seiner Mutter in besonderem Maße Macht auf diese ausüben. Unwillkürlich wird es seine Gefühlseinstellung zu seiner Mutter, ob es sich liebevoll angenommen und bestätigt oder abgelehnt vorkommt, darin zum Ausdruck bringen, ob es der Forderung, den Kot in den Topf zu machen, nachkommt oder nicht.

Die Lenkung der Aufmerksamkeit des Kindes auf den Stuhlentleerungsvorgang bewirkt gleichzeitig – dies ist eine wichtige Entdeckung Freuds, die er bei der Erforschung der kindlichen Triebäußerungen machen konnte – eine Intensivierung von Lustempfindungen, die rein funktionell und anatomisch mit der Entleerung des Kotes aus dem Enddarm durch den After zusammenhängen. Das Kind wird sich während der Sauberkeitsgewöhnung in zunehmendem Maße der lustgetönten

Empfindungen im Bereich der Enddarm- und Afterschleimhäute beim Hindurchtreten der festen Kotwurst durch das vom Schließmuskel fest zusammengehaltene Afterloch bewußt. Dieses an die Enddarm- und Afterschleimhaut gebundene Erleben gewinnt für das Kind allmählich eine solche Bedeutung, daß die zeitlich vorangegangenen an die Lippen- und Mundschleimhäute gebundenen oralen Lusterlebnisse dem gegenüber in ihrer Bedeutung zurücktreten. Dies hat Freud veranlaßt, diese neue gesamte Entwicklungsphase *anale* (Anus = After) zu nennen. Später werden wir noch einmal bei der Darstellung der Libido-Theorie Freuds auf die anale Phase zurückkommen.

Es war bereits erwähnt worden, daß das Kind bei dem Vorgang der Sauberkeitsgewöhnung auch Machterlebnisse hat. Vieles spricht dafür, daß die auf die Mutter gerichteten Impulse, im Falle des Nicht-Angenommenseins von der Letzteren über die Bedeutung von Machtausübung hinausgehen. Sie tragen nämlich teilweise *aggressive und destruktive* Merkmale. Es soll an dieser Stelle nicht zu der bis heute umstrittenen Frage Stellung genommen werden, ob es einen primären, dem Menschen innewohnenden Zerstörungs-, Destruktions- oder Todestrieb gibt. Sicher gibt es einen solchen als Reaktion auf Enttäuschung, Vernachlässigung oder Bedrohung durch Andere, also einen *reaktiven* Destruktionstrieb. Die aggressive Wirkung des Nichtabsetzens von Kot, des Einkotens im Bett, des Herumschmierens oder -werfens von Kot oder des Ablassens von stinkenden Blähungen auf die Mutter und andere Familienmitglieder bringt es wahrscheinlich mit sich, daß die Äußerung destruktiv-aggressiver Regungen gerade in dieser Entwicklungsphase beim Kinde mobilisiert wird. Wörter wie anscheißen, bescheißen oder anstinken, die auch im Erwachsenenleben aggressive Impulse zum Ausdruck bringen, unterstreichen die Wichtigkeit der aggressiven Erlebnisanteile im Gesamtzusammenhang der Erlebnisse des Kindes bei der Stuhlentleerung während der Phase der Sauberkeitsgewöhnung.

Die Beobachtung des Verhaltens von Kindern im zweiten und dritten Lebensjahr läßt weiterhin erkennen, daß die eben beschriebenen aggressiv-destruktiven Strebungen und die daraus resultierenden Handlungen unter anderem auch einen erheblichen Lustanteil enthalten. Das dem Menschen innewohnende Streben nach Gewinn und Vermehrung von Lust erschließt sich im Verlaufe der psychischen Entwicklung des Kindes hiermit einen weiteren Bereich nach den vorangegangenen oralen und analen Phasen des Luststrebens. Dieser weitere Erlebnisbereich wird der *sadistische* genannt. Er äußert sich vor allem in der Weise, daß es dem Kind Lustgefühle vermittelt, wenn es einem anderen Menschen oder stellvertretend auch einem Tier körperliche oder seelische Schmerzen zufügt. In *direkter* Form kann sich der sadistische Trieb zeigen, indem das Kind die Mutter oder jüngere Geschwister schlägt und Befriedigung erlebt, wenn diese Äußerungen von Schmerz von sich geben. In *indirekter* Form kann sich der Sadismus äußern, indem das Kind sich so verhält, daß die Mutter oder eine andere dem Kind nahestehende Person einen mehr seelischen Schmerz erleben, z. B. dadurch daß das Kind immer wieder gerade die von der Mutter verbotenen oder besonders verabscheuten Dinge tut, z. B. mit Kot herumschmieren, die Kleider schmutzig machen, herumtoben und schreien, wenn die Mutter ihre Ruhe haben will u. a. In noch indirekterer Form kann sich die sadistische Lust Befriedigung verschaffen, indem sie sich mit ihren zerstörerischen Aktivitäten auf Gegenstände richtet, zu denen andere Familienmitglieder eine besonders intensive affektive Beziehung haben. Die sadistische Befriedigung besteht dann darin, daß z. B. die Mutter Schmerz, Wut oder Bekümmerung äußert, wenn das Kind eine von ihr besonders geliebte Blumenvase zerschlagen hat.

Es ist unschwer zu erkennen, daß sich im Sadismus nicht nur libidinöse Triebkräfte äußern, sondern daß sich gleichzeitig aggressive Triebe darin Abfuhr verschaffen. Diese als *Triebmischung* bezeichnete, im zweiten bis dritten Lebensjahr einsetzende Verbindung der sexuellen und der aggressiven Triebe gehört zu den normalen und notwendigen Ereignissen in der psychischen Entwicklung des Kindes. Wenn die Triebmischung ausbleibt oder, was unter bestimmten Bedingungen geschehen kann, wenn die beiden Triebe sich wieder isolieren – ein als Triebentmischung bezeichneter Vorgang – kann es zu krankhaften psychischen Charakterbildungen, zur Entstehung von Neurosen oder, wenn noch pathologische Vorgänge im Bereich der Ich-Funktionen hinzukommen, gelegentlich sogar zu Psychosen kommen. Die Vermischung der beiden genannten Triebe hat zwar beim Erwachsenen zur Folge, daß die Äußerungen seiner sexuellen Triebwünsche häufig von aggressiven Triebabkömmlingen unterschiedlichen Ausmaßes durchsetzt sind und dadurch abgewandelt werden. Sie enthalten deshalb meist ein Quantum Grausamkeit. Genauso kann auch der umgekehrte Vorgang beobachtet werden: daß nämlich die Aggressionen des Menschen häufig durch sie begleitende erotische Triebregungen abgewandelt, gemildert, »neutralisiert« werden. Es ist nicht ausgeschlossen, daß die den Triebvorgängen innewohnenden Energien sich in unterschiedlichem Ausmaß von der einen Äußerungsform (Eros) ablösen und auf die andere (Aggressionstrieb) übergehen können und umgekehrt. Diese für die Charakterbildung des Einzelnen höchst wichtige Möglichkeit wird uns noch an späterer Stelle beschäftigen, wenn die psychischen Hintergründe der Menschheitsentwicklung und die Gesetze der moralischen Normbildungen innerhalb unserer Gesellschaft erörtert werden.

Da die sadistische Äußerungsform des Luststrebens zeitlich gemeinsam mit der analen Äußerungsform derselben im Verlaufe der psychischen Entwicklung des Kindes auftritt, wird der betreffende Entwicklungsabschnitt unter der Bezeichnung *anal-sadistische* Phase zusammengefaßt.

Exkurs über die *Libido-Theorie* Freuds:

Der Leser wird bemerkt haben, daß unsere Darstellung der psychischen Entwicklung des Menschen möglichst umfassende und vielseitige Gesichtspunkte in ihre Betrachtungsweise einbezieht. Die Aussagen der Psychoanalyse nehmen darin eine bevorzugte Stellung ein. Es soll deshalb für den auch theoretisch interessierten Leser an dieser Stelle ein Exkurs über die Trieb-Theorie Freuds, die Libido-Theorie, eingefügt werden.

Im Mittelpunkt dieser Theorie steht die Annahme, daß die auf Gewinn und Vermehrung von Lust hinzielende psychische Energie, genannt *Libido,* im Verlaufe der frühkindlichen Entwicklung mehrere Reifungsstufen durchmacht, bis sie in der genitalen Phase im vierten bzw. fünften Lebensjahr ihre endgültige Form erreicht hat. Dieser Theorie liegt die Annahme zugrunde, daß sich in der genital-sexuellen Befriedigung die höchste Form und das größte Ausmaß von Lust und Genuß erkennen läßt, und daß die in der Entwicklung davor liegenden, Lust vermittelnden Befriedigungsformen nur als *Vorstufen* der endgültigen genital-sexuellen Lust-Stufe betrachtet werden können. Sie werden deshalb auch im Rahmen der Libido-Theorie als *prä*genitale Stufen im Verlaufe der Triebreifung oder als *Organisationsstufen* der Libido bezeichnet. Die sich in ihnen äußernden besonderen Erscheinungsformen der (prägenitalen) Triebbefriedigung werden auch als *Partialtriebe* bezeichnet, also als oraler, analsadistischer und phallisch-narzißtischer Partialtrieb.

Die Libido-Theorie besagt weiterhin, daß in den Handlungen und im Erleben des reifen erwachsenen Menschen die genitale Form der sexuellen Lustbefriedigung zwar die bestimmende Rolle spielt, daß sich aber auch beim nicht entwicklungsgestörten, also nichtneurotischen Erwachsenen, Anteile von prägenitalen »sexuellen« Befriedigungsformen regelmäßig nachweisen lassen, also orale, anale, sadistische und phallisch-narzißtische Befriedigungsformen. Balint hat in einer Studie[19] eindrucksvoll dargestellt, wie sich im Vorspiel zum sexuellen Liebesakt sozusagen im Zeitraffertempo jeweils die prägenitalen Lustformen von der oralen über die anal-sadistische und phallisch-narzißtische Stufe noch einmal wiederholen, bis es in der endgültigen sexuellen Vereinigung zur Erreichung der genitalen Stufe kommt. Zahlreiche Störungen der genital-sexuellen Handlungen und Empfindungen sowohl bei der Frau als auch beim Mann lassen sich darauf zurückführen, daß während der frühen Kindentwicklung die genitale Entwick-

19 M. Balint, Die Urformen der Liebe und die Technik der Psychoanalyse. Stuttgart 1966.

lungsstufe nicht erreicht worden ist. Dementsprechend spielen Äußerungen prägenitaler Lustformen, wie orale oder sadistische Liebespraktiken oder -handlungen häufig eine besondere Rolle im Liebesleben dieser Erwachsenen.

Wir wissen heute, daß die in der Libido-Theorie beschriebenen psychischen Entwicklungsvorgänge und -zusammenhänge nur Teile des seelischen Gesamtgeschehens darstellen. Danach handelt es sich um so wichtige Anteile, daß die Libido-Theorie für denjenigen, der sich mit der seelischen Behandlung neurotischer Erwachsener und Kinder befaßt, weiterhin unentbehrlich bleiben wird. Er wird ohne das durch diese Theorie vermittelte Erkennen von Zusammenhängen nicht zu einem ausreichenden Verständnis der krankhaften seelischen Störungen seiner Patienten oder Klienten vordringen können. Dies gilt zwar in besonderem Maß für bewußt erlebte sexuelle Funktions- und Empfindungsstörungen, jedoch darüber hinaus auch für zahlreiche andere neurotische Störungen, die vordergründig nichts mit der Sexualität zu tun haben, die aber bei genauer und anhaltender Analyse einen Zusammenhang mit Störungen der sexuellen Entwicklung während der ersten vier bis fünf Lebensjahre erkennen lassen.

Es wurde bereits darauf aufmerksam gemacht, daß das Kind seinen Kot wahrscheinlich als wertvollen, geliebten Bestandteil seines Körpers empfindet. Es muß sich dementsprechend auf Grund der Forderung seiner Mutter, diesen wertvollen Eigenbesitz herzugeben, damit auseinandersetzen, in welcher Weise es mit diesem Eigenbesitz umgehen soll und kann. Hierdurch werden in ihm Bedürfnisse mobilisiert, entweder einer geliebten Person wertvollen eigenen Besitz *herzugeben* oder gegenüber einer nicht geliebten Person wertvollen Eigenbesitz zu *behalten*. Beim Anhalten dieser zuletzt genannten Neigung kann das Nicht-hergeben, also das Behalten, in zunehmendem Maße lustgetönten Charakter bekommen, und dadurch ein ebenfalls als originär anzusehendes, d. h. dem Menschen ursprünglich innewohnendes Bedürfnis mobilisieren, welches von Schultz-Hencke[20] *retentives* Antriebserleben genannt wurde. Dabei geht er davon aus, daß ein gewisses Ausmaß behaltenwollender, also retentiver Bedürfnisbefriedigungen zur Aufrechterhaltung der seelischen Gesundheit erforderlich ist.

Abschließend ist bei der Beschreibung der eben dargestellten Entwicklungsphase noch ein Erlebnisbereich des Kindes hervorzuheben, dem man erst in jüngerer Zeit verstärkte Aufmerksamkeit geschenkt hat. Gemeint ist die eigene Entdeckung seiner *schöpferischen, kreativen* Fähigkeiten. Es macht unwillkürlich beim Anfassen, Kneten und Schmieren des Kotes oder, da ihm dieses in den meisten Fällen verwehrt wird, beim spielerischen Umgang mit Knetmasse, beim »Malen« oder beim

20 H. Schultz-Hencke, Der gehemmte Mensch. Stuttgart 1947, S. 23.

Spielen mit Bauklötzen die Entdeckung, daß es neue, vorher nicht vorhanden gewesene Gebilde herstellen kann. Es ahnt dadurch vielleicht zum ersten Mal, daß es mittels dieser ersten schöpferischen Tätigkeit seiner Selbstverwirklichung dient.

Die Vorgänge in der eben dargestellten Übergangsphase vom symbiotischen Vor-Ich-Stadium zum Stadium eines strukturierten Ichs können in folgender Weise *zusammengefaßt* werden: Das Kind zeigt verstärkte Tendenzen und Äußerungen zur Verselbständigung einerseits und zur motorischen Entfaltung andererseits. Gleichzeitig werden in ihm Bedürfnisse und Erlebnisse der Macht und der eigenen schöpferischen Kräfte mobilisiert. Die sich allmählich strukturierenden und verstärkenden Ich-Funktionen sind aber noch so schwach, daß die Abgrenzung seines eigenen Ichs von außer ihm vorhandenen Objekten über eine Phase der Übergangsobjekte nur so weit gelangt, daß eine verläßliche, aber noch weitgehend von Abhängigkeit gekennzeichnete Objekt-Beziehung zu seiner Mutter entsteht. Dieses noch bestehende Abhängigkeitsverhältnis zwischen Kind und Mutter wird auch als *Dual-Union* oder *Dyade* bezeichnet. Als weiteren psychischen Vorgang ist eine Intensivierung des seit den ersten Lebenswochen des Kindes feststellbaren intentional genannten Bedürfnisses zu nennen, das einer Tendenz entspringt, sich neugierig-interessiert und emotional beteiligt den belebten und unbelebten Objekten der Welt mit dem Ziel zuzuwenden, diese Objekte in aktiver, handelnder (später auch geistiger) Auseinandersetzung zu erfassen. Weiterhin sind die durch die Reinlichkeitsforderungen der Erwachsenen (Absetzen des Kotes in einen Topf) mobilisierten analen (an die Enddarm- und Afterschleimhaut gebundenen) Lusterlebnisse, die aggressiven Triebäußerungen, die Verbindung beider im Sadismus und die als retentiv bezeichneten Bedürfnisse des Behaltens von geliebtem Eigenbesitz zu nennen.

2.3 Die Sprache und der Beginn der geistigen Welterfassung

Der Mensch verfügt als einziges Lebewesen[21] über die psycho-physischen Voraussetzungen zur Entwicklung einer Sprache. Diese ermöglicht ihm ein Bewußtwerden seiner selbst, eine differenzierte Erfassung und Formulierung der sich in ihm abspielenden und von seinem Bewußt-

21 Diese Aussage muß insofern eingeschränkt werden, als es möglicherweise Tiere gibt, die über komplizierte sprach-ähnliche Kommunikationssysteme verfügen, wie z. B. die Delphine. Obwohl die Forschung auf diesem Gebiet noch nicht abgeschlossen ist, dürfen wir aber davon ausgehen, daß die bewußtseins-

sein wahrnehmbaren psychischen und körperlichen Vorgänge und vor allem die Fähigkeit, mittels derselben in Beziehung zu anderen Menschen zu treten. Die Sprache ist in erster Linie ein Ausdrucksmittel und ein Medium zur Kommunikation, zur seelisch-geistigen Verbindung mit anderen Menschen. Sie ergänzt in differenzierender Weise die nichtsprachlichen, vorwiegend unwillkürlich ablaufenden Ausdrucks- und Kommunikationsvorgänge der Mimik und Gestik. Allerdings muß bereits hier hervorgehoben werden, daß die Sprache auch häufig zur Verschleierung der mimischen und gestischen Ausdrucksvorgänge und Kommunikationssignale verwendet wird. Dieses Phänomen wird noch später berührt werden, insbesondere bei der Darstellung der Anpassungsvorgänge des Menschen an die Gesellschaft und bei den Schwierigkeiten der seelischen Krankenbehandlung. Die höchste der Sprache des Menschen innewohnende Funktion liegt in der Möglichkeit zur Abstraktion von den sprachlichen Abbildern und Zeichen wahrgenommener Objekte und Vorgänge zu geistigen Begriffen. Zwar ist dieser Vorgang nicht allein eine Leistung der Sprache, sie ist jedoch ein unabdingbarer, integrierender Bestandteil des zu einer geistigen Abstraktion führenden Vorganges.

Zwischen dem zweiten und vierten Lebensjahr, dem Alter, in welchem sich die Fähigkeit zur sprachlichen Mitteilung und zum Sprachverständnis ausbildet, kann beobachtet werden, wie eng miteinander verkoppelt das Erlernen und der Gebrauch der Sprache mit der Fähigkeit zur geistigen Erfassung der Welt einschließlich der eigenen Person mit allen sich in ihr vollziehenden wahrnehmbaren Vorgängen sind. An dem Erlernen der Sprache kann der an früherer Stelle (s. S. 25 und 26) bereits erwähnte Unterschied zwischen unwillkürlichem und bewußtem Lernen besonders gut veranschaulicht werden. Die »Muttersprache« wird auf dem Wege der unwillkürlichen Nachahmung von den primären Bezugspersonen erlernt, denen gegenüber intensive, in verschiedenster Weise affektiv getönte Bindungen bestehen, vor allem von der Mutter. Hieraus ergibt sich, daß auch der emotionale Ausdrucksgehalt der Sprache und die in der Sprache liegende Kommunikationsmöglichkeit bei einem Kind, welches überwiegend positive Beziehungen in der vorsprachlichen Entwicklungsphase zu seiner Mutter gehabt hat, besonders reichhaltig und stark ist. Hingegen können wir bei älteren Kindern oder Erwachsenen, deren emotionale Bindungen zur Mutter bereits in der präverbalen (vorsprachlichen) Entwicklungsperiode gestört gewesen sind, häufig beobachten, daß sie

erweiternden und zur Abstraktion befähigenden Möglichkeiten, welche die menschliche Sprache bietet, auch bei diesen Tieren bei weitem nicht erreicht werden.

nur in geringem Maße oder gar nicht in der Lage sind, affektive oder gefühlshafte Erlebnisse über das Sprechen zum Ausdruck zu bringen. Dies hat zum Beispiel bei der Behandlung derartiger Personen zur Folge, daß die rein verbale Therapie unzulänglich bleiben wird und präverbale Ausdrucks- und Kommunikationsformen in die Therapie mit einbezogen werden müssen.

Das Erlernen einer weiteren Sprache neben der Muttersprache vollzieht sich in den meisten Fällen auf dem Wege des bewußten Lernens, also mittels gezielter geistiger Leistungen und Übungsakte. Diese sekundär erlernten Sprachen haften dementsprechend auch nicht so sehr am emotionalen Erleben wie die Muttersprache. So gibt es in bestimmten Gegenden der Schweiz oder im Elsaß Schulkinder, die in ihrer Muttersprache stottern, während sie in der zusätzlich erlernten offiziellen Schulsprache ungestört sprechen können. Dies ist darauf zurückzuführen, daß sich die unbewußten und nicht bewältigten inneren seelischen Konflikte dieser Kinder im Umfeld ihrer Primär-Beziehungsgruppe abspielen, d. h. in der Familie, wo auch die Muttersprache gesprochen wird, und daß die in diesen Fällen gestörten affektiven Vorgänge untrennbar an die sprachlichen Äußerungen gekoppelt sind. Die sekundär erlernte Zweitsprache wird hingegen mehr zur rationalen Verständigung innerhalb des weniger konflikthaften schulischen Milieus verwendet und ist deshalb nicht gestört.

Die vom Kind erlernte Muttersprache begünstigt über die schon vorher angeführten Entwicklungsvorgänge hinaus in besonders starkem Maße die Strukturierung und Stärkung der Ich-Funktionen, die Stärkung des Bewußtseins und die realitätsgerechte geistige Erfassung der Außen- und Innenwelt. Im zweiten und dritten Lebensjahr, dem Zeitabschnitt der sich entwickelnden sprachlichen Verständigungs- und Ausdrucksfähigkeit, gelangt die geistige Auseinandersetzung mit der Umwelt und dem eigenen Selbst bis zu einem Zwischenstadium zwischen dem unbewußten Zustand des ersten Lebensjahres und der späteren realitätsgerechten geistigen Erfassung der Welt. Dieses Zwischenstadium enthält einerseits noch Kriterien des Ich-losen Zustandes, in welchem Ich und Nicht-Ich, Innenwelt und Außenwelt noch nicht voneinander abgegrenzt werden können, und andererseits bereits solche Merkmale, welche aus der beginnenden Fähigkeit abgeleitet werden können, Bestandteile des eigenen Ichs gegenüber bestimmten Objekten in der Außenwelt abzugrenzen. Dies findet darin seinen Ausdruck, daß das Denken zum einen Teil magischen Charakter hat. D. h. das Kind kann seine eigenen seelischen Regungen in ihrer Qualität, Quantität und Auswirkung auf seine Umgebung noch nicht abschätzen und ist nur in geringem Maße dazu fähig, die aus ihm selbst heraus wirksam werdenden Kräfte von denen aus seiner Umwelt herrührenden abzugrenzen. Innen und außen sind noch eng miteinander verflochten oder sogar in seinem Erleben noch identisch. Es glaubt deshalb mit voller Überzeugung, daß die Vögel, wie es ihm im Märchen erzählt wird, sprechen können, oder daß der Kalif sich in einen Storch verwandelt. Es ist auch davon überzeugt, daß es die Kräfte eines Löwen hat, wenn es einen Löwen spielt, oder daß der Vater wirklich auf Grund seiner eigenen magischen Wunschkräfte umfällt, wenn es im Spiel den Vater umfallen läßt. Es ist auch einige Zeit fest davon überzeugt, daß Wünsche, die es mit ganzer Kraft hegt, auch in Erfüllung gehen. In den Phänomenen des Aberglaubens und der Bereitschaft, sich von Zauberkünstlern oder Scharlatanen täuschen zu lassen, finden wir auch bei fast allen erwachsenen Menschen noch Reste dieser magischen Erlebnisweise. Bei einer bestimmten Gruppe neurotischer Erkrankungen, nämlich der Zwangsneurose, treffen wir die Überzeugung, daß eigene Gedanken übermächtige Wirkungen auf die Handlungen oder das Schicksal anderer Memschen ausüben können, in verstärktem Maße an. In der psychoanalytischen Literatur ist diese besondere Erlebnisweise der Zwangsneurotiker als »Allmacht der Gedanken« bekannt.

Neben diesen magischen Erlebnisweisen und Allmachtsgefühlen des Kindes im zweiten und dritten Lebensjahr, denen auch eine Unsicherheit und magische Übersteigerung oder Verringerung der aus der Umwelt auf das Kind einwirkenden Handlungen und Kräfte entspricht, können wir aber auch in zunehmendem Ausmaß – entsprechend dem Grad der Ich-Entwicklung – eine realitätsgerechte Einschätzung der eigenen Kräfte und derjenigen der Außenwelt beobachten. Letztere ist aber in der genannten Entwicklungsperiode insgesamt noch so gering, daß es berechtigt ist, diesem Entwicklungsabschnitt hinsichtlich der besonderen Art der in ihr in Erscheinung tretenden geistigen Welterfassung die Überschrift »magische« Phase zu geben.

2.4 Die endgültige Ich-Findung, der Eintritt in die Primärgruppe (Familie) und die Ausbildung der sozialen Fähigkeiten

Im vierten und fünften Lebensjahr entwickeln, verstärken und differenzieren sich die in den vorangegangenen Reifungsphasen in Gang gekommenen Ich-Funktionen so weit, daß ein stärkerer Grad von Unabhängigkeit von dem Primärobjekt Mutter erreicht wird. Das Kind kann es sich nunmehr leisten, sich aus der Dual-Union mit der Mutter heraus zu begeben und andere Mitglieder seiner Primärgruppe, also den Vater und etwaige Geschwister, Großeltern usw. als weitere Objekte in sein Erleben und Handeln mit einzubeziehen. Es wird auf Grund seines stärker gewordenen Ichs nicht mehr dadurch verunsichert, daß es zeitweilig nicht mehr in der vertrauten Beziehung zu seiner Mutter lebt. Dies ist ein ganz entscheidender Entwicklungsschritt. Das Kind beginnt mit dieser allmählichen Ablösung von der bisherigen Zwei-Personen-Beziehung die Auseinandersetzung in und mit Gruppen. Es erreicht die *Stufe der Mehr-Personen-Beziehung*. Damit einhergehend beginnen sich bei ihm die als *sozial* zu nennenden *Funktionen* auszubilden. Mit seiner allmählichen Integration in der ersten Mehr-Personen-Gruppe, der Familie, macht es eine erste Gruppenerfahrung. Die dabei erworbenen unbewußten und bewußten Erfahrungen sind für seine weitere psychosoziale Entwicklung, die ihn später in vielfältige andere (sekundäre) Gruppensituationen führt, (Kindergarten, Schule, Jugendgruppen, Gruppen am Arbeitsplatz, eigene Familie, Interessengruppen usw.) bestimmend. Der außenstehende Beobachter kann darüber hinaus erkennen, daß sich der spezifische »Stellenwert«, die »Rolle«, welche dem Kind im gesamten sozialen Familiengefüge zugewiesen wird, während dieser Entwicklungsperiode in zunehmender Deutlichkeit konturiert. Wir wissen aus den gruppendynamischen Forschungen, die in den letzten Jahrzehnten in Gang gekommen sind, daß jeder Familie eine besondere Dynamik und Eigengesetzlichkeit innewohnt, innerhalb derer unwillkürlich jedem Mitglied der Familie eine besondere Rolle zugewiesen wird. Die unbewußte Funktion dieser Dynamik ist die der Herstellung und Erhaltung eines Gruppengleichgewichtes und der Durchsetzung etwaiger – häufig unbewußt bleibender – Gruppenziele.

Ein solches gemeinsames unbewußtes (Familien-)Gruppenziel kann z. B. sein, daß sich die Familie als etwas Besonderes gegenüber der Umgebung erlebt, im Sinne eines höheren Wertes, daß sie sich dementsprechend der Gesellschaft gegenüber abkapselt und Einflüsse von außen abwehrt. In einer solchen Familie werden sich auch bestimmte Überlegenheitsideologien manifestieren. Um in dieser bestehen und sich entwickeln zu können, werden sich die darin heranwachsenden Kinder mit dieser Gruppenideologie identifizieren müssen und bestrebt sein, Fähigkeiten zu entwickeln und ihr Selbstbild dahingehend auszurichten, daß es der gemeinsamen Gruppenideologie gerecht wird. Die Folge im späteren Leben eines solchen Kindes wird sein, daß es einerseits Schwierigkeiten bei dem Aufnehmen von Partnerschaftsbeziehungen oder beim Eintritt in Sekundärgruppen haben wird, weil es unbewußt nicht die Gleichwertigkeit anderer Menschen außer den Familienangehörigen anerkennen kann. Unter Umständen wird es in eine Krise geraten, die nur überwunden werden kann, wenn es sich der Aufrechterhaltung dieser nicht wirklichkeitsgerechten Familienideologie bewußt wird und sie korrigiert.

Es kann aber auch sein, daß ein lebensschwaches Elternpaar, um sich kompensatorisch stark fühlen zu können, ein schwaches Glied in der Familie benötigt, dem gegenüber es sich als »stark« abgrenzen kann. Ein in dieser Konstellation heranwachsendes Kind wird leicht in die Rolle des kranken, schwachen oder minderwertigen Familienmitgliedes gedrängt werden und besonders starke Gefühle der Unterlegenheit, Minderwertigkeit und Isolierung, unter Umständen sogar des Ausgeschlossenseins haben. Der familien-dynamische Druck, welcher dem Kind als schwächstem und damit geeignetstem Glied der Familiengruppe eine bestimmte Rolle zuweist, mit dem unbewußten Ziel, unterschwellige Familienkonflikte nicht an die Oberfläche kommen zu lassen, und damit das Gruppengleichgewicht zu erhalten, kann gar nicht wichtig genug genommen werden. Auch in dem eben geschilderten Beispiel wird später beim Scheitern an Partnerschafts-, Sekundärgruppen- und Leistungssituationen eine Auseinandersetzung mit dem Fortwirken des in der Primärgruppe konstellierten Rollenverhaltens als »Schwächling«, »Minderwertiger«, »Prügelknabe«, »Außenseiter« u. ä. stattfinden müssen.

Die Auswirkungen der an dieser Stelle im ersten Ansatz erörterten gruppendynamischen Gesetzmäßigkeiten innerhalb der sozialen *Großgruppen* wie Gemeinden, Ländern, Völkern, Rassen, Religionsgemeinschaften, politischen Parteien, Institutionen usw. und ihre Rückwirkungen auf den einzelnen in diesen Großgruppen werden im III. Kapitel dieses Buches eine ausführliche Darstellung finden.

Die Erreichung dieser *Stufe der Ich-Konsolidierung* zeigt sich meist darin, daß das Kind erstmalig von sich als Ich redet (»ich habe einen Turm gebaut«) und nicht mehr, wie davor, in der dritten Person (»Sabine ist ungezogen gewesen«). Die Entwicklung der Fähigkeit, Objektbeziehungen zu weiteren Personen aufzunehmen, wird auch in seiner sich abzeichnenden Bereitschaft deutlich, mit anderen Kindern in der Weise zu spielen, daß die Handlungen und Bedürfnisse der anderen Kinder im eigenen Handeln während des gemeinsamen Spieles berücksichtigt werden können. Hierbei verstärken sich die als ausdrückliche Funktionen des Ichs angesehenen Fähigkeiten, teilweise Verzichte dem anderen und dem gemeinsamen Spielziel zuliebe zu leisten, dem gleichen Anliegen dienende Befriedigungsaufschübe durchzustehen und zeitweilige Unlustspannungen zu ertragen (Frustrationstoleranz).

Die mit der Ich-Stärkung einhergehenden verbesserten Fähigkeiten und Möglichkeiten, sich mit anderen Personen und mit der Gegenstandswelt Erfahrungen sammelnd auseinanderzusetzen, fördern auch die geistige Entwicklung des Kindes und seine Einstellung zur Realität. Es vermag in zunehmendem Umfang die ihn umgebende Wirklichkeit in ihrer Wirkung auf es selbst und in den ersten Ansätzen auch in ihrer inneren Gesetzmäßigkeit einzuschätzen. Auch macht es Fortschritte im Erkennen der eigenen Wirkungsmöglichkeiten gegenüber der Außenwelt und in der Beurteilung der eigenen Person in ihrem Stellenwert innerhalb der Gesamtwirklichkeiten. Damit verbunden löst sich sein Denken allmählich von der magischen Vorstufe ab und wird in zunehmendem Maße dem Realitätsprinzip unterworfen. Unrealistische Allmachtsvorstellungen und magische Ängste gegenüber anderen Menschen und Naturvorgängen treten allmählich zurück. Gleichzeitig verstärkt sich auch das Bewußtsein seiner selbst beim Kind. Bewußte Erfahrungen aus der eigenen Vergangenheit und bewußte, vorweg genommene Zukunftsbezüge werden verstärkt in das eigene Denken und Handeln einbezogen. Es bilden sich erste Ansätze zu planvollem, »vernünftigem«, d. h. die eigene innere und die äußere Realität einbeziehendem Handeln. Zu dieser Bewußtseinserweiterung gehört auch, daß Kinder sich in diesem Alter häufig erstmalig ihrer eigenen Endlichkeit bewußt werden, also erkennen, daß sie einmal sterben müssen.

Die Verselbständigungstendenzen des Kindes können so stürmisch verlaufen, daß die einschränkenden Erziehungsmaßnahmen der Eltern die Entladungen wilder und extremer Motorik in Form von Wut- und Haßäußerungen, Ablehnung, Trotz u. ä. eine Zeit lang nicht zu beherrschen imstande sind. Wir wissen heute, daß eine solche »*Trotzphase*« genannte Periode für die Entwicklung des Kindes im Sinn der Ich-Strukturierung und Realitätsfindung eher eine positive Bedeutung hat als das völlige Fehlen eines solchen Verhaltens. Letzteres sehen wir eher als Ergebnis einer zu früh begonnenen und zu intensiv durchgeführten Dressur und dadurch bewirkter Unterdrückung gesunder Ich-Entfaltungstendenzen an.

Es war vorher bereits dargestellt worden, daß und in welcher Weise das Kind eine Fülle von Lernerfahrungen macht. Es merkt sich unwillkürlich diejenigen eigenen Handlungen und Verhaltensweisen, welche bei der Mutter und in zunehmender Häufigkeit auch bei anderen Personen zu entgegenkommenden, seine eigenen Wunschregungen befriedigenden Reaktionen führen und lernt davon diejenigen eigenen Handlungen abzugrenzen, die bei den anderen auf Ablehnung, Versagung seiner Bedürfnisse oder gar Bestrafung und Androhung von Liebesentzug führen. Dieser Lernprozeß führt allmählich dazu, daß die von außen kommenden Gebote und Verbote eine innere Repräsentanz im psychischen Organismus des Kindes erhalten. Dieses innere Abbild der das Kind umgebenden Wert-Welt, von den Psychoanalytikern *Über-Ich* genannt, läßt insofern eine ähnliche Zielsetzung wie das Ich erkennen, als es das Kind unabhängiger macht gegenüber den Personen und Dingen seiner Umgebung und damit zur Verselbständigung und Persönlichkeitsreifung beiträgt. Die zunächst von außen kommende gebietende und verbietende Stimme der Mutter oder des Vaters wird allmählich zur »inneren Stimme«. Letztere wird gelegentlich noch in der akustischen Vorstellung des Kindes wahrgenommen, bis schließlich im weiteren Verlaufe der Über-Ich-Bildung ein beträchtlicher Anteil seiner Inhalte ins Unbewußte gelangt. Das Kind ist sich von da ab, ohne darüber nachzudenken, dessen »gewiß«, was es tun oder unterlassen soll. Der wesentliche Unterschied zwischen dem psychoanalytischen Über-Ich-Begriff und dem religiösmoralischen Gewissensbegriff liegt darin, daß letzterer die Vorstellung einschließt, daß die Inhalte des Gewissens dem Menschen bereits angeboren sind, während die Psychoanalyse davon ausgeht, daß zwar die Fähigkeit zur Über-Ich-Bildung dem Menschen auf Grund seiner psychophysischen Gegebenheiten angeboren ist, daß seine Inhalte aber erst das Ergebnis seiner individuellen Erfahrungen sind, die er während seiner Entwicklung bei der Auseinandersetzung mit seiner speziellen Kindheitsumwelt macht. Ein uneheliches Kind der Teilnehmerin einer Südseeexpedition, das aus äußeren Gründen dort verbleiben und aufwachsen muß, wird sehr wahrscheinlich ein völlig anders geartetes Über-Ich entwickeln als ein weiteres Kind derselben Frau, welches sie später in Europa bekommt, und das dann in ihrer eigenen Familie aufwächst.

Auch im Bereich der Triebäußerungen und des dahinter liegenden unbewußten und nun zum Teil auch bewußteren Erlebens können wir beim Kind im vierten und fünften Lebensjahr wichtige Veränderungen beobachten. Die orale Abhängigkeit von der Mutter ist geringer geworden, und die durch die Sauberkeitsgewöhnung provozierte »anale« Akzentuierung des Erlebens hat inzwischen an Bedeutung verloren. Hiermit ist der Weg für eine Entwicklung frei geworden, die sich in einem Bedeutungszuwachs von Liebesbedürfnissen und -erlebnissen äußert. Diese betreffen sowohl den Bereich der Zärtlichkeits-, der Hingabe- und der sexuellen Erlebnisse.

Das Kind äußert ein verstärktes Bedürfnis nach gebender und empfangender *Zärtlichkeit*. Wenn diesem Wunsch nach liebevollem Streicheln, Drücken und Sprechen seitens seiner Umgebungspersonen nicht in ausreichendem Maße entgegengekommen wird, weicht es häufig auf Ersatzobjekte wie Haustiere, Puppen, Stofftiere u. ä. aus, denen es sich dann besonders zärtlich zuwendet.

Die *Hingabe*-Bedürfnisse des vier- bis fünfjährigen Kindes enthalten teilweise noch Wunschqualitäten aus der frühen symbiotischen Phase und streben eine Vereinigung mit und Geborgenheit in oder bei dem geliebten Partner an. Sie enthalten eine Bereitschaft zur Selbstaufgabe und setzen ein völliges Vertrauen gegenüber dem geliebten Partner voraus. Das dem Vater oder der Mutter In-die-Arme-fliegen oder Sich-in-die-Arme-fallen-lassen einschließlich der dabei geäußerten Anzeichen von Glückseligkeit sind zum Beispiel Ausdruck dieses Bedürfnisses nach liebender (Selbst-)Hingabe.

Entscheidend für die beschriebene Altersstufe sind jedoch sicher die ersten, sich im Bereich der Geschlechtsorgane ankündigenden *sexuellen* Lustempfindungen, Erregungen und damit einhergehenden Vorstellungen, Wunschregungen und Handlungen. Das Kind ist in die Stufe der frühkindlichen Sexualität eingetreten. Es ist das Verdienst Freuds, diesen Tatbestand entdeckt und gegen anfänglich große Widerstände seitens der Fachwelt und der allgemeinen Öffentlichkeit fest in die Entwicklungspsychologie des Menschen eingeführt zu haben.

Im Einzelnen zeigt sich die Erreichung der genitalen Stufe darin, daß sich die Lusterlebnisse jetzt auf die Geschlechtsteile verlagern. Der kleine Junge empfindet jetzt Lustgefühle, wenn seine Mutter oder er selbst beim Waschen oder beim Herumrutschen auf einem Stuhl sein Geschlechtsglied (Penis) berührt, und das kleine Mädchen empfindet ähnliche Lustgefühle bei Berührungen an seiner Scheide. Häufig kommt es, wenn dem nicht durch harte Verbote und Strafandrohungen ein baldiges Ende gesetzt wird, dazu, daß das Kind diese zunächst zufällig entdeckten Lustempfindungen nun willkürlich herbeizuführen versucht und hauptsächlich mit der Hand und den Fingern an seinen Genitalien streicht, reibt oder drückt. Diese Manipulationen stellen kindliche Formen der sexuellen Selbstbefriedigung (Onanie, Masturbation) dar.

Die biologisch der Fortpflanzung und damit der Arterhaltung dienenden Sexualtriebe enthalten in sich als stärkste Kraft eine Tendenz zur genital-sexuellen Vereinigung mit einem andersgeschlechtlichen Partner. Diese Tendenz wird bereits beim Kind auf der genitalen Entwicklungsstufe erkennbar. Das kleine Mädchen wendet sich in erster kindlicher Verliebtheit dem Vater und der kleine Junge der Mutter zu. Die dabei sichtbar werdenden Äußerungen von Zärtlichkeit und Hingabe können, da sie in der Regel von der Umgebung gestattet werden, realisiert werden, während der gleichzeitig zu vermutende Wunsch nach genitaler Vereinigung, da er auf Grund des moralischen Verbotes der sexuellen Beziehungen unter Blutsverwandten unstatthaft ist, nicht verwirklicht werden kann. Er bleibt sogar in der Regel unbewußt. Hierfür sorgt auch der Umstand, daß das Kind in diesem Alter noch keine Anschauung von den Techniken der sexuellen Vereinigung hat und auch eine unbewußte Ahnung von dem Mißverhältnis hinsichtlich der Größe der Genitalorgane und der Reife von deren Funktionen bei sich selbst und dem geliebten Elternpartner hat. Dessenungeachtet haben wir vielfältigen Anlaß anzunehmen, daß unbewußte Wunschphantasien nach genitaler Vereinigung mit dem Vater oder der Mutter im Erleben des Kindes – und fortwirkend auch im unbewußten Erleben des Erwachsenen – eine wichtige Rolle spielen. Es darf dabei auch hervorgehoben werden, daß die Vorstellungswelt des Kindes noch teilweise von magischen Allmachts- und unrealistischen Größenvorstellungen beeinflußt wird, die ihm die Realisierung seiner unbewußten genitalen Vereinigungswünsche entgegen den realen Gegebenheiten eher möglich erscheinen lassen.

Wenn wir davon ausgehen, daß das Kind unbewußt intensive sexuelle Vereinigungswünsche gegenüber dem andersgeschlechtlichen Elternteil hegt, andererseits diese Bedürfnisse weder realisieren noch bewußt werden lassen kann, muß es zu einem Anwachsen von sexueller Triebenergie in ihm kommen. Das dadurch entstehende Ungleichgewicht hat sowohl intrapsychische als auch intrafamiliäre Vorgänge zur Folge, welche eine Wiederherstellung des psychisch-ökonomischen Gleichgewichts beim Kinde zum Ziel haben.

Ein Teil der gestauten Triebenergien wird dazu verwendet, um in eine konkurrierende Auseinandersetzung mit dem gleichgeschlechtlichen Elternteil um das gemeinsame Liebesobjekt zu treten. Der Junge will unbewußt seinen Vater beseitigen, um allein die Mutter besitzen zu können. Nach dem Vorbild der griechischen Sage, in welcher Ödipus seinen Vater erschlägt und später seine Mutter heiratet – wobei ihm nicht bekannt ist, daß es sich bei dem Erschlagenen um seinen Vater und bei seiner Frau um seine Mutter handelte –, hat diese konflikthafte Auseinandersetzung in der beschriebenen Kindheitsphase den Namen *Ödipuskonflikt* erhalten.

Auf Grund der körperlichen und geistigen Überlegenheit des vom Kind geliebten Elternteiles und seiner eigenen Unterlegenheit ist diese konkurrierende Auseinandersetzung bald zum Scheitern verurteilt. Der Hauptteil der nicht abführbaren sexuellen Energien nimmt deshalb ein anderes Schicksal. Sie werden, indem sie sich im ganzen Körper und auch im ganzen psychischen Organismus ausbreiten, zur Verstärkung des eigenen lustvoll erlebten Selbst verwendet. Das eigene Selbst mit seinen körperlichen und psychischen Erlebnisanteilen wird zum »Liebesobjekt« anstelle des unerreichbaren elterlichen Liebesobjektes. Das – insbesondere körperliche – Selbstgefühl erhält eine lustvolle Tönung und Verstärkung. Dieses Phänomen wird – in Abhebung von dem früher beschriebenen primären Narzißmus – *sekundärer Narzißmus* genannt. Die gesamte Entwicklungsstufe hat, hinsichtlich der Kennzeichnung der ihr innenwohnenden Triebdynamik, auch die Bezeichnung phallisch-narzißtische Phase erhalten. (Phallus = griechische Bezeichnung für das männliche Glied). Es soll hiermit zum Ausdruck gebracht werden, daß die autoerotisch-lustvolle Beschäftigung mit dem eigenen Genitale für das Kind der Mittelpunkt seines narzißtischen Gefühls der Selbstliebe ist.

Im Zusammenhang mit den eben beschriebenen Entwicklungen sollen noch zwei weitere Phänomene erwähnt werden, da sie auch heute noch, wenn auch nicht mehr in derselben Ausschließlichkeit und Einseitigkeit wie zu Beginn der psychoanalytischen Forschungen, für bedeutsam gehalten werden und für das Verständnis der seelischen Hintergründe neurotischer Erkrankungen unentbehrlich sind, nämlich der Kastrationskomplex und der Penisneid der Mädchen.

Das Interesse des vier- bis fünfjährigen Jungen und Mädchens wendet sich aus mehreren Gründen bevorzugt den Geschlechtsteilen und geschlechtlichen Vorgängen zu: Einmal weil es sich dabei um einen verbotenen, d. h. einen von den Erwachsenen gehüteten Bereich handelt und dadurch die besondere Neugier des Kindes wachgerufen wird. Weiterhin deswegen, weil der Wissens- und Erkenntnisdrang des Kindes in diesem Alter eine besondere Intensität erlangt hat, und drittens schließlich, weil es sich um diejenigen Organe handelt, deren Berührung gerade in dieser Altersstufe erste Lustempfindungen hervorruft. Falls dieses völlig gesunde und normale Interesse des Kindes an den Genitalien nicht gleich zu Beginn von den Erwachsenen unterdrückt wird, werden sich Jungen und Mädchen bald der Geschlechtsunterschiede bewußt. Diese Entdeckung, daß der Junge einen Penis hat und das Mädchen nicht, hat bei Jungen und Mädchen unterschiedliche Folgen im Erleben. Der *Junge* ist zunächst stolz darauf, daß er über etwas verfügt, was das Mädchen nicht hat. Das macht es ihm leicht, sein Geschlecht als Junge zu bejahen, zumal er beim Urinieren gezielt mit dem Harnstrahl umgehen kann, was dem Mädchen versagt ist. Der hiermit verbundene Zuwachs an Selbstgefühl und Besitzerstolz kann aber infolge des Verhaltens seiner Eltern und anderer Personen aus seiner Umgebung leicht ins Wanken gebracht werden. Denn seine autoerotische Betätigung am Penis oder ein allzu offensichtlich zur Schau getragener Stolz auf den neu entdeckten wertvollen Besitz wird nicht selten mit Bemerkungen der Erwachsenen beantwortet, die ihn eine Verletzung oder gar den Verlust dieses Organs befürchten lassen. Er hört Bemerkungen wie »wenn du da unten rumspielst, wirst du krank und dann fällt dein Kleiner ab«, »wenn du das noch einmal machst, kommt ein böser Mann und schneidet dir deinen Puller ab«. Aber auch bereits weniger direkte Äußerungen, die sich mehr allgemein auf die moralische Verwerflichkeit der Beschäftigung mit dem Penis richten, können eine Beunruhigung beim Jungen hervorrufen, daß er sein Glied verlieren könne. In seinen angsterfüllten Vorstellungen verknüpfen sich dann Erzählungen, in denen Kindern Finger, Ohren, Nasen oder Zungen abgeschnitten werden, mit der Furcht, daß dies auch mit seinem Glied geschehen könnte. Oft dringen diese Befürchtungen gar nicht voll in sein Bewußtsein ein, sondern erzeugen nur ein allgemeines Gefühl der angstvollen Verunsicherung. Nach den Vorstellungen der psychoanalytischen Wissenschaft führt die Beobachtung der Penislosigkeit beim Mädchen durch den Jungen zu einer plötzlichen Verstärkung seiner meist unbewußt bleibenden Furcht, eines Tages auch seinen Penis verlieren zu können. Er meint, daß dieses Unglück beim Mädchen bereits eingetreten ist. Die Gesamtheit der mit solchen Penisverlust-Ängsten verbundenen Erlebnisse ordnete Freud unter dem Begriff des *Kastrationskomplexes* ein. Eine erweiterte Bedeutung hat das mit diesem Begriff benannte Erleben im Verlauf der Fortentwicklung der Psychoanalyse dadurch erhalten, daß es sich bei der Angst um den Verlust des Penis um den »Modellfall« im Gesamt der vielfältigen Erlebnisse des Jungen und Mannes handelt, die zu einer Einschränkung, einer Gefährdung oder gar zum Verlust seiner Männlichkeit und Potenz im weitesten Sinne führen können. Das heißt mit anderen Worten, daß mit der Konstatierung von Kastrationsbefürchtungen häufig eine symbolische Aussage gemacht wird und damit nicht unbedingt die konkrete Furcht vor dem Verlust des Penis bezeichnet wird. Zum Beispiel können solche Kastrationsbefürchtungen beim erwachsenen Mann dann hervorgerufen werden, wenn ihm im Betrieb von seinem Chef ein Ressort entzogen wird, das er bisher besessen hatte, oder wenn einem Mann sein Statussymbol, sein geliebtes Auto, zu Schrott gefahren wird. Die Berechtigung, bei derartigen Erlebnissen noch im übertragenen Sinne von Kastrationserlebnissen zu sprechen, ist jedoch insofern gegeben, als sie sich ihrer Erlebnisqualität und ihrer genetischen Rückführung nach von dem ersten tatsächlich auf den möglichen Verlust des Gliedes bezogenen Kastrationskomplex ableiten lassen.

Beim kleinen *Mädchen* führt, so stellt die Psychoanalyse fest, die Beobachtung der Geschlechtsunterschiede hingegen zuerst zu einem Gefühl der Unterlegenheit. Es bemerkt, daß ihm etwas fehlt, über das der Junge verfügt. Häufig stellen sich begleitend oder in der Folge Neidregungen gegenüber dem Jungen ein. Auch dieser *Penisneid* der Mädchen und Frauen wird heute im erweiterten Sinne verwendet. Es werden unter diesem Begriff alle Regungen verstanden, die eine Frau den Besitz männlicher Eigenschaften wünschen lassen, und die aus einer bis ins

Erwachsenenalter anhaltenden Vorstellung von der Unterlegenheit oder Benachteiligung der Frau gegenüber dem Manne herrühren. Wenn eine Frau unwillkürlich in ihren Handlungen eine Tendenz erkennen läßt, ihre Penislosigkeit, also ihre Nicht-Männlichkeit, durch »männliche« Eigenschaften auszugleichen, spricht man von einer *phallischen Haltung* solcher *Frauen*. Der Kastrationskomplex des Mädchens und der Frau besteht in der unbewußten Vorstellung, daß es schon einmal einen Penis besessen habe (wie der Junge, an dem sie einen solchen beobachtet), und daß dieser als Strafe für verbotene Wünsche und Handlungen verloren gegangen ist. Die Auslösung derartiger unbewußter Befürchtungen geschieht durch dieselben von den Eltern herrührenden Verbote und Drohungen wie beim Jungen.

Auch die in der Phase der endgültigen Ich-Findung erkennbaren Entwicklungsvorgänge sollen im folgenden kurz *zusammengefaßt* werden:

Die Ich-Funktionen verstärken sich im vierten und fünften Lebensjahr. Das Kind erreicht einen höheren Grad von Unabhängigkeit. Es tritt aus der Dual-Beziehung zur Mutter heraus und in die Mehr-Personen-Beziehung der familiären Primärgruppe ein. Es geht damit Beziehungen zu weiteren Personen und auch zu dinglichen Objekten ein. Es lernt, im Spielen die Bedürfnisse anderer Kinder zu berücksichtigen und dem Ziel der Gemeinsamkeit zuliebe einen Teil seiner eigenen Bedürfnisse zurückzustellen. Seine Ich-Fähigkeiten, insbesondere Triebverzicht, Triebaufschub und Frustrationstoleranz verstärken sich hierbei. Seine Handlungsvollzüge werden planvoller. Seine geistigen Fähigkeiten erreichen die Stufe des realitätsbezogenen Denkens. Es entwickelt ein Bewußtsein seiner selbst und Ansätze eines die eigene Vergangenheit und Zukunft einbeziehenden historischen Eigenverständnisses. Als innere Repräsentanz der sich wiederholenden, aus der Umgebung des Kindes zu ihm gelangenden Gebote und Verbote konstituiert sich allmählich sein Über-Ich. Sein Triebleben erreicht die genitale Entwicklungsstufe. Im Verlaufe der hierdurch in Gang gebrachten Auseinandersetzung kommt es zur konflikthaften Liebeszuwendung zum andersgeschlechtlichen Elternteil und zum dadurch hervorgerufenen Ödipuskonflikt. Die nicht auf Liebesobjekte außerhalb von ihm gerichteten Liebeskräfte wenden sich auf das Kind selbst zurück und führen zu einem den ganzen Körper wie das Ich und den gesamten seelischen Organismus einschließenden sekundären Narzißmus.

2.5 Die Weiterentwicklung nach dem Abschluß der Charakterbildung bis vor dem Einsetzen der Geschlechtsreife (Latenzphase, ca. 6.–11. Lebensjahr)

Im Verlauf der vorangegangenen, den Zeitraum von der Geburt bis etwa zum fünften Lebensjahr einnehmenden Entwicklungsperiode haben sich die für das Kind typischen Verhaltenseigentümlichkeiten, die wir in der Gesamtheit den Charakter nennen, gebildet. Sie bleiben für das ganze weitere Leben des Kindes bestimmend. Einige Eigenschaften werden im Verlauf der weiteren Reifung verstärkt, einige abgeschwächt, andere wiederum etwas abgeändert oder ausdifferenziert, aber die Grundzüge des Charakters sind durch das Frühkindschicksal festgelegt worden.

In der Übergangsphase zwischen dem Abschluß der Charakterbildung bis vor den Beginn der Pubertät treten somit auch keine *grundlegenden* Veränderungen mehr im Charaktergefüge des Kindes ein. Diese Phase ist vor allem gekennzeichnet durch einen mit dem Wachstum des Kindes einhergehenden Anstieg seiner körperlichen Kräfte und Fähigkeiten, durch ständige Vermehrung des Wissensumfanges, durch Erweiterung des geistigen Horizontes, der Kritik- und Urteilsfähigkeit und durch weitere Fortschritte in der geistigen Auseinandersetzung mit der Realität. Das Ich erfährt hierdurch eine weitere Stärkung.

Die Entwicklung der eigenen Persönlichkeit schreitet hauptsächlich auf einem Wege voran, den wir *Identifikation* nennen. Das ins Schulalter gekommene Kind übernimmt unwillkürlich Eigenschaften, Verhaltensweisen, geistige Überzeugungen und moralische Wertungen von Personen, die ihm gefühlsmäßig besonders als Vorbilder geeignet erscheinen. In Gang gesetzt werden diese identifikatorischen Prozesse nach Auffassung der Psychoanalyse damit, daß sich der Junge nach der mißlungenen Rivalitätsauseinandersetzung mit dem Vater um die Liebe der Mutter in der Phase des Ödipuskonfliktes nunmehr unbewußt mit seinem Vater identifiziert. Er nimmt ihn sozusagen ideell in sich hinein, er introjiziert ihn und hat ihn von da ab in sich. Er *ist* in gewisser Weise unbewußt selbst sein Vater. Sein Selbstgefühl wird hierdurch gestärkt, und seine Angst, von seinem Vater aus Rache wegen des Aufbegehrens gegen ihn entmachtet (»kastriert«) zu werden, verliert sich durch diese Potenz- und Machtsteigerung infolge der ideellen Inkorporation des Vaters (einschließlich dessen großem Penis). Gleichartiges spielt sich bei der Entwicklung des Mädchens in diesem Alter ab. Es identifiziert sich unbewußt mit der Mutter.

Zum besseren Verständnis des Begriffes der Identifizierung muß hinzugefügt werden, daß es immer nur zu *Teil-Identifikationen* kommt. Vom

Kind werden diejenigen Persönlichkeitsanteile des Identifikationsobjektes in die eigene Person übernommen, die in der betreffenden Entwicklungsphase gerade besonders gut für den nächsten Schritt in der Persönlichkeitsentfaltung und auch in der jeweiligen Auseinandersetzungsphase mit der Umwelt geeignet sind. So kann es auch zu Identifikationen mit den Anteilen verschiedener Personen kommen. Die – wohlgemerkt unbewußt sich vollziehenden – identifikatorischen Prozesse sind auch, solange die Reifung des Kindes nicht abgeschlossen ist, meistens zeitlich begrenzt. Ein Mädchen, das sich vom fünften bis siebten Lebensjahr unwillkürlich mit Eigenschaften seiner Mutter identifiziert hat, nimmt vielleicht vom achten bis zehnten Lebensjahr Anteile ihrer Lehrerin identifikatorisch in sich hinein. Diese im Verlauf der Kindheitsentwicklung entstehenden und sich ablösenden Identifikationen sind als Orientierungshilfen, als Stützen und als Sicherheit gebende Gehäuse für die noch zu schwachen eigenen Persönlichkeitsanteile des Kindes zu verstehen. Sie werden so lange beibehalten, bis die entsprechenden eigenen Persönlichkeitsanteile so stark geworden sind, daß ein Leben in Anlehnung oder in der Hülle eines Anderen nicht mehr erforderlich ist, häufig dann sogar hinderlich wird. Die Identifikationen können dann aufgegeben werden.

Schicksalhaft ist es nun, wie man nach dem eben Ausgeführten gut verstehen wird, ob ein Kind in seiner unmittelbaren Umgebung, vor allem in seiner Familie, Personen antrifft, die als Identifikationsobjekte für seine eigene Persönlichkeitsentwicklung geeignet sind. Wenn ein Junge, wie es in manchen ländlichen Großfamilien häufig der Fall ist, außer seinem Vater noch ein oder zwei Großväter, einige ältere Brüder und Schwäger zur »Verfügung« hat, wird es leichter für ihn sein, geeignete Identifikationsobjekte zu finden, als in der heute typischen Kleinfamilie, wo als einziger Mann der Vater vorhanden ist. Die Möglichkeit, daß eine unbewußte Identifizierung mit diesem einzigen vorhandenen gleichgeschlechtlichen Objekt nicht der Persönlichkeit des Kindes gerecht wird, dessen Entfaltung sogar behindern kann, daß es also zu *Fehlidentifikationen* kommen kann, ist dann wesentlich größer. Wenn der Vater eines Jungen zum Beispiel ein schwacher, gehemmter Mann ist, der sich anderen Männern und vielleicht auch der Mutter gegenüber ängstlich unterwirft, so kann eine unbewußte Identifizierung des Jungen mit diesem Vater, einschließlich der von Letzterem in solchen Fällen häufig vertretenen Ideologien (der Bescheidenheit, des Gehorsams usw.) zu einer starken Behinderung seiner eigenen Männlichkeitsentwicklung führen.

Was die in der zu beschreibenden Entwicklungsphase beobachtbaren *sexuellen Interessen* und daraus abgeleiteten Handlungen anbelangt, so glaubte man längere Zeit, daß diese ganz bis zum Beginn der Pubertät in den Hintergrund treten würden und gab dem gesamten Entwicklungsabschnitt deshalb die Bezeichnung *Latenzphase*. Die Erfahrungen mit vielen Kindern dieser Altersstufe zeigen aber, daß die sexuellen Triebäußerungen keineswegs völlig zurückgedrängt werden.

Die sexuelle Neugier führt dazu, daß Kinder sich gegenseitig körperlich näher kennen zu lernen versuchen, häufig unter dem Deckmantel bestimmter Spiele (Doktorspiele). Die in der genitalen Phase entdeckte lustvolle Betätigung mit den eigenen Geschlechtsteilen wird zwar in vielen Fällen nach dem Eintritt in die Latenzphase wieder aufgegeben, aber keineswegs immer. Wir können nicht selten feststellen, daß auch Kinder in diesem Alter onanieren. Auch die Beobachtung, daß Kinder zwischen acht und zehn Jahren manchmal bereits sehr heftige Verliebtheiten empfinden, spricht gegen die Annahme eines völligen Zurücktretens der Liebesinteressen während der Latenzphase. Dennoch ist nicht zu übersehen, daß die sexuellen Regungen gegenüber der vorangegangenen genitalen und ödipalen Phase deutlich zurücktreten. Kinder dieses Alters lassen eine bemerkenswerte Tendenz zur geschlechtlichen Undifferenziertheit erkennen. Je mehr sie sich zeitlich der Pubertät nähern, desto größer scheint eine gewisse unbewußte Angst vor den kommenden Problemen aufzusteigen, die aus der geschlechtlichen Differenzierung und Reifung herrühren. Kinder dieses Alters wollen unbewußt aus diesen Gründen noch so lange wie möglich den problemlosen Zustand der geschlechtlich indifferenten echten Kindheit aufrechterhalten.

In der Entwicklung seiner sozialen Beziehungen macht das Kind während der Latenzphase neben der Stärkung seiner Ich-Funktionen die größten Fortschritte. Es tritt aus dem Rahmen seiner familiären Primärgruppe heraus und erweitert sein soziales Wahrnehmungsspektrum in den *Sekundärgruppen* der Klassengemeinschaft und etwaiger außerschulischer Spiel- oder Sportgemeinschaften. Vervollständigt werden die vielfältigen sozialen Lernprozesse in diesem Alter dadurch, daß das Kind auch neue, bzw. weitere Verhaltensmöglichkeiten in Gruppen entdeckt außer den im Rahmen der Familiengruppe ausschließlich üblichen und möglichen. Diese Entdeckung verstärkt wiederum sein Selbstgefühl, indem es das Kind unabhängiger macht von der bis dahin ausschließlich gültigen Bezogenheit auf die familiäre Primärgruppe.

2.6 Die geschlechtliche Reifung, der Übergang vom Kind zum Erwachsenen, das Pubertätsalter

Der Beginn der Pubertät wird beim Mädchen mit dem erstmaligen Auftreten ihrer Monatsblutung (Menarche) und beim Jungen mit dem erstmaligen Abgang von Samenflüssigkeit aus der Harnröhre gesetzt. Letzteres kann entweder unwillkürlich während des Schlafes geschehen (Pollution) oder aber infolge onanistischer Betätigung am Glied. Diese körperlichen Reifungszeichen zeigen an, daß der Junge nunmehr fähig ist, Kinder zu zeugen, und das Mädchen, zu empfangen und Kinder in ihrem Leib entstehen zu lassen, auszutragen und zu gebären. Diese Ereignisse treten – mit größeren individuellen Schwankungen – zwischen dem elften und sechzehnten Lebensjahr ein. Insgesamt ist eine gegenüber früheren Jahrhunderten und Jahrzehnten ständige deutliche Vorverlagerung des Zeitpunktes der Geschlechtsreife festzustellen. Die Gründe für dieses *Acceleration* genannte Phänomen liegen wahrscheinlich sowohl auf physischem Gebiet (bessere Ernährung und hygienische Bedingungen) als auch auf psychosozialem Gebiet (bessere äußere Voraussetzungen und vielfältigere Anreize für die Geschlechtsreifung).

Äußerlich wird die sexuelle Reifung und Differenzierung von der Ausbildung der typischen weiblichen und männlichen Körperformen und von dem Auftreten der sekundären Geschlechtsmerkmale begleitet. Letztere sind beim Mädchen die Brüste und beim Jungen der Bartwuchs im Gesicht und der Eintritt des Stimmbruchs. Bei beiden Geschlechtern bilden sich Achsel- und Schamhaare aus, wobei Letztere einen unterschiedlichen Verteilungstypus bei Jungen und Mädchen erkennen lassen.

Die geschlechtliche Reifung ist mit einem starken Anwachsen der Triebkräfte verbunden, die im Erleben des pubertierenden Mädchens und Jungen zu intensiven Spannungen führen. Hierdurch werden Kräfte mobilisiert und Handlungen in Gang gebracht, die eine Abreaktion und Entspannung zum Ziel haben.

Die Frage, ob diese inneren sexuellen Triebspannungen in mehr direkter oder indirekter Weise abreagiert werden, hängt von der Einstellung der Eltern und anderer Beziehungspersonen des Kindes und von den inzwischen im Über-Ich des Jugendlichen unbewußt verankerten ethischen Normen ab.

Eine *direkte* Abfuhr sexueller Triebspannungen in der Pubertät vollzieht sich am häufigsten durch Onanie. Massenbefragungen, wie zum Beispiel im Rahmen des Kinsey-Reports[22], haben ergeben, daß nahezu

22 A. Kinsey, Das sexuelle Verhalten des Mannes. Das sexuelle Verhalten der Frau. Berlin und Frankfurt/M. 1970.

hundert Prozent aller Jungen während der Pubertät onanieren und etwa sechzig Prozent aller Mädchen. Als Übergangspraktik zwischen der autosexuellen und der partnerbezogenen Sexualbetätigung sind die unter der Bezeichnung des *petting* bekannten vielfältigen gegenseitigen Berührungen und vorwiegend manuellen und oralen Genitalerregungen bekannt, die lediglich die vollendete genitale Vereinigung, also den Koitus, auslassen. Aber auch der vollendete Koitus wird gelegentlich bereits in der Pubertätsphase vollzogen. Nicht selten sind auch auf Angehörige des gleichen Geschlechtes gerichtete sexuelle Aktivitäten zu beobachten, entweder in Form direkter homosexuell-genitaler Vereinigung oder gegenseitiger (mutueller) Onanie. Diese während der Pubertät nicht selten vorübergehend anzutreffenden Sexualbetätigungen unter den Angehörigen des gleichen Geschlechtes enthalten außer der Tendenz zu einer sexuellen Triebbefriedigung auch gleichzeitig die unbewußte Tendenz zur Identifikation mit dem gleichgeschlechtlichen Partner (Partnerin). Insofern können sie, sofern es sich um einen vorübergehenden Entwicklungsabschnitt handelt, auch von dem positiven Aspekt der geschlechtsbezogenen Identifikationssuche her betrachtet werden und müssen nicht als Ausdruck abartiger Neigungen angesehen werden. Das junge Mädchen und der Jüngling im Pubertätsalter sind sich ihrer eigenen Geschlechtsrolle noch nicht sicher und setzen sich deshalb nicht selten verschiedenartigen Situationen aus, um dann allmählich zu ihrer Geschlechtsidentität zu finden.

In einem durch stärkere Sexualfeindlichkeit gekennzeichneten Milieu oder unter der Einwirkung eines sexualfeindlichen Über-Ichs im Jungen oder Mädchen selbst versuchen sich die sexuellen Triebspannungen mehr in *indirekter* Weise ein gewisses Maß an Entlastung zu verschaffen. Es kommt dabei zu sehr stark gefühlsbetonten, häufig schwärmerischen Beziehungen zu meist älteren, aber auch gleichaltrigen Partnerinnen und Partnern des anderen wie auch gelegentlich des gleichen Geschlechtes. Häufig kann das Tragen ähnlicher Kleider und das Benutzen ähnlicher Gegenstände wie die der angeschwärmten Person oder die Verwendung ähnlicher Redewendungen Ausdruck einer solchen Pubertätsverliebtheit sein. Gerade in solchen Äußerungen können wir den identifikatorischen Anteil, die unbewußte Suche nach der eigenen Geschlechtsidentität, besonders gut erkennen.

Auch das Familiengefüge verändert sich unter der Einwirkung der geschlechtlichen Reifung eines Kindes unübersehbar. In gewisser Weise kommt es zu einer »Neuauflage« des Ödipuskonfliktes aus dem vierten/fünften Lebensjahr. Das junge Mädchen kann sich verstärkt in seinen Vater verlieben und entsprechend die Mutter als störende Konkurrentin fortwünschen. Die Dynamik dieser Situation ist insofern intensiver als die aus der Ödipusphase, als die Versuchung einer sexuellen Vereinigung mit der Tochter für den Vater und mit dem Sohn für die Mutter jetzt wesentlich größer geworden ist, da die geschlechtsreif gewordenen Kinder nunmehr zu ernsthafteren und attraktiveren potentiellen Liebespartnern geworden sind. Diese verstärkte Versuchung, das Inzest-Tabu (Verbot der sexuellen Vereinigung zwischen Blutsverwandten) zu durchbrechen, führt in der Regel unwillkürlich auch zu verstärkten Abwehr- und Ausweichvorgängen bei allen Beteiligten, vor allem aber beim jungen Mädchen und Jüngling. Das Mädchen verzichtet bald auf eine reale Erfüllung seines Vereinigungswunsches mit dem Vater, hält aber nicht selten ideell – häufig unbewußt – an der *Vorstellung* dieses Liebesobjektes fest und trifft seine Wahl eines anderen männlichen Liebespartners dann nach dem unbewußten Vaterbild. Entsprechendes kann sich natürlich umgekehrt beim Jüngling vollziehen. Häufig dringen Anteile der Motive einer solchen Objektwahl auch in das Bewußtsein der Kinder, wenn z. B. der fünfzehnjährige Sohn sagt, daß seine spätere Frau einmal so sein sollte wie die Mutter.

Der Zuwachs an Triebenergie während des Pubertätsalters betrifft aber auch den motorisch-aggressiven Bereich. Trotz der zum Teil beschriebenen direkten und indirekten vielfältigen Entlastungs- und Abreaktionsmöglichkeiten können die inneren Spannungen zeitweilig so stark werden, daß sie das Persönlichkeitsgefüge vorübergehend zu sprengen drohen, indem die andrängenden Triebenergien die steuernden Dämme des Ichs überfluten. Es kann dann zu Durchbrüchen, Eckigkeiten, Widersprüchlichkeiten und affektiven Disharmonien im Verhalten kommen, z. B. in Form der Albernheit, dem typischen Kennzeichen der sog. »Flegeljahre«.

Bei manchen Jugendlichen ist zu beobachten, daß ihnen eine totale Unterdrückung ihrer andrängenden Triebkräfte gelingt, indem sie sich einer asketischen Lebensweise unterziehen und sich mit Gleichgesinnten gegenseitig in dieser Haltung stützen und diese Haltung durch entsprechende Härte-, Zucht- und Reinheitsideologien untermauern. – Im umgekehrten Fall kann es beim totalen Durchbruch der in der Pubertät andrängenden Triebkräfte zu einem künftig hemmungslosen Verhalten im Sinne der Verwahrlosung kommen, das sich dann in Kriminalität oder Prostitution äußern kann.

2.7 Die Ablösung vom Elternhaus und die Vollendung der Persönlichkeitsreifung

Nach dem Abschluß der Pubertätsentwicklung können wir beim jungen Mädchen und beim jungen Mann folgende Tatbestände konstatieren und folgende Weiterentwicklungen beobachten:

Die Ich-Funktionen haben sich unter dem Eindruck des Erlebniszuwachses und der während der Pubertätszeit gewonnenen zwischenmenschlichen und sozialen Erfahrungen nochmals verstärkt. Ein erhöhter Grad von Unabhängigkeit ist erreicht. Infolge der Erreichung eines Gleichstandes in der körperlichen und geistigen Entwicklung mit den Eltern und anderen Erwachsenen und des Bewußtseins der eigenen geschlechtlichen Identität und Potenz ist das Unterlegenheitsgefühl gegenüber den Erwachsenen wesentlich verringert worden. In dieser Situation drängt es den nahezu gereiften jungen Mann oder das junge Mädchen, sich endgültig von den familiären Bindungen zu lösen und einen eigenen, zur Selbstverwirklichung führenden Weg zu beschreiten.

Dieser Ablösungsprozeß vollzieht sich in der Regel unter vorübergehend anwachsenden Spannungen, die sich gelegentlich krisenhaft zuspitzen können. Hauptsächlich sind diese Spannngen auf die *Störung des Gruppengleichgewichtes* zurückzuführen, welche durch den Auszug der erwachsen werdenden Kinder hervorgerufen wird, und die jedem Beteiligten eine Änderung der bisherigen Rolle in der Dynamik der Familiengruppe aufnötigt. Der Vater muß sich daran gewöhnen, daß er sich nicht auf die Dauer als stärker und überlegener dem Sohn gegenüber empfinden kann, sondern seine Rolle dem Sohn gegenüber auf die Ebene einer gleichberechtigten Partnerschaft stellen muß. Die Mutter muß darauf verzichten lernen, in ihren mütterlichen Bedürfnissen den Sohn ständig weiterhin als Kind zu betrachten. Der Sohn muß sich damit auseinandersetzen, daß eine ganze Anzahl von realen Alltagsbedürfnissen und -entscheidungen, die bis dahin von den Eltern wahrgenommen wurden, nun seiner Initiative und Entscheidung unterliegen, und, was noch wesentlicher ist, daß er in Zukunft die Schuld für Enttäuschungen und Mißerfoge nicht mehr an die Eltern delegieren kann. Ebenso werden sich die Eltern nach der Ablösung vom Sohn oder von der Tochter mit einigen dann andrängenden eigenen Partnerschaftskonflikten auseinandersetzen müssen, die sie vorher, während des Stadiums der Abhängigkeit ihrer Kinder, unwillkürlich auf diese hatten abwälzen können.

Zu starken Spannungen führen auch die Bemühungen zur Ablegung bisheriger Identifikationen mit den Eltern. Die erwachsen werdenden Kinder erkennen mit zunehmender Deutlichkeit, daß viele der ihnen als selbstverständlich und absolut erschienenen Wertsetzungen, Normen und geistigen Beurteilungsmaßstäbe gar nicht absolut waren, sondern daß diese ihnen von den Eltern oder anderen Autoritätspersonen vermittelt worden sind und sie dieselben unbewußt in sich aufgenommen und zum Bestandteil des eigenen Ichs bzw. Über-Ichs gemacht haben. Eine häufige Folge dieser Entdeckung ist eine anfänglich oft über das Ziel hinausschießende generelle Ablehnung aller bisherigen von den Eltern übernommenen Wertsetzungen und Lebensnormen. Nach der hiermit erreichten Distanz vollzieht sich dann ein allmählicher Klärungsprozeß, in welchem die tatsächlich dem eigenen Selbst entsprechenden Identifikationsanteile nunmehr ausdrücklich bejaht und beibehalten werden können, und die nicht der eigenen Persönlichkeit entsprechenden aufgegeben werden. Die Selbstentfaltung kann nun ungehinderter vonstatten gehen.

In der Phase der Ablösung vom Elternhaus und der endgültigen Reifung ist weiterhin ein Übergang von der infantilen, teils noch narzißtischen und undifferenzierten Form der sexuellen Beziehungnahme zu einer geschlechtsbewußten, das eigene Geschlecht bejahenden und auf das andere Geschlecht als gesuchtes Sexualobjekt gerichteten reiferen Form der Sexualeinstellung zu erkennen. Die Differenzierung innerhalb der reifer werdenden partnerbezogenen Sexualeinstellung und -betätigung besteht in der Einbeziehung und Vervollkommnung der Zärtlichkeits- und Hingabebedürfnisse in den Gesamtbereich der liebenden Verbindung. Die weitere Entwicklung der Fähigkeiten zur Partnerschaft wird durch die verstärkte Einbeziehung geistiger Bindungen in die Gesamtheit der Beziehungsbindungen ermöglicht. Falls diese Verbindung erotisch-sexueller mit den geistigen Bindungsanteilen nicht gelingt, müssen die Betreffenden unter Umständen ihr ganzes weiteres Leben ihre erotisch-sexuellen Bindungsbedürfnisse an dem einen Partner oder einem bestimmten Typ von Partner befriedigen und ihre geistigen Bindungsbedürfnisse an einem anderen Partner, falls sie nicht auf die Befriedigung des einen Bindungsanteiles ganz verzichten.

Im Verlaufe der endgültigen Reifung des Individuums, die sich in der Regel etwa zwischen dem siebzehnten und fünfundzwanzigsten Lebensjahr vollzieht, ist auch eine weitere Vervollkommnung seiner sozialen Wahrnehmungs- und Handlungsfunktionen zu beobachten. Des weiteren erlangen die »höheren«, seiner Selbstverwirklichung dienenden Bedürfnisse und Fähigkeiten, vor allem seine schöpferischen, geistigen, ästhetischen und religiösen Strebungen, zunehmende Wichtigkeit neben den auch weiterhin wirksam bleibenden vitalen Triebwünschen.

Der als *reif* zu bezeichnende Mensch verfügt über ein starkes Ich, das ihn befähigt, die zu einer ausreichenden Befriedigung seiner vitalen und höheren Bedürfnisse notwendigen Handlungen zu vollziehen. Er bezieht dabei sowohl die ihn umgebende äußere als auch seine eigene innere Realität mit ihren Möglichkeiten und Grenzen ein. Er kann dauerhafte Partnerschaftsbindungen eingehen und ist in der Lage, von den sich in Gruppen abspielenden Vorgängen für sich selbst Gewinn an positiven Erlebnissen und sozialen Erfahrungen zu ziehen. Er wird nicht in seinen Entscheidungen und Handlungen von übermäßig starken unbewußten infantilen Vorstellungsrückständen und unabgelösten Fehlidentifikationen beeinträchtigt. Er hat die Voraussetzungen, im weiteren Verlauf seines Lebens seiner Selbstverwirklichung ständig näher zu kommen.

3. Die seelischen (psychosozialen) Konflikte und die Möglichkeiten ihrer Bewältigung

3.1 Die Entstehungsbedingungen der psychosozialen Konflikte

Das Leben des Menschen ist von der Geburt bis zu seinem Tod konflikthaft. Damit soll zum Ausdruck gebracht werden, daß die Befriedigung der aus unbewußten Triebquellen aufsteigenden Bedürfnisse niemals ohne jegliche Behinderung erfolgen kann. Dies gilt ebenso für die vitalen Selbsterhaltungstriebe (Hunger- und Dursttrieb, Kampftrieb und Fluchttrieb) wie auch für die sexuellen Triebe einschließlich der ihnen zugeordneten Bedürfnisse der Zärtlichkeit und der Hingabe, die Bedürfnisse nach lustvoller Einverleibung und Bewahrung von Besitz und die Bedürfnisse nach motorisch-expansiver Betätigung, nach Ausübung von Macht und aggressiver Auseinandersetzung. Es gilt auch für das weniger vitale, nichtsdestoweniger ebenso bedeutsame Bedürfnis nach neugieriger, emotional beteiligter Zuwendung zu den Wesen und Dingen der Welt, also das intentionale Bedürfnis. Es ist ebenso gültig für das Bedürfnis nach Selbstverwirklichung, welches seine ersten Ansätze in den Äußerungen des primären Narzißmus erkennen läßt, dann in der analen Entwicklungsphase in den ersten Vorstufen zum kreativen Handeln eine weitere Integrationsstufe erkennen läßt und schließlich in den geistigen, schöpferischen, ästhetischen, religiösen und sozialen Bedürfnissen im Verlaufe der endgültigen Persönlichkeitsreifung seine differenzierteste Ausformung erlangt.

Während des Stadiums der völligen und später noch weitgehenden Abhängigkeit von der Mutter in den ersten beiden Lebensjahren kommen die Kräfte, welche eine vollständige und hemmungslose Entfaltung und Befriedigung der Triebwünsche des Kindes behindern, vorwiegend von der Mutter und anderen frühkindlichen Beziehungspersonen her. Im Verlaufe der weiteren Kindheits- und Persönlichkeitsentwicklung verändert sich der Herkunftsort der behindernden Kräfte in verschiedener Weise. Einmal stößt das Kind im Verlauf seiner zunehmenden Fähigkeit zur aktiven Ortsveränderung (Laufen-lernen) gehäuft auf Widerstände in der Dingwelt und in der äußeren Wirklichkeit. Es muß sich sowohl mit Naturkräften als auch mit denjenigen Einschränkungen auseinandersetzen, die aus den unter den Menschen verabredeten rechtlichen und sittlichen Ordnungen herrühren. (»Du darfst da von der Wiese keine Blumen pflücken«). Im vierten bis fünften Lebensjahr, nach erfolgter Einbeziehung der Realität in seine geistige Lebens- und Weltbewältigung und ebenfalls während der in dieser Phase erfolgten Konstituierung seines Über-Ichs behindern nun zusätzlich von seiner Vernunft und der moralischen Instanz seines Über-Ichs herrührende Kräfte eine vollständige und hemmungslose Befriedigung der in ihm aufsteigenden Wünsche.

Es ist zweifellos entscheidend für das Lebensgefühl des Menschen, für sein Wohlbefinden oder gar Glücklichsein, welches Ausmaß an Bedürfnisversagung er ohne Beeinträchtigung seines Befindens auf sich nehmen kann, und von welchem Grad des Triebverzichtes an er mit Störungen seines Wohlbefindens oder sogar mit krankhaften Erscheinungen und Entwicklungen zu rechnen hat. Im gleichen Zusammenhang ist auch von größtem Interesse die Frage, über welche Möglichkeiten der Mensch verfügt, um den offensichtlich unvermeidlichen ständigen Lebenskonflikten zu begegnen, sie zu bewältigen oder wenigstens in ihrer schädlichen Wirkung abzuschwächen. Von diesen Formen und Möglichkeiten der Konfliktbewältigung soll im folgenden die Rede sein.

3.2 Die »normale« Form der Konfliktbewältigung, die Charakterbildung

In einer gesunden Familienatmosphäre vollzieht sich die seelische Entwicklung eines darin aufwachsenden Kindes in der Weise, daß ihm lediglich ein mittleres Maß an Triebversagung aufgenötigt werden muß. Auf Grund der überwiegend von den Eltern bestätigten und liebevoll bejahten eigenen Entwicklungsschritte des Kindes, die anfänglich vorwiegend in Triebäußerungen und später zunehmend in Ich-Leistungen und sozialen Handlungsvollzügen bestehen, kann es ein grundlegendes Urvertrauen zu einzelnen Menschen (Mutter) und vom vierten/fünften Lebensjahr ab auch zu Menschengruppen (Familie) herstellen und ist demzufolge in der Lage und bereit, diejenigen Verzicht- und Anpassungsleistungen zu erbringen, die zur Integrierung in die menschliche Gemeinschaft erforderlich werden. Wir hatten vorher gesehen, daß diese Anpassungsleistungen gleichzeitig die Entwicklung und Stärkung der Ich-Funktionen begünstigen. Mit anderen Worten kann sogar gesagt werden, daß ein Mittelmaß an Zwang zum Triebverzicht und zur sozialen Einordnung die Voraussetzung zur Entwicklung eines stabilen Ichs ist. Die Summe der für einen Menschen typischen, im Verlaufe seiner Ich-Konstituierung und sozialen Anpassung und Integrierung entstandenen Verhaltensweisen können wir als Definition des *Charakters* gelten lassen. Der charakterlich gesunde, d. h. immer auch der über ein genügend starkes Ich verfügende Mensch, bewältigt die in seinem Leben auftretenden psychosozialen Konflikte im oben definierten Sinne in der Weise, daß er mittels seiner Ich-Fähigkeiten in verschiedenartiger Weise mit den auf Grund von Realitäts-, Über-Ich- oder Vernunftsgründen nicht zu realisierenden Triebwünschen umgeht. Er kann völligen Triebverzicht üben. Er kann die Befriedigung im Augenblick nicht zu realisierender Wünsche auf einen späteren Zeitpunkt verschieben. Er kann aber unter Umständen auch eine indirekte Form der Triebbefriedigung herbeiführen, indem die an der Erreichung des Triebzieles gehinderten, also zielgehemmten Bedürfnisenergien, hinsichtlich ihrer Qualität und ihrer Zielsetzung verändert werden. Hierbei können sich vitale, zum Beispiel sexuelle Triebwünsche, in sog. höhere, zum Beispiel freundschaftliche oder soziale Bedürfnisse umformieren. Dieser Vorgang wurde von Freud Sublimierung[22] genannt. Es kann jedoch nicht verschwiegen werden, daß der Sublimierung als Mittel der Konfliktbewältigung Grenzen gesetzt sind. Wenn zu ausgiebig von diesem Mittel Gebrauch gemacht wird, besteht zweifellos die Gefahr, daß das Maß der tolerierbaren Einschränkung von Triebwünschen überschritten wird.

3.3 Die kompensatorische Wunscherfüllung im Traum

Eine fundamentale Entdeckung, die wir wiederum Freud[23] zu verdanken haben, ist die Vermutung, daß der Mensch (wahrscheinlich auch die höher organisierten Tiere) über die Möglichkeit verfügt, einen Teil der am Vortag nicht ins Bewußtsein und zur Abfuhr gelangten Triebwünsche nachträglich im Traum zu »erfüllen«. Dies geschieht in der Weise,

22 Das aus der Verwandlung von Triebenergien herausgearbeitete Phänomen der Sublimierung bezieht sich auf die sexuellen Triebenergien. Die Verwandlung der Aggressions-Triebe in sozial höherwertige Bedürfnisenergien wird in der Psychoanalyse *Neutralisierung* genannt.

23 S. Freud, Die Traumdeutung. Ges. Werke II/III. London: Imago 1948.

daß sich in dem realitätsähnlichen Zustand des Traumbewußtseins die vom Vortag verbliebenen unerfüllten Wunschregungen ersatzweise und nachträglich erfüllen. Da es sich in der Regel um verpönte Wunschregungen handelt, die vom Über-Ich des Träumers verurteilt wurden, und deren direkte und unverhüllte Darstellung selbst im Traum schwere Ängste hervorrufen würde, schaltet sich die Traumzensur ein, welche die nachträgliche Erfüllung der unerledigten Triebwünsche vom Vortag durch Verschiebungen, Verdichtungen, symbolische Entstellungen und andere Mechanismen so stark verändert, daß der latente Traumwunsch und seine Erfüllung dem Träumer bei der Rückerinnerng an seinen manifesten Traum nicht mehr erkennbar wird. Freud vertrat die Ansicht, daß durch diesen Kompromiß einerseits ein störendes Maß an übermäßiger Triebenergie, die vom Vortag zurückgeblieben war, nachträglich zur Abfuhr gebracht würde, daß aber andererseits der zur Erholung des Träumers notwendige Schlaf nicht durch angsterregende Darstellungen der unverhüllt in das Traumgeschehen einbezogenen tabuierten Triebwünsche gestört würde. Er nannte deshalb auch den Traum (bzw. die Traumzensur) den Hüter des Schlafes.

Die Ergebnisse, welche Dement, Foulkes[24] u. a. in den letzten Jahrzehnten im Rahmen ihrer psycho-physiologischen Schlaf- und Traumforschungen erzielten, haben eine absolut sichere wissenschaftliche Bestätigung der Freudschen Hypothese von der Dynamik und der psychophysiologischen Bedeutung der Träume gebracht. Insbesondere konnte experimentell gesichert werden, daß Träume für jeden Menschen zur Erhaltung seiner seelischen Gesundheit notwendig sind. Es zeigte sich nämlich, daß Versuchspersonen, die mehrere Nächte hintereinander am Träumen gehindert wurden[25], spätestens am dritten Tag an schweren seelischen Störungen wie Halluzinationen u. ä. zu leiden begannen. Diese Störungen verschwanden sofort, nachdem diese Versuchspersonen wieder eine Nacht ungestört träumen konnten. Die Traumforschungen zeigten auch, daß jeder Mensch jede Nacht mehrere längere Träume hat. Das bedeutet, daß diejenigen Menschen, die vorgeben, nicht zu träumen, sich nur nicht (unter normalen Bedingungen) an ihre Träume nachträglich erinnern können.

24 D. Foulkes, Die Psychologie des Schlafes. Frankfurt/M. 1969.

25 Die Versuchspersonen wurden jeweils beim Beginn einer Traumphase, welche man an den registrierbaren zum Beginn eines Traumes einsetzenden raschen Bewegungen der Augäpfel unter den geschlossenen Augenlidern erkennen kann, geweckt.

Daß die Beschäftigung mit den erinnerbaren Träumen, ihre Entschlüsselung und die Analyse der sie konstellierenden seelischen Kräfte, ein wichtiges Hilfsmittel bei der psychoanalytischen Behandlung seelisch Kranker ist, da sie einen Zugang zu den unbewußten Seelenbereichen eröffnet, sei an dieser Stelle ergänzend vermerkt.

Es kann gesagt werden, daß die Konflikthaftigkeit des menschlichen Lebens offensichtlich so ausgeprägt ist, daß es zur Bewältigung eines bestimmten Ausmaßes an Konfliktspannung der ständigen, sich jede Nacht bei jedem Menschen vollziehenden Arbeit des Traumgeschehens bedarf.

Der Traum läßt aber über die eben dargestellte Funktion einer nachträglichen psycho-physischen Spannungsverminderung hinaus noch besonders eindrucksvoll eine weitere Tendenz erkennen, die in den grundsätzlichen Vorbemerkungen zu diesem Kapitel bereits erwähnt wurde, nämlich die auf Selbstverwirklichung, also auf *zukünftige* Entwicklungs- und Verwirklichungsmöglichkeiten bezogene Tendenz des Träumers. Durch direkte oder symbolhafte Traumbilder und Traumhandlungen kündigen sich z. B. Möglichkeiten an, bisher für unvereinbar gehaltene gegensätzliche Wesenszüge des Träumers in einem gemeinsamen neuen Verhalten zu vereinigen. Bisher ungelöste Persönlichkeitsprobleme werden in schöpferischen Traumvorgängen gelöst. Der Träumer wird hierdurch ermutigt, auch in der Realität die Lösung mancher bisher für unlösbar gehaltener Probleme mit mehr Hoffnung voranzutreiben. Dieser finale Anteil der Träume ist es sicher auch, der die Menschen von den frühesten Anfängen her dazu veranlaßt hat, aus ihren Träumen die Zukunft zu prophezeien. Instinktiv erkannte man schon früh, daß im Traum einige der Behinderungen wegfallen, die dem wachen Menschen den Blick für einen wesentlichen Teil seiner zukünftigen Entwicklungsmöglichkeiten und damit auch seiner Selbstverwirklichung verschleiern.

3.4 Minderung von Konfliktspannungen durch unbeabsichtigte Handlungen (Fehlleistungen)

Auch im wachen Tageserleben gibt es vom bewußten Willen unabhängige Handlungen, die einer Verminderung der durch innere Konflikte hervorgerufenen Spannungen dienen können. In seiner Abhandlung »Die Psychopathologie des Alltagslebens«[26] hat Freud diese Fehlleistungen genannten spontan sich gegen die bewußte Absicht des Handelnden

26 S. Freud, Die Psychopathologie des Alltagslebens. Ges. Werke IV. London: Imago 1947.

durchsetzenden Geschehnisse zusammengestellt. Besonders häufig kommt es wegen der vielfältigen, begünstigenden Umstände zum *Versprechen.* Die Ähnlichkeit eines eigentlich beabsichtigten Wortes mit einem Wort, das der Abreaktion eines zurückgehaltenen, im Unterbewußtsein oder im Vorbewußten bereit liegenden Affektes dienlich sein kann, führt dazu, daß statt des beabsichtigten das affektentlastende ähnliche Wort ausgesprochen wird. Ein Redner stellt zum Beispiel fest, daß bei der Überprüfung von Unterlagen Dinge »zum Vorschwein« gekommen seien. Er wollte eigentlich sagen »zum Vorschein«, wurde aber durch die Versuchung der Klangähnlichkeit von Schein und Schwein dazu verführt, seinem eigentlichen Affekt Ausdruck zu verschaffen, daß er das Ergebnis der Prüfung für eine Schweinerei hält.

Durch die Form des Versprechens wird eine ähnliche Kompromißbildung erzielt wie bei der Bildung eines Traumes. Das Ergebnis des Versprechens bewirkt bei den Zuhörern eher Heiterkeit, ruft also keine zornigen Reaktionen hervor, welche durch eine direkte Äußerung des Empörungsaffektes sicher ausgelöst worden wären. Andererseits tritt aber durch die, wenn auch entstellte, und unwillkürliche Abreaktion des Affektes in der Fehlleistung eine Verringerung der Affektspannung beim Sprecher ein.

Es läßt sich nachweisen, daß noch in zahlreichen weiteren Fehlhandlungen des Alltagslebens wie dem Verlesen, dem Verschreiben, dem Vergessen, dem Liegenlassen von Gegenständen, dem Verlieren, dem Begehen von Irrtümern usw. derselbe Mechanismus der Durchsetzung unbewußter Wunsch- oder Affektregungen in entstellter, häufig noch zusätzlich durch Symbole verbrämter Form wirksam wird. Auslösend wirkt jeweils außer dem Anstieg der Affektspannung beim Handelnden eine bestimmte äußere Situation, die zur Begehung der Fehlhandlung verführt, und eine momentane Verringerung der bewußten Aufmerksamkeit.

Abgesehen von den Fehlhandlungen beim Führen von Verkehrsmitteln und beim Bedienen größerer Maschinen oder Geräte stellen die Fehlhandlungen eine harmlose Form der Entlastung von angestauter Triebenergie und damit der Entlastung von psychosozialen Konflikten dar.

3.5 Die Symptombildung als mißlungene (krankhafte) Form der Konfliktbewältigung

Es gibt einen Grad von Triebeinschränkung, der zu einem so massiven psychischen Konflikt führt, daß zu seiner Bewältigung die beschriebenen Möglichkeiten der Charakterbildung einschließlich der darin enthaltenen

Ich-Stärkung und auch die nachträgliche Abreaktion im Traumgeschehen wie auch die Entlastung in der harmlosen Form der Fehlhandlungen, also die normalen oder gesunden Formen der Konfliktbewältigung nicht mehr ausreichen. Die durch übermäßige Realitäts- und Über-Ich-Einflüsse zurückgedrängten und im Unbewußten zunehmend anwachsenden Triebkräfte suchen in diesen Fällen nach Entlastungsmöglichkeiten *innerhalb* des psychophysischen Organismus, um die übermäßige Konfliktspannung auf ein erträgliches Mittelmaß zu verringern. Dies geschieht in der Weise, daß bestimmte seelische oder körperliche Funktionsabläufe von dem überschüssigen Teil der angestauten Triebenergien »besetzt« werden und die betreffenden Funktionen durch eine solche energetische Überbesetzung in ihrer normalen Funktion gestört werden. Die normale Muskelspannung der Hand- und Unterarmmuskeln wird z. B. bei einem psychogenen Schreibkrampf so stark erhöht, daß es zu einem krankhaft gesteigerten Spannungszustand in den betreffenden Muskelgruppen kommen kann, so daß das Schreiben und darüber hinaus jeglicher Feingebrauch der Hand unmöglich werden kann. Oder die überschüssige Triebenergie »besetzt«den empfindlichen Regulationsmechanismus der Herzfunktion, das sog. Reizleitungssystem des Herzens, und führt zu plötzlichen anfallsweisen Beschleunigungen oder Unregelmäßigkeiten des Herzschlages. In einem weiteren Falle werden bestimmte gedankliche Vorstellungen, z. B. die nachträglich im Geist vorgenommene Rekapitulation eines Briefinhaltes von überschüssiger Triebenergie »besetzt«. In diesem Fall bekommen diese Vorstellungen einen überhöhten Bedeutungsgehalt und führen dazu, daß die betreffenden Menschen wie unter einem inneren Zwang, den sie selbst gar nicht mehr logisch begründen können, ständig und unter starker angstvoller innerer Erregung sich den Inhalt des Briefes immer wieder vor Augen führen müssen. Dieser Zwang zur Wiederholung und ständigen Kontrolle von gedachten Gedanken und abgeschlossenen Handlungen kann sich unter Umständen immer mehr ausweiten und schließlich – wie bei manchen schweren Zwangsneurosen – das gesamte seelische Erleben des Betreffenden so stark beherrschen, daß normale Gedanken, Gefühle, Vorstellungen und Handlungen gar nicht mehr möglich sind.

Der Organismus versucht sozusagen, die überschüssigen, die Gesamtfunktionen im seelischen und körperlichen Bereich und damit das allgemeine Wohlbefinden störenden Triebenergien in der Weise auf ein normales Mittelmaß herabzumindern, daß er dieselben in eine abgegrenzte physische oder psychische Funktion verlagert. Insofern ist die *Bildung eines neurotischen Symptoms ein Selbstheilungsversuch des Organismus.* In zahlreichen Fällen leichterer neurotischer Symptombildungen gelingt dieser Versuch insofern, als das allgemeine seelische Wohlbefinden nach einer gewissen Übergangszeit, in der sich der Betreffende an das Symptom gewöhnt hat, im wesentlichen wieder hergestellt werden kann. Im bewußten Erleben und Selbstgefühl des Patienten wird das Symptom dann als eine isolierte körperliche oder psychische Störung empfunden, die nichts mit etwaigen inneren Konflikten oder psychischen Ursachen, insbesondere mit etwaigen Hemmungen, mit irgend einem Mangelerleben und damit auch nichts mit seiner Persönlichkeit zu tun hat. Diese Illusion kann von dem Betreffenden häufig lange Zeit aufrecht erhalten werden, da die Beschwerden seitens seines isolierten Symptomes, z. B. gelegentlichem Magenbrennen, einem mäßigen Zwang, sich häufig die Hände zu waschen oder einer mit leichtem Herzklopfen und vermehrter Schweißabsonderung verbundenen Angst beim Betreten eines Fahrstuhles, bei vorübergehender Verschlimmerung rasch durch eines der zahlreichen beruhigend wirkenden Medikamenten verringert werden können.

Erst nach längerer Zeit, wenn die gestauten Triebenergien ständig weiter angewachsen sind, oder wenn sie durch eine besondere Lebenssituation von äußeren Versuchungen oder Anreizen her besonders stark provoziert und mobilisiert worden sind, kann es dazu kommen, daß die in der Symptomisolierung bestehende Selbstheilungsfunktion des Organismus nicht mehr ausreicht, auch die Medikamente keine Besserung mehr bringen, und der gesamte psycho-physische Organismus mehr und mehr in die Funktionsstörung mit einbezogen wird. Nunmehr wird das allgemeine Wohlbefinden in zunehmendem Maße gestört und dringen Gefühle, Ahnungen und Teilerkenntnisse in das Bewußtsein des Kranken, die ihn vermuten lassen, daß seine Erkrankung etwas mit seelischen Störungen zu tun hat. Allerdings erlebt er den wirklichen Sachverhalt zu diesem Zeitpunkt meist in umgekehrter Form. Er glaubt, an den *Folgen* seines gestörten Befindens zu leiden. Er betrachtet seine deprimierte Stimmung, die Einschränkung seiner Leistungsfähigkeit, seine Ängste usw. als *Folgeerscheinungen* seiner Erkrankung. Letztere jedoch sieht er meistens als primär schicksalhaft an und sucht meist weiter nach organischen Ursachen, obwohl wiederholte Untersuchungen keine krankhaften Organbefunde ergeben haben. Er macht das Wetter, die Ernährung oder allenfalls noch berufliche Überlastung dafür verantwortlich. In den selteneren Fällen wird ihm der wirkliche Sachverhalt von allein bewußt, nämlich der, daß seine gesamte Krankheit Ausdruck eines unbewältigten, in seinem Unterbewußtsein wirksamen Persönlichkeitskonfliktes ist. Allerdings sind viele derartige Patienten bereit, solche unbewußten und unverarbeiteten Persönlichkeitskonflikte als Ursachen ihres Krankseins anzuerkennen, wenn sie in einem ausführlichen Konflikt-orientierten Gespräch mit einem auf diesem Gebiet erfahrenen Arzt oder Psychologen auf derartige Zusammenhänge angesprochen werden.

3.5.1 Die zentrale Bedeutung der Angst- und Schuldgefühle im Erleben des Neurotikers.

Angst- und Schuldgefühle treten im Erleben aller Menschen auf verschiedenartigste Weise auf. Sie gehören deshalb zum Gesamt der vielfältigen Gefühlszustände, die das menschliche Leben auszeichnen. Wie im Folgenden deutlich zu machen versucht wird, erfüllen diese Angst- und Schulderlebnisse beim seelisch *gesunden* Menschen notwendige und nützliche Funktionen im Rahmen seiner Lebensvollzüge. Es wird darüber hinaus aufgezeigt werden, in welchen Zusammenhängen es beim *Neurotiker* zu einer überhöhten Bedeutung von Angst- und Schulderlebnissen kommt, und in welcher Weise die damit verknüpften Gefühle die Entstehung und Weiterentwicklung seiner Erkrankung beeinflussen.

a) Die Rolle der Angst und der Angstgefühle bei der Entstehung neurotischer Erkrankungen

Die Angst ist ursprünglich ein gesunder Instinkt des Menschen und dient dazu, von der Außenwelt kommenden Gefahren zu begegnen. Beim Auftauchen einer äußeren Gefahr, z. B. einer Bedrohung durch ein plötzlich ausbrechendes Feuer, setzt Angst ein. Gleichzeitig damit werden physische Funktionen in Gang gesetzt, die eine Auseinandersetzung mit dem angstauslösenden Ereignis vorbereiten. Es werden bestimmte Wirkstoffe (z. B. Adrenalin) in das kreisende Blut ausgeschüttet, um alle Organe, insbesondere das Nervensystem und die Muskulatur zu erhöhter Leistung zu befähigen. Subjektiv tritt dieser Vorgang in der Form in das Bewußtsein des von Angst Erfüllten, daß er sich angespannt fühlt, seine Gedanken, Wahrnehmungen und Reaktionen schneller laufen, sein Pulsschlag beschleunigt ist u. a. Man bezeichnet diesen Vorgang der durch Angst ausgelösten Beschleunigung und Verbesserung aller psycho-physischen Funktionen auch als »*Notfallfunktion*« des Organismus. Diese ermöglicht es dem Bedrohten, sich nun entweder gegen das angstauslösende Objekt zu wehren, mit dem Ziel, die Bedrohung zu beseitigen, oder die Flucht zu ergreifen, um der Bedrohung zu entgehen.

Dieser biologisch sinnvolle und notwendige Mechanismus kann in denjenigen Fällen gestört werden, die durch ein Übermaß an Bedrohlichkeit gekennzeichnet sind, z. B. beim völlig unerwarteten Entgegenkommen eines vorher nicht bemerkten Lastwagens auf einer engen Straße, die kein Ausweichen mehr zuläßt.

In derartigen Fällen kann die Notfallfunktion versagen, und es kommt dann zu einem Zusammenbruch aller psychischen und physischen Auseinandersetzungsmöglichkeiten. Es tritt ein Zustand ein, in welchem der Betroffene vor Angst »wie gelähmt« ist. Die Gedanken setzen aus, und ein Gefühl dumpfer Gleichgültigkeit tritt ein, die Glieder werden schwer, und es finden keine Reaktionen und Handlungen mehr statt.

Die Angst ist in vieler Beziehung mit dem Schmerz zu vergleichen. Auch der Schmerz hat die biologische Funktion, den Menschen auf schädliche Kräfte aufmerksam zu machen, die seinen Körper in dessen normalem Funktionsablauf und in seiner Unverletztheit gefährden. Ohne den Schmerz würde man sich wahrscheinlich häufig Verbrennungen oder andere Verletzungen zufügen, zum Beispiel wenn man zufällig mit der Hand an eine heiße Platte gerät und nicht durch den blitzartig einsetzenden Schmerz veranlaßt würde, instinktiv die Hand rasch wegzuziehen.

Die instinktiv durch Angst und Schmerz bewirkten Reaktionen sind wichtige Bestandteile innerhalb des Prozesses der Auseinandersetzung mit den äußeren Gefahren, die dem Menschen im Verlauf seiner persönlichen Entwicklung begegnen.

Bisher war bei der Erörterung des Angstphänomens vorwiegend von denjenigen äußeren Gefahren die Rede, die durch schicksalhafte, von den Naturgewalten bewirkte Ereignisse für den Menschen gefährlich werden, oder die ihm unabsichtlich durch bestimmte Handlungen anderer Menschen widerfahren. Eine für das Verständnis seelischer Erkrankungen weitaus wichtigere Angstquelle liegt aber in den teils absichtlich, teils unbewußt motivierten Handlungen anderer Menschen gegenüber dem von Angst Betroffenen und in den Auswirkungen und Niederschlägen menschlicher Handlungen in der von ihm selbst geschaffenen bzw. veränderten Umwelt des Einzelnen. Damit sind alle ökonomischen, sozialen, kulturellen, zivilisatorischen und weltanschaulichen, insbesondere ethischen Gegebenheiten und Inhalte gemeint, mit denen sich der Mensch im Verlauf der Realitätsbewältigung während seiner Entwicklung auseinandersetzen muß.

Die Fähigkeit, auf äußere Bedrohungen mit Angst zu reagieren, und die dem Menschen ebenfalls innewohnende Tendenz, Angst zu verringern oder zu vermeiden, wird in der *Erziehung* jedes einzelnen Menschen teils bewußt, teils unbewußt ausgenutzt, um beim Kind ein von den Erwachsenen gewünschtes Verhalten zu bewirken. Wie an anderer Stelle gezeigt wurde, verfügt der Mensch über die Fähigkeit zum unwillkürlichen Lernen. Aus der dem Lustprinzip unterworfenen Neigung, von Unlust begleitete Erlebnisse zu vermeiden, wird er Verhaltensweisen, die nach seiner Lernerfahrung bedrohliche, Angst hervorrufende Reaktionen bei den Erwachsenen oder später, wenn er selbst erwachsen ist, bei seinen Mitmenschen auslösen, mehr und mehr unterlassen. Wenn der kleine Junge wiederholt seine Hosen zerrissen hat, die Mutter ihn dann verhauen oder ihm sogar gedroht hat, daß sie ihn nicht mehr lieb hat, wenn er das noch einmal macht, wird er dasselbe vielleicht noch ein- bis zweimal tun. Er wird vielleicht noch den Impuls verspüren, auf den Baum zu klettern, wobei er sich schon mehrmals die Hose zerrissen hatte, die Angst wird ihn aber daran hindern, dem Impuls nachzugeben. Um sich in Zukunft auch nicht mehr der Angst auszusetzen, wird er später möglicherweise nicht einmal mehr den Impuls verspüren, das Verbotene und erfahrungsgemäß Angstauslösende zu tun. Zum vollen Verständnis der eben aufgezeigten Entwicklung ist noch wichtig, daran zu erinnern, daß die ursprünglich von außen kommenden angstauslösenden Strafandrohungen inzwischen im Kind selbst eine innerpsychische Repräsentanz in Form des Über-Ichs bekommen haben. Letzteres sorgt dafür, daß der Junge auch ohne erneutes Aussprechen der Strafandrohung an die angstauslösenden Folgen erinnert wird, die beim Bewußtwerden seines Triebimpulses und der daraus folgenden Handlung eintreten würden.

Bei vollem Funktionieren dieses Mechanismus spielen sich auch die Einwirkungen des Über-Ichs auf das Ich des Kindes zum größten Teil unterhalb der Bewußtseinsschwelle ab.

An dieser Stelle ist anzufügen, daß die Erziehung sich nicht in der Erzwingung gewünschter Verhaltensweisen des Kindes durch die Andressierung von Angstreflexen erschöpft (oder erschöpfen sollte). Der konstruktivere Erziehungsfaktor besteht zweifellos darin, dem Kind die phasenspezifischen Entwicklungsschritte zu ermöglichen und es in den darin enthaltenen Bedürfnissen und Handlungen zu ermutigen bzw. zu bestätigen, somit sein Selbstgefühl zu stärken. In der optimalen Erziehung wird die Verwendung von Dressurhandlungen im Sinn der Anerziehung von Angstreflexen deshalb nur einen geringen Teil ausmachen. Die Tatsache der unvollkommenen seelischen Reifung und des partiellen psychischen Infantilismus aller Erwachsenen bringt es jedoch mit sich, daß diese optimale Erziehungsweise kaum jemals in der praktischen Wirklichkeit in Erscheinung tritt.

Welche Rolle spielen nun *Angsterlebnisse beim neurotischen* erwachsenen *Menschen*, und welche Zusammenhänge bestehen mit seinen primären, vorwiegend erziehungsbedingten Angsterlebnissen? Die Angst spielt bei allen Neurotikern eine zentrale Rolle. In vielen Fällen sind Ängste diejenigen subjektiv leidvoll erlebten Gefühle und Affekte, welche den Kranken zum Arzt führen. Es kann sich dabei um ganz unbestimmte Ängste handeln, für die der Patient keinerlei Begründung oder Inhalte anzugeben vermag. Es kann sich auch um angstvolle, real zwar unbegründete, trotzdem aber nicht zu beseitigende angstvolle Befürchtungen vor äußeren Ereignissen handeln, z. B. um Ängste, daß nachts jemand in das Zimmer eindringen, sich unter dem Bett oder hinter dem Vorhang verstecken und irgend etwas Schreckliches tun könnte. Es können Ängste vor real ganz ungefährlichen Tieren wie Spinnen, Mäusen, Hunden oder Schlangen auftreten. Es können Ängste in bestimmten Situationen auftreten, z. B. in geschlossenen Räumen. Die Ängste können sich aber auch auf den eigenen Körper oder einzelne Organe beziehen; die Angst, das Herz könnte stehen bleiben. Krankhafte Ängste, mit dem Leben nicht fertig zu werden, die Existenz zu verlieren oder zu sterben, sind weitere häufige Äußerungsformen neurotischer Angst.

Aber auch bei den zahlreichen anderen Neurosenformen wie Depressionen, Zwangsneurosen und den zahlreichen seelisch verursachten organischen Leiden spielt die Angst eine ebenso wichtige Rolle. Der Unterschied zu der vorgenannten Krankheitsgruppe der Angstneurosen liegt nur darin, daß die Bewältigung der Angst durch den neurotischen Mechanismus bei den zuletzt genannten Erkrankungsformen besser und vollständiger gelungen ist als bei der zuvor beschriebenen Gruppe. Es läßt sich aber bei näherer Beschäftigung mit der seelischen Entwicklungsgeschichte auch dieser Patienten erkennen, daß am Beginn ihrer Erkrankung Angsterlebnisse gestanden haben. Wir wissen auch aus der Erfahrung, daß im Verlauf seelischer Heilungsprozesse solcher Patienten während einer psychoanalytischen Behandlung passager die früheren Ängste, welche am Beginn der Erkrankung gestanden hatten, wieder mobilisiert werden und in das bewußte Erleben der Patienten treten können.

Die zuletzt berichtete Erfahrung führt uns zu einem Verständnis des Zusammenhanges der bewußten oder unbewußten Ängste des Neurotikers mit seinen primären Kindheitsängsten. Wir können annehmen, daß ein erhebliches Ausmaß von Triebeinschränkung vom Durchschnittsmenschen vertragen wird, ohne daß er deswegen zum Neurotiker werden muß. Beim Überschreiten dieses durchschnittlichen Ausmaßes an Triebeinschränkung während der Kindheitsentwicklung kommt es hingegen zu einer Bereitschaft oder Anfälligkeit für die spätere Entstehung einer Neurose. Infolge eines Übermaßes an angsthervorrufenden strengen und versagenden Erziehungsmaßnahmen kommt es zu einem Anwachsen der nicht abgeführten, ins Unbewußte verlagerten Triebenergien. Dieser Mechanismus führt nun zu einem Phänomen, das für das Verständnis der Verhaltensweisen und der Symptombildungen des Neurotikers von fundamentaler Bedeutung ist: Er erlebt nämlich jetzt seine im Unbewußten angestauten Bedürfnisse unwillkürlich so, wie er vor dem Eintreten der Verdrängungen die angedrohten Strafen erlebt hat, nämlich mit Angst verbunden. Die reaktiv durch die Erziehungsdressur aufgetretenen Ängste bleiben unbewußt mit den von außen verbotenen eigenen Triebregungen *verkoppelt. Der Neurotiker stellt sich deshalb seinen eigenen unbewußten Triebregungen gegenüber so ein wie gegenüber einer äußeren realen Gefahr. Er hat Angst vor ihnen.* Patienten, die sich zur Aufnahme einer psychoanalytischen Behandlung entschlossen haben und im einführenden Vorgespräch bereits das Andrängen von latenten Triebregungen spüren, drücken dies nicht selten in der Weise aus, daß ihnen »himmelangst« werde, wenn sie daran dächten, was alles in ihnen hoch kommen könne, wenn sie es zulassen würden.

Die weitere Persönlichkeitsentwicklung des durch übermäßige Triebverdrängung zur späteren Neurose disponierten Kindes läßt sich nun besser verstehen. Es wird unwillkürlich solche Verhaltensweisen entwickeln, die der Vermeidung der mit Angst gekoppelten angestauten Triebregungen dienen. Wenn z. B. ein zweijähriges Kind wegen seines Laut- und Expansivseins besonders hart und wiederholt bestraft wurde, wird es allmählich still werden. Es wird unwillkürlich solchen Situationen ausweichen, in denen es verlockt werden könnte, die gestauten unbewußten Bedürfnisse, doch laut und expansiv zu sein, zu bemerken. Denn es müßte sonst befürchten, daß die gestauten Bedürfnisse durchbrechen und damit auch Angst hervorgerufen würde. Denn beides, die gestauten Triebe und die Angst sind ja in seinem unbewußten Erleben miteinander gekoppelt.

Im Charakter eines solchen Kindes werden die Folgen seiner übermäßigen Triebeinschränkung, d. h. im gewählten Beispiel, seiner motorisch-aggressiven Gehemmtheit und das daraus resultierende stille Verhalten, weiterhin zur Folge haben, daß es zum Ausgleich seines unbewußten Mangels an natürlicher Realisierungsmöglichkeit motorisch-aggressiver Bedürfnisse eine *Ideologie* in seinem Bewußtsein entwickeln wird, welche sein Unvermögen zu einer besonderen Stärke verwandelt. Es wird sich in der Ausübung von Tugenden der Friedfertigkeit und des Gehorsames und der Willensbeherrschung vielleicht anderen Menschen gegenüber sogar als überlegen erleben. Sinngemäß das Gleiche gilt für den sexuell übermäßig Gehemmten, der eine übertriebene Keuschheits- und Reinheitsideologie entwickelt, für den oral übermäßig Gehemmten, der sich eine unrealistische Bescheidenheitsideologie und asketische Verzicht-, Opfer- und Genügsamkeitsvorstellung zu eigen gemacht hat.

Mit Hilfe einer solchen Umwandlung von gestauten Triebenergien in charakterliche Fehlhaltungen und Ausbildung übersteigerter und einseitiger Ideologien vollzieht sich grundsätzlich ein Versuch, mit Hilfe der Charakterbildung den innerseelischen Kindheitskonflikt zu bewältigen. Infolge des Übermaßes an gestauter Triebenergie mißlingt jedoch dieser Versuch insofern, als nämlich nicht mehr im Dienste der Realitätsbewältigung stehende Verhaltensweisen zustande kommen und dadurch das positve Ergebnis der normalen Charakterentwicklung, nämlich die Ich-Stärkung, nicht mehr erreicht wird.

Es gibt eine große Anzahl von Neurosen, bei denen die Entwicklung und Ausgestaltung abnormer Verhaltensweisen und kompensatorischer Ideologien so fest gefügt sind, daß es im gesamten Lebensablauf der daran Erkrankten zu keinen gröberen Symptombildungen mehr kommt. Dieser Tatbestand kann auch so ausgedrückt werden, daß das Symptom dieser Patienten in der Krankhaftigkeit ihres gesamten Charaktergefüges besteht. Man bezeichnet sie deshalb auch als *Charakter-Neurosen.*

Anders verhält es sich bei denjenigen Patienten, deren pathologische Charakterstrukturen nicht ausreichen, in besonders provozierenden Schicksalssituationen das Hervorbrechen mit Angst verbundener, gestauter Triebregungen völlig zu verhindern. Bei ihnen rufen die durch eine Auslösesituation provozierten Triebenergien einen solchen Druck hervor, daß in irgend einer Form Entlastungsmöglichkeiten geschaffen werden müssen. Da ein direktes Hervorbrechen der mobilisierten Triebenergien wegen der damit verbundenen gleichzeitigen Angstmobilisierung vermieden werden muß, suchen sich die in Bewegung geratenen psychischen Energien eine Abfuhr *innerhalb* des psycho-physischen Organismus zu verschaffen. Dieser Vorgang vollzieht sich auf dem Wege der vorher (s. S. 76) aufgezeigten energetischen Besetzung von psychischen oder körperlichen Funktionen.

Es war gesagt worden, daß eine solche Besetzung zur Störung der betreffenden psychischen oder körperlichen Funktion führt, mit anderen Worten zur *Symptombildung.* Aus der bis zu diesem Zeitpunkt bestehenden latenten, d. h. unterschwelligen, äußerlich nur andeutungsweise erkennbaren Neurosenbereitschaft ist eine manifeste, d. h. sichtbar in Erscheinung getretene, mit deutlichen Krankheitserscheinungen einhergehende neurotische Erkrankung geworden.

In einer gewissen Anzahl von Fällen gelingt es durch den Vorgang der Symptombildung nicht vollständig, die mit der Verlagerung der Triebenergie bei der Symptombildung verbundene Angst dem Bewußtsein fern zu halten. Die Angst beeinträchtigt dann zusätzlich eine Zeit lang das Lebensgefühl des Erkrankten, bis die Symptombildung so weit abgeschlossen ist, daß die Angst wieder ins Unbewußte gelangen kann. Besonders ist dies bei denjenigen Neurosen der Fall, deren Hauptsymptome, wie vorher beschrieben, bestimmte Angsterlebnisse sind. In zahlreichen Fällen führt aber die Symptombildung zur völligen Isolierung der durch das Auslöseerlebnis mobilisierten Triebenergie in einem bestimmten psychischen oder körperlichen Störungsvorgang nach der Art eines neurotischen Syptomes und dem völligen Fernhalten von subjektiven Angsterlebnissen vom Bewußtsein des Erkrankten. Dies ist in besonderem Maße bei vielen *körperlichen* Symptombildungen der Fall und macht es diesen Patienten leicht, nicht an die mit der gelungenen Symptombildung vermiedene Auseinandersetzung mit unbewältigten innerseelischen Konflikten erinnert zu werden. Sie bewahren sich ihre Seelenruhe durch die Überzeugung, daß ihr Symptom körperliche oder andere nichtseelische Ursachen haben müsse, und können deshalb so lange, bis ihre Erkrankung sich verschlimmert hat, ihr Erleben von Konfliktängsten frei halten.

Zur Verdeutlichung der aufgezeigten Zusammenhänge soll noch einmal das vorher erwähnte Beispiel des Kindes aufgegriffen werden, welches auf Grund von angsterzeugenden Strafandrohungen wegen seines natürlichen Bedürfnisses laut und expansiv zu sein, zu einem stillen, motorisch-aggressiv gehemmten Kind geworden war. Wenn dieser Mensch als Erwachsener in eine Situation gerät, in welcher seine unterdrückten Bedürfnisse, laut und expansiv zu sein, provoziert werden, kann es unter Umständen schlagartig zur Symptombildung kommen. Der Betreffende kann sich z. B. in einer Situation befinden, in welcher ihm von seinem Chef, von dem er sich schon lange eingeengt fühlte, völlig ungerechtfertigt heftigste Vorwürfe gemacht werden, obwohl er sich nur für die Firma eingesetzt, Überstunden gemacht und zahlreiche Versäumnisse des Chefs, ohne viel Aufsehen zu machen, gedeckt hat. Seine latenten Aggressionen gegen seinen Chef werden durch diesen Angriff provoziert und mobilisiert, seine Gehorsamkeitshaltungen und Pflichtideologien kommen ins Wanken, er verspürt eine starke Erregung, spricht einige unzusammenhängende Worte und verläßt in völliger Verwirrung und Erregung den Raum. In sein Büro zurückgekehrt, beruhigt er sich allmählich etwas. Als er auf eine Frage seiner Sekretärin antworten will, ist seine Stimme auf einmal tonlos und heiser. Er findet keine Erklärung hierfür, sucht später einen Arzt auf, der ihm eine Entzündung seiner

Stimmbänder bescheinigt und ihm Inhalationen und Sprechverbot verordnet.

Wir können an diesem Vorgang erkennen, wie der durch die Situation provozierte Impuls, laut (und aggressiv) zu werden, zwar bis zu demjenigen Organ gelangt, das der Stimmbildung und damit auch dem Schreien dient, nämlich den Stimmbändern, daß er aber hier durch die Einwirkung des verbietenden Über-Ichs keine der Entlastung des Schreiimpulses dienende Handlung mehr bewirken kann. Da dem Patienten anschließend vom Arzt ein organisches Leiden bescheinigt wird, nämlich eine Stimmbandentzündung, hat er guten Grund, keinen Zusammenhang zwischen seinem Symptom und seinem psychischen Konflikt zu sehen. Der Mechanismus der ersatzweisen Bewältigung eines unbewußten psychischen Konfliktes durch die Bildung eines neurotischen Symptomes ist voll gelungen. Der Patient kann seine charakterlichen Haltungen und seine Ideologien beibehalten und braucht sich nicht in Frage zu stellen.

An dem beschriebenen Vorgang läßt sich aber noch etwas Weiteres erkennen: nämlich die Tatsache, daß die Entstehung eines neurotischen Symptomes als Ersatz für einen bewußt und in der Realität ausgetragenen Konflikt mehr ist als lediglich das Ergebnis einer *kausal* zu erklärenden Abfolge von Energieumschichtungen. Das neurotische Symptom tritt nämlich, wie wir gesehen haben, an demjenigen Organ auf, welches funktionell am engsten mit einer möglichen Realisierung des gestauten unbewußten Triebwunsches verknüpft ist. Das Symptom erhält dadurch auch einen prospektiven, auf die Zukunft gerichteten *finalen* Aspekt. Es hat Signalcharakter. Die auffallende Heiserkeit macht die Mitmenschen darauf aufmerksam, daß bei diesem Mann mit der Stimme etwas nicht in Ordnung ist. Vielleicht mißdeuten einige diese Heiserkeit als Folge anhaltenden Schreiens und bestätigen damit unwillkürlich den unbewußten Impuls des Patienten, der zur Symptombildung geführt hatte. Das Symptom ist ein im Zwischenstadium der Realisierung stecken gebliebener Befreiungsversuch des gehemmten und dadurch angestauten Triebwunsches. Es stellt einen unbewußten Protest gegen die unzumutbare Hemmung dar, welcher vom Symptomträger wahrgenommen werden soll, damit er dazu veranlaßt wird, sich mit dem zu kurz gekommenen Bedürfnis in ihm selbst zu beschäftigen. Im günstigen Falle führt es den Patienten dazu, sich in eine konfliktorientierte, d. h. psychoanalytische Behandlung zu begeben und hierbei einen bewußten Zugang zu seinen latenten Schreiimpulsen und dem dazu gehörigen Gesamtbereich der verdrängten motorisch-aggressiven Triebwünsche zu bekommen.

Wir können demnach erkennen, daß die *Lokalisation eines neurotischen Symptomes nicht zufällig* ist, sondern dadurch bestimmt wird, wie die Darstellung des verdrängten, durch die auslösende Situation provozierten Triebwunsches am besten zum Ausdruck gebracht werden kann. Allerdings muß bemerkt werden, daß die im Symptom signalisierten, die latenten Wünsche repräsentierenden Ausdrucksvorgänge, die sog. *Symptom- oder Organsprache* nicht immer so deutlich ist wie bei dem angeführten Beispiel. Häufig bedarf es noch zur Verständlichmachung des Ausdrucksgehaltes eines Symptomes zusätzlich einer Entsymbolisierung, ähnlich wie bei der Entschlüsselung von Traumbildern. Je besser der Psychotherapeut die Symptomsprache verstehen gelernt hat, desto mehr Aussicht besteht, daß er seinen Patienten einen bewußten Zugang zu den durch das Symptom signalisierten unbewußten Bedürfnissen und weiteren latenten Persönlichkeitsanteilen eröffnen kann.

Abschließend sollen in diesem Abschnitt, der die Rolle der Angst bei der Neurosenentstehung zum Thema hatte, noch einige definitorische Bemerkungen gemacht werden, um den Gesamtbereich übersichtlicher zu machen. Wir waren ausgegangen von der biologisch im Menschen wie auch in den höheren Tieren angelegten Fähigkeit zur Entwicklung von Angst zum Schutz vor äußeren realen Gefahren. Diese Angst wird auch *Realangst* genannt. Die auf bestimmte, mit einer gewissen Wahrscheinlichkeit vorhersehbaren Gefahren gerichtete Angst wird als *Furcht* bezeichnet. Zum Bereich der Realängste gehören auch diejenigen Ängste, welche sich auf die Folgen einer Übertretung oder Mißachtung der in der Öffentlichkeit verbreiteten, für die Mehrzahl der Menschen verbindlichen rechtlichen und moralischen Ordnungen beziehen. Diese Ängste werden zwar im Verlaufe der persönlichen Kindheitserziehung den Kindern von den Eltern und Erziehern vermittelt; sie stehen aber, da sie zur Vorbereitung auf eine allmähliche soziale Einordnung in die Gemeinschaft der Mitmenschen nützlich sind, im Dienst der Realitätsbewältigung und können deshalb auch noch zu den Realängsten gerechnet werden.

Anders ist es mit denjenigen durch die Erziehung vermittelten *persönlichen Ängsten,* die *nicht* mehr mit der äußeren sozialen Realität übereinstimmen, die *keinen* Bezug mehr auf öffentliche, verbindliche Ordnungen und Normen haben, sondern die überwiegend Folgeerscheinungen der einseitigen Erziehungsmaßnahmen und unbewußten Beeinflussungen durch die Eltern in der Kindheit der von solchen Ängsten Betroffenen darstellen. Je höher der Anteil persönlicher Ängste gegenüber den der sozialen Integrierung dienenden Realängsten ist, um so stärker bekommen diese persönlichen Ängste den Charakter von *neurotischen Ängsten.*

Angstgefühle sind die dem bewußten Erleben wahrnehmbaren Auswirkungen der Angst, welche ja ein überwiegend biologisches Phänomen ist. Nach den vorangegangenen Bemerkungen gibt es demnach Angstgefühle, die von Realängsten einschließlich der auch noch in diese Gruppe gehörenden persönlichen Ängste ausgehen, und andererseits Angstgefühle, die von neurotischen Ängsten herrühren.

b) Die Rolle der Schuldgefühle bei der Entstehung neurotischer Erkrankungen

Schuldgefühle treten sehr häufig zusammen mit Angstgefühlen im Erleben des Menschen auf. Dennoch unterscheiden sie sich sowohl ihrem Wesen als auch ihrer Herkunft nach deutlich von den Angsterlebnissen. Gemeinsam ist ihnen zwar mit den Angstgefühlen der stark unlustbetonte Erlebnisanteil. Dieser führt auch zu sehr ähnlichen Reaktionen innerhalb des psychischen Organismus wie beim Andrängen von Angstgefühlen, nämlich zu Vorgängen, die eine Verringerung oder Vermeidung von Schuldgefühlserlebnissen im Bewußtsein des Betroffenen zum Ziel haben.

Ein wesentliches Merkmal der Schuldgefühle ist eine gleichzeitig mit dem Auftreten dieser Gefühle einsetzende Tendenz, sich von einer das Schuldgefühl auslösenden Schuldlast zu befreien und dementsprechende *Wiedergutmachungs- und Sühnehandlungen* zu intendieren.

Im Gegensatz zur Angst, welche die biologische Grundlage der Angstgefühle darstellt, gibt es für die Schuldgefühle *keine* entsprechende biologische Grundlage. Es gibt also *nur persönliche Schuldgefühle*, d. h. Schuldgefühle, die in der persönlichen Auseinandersetzung des Kindes mit seinen primären Beziehungspersonen während der frühen Kindheitsentwicklung entstanden sind[27]. Selbst bei den Schuldgefühlen, die der Erwachsene gegenüber Gott, Institutionen, Vereinigungen oder Menschengruppen empfinden kann, ist in der Regel eine Rückführung derselben auf primäre, in der Kindheit entstandene persönliche Schuldgefühle möglich.

Während der frühen Kindheitsentwicklung treten Schuldgefühlserlebnisse *parallel mit der Konstituierung des Über-Ichs* in Erscheinung und

27 Der religiös-moralische Begriff der objektiven oder absoluten Schuld, die unabhängig von den persönlichen Kindheitserlebnissen und Erziehungseinflüssen in der Seele des Menschen vorhanden sei, orientiert sich an einer Offenbarungsvorstellung und ist Bestandteil einer dualistischen Seelenauffassung und muß deshalb in unserer biologisch-monistisch orientierten Darstellungsweise außer Betracht bleiben.

erhalten ein zunehmendes Gewicht gegenüber den bis zu diesem Zeitpunkt ausschließlich vorhandenen Angstgefühlserlebnissen und Angstreflexen.

Ein gewisses Ausmaß an Schuldgefühlen ist, ebenso wie ein gewisses Ausmaß von reaktiven Angstgefühlen, für die Entwicklung des Menschen zum Sozialwesen notwendig und nützlich. Gemeint ist jenes Ausmaß, welches der Eingliederung in Großgruppen und die innerhalb derselben verbindlichen Ordnungen dient. In einer durchschnittlichen Familie werden die meisten der allgemein gültigen Wertnormen und Ordnungen ihren Niederschlag gefunden haben und dadurch auch unwillkürlich dem Kind anerzogen werden. Es wird hierdurch gleichzeitig durch die Setzung der familiären Wertnormen auf die in der allgemeinen Öffentlichkeit gültigen Normen vorbereitet, in die es später selbst eintritt.

In dem Grade, wie die von der Mutter oder dem Vater an das Kind durch bewußte Erziehungsmaßnahmen oder unbewußte identifikatorische Vorgänge vermittelten Wertnormen von denjenigen in der allgemeinen Öffentlichkeit abweichen bzw. von unbewältigten Persönlichkeitskonflikten der Elternpersonen oder des ganzen Familiengefüges bestimmt werden, wird das Kind genötigt, unbewußt überhöhte, der späteren Sozialisierung wie der persönlichen Entfaltung eher hinderliche Wertmaßstäbe in seinem Über-Ich aufzunehmen. Dies hat dann zur Folge, daß schon bei der Mobilisierung geringer Triebenergien Schuldgefühle auftreten, da die Handlungen, zu welchen die mobilisierten Triebwünsche führen würden, von den überempfindlichen und übermäßig strengen »Sittenrichtern« im Über-Ich als schuldhaft empfunden werden. Das Kind kommt demzufolge nicht einmal zu einem Mittelmaß an notwendiger schuldgefühlsfreier Triebentwicklung.

Die Darstellung der Angstgefühle einerseits und der Schuldgefühle andererseits wurde aus didaktischen Gründen getrennt vorgenommen. In Wirklichkeit sind die beim Andrängen eines vom Über-Ich verbotenen Triebwunsches sofort einsetzenden Vorgänge von einer Erlebnisqualität, die fast immer gleichzeitig Angst- *und* Schuldgefühle enthält, wenn auch in unterschiedlicher Gewichtsverteilung. So werden im Erleben des Kindes einer besonders ängstlichen Mutter, welche dem Kind die Vorstellung einer übermäßigen Gefährlichkeit der Welt vermittelt hat, vorwiegend Angstgefühle auftreten, wenn es den Impuls verspürt, etwas Verbotenes zu tun, während das Kind einer übermäßig moralisierenden Mutter beim Andrängen verbotener Triebimpulse vorzugsweise Schuldgefühle entwickeln wird.

Die Rolle, welche die übermäßigen Schuldgefühle, also die nicht mehr im Dienste der Realitätsbewältigung und sozialen Einordnung dienenden und damit *neurotischen Schuldgefühle* bei der Entwicklung neurotischer Charakterzüge und bei der Auslösung neurotischer Krankheitssymptome spielen, braucht im einzelnen nicht erörtert zu werden, weil es sich dabei um gleichartige Erscheinungen wie beim Auftreten der ausführlich dargestellten neurotischen Angstgefühle handelt, mit denen ja die Schuldgefühle engstens verbunden sind. Es führt deshalb weitgehend zu einem richtigen Ergebnis, wenn in dem Abschnitt über die neurotischen Angstgefühle in Gedanken hinzugefügt wird »und Schuldgefühle«, also neurotische Angst- und Schuldgefühle.

Es müssen jedoch diejenigen Folgen gesondert betrachtet werden, die sich aus den besonderen Wesensmerkmalen der Schuldgefühle einstellen, also aus denjenigen Wesensmerkmalen, in denen die Schuldgefühlserlebnisse von den Angstgefühlserlebnissen abweichen. Eingangs dieses Abschnittes wurde auf die Tendenz des von einem Schuldgefühl Ergriffenen hingewiesen, die empfundene Schuldlast durch Wiedergutmachungsvorgänge und durch Sühnehandlungen zu verringern. Letztere haben oft den Charakter der *Selbstbestrafung*.

Die – meist unbewußt bleibenden – *Wiedergutmachungstendenzen* äußern sich im Verhalten eines von unbewußten neurotischen Schuldgefühlen belasteten Menschen häufig in der Weise, daß er sich besonders intensiv für einen ihm nahe stehenden Menschen einsetzt, übertrieben nett zu ihm ist, ihm unangemessen wertvolle Geschenke macht usw. Es läßt sich häufig hinter diesem vordergründigen Verhalten erkennen, daß eine unbewußte, als schuldhaft erlebte Haßregung wieder gutgemacht werden soll.

Die im Gefolge der neurotischen Schuldgefühle einsetzenden *Selbstbestrafungstendenzen* werden besonders deutlich bei der Bildung bestimmter neurotischer Symptome erkennbar. Wir erleben es z. B. häufig, daß eine in mittleren Jahren stehende, unverheiratete Frau jahrelang ihre herzkranke Mutter gepflegt hat, und daß sie unmittelbar nach dem Tode der Mutter selbst eine Herzsymptomatik bekommt.

Wir können ein solches Ereignis unschwer als das Ergebnis von unbewußten Selbstbestrafungstendenzen verstehen. Die Tochter hat wahrscheinlich in den Jahren, während sie die kranke Mutter pflegte, auf die Verwirklichung zahlreicher eigener Wünsche verzichten müssen und dementsprechend in ihrem Unbewußten reaktive Haßregungen entwikkelt. Vielleicht sind gelegentlich sogar Gedanken in ihr Bewußtsein gedrungen, daß alles leichter für sie werden würde, wenn die Mutter bald stürbe. Im Unterbewußtsein sind vielleicht sogar direktere Todeswünsche vorhanden gewesen. Nach dem Tod der Mutter hat die Tochter nun dieses Ereignis unbewußt als die Folge ihrer ebenfalls überwiegend unbewußten Haßregungen und Todeswünsche empfunden und ihre dadurch mobilisierten Schuldgefühle in der Weise zu entlasten versucht, daß sie sich mit der Übernahme eines ähnlichen Symptomes bestrafte, an welchem auch die Mutter gelitten hatte.

Wir können unser Verständnis für den Sinn neurotischer Symptome damit um einen weiteren Anteil bereichern. Das Symptom ist einmal ein Ersatz für einen nicht ins Bewußtsein gedrungenen und in der Realität handelnd ausgetragenen seelischen Konflikt. Es enthält weiterhin fragmentarische und entstellte Anteile des verdrängten Triebwunsches und signalisiert damit die Notwendigkeit, den verdrängten Triebwunsch zukünftig stärker zu berücksichtigen, und es ist schließlich das Resultat einer Selbstbestrafung.

3.5.2 Die neurotische Fixierung, der Wiederholungszwang und das Phänomen der Übertragung

Nachdem mit den neurotischen Angst- und Schuldgefühlen, ihrer Entstehung und ihrer Bedeutung für die Entwicklung neurotischer Erkrankungen und Symptombildungen die grundlegenden psychischen Kräfte beschrieben worden sind, welche zu einem Verständnis der Hintergründe und Ursachen seelischer Krankheiten führen, sollen im folgenden noch die wichtigsten psychischen Einzelphänomene dargestellt werden, die außer den Angst- und Schuldgefühlen bei der Analyse neurotischer Entwicklungen und Verhaltensweisen regelmäßig zu finden sind.

Um das auffallende Verhalten neurotischer Erwachsener zu verstehen, ist es wichtig zu wissen, daß sich darin wie auch in ihrem Denken unwillkürliche Forsetzungen infantiler Verhaltens- und Erlebnisweisen nachweisen lassen. Und zwar gehören diese überwiegend derjenigen kindlichen Entwicklungsstufe an, in welcher der Erwachsene als Kind in besonderem Maße durch hemmende Einflüsse seitens seiner frühkindlichen Umgebung behindert worden ist. Die zu der betreffenden kindlichen Entwicklungsstufe gehörenden seelischen Kräfte sind durch die hemmenden Einflüsse aus der Außenwelt blockiert worden. Sie werden an ihrer Weiterentwicklung gehindert. Dieser *neurotische Fixierung* genannte Vorgang hat zur Folge, daß die folgenden Entwicklungsstufen nur unvollkommen oder gar nicht erreicht werden, und das Erleben des Betreffenden in seinem ganzen weiteren Leben in hohem Maße von den Besonderheiten derjenigen Entwicklungsstufe gekennzeichnet ist, auf welcher die neurotische Fixierung einsetzte. Das für eine bestimmte frühkindliche Entwicklungsphase kennzeichnende Verhalten wird so lange fortgesetzt und wiederholt, bis es dem Erwachsenen als Hintergrund seines Erlebens und Handelns bewußt wird und dadurch eine nachträgliche Weiterentwicklung und Nachreifung möglich wird. Eine solche Tendenz zur Beibehaltung des einmal Erreichten und der ständigen Wiederholung des zur Gewohnheit gewordenen Verhaltens ist unter dem Begriff des *Wiederholungszwanges* in die psychoanalytische Literatur eingegangen. Dieser in seiner Dynamik äußerst wirksame Wiederholungszwang kann in gewisser Weise mit dem in der Physik geltenden Trägheitsgesetz verglichen werden. Dieses besagt, daß ein Körper, dem durch eine Kraftquelle eine bestimmte Richtung verliehen worden ist, die Tendenz hat, diese Richtung und auch die Geschwindigkeit beizubehalten, mit der er auf den Weg geschickt worden ist. Es besagt weiter, daß es erheblicher andersartiger Krafteinwirkungen bedarf, um diesen Körper von seiner Bahn abzubringen oder seine Geschwindigkeit zu ändern. Man kann den unwillkürlichen inneren Zwang, bestimmte Verhaltens- und Denkweisen beizubehalten, in übertragenem Sinne als ein seelisches Trägheitsgesetz bezeichnen. Eine solche Analogie erleichtert das Verständnis für die erheblichen Kraftanstrengungen, die erforderlich werden, um den Wiederholungszwang selbst dann in seiner Wirkung abzuschwächen, wenn die infantilen Wurzeln und die Unzweckmäßigkeit eines bestimmten neurotischen Verhaltens bezüglich seiner realen Lebenssituation dem erwachsenen Neurotiker bewußt und evident geworden sind. Es ist unschwer zu erkennen, daß der Wiederholungszwang hiermit zu einem ernsten Hindernis im Verlauf einer analytischen Psychotherapie werden kann.

Die durch neurotische Fixierungen auf einer infantilen Entwicklungsstufe hervorgerufenen und infolge des Wiederholungszwanges beibehaltenen infantilen Verhaltens- und Erlebnisweisen betreffen alle psychischen Bereiche, also sowohl die Triebäußerungen als auch die Ich- und Über-Ich-Strukturen und die zu der betreffenden Kindheitsentwicklungsstufe gehörenden Formen der geistigen Welterfassung.

Obwohl die einer bestimmten kindlichen Entwicklungsphase zugehörigen fixierten Verhaltens- und Erlebnisweisen durch mancherlei Veränderungen, die sich im Verlaufe der Charakterentwicklung ergeben, erheblich abgewandelt werden, lassen sie sich doch deutlich beim Erwachsenen erkennen. Wir wissen z. B., daß der als Erwachsener an einer *Zwangsneurose* erkrankte Patient als Kind im zweiten bis dritten Lebensjahr besonders intensiven entwicklungshemmenden Einwirkungen ausgesetzt worden war, und daß demzufolge bei ihm eine neurotische Fixierung in dieser Phase eingetreten ist. Wir finden deshalb regelmäßig beim Zwangsneurotiker die zu dieser Kindheitsphase gehörenden, früher beschriebenen Kriterien. So ist seine Sexualentwicklung meist auf der *anal-*

sadistischen Stufe stehen geblieben, so daß wir sowohl in seinem direkten Sexualverhalten wie auch in seinen von Letzterem abgeleiteten Charakterzügen das Persistieren analer und sadistischer Regungen nachweisen können. Wir können weiterhin beim Zwangsneurotiker das Fortwirken der für die anale Entwicklungsstufe typischen Neigung antreffen, liebevoll gehegten Eigenbesitz zu bewahren und nicht herzugeben, also sich retentiv zu verhalten. Die Ich-Entwicklung des Zwangsneurotikers läßt deutlich die Fixierung auf derjenigen Stufe erkennen, welche die volle Realitätsbeziehung noch nicht erreicht hat. Deshalb ist die Denkweise und die geistige Welterfassung des Zwangsneurotikers wesentlich stärker als beim voll gereiften seelisch gesunden Menschen von magischen Allmachtsvorstellungen, Aberglauben und irrationalen Interpretationen der Naturzusammenhänge und der Handlungsweisen anderer Menschen erfüllt.

Entsprechend dem eben gezeigten Beispiel läßt sich beim *depressiven Erwachsenen das Fortwirken neurotischer Fixierungen auf der oralen Entwicklungsstufe* erkennen. Sein unbewußtes Triebleben ist von Wunschregungen nach lustvoller oraler Einverleibung gekennzeichnet, und hinsichtlich seiner Ich-Funktionen finden sich deutliche Fortsetzungen von Abhängigkeitshaltungen, die das Stadium der Dualunion mit der Mutter auszeichnen, in dem sich, wie wir vorher gesehen hatten, erst Vorläufer von späteren Ich-Strukturen erkennen lassen.

Das Verständnis für das Verhalten und Erleben des erwachsenen Neurotikers wird vervollständigt durch die Einführung eines weiteren Phänomens, dessen Entdeckung wir der Psychoanalyse verdanken, nämlich dem der *Übertragung*. Wenn eben festgestellt wurde, daß der Neurotiker weite Anteile seines einer bestimmten infantilen Entwicklungsstufe zugehörigen Verhaltens als Erwachsener in äußerlich veränderter Form fortsetzt, so ist in dieser Feststellung auch die Aussage enthalten, daß sich sein Verhalten gegenüber bestimmten Personen seiner Erwachsenenumwelt äußern muß, da ihm seine primären kindlichen Beziehungspersonen meist nicht mehr zur Verfügung stehen. Wir können die Dynamik des Wiederholungszwanges erst in vollem Ausmaß erfassen, wenn wir uns klar machen, daß er sich für die Beziehungen zu anderen Menschen solche Objekte sucht, die seinen primären Objekten aus der Kindheit, also seiner Mutter, seinem Vater, seiner älteren Schwester oder seinem jüngeren Bruder am ähnlichsten sind. Der Neurotiker *»überträgt«* seine primäre Mutterbeziehung mit allen dazugehörigen, der jeweiligen Entwicklungsstufe, auf der eine neurotische Fixierung stattgefunden hatte, entsprechenden Merkmalen der Trieb- und Ich-Organisation. Je »schwerer« die Neurose des Erwachsenen ist, desto stärker und ausgedehnter sind die Übertragungsanteile in seinem Verhalten zu den Beziehungspersonen seiner Erwachsenenwelt. Man wird einem vollen Verständnis des Übertragungsphänomens am besten gerecht, wenn man sich vergegenwärtigt, daß die bis ins Erwachsenenleben beibehaltenen infantilen Beziehungs»Muster« sogar den wirklichen Charakter der erwachsenen Beziehungsobjekte völlig verwandeln und verfälschen können, damit er möglichst gut den Primärobjekten entspricht. So kann zum Beispiel ein oral fixierter depressiver Erwachsener seine primäre Mutterbeziehung unbewußt auf seine Ehefrau übertragen. Dies kann sich dann darin äußern, daß er Letztere – ebenso wie als Kind seine Mutter – einerseits als versagend erlebt, weiterhin, daß sie ihn in seinen expansiven Wünschen behindert, und schließlich kann er unbewußt ihr gegenüber von der Angst erfüllt sein, daß sie ihn verschlingen könnte, wie er es unbewußt als Einjähriger und während seiner ganzen Kindheit von seiner Mutter gefürchtet hatte. Der wirkliche Charakter der betreffenden Ehefrau braucht dabei gar nicht dem zu entsprechen, was der Depressive in seinen Mutterübertragungsbedürfnis in sie hineinprojiziert hat.

Wir wissen heute, daß in den Beziehungen jedes erwachsenen Menschen zu anderen Menschen Übertragungsanteile enthalten sind. Jedoch treten diese beim seelisch Gesunden gegenüber den realitätsgerechten Beziehungsanteilen zurück, die den anderen in seinem wirklichen Charakter zum Bezugsobjekt nehmen. Beim Neurotiker sind hingegen alle Beziehungen zu anderen Menschen verstärkt von Übertragungsanteilen durchsetzt und dementsprechend verfälscht.

Ergänzend kann noch erwähnt werden, daß Übertragungsanteile im Erleben von Erwachsenen sich nicht nur gegenüber einzelnen anderen Personen äußern können, sondern darüber hinaus auch gegenüber Menschengruppen und Institutionen. So kann im Übertragungserleben z. B. die Belegschaft eines kleineren Betriebes als »gute Mutter« oder eine Behörde als »böser Vater« empfunden werden.

3.5.3 Die Rückkehr in die Kindheit (Regression)

Die meisten Menschen erleben in irgendwelchen bedrückenden Lebenssituationen eine Sehnsucht, in die Geborgenheit der Kindheit zurückzukehren, in der sie liebevoll von den Eltern umsorgt wurden, keine Verpflichtungen hatten und keine Verantwortung zu tragen brauchten. Viele Menschen nehmen beim abendlichen Einschlafen im Bett eine Stellung mit gebeugtem Rücken, angezogenen Beinen und gebeugtem Kopf ein, wie sie ein Embryo im Mutterleib hat. Noch viel häufiger sind solche *regressiv* genannten Verhaltensweisen, Gefühle und Sehnsüchte als unbewußte Motivationen zahlreicher Handlungen von Erwachsenen nachzuweisen.

Der gesunde Erwachsene hat in der Regel so viele Erlebnisse der Befriedigung, des Glückes, der Bestätigung seiner Person und seines Handelns, daß er nur gelegentlich und vorübergehend regressive Bedürfnisse empfindet und entsprechende Regressionshandlungen vollzieht. Anders der Neurotiker. Für ihn ist sein Erwachsenenerleben auf Grund seiner seelischen und charakterlichen Beeinträchtigungen oft so bedrückend, daß die Versuchung, unbewußt in kindliche Entwicklungs-, Verhaltens- und Erlebnisstadien zurückzukehren, sehr groß werden kann. Die Regressionsvorgänge sind bei ihm nicht nur häufiger anzutreffen, sondern führen sogar nicht selten zu einer *anhaltenden* Rückkehr auf eine frühere Entwicklungsstufe.

Letzteren Vorgang treffen wir vor allem während der charakterbildenden Frühentwicklung in den ersten fünf Lebensjahren an. Es kommt häufig vor, daß ein Kind, das bereits die phallisch-narzißtische Entwicklungsstufe erreicht hat und fest gefügte Ich-Strukturen erkennen läßt, bei einer besonders intensiven Bedrohung seitens der in dieser Phase für ihn aktuell werdenden weiteren Beziehungspersonen außer der Mutter – das Kind befindet sich ja gerade im Übergang von der Dualbeziehung zur Mehrpersonenbeziehung – so stark verunsichert wird, daß es unwillkürlich in die vorangegangene Entwicklungsstufe, die anale Phase, die auch noch die größere Sicherheit und Geborgenheit der Zwei-Personen-Beziehung mit einschließt, zurückfällt. Es regrediert. Solche infantilen Regressionen sind in der Regel anhaltend, so daß die weitere Persönlichkeitsentwicklung derartiger Kinder dann von den Fortsetzungen der gleichen infantilen Erlebnisweisen gekennzeichnet ist, wie es in den vorangegangenen Ausführungen bei einer neurotischen Fixierung auf dieser früheren Entwicklungsstufe dargestellt worden ist.

Die eben beschriebenen Regressionsvorgänge im Verlauf einer gestörten Frühkindentwicklung, die bis zu den kennzeichnenden Verhaltensweisen des erwachsenen Neurotikers führen, betreffen vor allem die *Triebseite* des psychischen Organismus. In denjenigen Fällen, bei denen die Regressionen besonders die *Ich-Seite* der psychischen Vorgänge betreffen, kann es beim Erwachsenen zu Krankheitszuständen kommen, die durch einen weitgehenden Verlust der Ich-Funktionen gekennzeichnet sind. Diese Krankheiten nennen wir *Psychosen.* Die hiervon betroffenen Patienten erleben eine zunehmende Veränderung in ihrer Beziehung zur Realität und vor allem zu anderen Menschen. Sie leiden unter dem Gefühl einer fortschreitenden Veränderung ihrer Persönlichkeit, ihres Ichs, ihres Körpers, ihres Fühlens und Denkens. Im weiteren Verlauf kann es dazu kommen, daß die nicht mehr wahrgenommene äußere Realität durch eine wahnhafte, von den unbewußten Wunschphantasien und Ängsten gebildete innere Scheinrealität ersetzt wird[28].

Beim neurotischen Erwachsenen lassen sich anhaltende Regressionsneigungen auch in denjenigen Fehlhaltungen erkennen, die wir als *süchtig* bezeichnen. Bei den oralen Süchten, wie vor allem dem Rauchen, Trinken, dem suchtartigen Vielessen und dem süchtigen Einnehmen von Tabletten handelt es sich um Fehlhaltungen, die unbewußt eine regressive Wiederbelebung frühkindlicher, in die orale Entwicklungsstufe gehörender Lusterlebnisse anstreben. Im erweiterten Sinne gilt dies auch von den im übertragenen Sinne als oral, d. h. Lust am Einverleiben vermittelnden *konsumierenden* Verhaltensweisen des süchtigen Fernsehens, Lesens von Illustrierten, Berieselung mit Musik usw. Einige der genannten Suchtpraktiken versetzen den Betreffenden aufgrund bestimmter, auf das Zentralnervensystem wirkender pharmakologischer Substanzen zusätzlich in einen veränderten seelischen Zustand und bewirken dadurch eine noch weiter reichende Regression. In diesem Zustand sind die Belastungen der realen Außenwelt gedämpft oder gar völlig ausgeschaltet, die Stimmung ist gehoben bis rauschhaft. Hiermit ist ein Stadium erreicht, welches in manchen Anteilen demjenigen eines Säuglings in der symbiotischen Phase der ersten Lebensmonate entspricht. Besonders ausgeprägt wird dieser Effekt mittels stärkerer Rauschdrogen erreicht. Diese bewirken auch eine Intensivierung der Sinneswahrnehmungen und Auflösungserlebnisse des Ichs, so daß die Regression in die erwähnte früheste Kindheitsphase noch vollständiger wird.

3.5.4 Unterschiedliche Formen der Unlustvermeidung. Die Abwehrmechanismen

Als steuernde Instanz im seelischen Organismus hatten wir das Ich kennengelernt. Es vermittelt zwischen den Einwirkungen aus der Außenwelt, den Einflüssen des Über-Ichs und den andrängenden Triebwünschen aus dem Unbewußten. Diese Aufgabe kann das Ich nur bewältigen, wenn es über Möglichkeiten verfügt, diejenigen Energiemengen aus einem der genannten drei Bereiche zurückzuweisen, die es in seiner Unabängigkeit beeinträchtigen würden. Gegenüber einer Überflutung mit

28 An anderer Stelle wurden die unterschiedlichen Entstehungsbedingungen neurotischer und psychotischer Reaktionsweisen vom Autor detaillierter dargestellt. Vgl. F. Beese, Neurotische und psychotische Reaktionsweisen. Fortschritte der Psychoanalyse. Göttingen (in Vorbereitung).

Außenreizen schützte sich durch ein Nachlassen der Aufmerksamkeit und der Sinnesempfindungen, sowie einem Geringerwerden der emotionalen Anteilnahme. Dem Über-Ich gegenüber gibt es ebenfalls Schutzmaßnahmen, die eine zu starke Beeinflussung des Ichs von dieser Instanz durch moralische Gebote, Strafandrohungen und Schuldgefühle verhindern. Sie sind noch relativ wenig erforscht. Gut bekannt und in ihrer Vielfältigkeit ausführlich beschrieben sind hingegen die Schutzeinrichtungen des Ich's gegenüber den Triebwünschen[29]. Sie müssen wegen der besonders intensiven Kräfte, welche aus diesem Bereich gegen das Ich andrängen, und somit die Unabhängigkeit und Freiheit des Ichs besonders stark gefährden, auch besonders wirkungsvoll sein. Wir nennen sie die *Abwehrmechanismen des Ichs.* Anna Freud hat der systematischen Darstellung dieser und weiterer Abwehrmechanismen eine inzwischen klassisch gewordene Studie gewidmet[30].

Der psychologische Sinn der Abwehrmechanismen erschöpft sich nicht nur in der Erhaltung der Integrität, Unabhängigkeit und Funktionsfähigkeit des Ichs als Wahrnehmungs- und Steuerungsinstanz. Wir können deutlich erkennen, daß eine eng mit der ersten verknüpfte weitere Aufgabe derselben die *Vermeidung von Unlust, insbesondere von Angst* ist. In dem Abschnitt über die Angst war ausführlich die enge Verknüpfung von unbewußten Triebwünschen mit Angsterlebnissen gezeigt worden. An dieser Stelle sollen jetzt die wichtigsten Methoden dargestellt werden, deren sich das Ich zur Abwehr der aus dem Unbewußten aufsteigenden, mit Ängsten verknüpften Triebwünsche bedient.

Der am frühesten bekannt gewordene Abwehrmechanismus ist die *Verdrängung.* Mit Hilfe des Verdrängungsvorganges, der – wie auch alle anderen Abwehrmechanismen des Ichs – ein regelmäßig bei jedem Menschen vorkommendes, der Erhaltung des psychischen Gleichgewichtes dienendes Phänomen ist, werden die vom Unbewußten andrängenden Triebwünsche entweder schon an der Stelle zurückgewiesen, wo sie das Bewußtsein noch gar nicht erreicht haben, oder es werden bereits im Vorbewußten oder gar Bewußtsein vorhandene, mit Angst- und Schuldgefühlen verknüpfte Triebwünsche wieder ins Unbewußte zurückgedrängt. Das im Rahmen normaler psychischer Entwicklungen zustande kommende Ausmaß von Triebverdrängung ruft außer einer Dynamisierung des Unbewußten, welche zum größten Teil für die Charakterbildung und zur Stärkung der Ich-Funktionen verwendet wird, keine

29 Der psychische Bereich, welcher die Gesamtheit der Triebe enthält, wird in der Psychoanalyse das Es genannt.

30 A. Freud, Das Ich und die Abwehrmechanismen. München 1964.

besonderen äußeren Wirkungen hervor. Bei einem übermäßigen Anwachsen von Triebenergien infolge pathologischer, d. h. besonders intensiver Verdrängungen, kann es zu innerpsychischen oder psychosomatischen Umschichtungen von Triebenergien und damit zur Symptombildung kommen.

Ein Teil der vielfältigen ubiquitären, durch Verdrängungsvorgänge hervorgerufenen Triebstauungen sowohl gesunder als auch seelisch kranker Menschen wird, wie früher dargestellt wurde, nachts durch die Ersatzhandlungen des Traumes wieder abgeführt.

Die Verdrängung ist ein den meisten heutigen Menschen bereits so vertrauter Begriff, daß an seine Herkunft von der psychoanalytischen Wissenschaft oft gar nicht mehr gedacht wird. Es kommt oft vor, daß einem Menschen auffällt, wie er einen bestimmten Namen immer wieder vergißt, so daß er schließlich selbst von diesem Namen (bzw. einem dazugehörigen Namensträger) sagt: »Den muß ich aus irgendeinem Grunde verdrängt haben«. Wir können übrigens an diesem Beispiel die enge Beziehung zwischen dem Vergessen, also der Sonderform einer Fehlleistung, und der Verdrängung erkennen. Diesen Zusammenhang kann man auf die Formel bringen, daß es sich bei der Verdrängung um eine durch affektive Verknüpfungen hervorgerufene besonders intensive und tiefgehende Form des Vergessens handelt. Affektiv neutrale Gedächtnisinhalte vergißt man seltener und erinnert sich umgekehrt leichter daran. Vorgänge aus der Vergangenheit, die mit unangenehmen Gefühlen oder Affekten, insbesondere mit Angst verknüpft sind, vergißt man hingegen intensiver, man verdrängt sie. Umgekehrt erinnert man sich auch schwerer wieder daran.

Ein Abwehrmechanismus, den wir ebenfalls häufig sowohl bei Gesunden wie auch bei seelisch Kranken, bei Letzteren wiederum intensiver und ausgedehnter, registrieren können, ist die *Verleugnung*. Er besteht darin, daß reale Objekte, noch häufiger aber reale Zusammenhänge und Tatbestände, die jedem neutralen Beobachter in ihrer realen Bedeutung völlig klar sind, dem durch bestimmte affektive Einstellungen vorbelasteten Neurotiker nicht evident werden. Eine von strengen moralischen Vorstellungen beherrschte Mutter bemerkt in ihrem Bewußtsein nicht, was alle anderen schon längere Zeit bemerkt haben, nämlich daß ihre sechzehnjährige Tochter schwanger ist. Sie bemerkt es nicht, weil es sich um ihre Tochter handelt, und weil es zu kraß von ihren Wunsch- und Wertvorstellungen abweicht. Sie verleugnet diesen offensichtlichen Tatbestand, den sie bei jedem anderen gleichaltrigen Mädchen längst wahrgenommen hätte.

Ein anderes Beispiel: Ein erfahrener Röntgenologe, der seit längerer

Zeit an unklaren Leibschmerzen leidet und an Gewicht abgenommen hat, betrachtet das Röntgenbild seines eigenen Darmes. Er weiß, daß es sein Röntgenbild ist. Obwohl der klassische Befund für einen Darmkrebs in fortgeschrittenem Stadium vorliegt, diagnostiziert er eine harmlose Darmentzündung. Er kann in seinem Bewußtsein nicht die Tatsache zulassen, daß er an einer eventuell unheilbaren Krankheit leidet. Auf dem Röntgenbild jedes anderen Patienten hätte er sofort die richtige Diagnose gestellt. Seine eigene Krebs-Diagnose mußte er verleugnen.

Es ist erstaunlich, zu welch weitgehenden Ausschaltungen der Wahrnehmungs- und kritischen Denkfunktionen es bei manchen Neurotikern kommen kann, wenn Tatsachen verleugnet werden müssen, die für das Erleben der Betreffenden wegen der damit verbundenen Ängste, Enttäuschungen, Kränkungen und anderer Unlustgefühle unerträglich wären, wenn sie in ihrer Realität und Bedeutung für ihn richtig erkannt werden würden.

Bei dem als nächsten zu beschreibenden Abwehrvorgang der *Projektion* haben wir eigentlich die Fortsetzung oder Weiterführung der durch Verdrängungsleistungen eingetretenen Veränderungen des psychischen Zustandes vor uns. Der projizierende Neurotiker oder auch Gesunde erlebt mit voller bewußter Überzeugung bestimmte Verhaltensweisen oder Charaktereigenschaften bei einem anderen, die er mit starker affektiver Beteiligung ablehnt, und von denen er sich selbst möglichst weit distanziert. Wir können nun bei näherer Betrachtung häufig nachweisen, daß dem Betreffenden diese bewußt beim anderen wahrgenommenen Eigenschaften in Wirklichkeit selbst angehören, daß sie in ihm aber tief verdrängt worden sind, daß er sie aber auf andere projiziert und sie dann dort wahrnimmt, als wenn sie wirklich dem anderen zugehören würden. Es ist so, als wenn jemand in einen Spiegel sieht, einen häßlichen Menschen erblickt, sich selbst nicht darin erkennt und sich voll Abscheu von diesem fremden »anderen« abwendet. Der Abwehrmechanismus der Projektion ist noch mit einem höheren Grad der Aussparung von Realitätsbezügen verbunden als die Verleugnung.

Besonders häufig treffen wir diesen Abwehrmechanismus bei Ichschwachen, Schizoiden oder auch bei Zwangsneurotikern an. Die extremsten Formen nehmen die Projektionsmechanismen in den Wahnproduktionen psychotischer Patienten an.

Bei der Schilderung der normalen und neurotischen Charakterbildung waren wir schon auf das Phänomen der kompensatorischen Bildung von Ideologien als unwillkürlich sich formierenden Ausgleichsversuchen gegenüber neurotischen Minderwertigkeitsgefühlen und – so muß hinzugefügt werden – gegenüber neurotischen Ängsten gestoßen. Auch hierbei handelt es sich, wie bei den in den gleichen Bereich gehörenden *Rationalisierungen* um Abwehrmechanismen des Ichs gegenüber den mit Angst verbundenen, aus dem Unbewußten andrängenden Triebkräften. Die Rationalisierungen stellen rationale Scheinrechtfertigungen von neurotischen Mangelerlebnissen und Fehlhaltungen dar. Der Fuchs in der Fabel rationalisiert, wenn er sagt, daß ihm die Trauben viel zu sauer seien. In Wirklichkeit kommt er nicht ran. Der arme Hungerleider rationalisiert, wenn er meint, daß Hungern besonders gesund sei. In Wirklichkeit hat er nicht genug zu essen.

Die *Ideologienbildung* enthält gegenüber der Rationalisierung noch einen ausdrücklicheren Wertungsakzent. Der aggressiv Gehemmte erlebt in der Ideologie des absoluten Gehorsams und der Vermeidung jeglicher streitenden Auseinandersetzungen eine besondere Tugend. In ähnlicher Weise kann sich der sexuell Gehemmte in seiner übertriebenen Keuschheitsideologie und der kontaktgestörte Schizoide in seiner Ideologie einer »splendid isolation« gegenüber dem Durchschnittsmenschen erhaben fühlen.

Die Bedeutung der eben aufgezählten Abwehrvorgänge geht über eine Verständlichmachung von zahlreichen Vorgängen im Verlaufe neurotischer Entwicklungen und von Besonderheiten des Verhaltens seelisch Gesunder erheblich hinaus. Wir werden in Kapitel III, das die Stellung des Neurotikers in unserer Gesellschaft zum Inhalt hat, häufig vor die Tatsache geführt werden, daß Abwehrmechanismen der beschriebenen Art sich auch als *kollektive* Erscheinungsweisen in menschlichen Großgruppen antreffen lassen und wichtige Beiträge zur Erklärung des Phänomens der Außenseiter unserer menschlichen Gemeinschaft liefern können.

4. Die Persönlichkeits- und Charakterstrukturen

Am Beispiel der Zwangsneurose (s. S. 91) war gezeigt worden, wie die in einem bestimmten kindlichen Entwicklungsabschnitt, hier dem zweiten Lebensjahr, eingetretenen partiellen Entwicklungsstillstände – wir hatten sie neurotische Fixierungen genannt – das gesamte Charakterbild des Betreffenden bis in das Erwachsenenalter hinein bestimmen. Dies äußert sich in allen Bereichen des Verhaltens, Denkens, Handelns, Fühlens und Erlebens. Wir finden für Zwangsneurotiker typische Ideologien und Wertnormen und können sogar charakteristische Abwehrmechanismen bei ihnen nachweisen.

Im Verlauf jahrzehntelanger wissenschaftlicher Erforschung typischer Charaktermerkmale von Neurotikern hat sich herausgestellt, daß man hauptsächlich *vier verschiedene Charakterstrukturen* unterscheiden kann. Diese vier Persönlichkeitstypen weisen in ihrem Charakter jeweils bestimmte Merkmale auf, und es läßt sich nachweisen, daß diese in ursächlichem Zusammenhang mit den jeweiligen Kindheitsschicksalen dieser Personen stehen. Genauer gesagt mit den äußerlich bedingten Entwicklungsbehinderungen, welche die Betreffenden in einem bestimmten Stadium ihrer seelischen Reifung als Kleinkind erfahren haben. Diese Klassifizierung in vier Hauptcharakterstrukturen gilt für alle Menschen, also auch für seelisch Gesunde. Denn es zeigt sich, daß in der Entwicklung *jedes* Menschen die verschiedenen frühkindlichen Entwicklungsphasen nicht gleichmäßig gefördert oder behindert werden, so daß auch die Charakterbildung des Gesunden von den frühkindlichen Prägungen in den jeweiligen Entwicklungsabschnitten bestimmt wird. Der Unterschied zwischen der Charakterstruktur eines seelisch gesunden Menschen und einer neurotischen Charakterstruktur ist – abgesehen von der später noch zu erörternden Relativität des seelischen Krankheitsbegriffes – rein *quantitativer* Natur. Freud hat eine Definition des Charakters in folgender Weise gegeben: »Die *bleibenden Charakterzüge* sind entweder unveränderte Fortsetzungen der ursprünglichen Triebe, Sublimierungen derselben oder Reaktionsbildungen gegen dieselben«[31]. Schwidder definiert die *Charakterstruktur* als »das Gesamtgefüge erworbener und anlagebedingter Erlebnis- und Verhaltensweisen«. Die *neurotische Charakterstruktur* grenzt er demgegenüber ab als »das durch Gehemmtheiten erheblich beeinflußte und veränderte Erlebnis- und Verhaltensgefüge«[32]. Aus der neurotischen Fixierung der spontanen psychischen Entwicklung des Kleinkindes in den jeweiligen Phasen können die vier Haupt-Charakterstrukturen in folgender Weise abgeleitet und beschrieben werden:

4.1 Die schizoide Persönlichkeitsstruktur

Die schizoide Persönlichkeitsstruktur ist das Ergebnis einer Behinderung des intentionalen Bedürfnisses des kleinen Kindes in seinen ersten eineinhalb Lebensjahren. Zu einer solchen Behinderung kommt es vor allem dann, wenn die frühkindlichen Beziehungspersonen des Kindes, vornehmlich die Mutter, dem Kind nicht das notwendige Mittelmaß an fördernden und verarbeitbaren emotionalen Reizen bietet. Dies kann da-

31 S. Freud, Charakter und Analerotik. Ges. W. Bd. V.

32 W. Schwidder, Neopsychoanalyse. In: Handbuch der Neurosenlehre und Psychotherapie. Bd. III. München/Berlin 1953.

durch geschehen, daß entweder ein Übermaß an Reizen angeboten wird, wie es häufig von einer bestimmten Art unsicherer und hektischer Mütter geschieht, die dauernd mit dem Kinde irgend etwas tun, häufig aus Angst, etwas falsch zu machen, oder um sich möglichst dem Kinde zuzuwenden, die dem Kinde aber keine Zeit lassen, die angebotenen emotionalen Reize zu verarbeiten[33]. Die Folge in der Weiterentwicklung derartiger Kinder ist häufig, daß sich ihre Ich-Bildung verzögert und sich dann später auch nur schwache Ich-Funktionen und schwache Objektbeziehungen ausbilden. Diese Ich-Schwäche und Blässe der emotionalen Objektbeziehungen ist dann auch das zentrale Merkmal des schizoiden Erwachsenen. Er hat meist nur lockere Bindungen zu anderen Menschen und ist überhaupt schwer im Stande, Bindungen herzustellen. In seinem bewußten Erleben tritt dies als Kontaktschwäche in Erscheinung. Wenn diese Erlebnismerkmale stark ausgeprägt sind, so kann der Schizoide das Gefühl haben, als wenn zwischen ihm und den anderen eine Wand ist, oder daß er alles wie durch eine Glasscheibe hindurch wahrnimmt. Schizoide wirken oft in sich gekehrt, verschlossen bis zum Autismus (Selbstabkapselung). Sie werden häufig auch als gefühlsarm oder kalt empfunden. Um ihre emotionale Beziehungsschwäche zu kompensieren, sind sie nicht selten stark leistungs- und verstandesbezogen. Sie versuchen, sich durch ihre besonderen Leistungen wenigstens Anerkennung zu verschaffen, da ihnen der Weg zum unmittelbaren, voraussetzungslosen mitmenschlichen Kontakt meist versperrt ist. Gelegentlich kommt es zu extremen Ausformungen schizoider Charakterbildungen, die dann als rücksichtslose Ehrgeizlinge, weltanschauliche Fanatiker, kalte Rationalisten oder versponnene Sonderlinge imponieren können.

Die neurotische Fixierung im Stadium der Erlebnisweise einer Ureinheit zwischen Kind und der Gesamtheit der es umgebenden Welt führt beim erwachsenen Schizoiden häufig dazu, daß er in seinen Partnerschaftsbeziehungen unwillkürlich einen Zustand der Ur-Geborgenheit in absoluter Verschmelzung mit dem geliebten Partner (Partnerin) und ein totales Aufgehen in ihm (ihr) anstrebt. Ein intensiver zärtlicher Hautkontakt, der für das Kind der sensorischen Vor-Ich-Phase der ersten Lebensmonate kennzeichnend ist, gehört weiterhin zu den für den schizoiden Erwachsenen wichtigen Bestandteilen seiner liebenden Partnerbeziehungen. Bei zahlreichen Schizoiden kommen auf Grund ihrer Kontaktstörun-

33 Es kann aber auch zu dem gleichen Ergebnis kommen, wenn dem Kind *zu wenig* Reize angeboten werden, um seine emotionale Entwicklung anzuregen und zu fördern. Auch ein abrupter Wechsel zwischen Reizüberflutung und Reizunterangebot kann die intentionale Störung bewirken.

gen Partnerschaftsbindungen gar nicht zustande. Sie erleben dann nicht selten in Zuständen unmittelbarer Verbundenheit mit den Ur-Elementen Luft, Feuer, Wasser oder Erde Gefühle höchster Beglückung, indem sie sich eins fühlen mit der Gesamtheit der Welt. Dies kann zum Beispiel beim Schwimmen im Meer, beim Fliegen in der Luft (insbesondere Segelfliegen), bei einer Wanderung durch die Dünen oder beim Anblick einer riesigen Feuersbrunst der Fall sein (s. S. 36).

Die Unterentwicklung der Ich-Funktionen beim Schizoiden und damit auch die Störung seines Bezuges zur Realität mit der in ihr enthaltenen Gesamtheit menschlicher und dinglicher Objekte sowie der sozialen Zusammenhänge hat zur Folge, daß der Schizoide die äußere Realität häufig falsch einschätzt und demzufolge auch häufig entsprechend seinem eigenen subjektiven Erleben falsch interpretiert. Dies erklärt auch, warum der Schizoide bevorzugt den Abwehrmechanismus der Projektion erkennen läßt. Er projiziert die nicht von ihm wahrgenommenen eigenen Persönlichkeitsanteile auf seine Umgebung.

Als Ersatz für seine mangelnden mitmenschlichen Gefühlserlebnisse entwickelt der Schizoide häufig eine reichhaltige Phantasietätigkeit, die sich bis zu ausgedehnten Tagträumereien ausweiten kann. Wenn die schizoiden Charaktermerkmale besonders intensiv ausgeprägt sind, kann es in bestimmten Belastungssituationen zum partiellen oder totalen Abreißen der emotionalen Objektbeziehungen und damit auch zum Verlust der Realitätsbeziehung kommen. Dies hat dann zur Folge, daß die Phantasieinhalte einen solchen Grad von Wirklichkeit im Erleben des Kranken erhalten, daß sie die äußere Wirklichkeit ersetzen und damit zum *Wahn* werden. Das Ausmaß und die Art des Gewißheitsbewußtseins der subjektiven Wahnrealität des – in diesem Falle psychotisch gewordenen – Kranken ist vergleichbar mit dem Realitätsbewußtsein, welches jeder Mensch während des Träumens im Hinblick auf seine Traumerlebnisse hat.

4.2 Die depressive Persönlichkeitsstruktur

Die depressive Persönlichkeitsstruktur entsteht bei einer Entwicklungsbehinderung des Kleinkindes im Verlaufe seiner oralen und kaptativen Phase, häufig während des Überganges in die motorisch-expansive Phase. Der aufmerksame Leser wird bemerken, daß es sich zeitlich etwa um den gleichen Abschnitt handelt, der auch für die Konstellierung der schizoiden Persönlichkeitsstruktur genannt wurde, nämlich den Zeitraum bis zur ersten Hälfte des zweiten Lebensjahres. Die sich hier sofort aufdrängende Frage, wieso es in einem Falle zur Prägung einer schizoiden Struktur und im anderen Falle einer depressiven Struktur kommen kann, ist von der Behinderung der speziellen frühkindlichen Bedürfnisse her zu beantworten, von denen früher bereits gezeigt worden war, daß einige von ihnen sich im gleichen Zeitraum entfalten. Zumindest gilt dies für die intentionalen Bedürfnisse einerseits und die oral-kaptativen und ersten motorisch-expansiven Bedürfnisse andererseits. Ob nun während dieses in Frage stehenden kindlichen Entwicklungszeitraumes mehr das intentionale Streben oder das oral-kaptativ-motorische an der Weiterentwicklung behindert wird, hängt weitgehend von der Umgebung des Kindes, insbesondere vom Verhalten der Mutter ab.

Im Gegensatz zu den Müttern, die in der vorher beschriebenen Weise eine Behinderung des intentionalen Bedürfnisses bei ihren Kindern hervorrufen, gibt es nun solche, die aufgrund ihrer eigenen Charaktermerkmale nicht in der Lage sind, dem Kind das zu vermitteln, was im weitesten Sinne des Wortes als Fülle erlebt wird und zum Gefühl des Sattseins, ebenfalls im weitesten Sinne des Wortes führt. Oft handelt es sich um Mütter, die selbst in ihrer Kindheit nicht ein solches Gefühl kennengelernt haben und bis in ihr Erwachsenendasein ein unbewußtes Defizit an Erlebnissen der Fülle und Sättigung – auch im emotionalen Sinne – in sich tragen. Sie geben aus diesem Grunde auch ihren eigenen Kindern häufig zu wenig und behindern die ersten Versuche des Kindes, sich mittels eigener Aktivitäten, zum Beispiel durch Schreien, Zugreifen und, nach dem Laufen-Lernen, unbekümmert an die in Besitz zu nehmenden Dinge heran zu gehen, durch ihre Verbote, Strafandrohungen und Schläge. Sie können es nicht ertragen und dulden, daß ihr Kind das fertig bringt und sich leistet, was sie selbst niemals gekonnt haben, nämlich sich durch angstfreie eigene Aktivitäten lustvolle Sättigungserlebnisse und Erlebnisse der unbekümmerten Expansion und Besitznahme zu verschaffen.

Entsprechend der neurotischen Fixierung des Kindes im Stadium der oral-kaptativ-motorischen Trieborganisation finden wir beim depressiv strukturierten Erwachsenen Erlebnis- und Verhaltensweisen, die von dem Weiterwirken der Mangelerlebnisse aus den in ihrer Kindheit behinderten Bedürfnisbereichen abgeleitet werden können. Der Depressive hat häufig das Gefühl der inneren Leere. Er resigniert, ist hoffnungslos, seine Stimmung ist bedrückt, da er nie richtig das Gefühl erlebt hat, innerlich erfüllt und lustvoll gesättigt zu sein, und sich dies auch nicht vorstellen kann, da er es auch nie gelernt hat, sich diese inneren Fülle- und Sättigungserlebnisse durch eigenes Handeln zu verschaffen.

Noch auffallender sind in seinem Verhalten häufig die charakterlichen Folgeerscheinungen seiner als Kind durch die Umgebung hervorgerufenen *motorischen* Entwicklungsbehinderungen. Er ist passiv, läßt alles auf sich zukommen und ist darauf angewiesen, daß andere ihm etwas geben (passiv-orale Erwartungshaltung). Sein Muskeltonus ist schlaff, seine Bewegungen wirken müde, sein Händedruck ist kraftlos, sein Gesichtsausdruck bekümmert. Nur seine Augen lassen vielleicht den ständig ungestillten Hunger erkennen, der in ihm ist. Der Depressive zieht sich häufig aus Resignation zurück und meidet aktive Auseinandersetzungen, obwohl seine Fähigkeit zum emotionalen Gefühlskontakt nicht wie beim Schizoiden behindert ist. Er kann sogar starke Gefühlserlebnisse haben und wird deshalb nicht selten von seinen Mitmenschen wegen seiner Gefühlswärme geschätzt.

Um wenigstens auf moralischem Gebiet den Mitmenschen gegenüber gleichwertig oder gar überlegen sein zu können, identifiziert sich der Depressive häufig in ausgeprägter Weise mit solchen Ideologien, in denen sein Mangelerleben einen besonders hohen sittlichen Stellenwert hat. Dementsprechend treffen wir bei Depressiven häufig Bescheidenheits- und Genügsamkeitsideologien, übertriebene pazifistische Haltungen, sowie solche, die von bewußtem Gehorsam um jeden Preis und Unterwerfung gekennzeichnet sind.

Entsprechend seinem partiellen Verbliebensein im Stadium der Dual-Union mit seiner Mutter ist das Verhalten des Depressiven weiterhin von dem unwillkürlichen ständigen Bemühen gekennzeichnet, die Situation der Dual-Union auch im erwachsenen Leben zu wiederholen und sich mit entsprechenden Erwartungen an Partnerinnen oder Partner zu binden, die mehr oder weniger geeignet sein könnten, einen unbewußten Muttterersatz für ihn zu bilden.

In seinen liebenden Partnerschaftsbeziehungen können wir beim Depressiven auch deutlich die Fortsetzungen der für die oral-kaptative Entwicklungsstufe kennzeichnenden Triebformationen erkennen. Die sexuellen Lust- und Befriedigungserlebnisse werden häufig von Handlungen des Saugens, Küssens, des Anpackens und Umklammerns bestimmt. Darin läßt sich die Tendenz erkennen, sich den Liebespartner emotional »einzuverleiben«. Ausdrücke wie »ich könnte dich vor Liebe fressen«, »ich möchte dich anknabbern« oder »ich möchte dich ganz haben« lassen deutlich erkennen, wie stark der auf lustvolle orale Kontaktnahme bis zur totalen Einverleibung gerichtete Wunsch bei vielen Erwachsenen in der gesamten Skala seiner liebenden Gefühle wirksam ist.

Bei einigen Depressiven können wir beobachten, daß sie ihre persistierenden infantilen oralen Mangelerlebnisse mittels suchtartiger Verhaltensweisen auszugleichen versuchen (Alkoholismus, Tablettensucht, Eßsucht, »Konsum« von Musik oder Fernsehen).

Als einen für Depressive besonders kennzeichnenden Abwehrmechanismus können wir die Introjektion nennen, das unbewußte Hineinnehmen von Eigenschaften anderer Personen oder von Dingen in das eigene Persönlichkeitsgefüge und das Umgehen damit, als ob es sich um Bestandteile des eigenen Selbst handeln würde.

4.3 Die zwanghafte Persönlichkeitsstruktur

Die zwanghafte Persönlichkeitsstruktur[34] wird bestimmt von den Fortsetzungen der Verhaltensweisen, die sich beim Kind nach einer Entwicklungsbehinderung, einer neurotischen Fixierung während des zweiten und dritten Lebensjahres konstelliert haben. Es sind dementsprechend Charaktermerkmale beim Zwangstyp zu beobachten, die auf die Hemmung der Triebentwicklung und der Ich-Bildung im entsprechenden frühkindlichen Entwicklungszeitraum hinweisen.

Besonders vordergründig und auffallend im Verhalten der zwanghaften Persönlichkeit sind seine oft bis zur Pedanterie gehende Ordnungsliebe und seine auf andere oft übertrieben wirkende Liebe zur Reinlichkeit. In diesem Verhalten können wir besonders deutlich erkennen, daß es als Ergebnis einer – durch die Erziehung hervorgerufenen – Abwehr anzusehen ist, einer Abwehr nämlich gegenüber unbewußten Wünschen, besonders unordentlich und schmutzig zu sein. Das Kind, welches später eine zwanghafte Charakterstruktur erwirbt, hat sich normalerweise bis zum ersten/zweiten Viertel des zweiten Lebensjahres relativ ungestört entwickelt. Nun stößt es aber während der Phase der stürmischen motorisch-expansiven Entwicklung, die anfänglich immer unkoordiniert und unbeholfen ist, und demzufolge zu Ergebnissen führt, die in den Augen der Eltern als destruktiv gelten – es werden Kleidungsstücke zerrissen oder beschmutzt, Geschirr geht entzwei usw. – auf plötzlich einsetzende Verbote, Strafen oder Strafandrohungen der Eltern. Es kommt auf dem Wege der früher beschriebenen (s. S. 80–86) Angstreflexe zur allmählichen Verdrängung der altersgemäßen motorisch-expansiven Triebwünsche ins Unbewußte. Das Kind paßt sich der Situation an, indem es die von den Eltern gewünschten Verhaltensweisen des Nicht-expansivseins annimmt. Es erwirbt dabei häufig im Verlaufe seiner weiteren Cha-

34 In Gegensatz zu anderen Darstellungen, in denen der Ausdruck zwangs*neurotische* Persönlichkeitsstruktur verwendet wird, verwenden wir den Ausdruck zwang*hafte* Persönlichkeitsstruktur, um hervorzuheben, daß damit der gesamte charakterologische Bereich gekennzeichnet werden soll, unter Einschluß der psychisch nicht kranken Angehörigen dieser Charakterstruktur, und zur Abgrenzung gegenüber den manifest Kranken in dieser Gruppe, den *Zwangsneurotikern.*

rakterentwicklung noch einen wesentlich höheren Grad von Aggressionsvermeidung im Gewande der Ordnungs- und Sauberkeitsliebe, als es die Eltern ursprünglich beabsichtigt hatten. Dies ist dadurch zu erklären, daß die beim Kind durch das Aggressionsverbot nicht zur Abfuhr gelangten (frustrierten) motorisch-aggressiven Triebenergien sich angestaut haben, und es zu ihrer weiteren *Niederhaltung* auch verstärkter Abwehrleistungen bedarf. Diese bestehen in den eben beschriebenen reaktiven Charakterbildungen.

Kennzeichnend für das Verhalten des zwanghaft Strukturierten ist weiterhin seine betont moralische Haltung, die sich besonders in der Ablehnung des sexuellen Bereiches äußert. Er legt auch in diesem Gebiet Wert auf »Sauberkeit« im Sinne des Nicht-Beschmutzens mit Handlungen, die dem sexuellen Verlangen entspringen. Zwanghaft strukturierte Menschen haben es deshalb als Erwachsene oft schwer, einen natürlichen Zugang zu ihrer eigenen Sexualität zu gewinnen, da sie Sexualität unbewußt noch weiterhin als etwas »Schmutziges« empfinden, selbst nachdem sie verstandesgemäß längst eingesehen haben, daß es sich um ein normales menschliches Bedürfnis handelt.

Die Fixierung einer in früher Kindheit erworbenen triebfeindlichen Einstellung und entsprechenden moralischen Haltung erklärt sich beim zwanghaft Strukturierten daher, daß die betreffenden Verbote das Kind in demjenigen Entwicklungsabschnitt treffen, in welchem sich sein Über-Ich zu bilden beginnt, seine Ich-Funktionen dem gegenüber aber noch vergleichsweise schwach und unstabil sind. Das Über-Ich des Zwangstyps bleibt deshalb aus diesem Grunde oft das ganze Leben lang relativ übermächtig.

Der zwanghaft strukturierte Erwachsene läßt auch im geistigen Bereich seine Neigung erkennen, alles möglichst in Ordnungen und Systeme zu bringen. Er ist dabei oft nicht frei von Starrheit und Intoleranz. Die ihm ursprünglich anerzogene Neigung, Aggressionen in der Latenz zu halten, äußert sich weiterhin darin, sich besonders intensiv für die Sache der Gerechtigkeit einzusetzen. Denn er würde Gefahr laufen, ungerecht zu werden, sobald er seine Aggressionen frei herausließe.

Häufig kann sich der Zwangstyp nicht von Gegenständen und jeglicher Form von Eigenbesitz trennen. Er ist deshalb sparsam bis zum Geiz, ausgetragene Kleidungsstücke und leere Zigarrenschachteln stapeln sich bei ihm zu Hause. Unter den Sammlern von Briefmarken, Münzen oder wertlosen Dingen wie Bierdeckeln usw. finden wir besonders oft Menschen mit starken zwanghaften Persönlichkeitsanteilen. Dieses Sammeln und Behalten-Müssen bzw. Nichthergeben-Wollen hat seine genetische Herkunft in der frühkindlichen Reaktion auf eine häufig zu intensiv und fordernd betriebene Leistungsforderung seitens der Mutter im Verlauf der Sauberkeitsgewöhnung. Der zwanghafte Erwachsene geht unwillkürlich mit jeglichem Eigenbesitz so um, wie er als Anderthalb- bis Zweijähriger mit seinem von der Mutter geforderten Stuhl (Kot) umgegangen war; er behält ihn, als vom Verlust bedrohten wertvollen Eigenbesitz, bei sich.

Wir können beim Zwangstyp häufig eine deutliche Gespanntheit im Verhalten erkennen, die in auffallendem Gegensatz zur Schlaffheit des Depressiven steht. Die zurückgehaltene motorisch-aggressive Dynamik liegt beim Zwanghaften dichter am Bewußtsein als beim Depressiven. Dies ist gut von daher zu verstehen, daß der Zwanghafte als Kleinkind einen wesentlich längeren Zeitabschnitt seiner motorisch-aggressiven Entwicklung unbehindert entfalten konnte, als das später zum Depressiven werdende Kind, das schon in den ersten Ansätzen seiner motorisch-aggressiven Entfaltung gehemmt worden ist. Beim zwanghaften Erwachsenen kommt es deshalb auch des öfteren aus seinem sonst sehr korrekten und beherrschten Verhalten heraus zu plötzlichen, unvorhergesehenen aggressiven *Durchbrüchen,* in denen er die Beherrschung verliert, schimpft, seine Kinder verprügelt usw. Auch der mittels seiner Ordnungsliebe mit Erfolg zurückgehaltene unbewußte Impuls, sich durch »aggressive« Unordnung Entlastung zu verschaffen, setzt sich gelegentlich in der Form durch, daß es in seinem vorbildlich geordneten und aufgeräumten Schrank ein Fach gibt, das wegen des darin befindlichen, allmählich überquellenden Abfalles kaum noch zugeht.

Die Partnerschaftsbeziehungen des Zwanghaften, insbesondere deren sexueller Anteil, sind vom unwillkürlichen Weiterwirken derjenigen Charaktermerkmale gekennzeichnet, die sich aus der Fixierung auf die anal-sadistische Triebgefühle ergeben haben. So können wir einerseits eine besondere Neigung zur Einbeziehung des analen Bereiches in die sexuellen Handlungen und Befriedigungserlebnisse feststellen, andererseits eine mit sexueller Befriedigung gekoppelte sadistische Umgangsweise mit dem Liebespartner(in). Letzteres braucht sich nicht unmittelbar in der Zufügung von körperlichen Schmerzen zu äußern, sondern kann sich auch, wie an anderer Stelle bereits dargestellt wurde (s. S. 45–47), auch indirekter zeigen, z. B. in Form von seelischer oder geistiger Grausamkeit. Auch das Gegenteil von Sadismus, der Masochismus, das lustvoll empfundene Erleiden von körperlichem oder seelischem Schmerz, gehört in die gleiche infantile Beziehungsebene und ist aus diesem Grunde auch bevorzugt beim Zwangstyp anzutreffen, oft neben oder abwechselnd vom sadistischen Verhalten.

Dieses dichte Beieinander gegensätzlicher Kräfte führt beim Zwangscharakter sehr häufig zu einem *Schwanken* zwischen diesen gegensätzlichen Kräften und zur *Unfähigkeit zu jeglicher Entscheidung.* Diese, auch als *Ambivalenz* bezeichnete typische Haltung findet im allgemeinen Sprachgebrauch ihre Kennzeichnung etwa in Redewendungen wie »soll ich oder soll ich nicht« oder »ja, aber«. Wird endlich eine Entscheidung getroffen, so wird sie anschließend sofort wieder durch einen Vorbehalt oder durch ein Gegenargument eingeschränkt. Unter den ewigen Zweiflern finden wir ganz überwiegend zwanghaft strukturierte Menschen.

Das Denken und Urteilen sowie die gesamte geistige Einstellung des Zwangscharakters gegenüber den realen Objekten und Gegebenheiten wird häufig von unbewußten Fortsetzungen der aus der magisch-animistischen Entwicklungsstufe der Ich-Bildung während des zweiten/dritten Lebensjahres ausgehenden Vorstellungen beeinflußt oder sogar beherrscht. Die Beziehung zur Realität ist ja in diesem Entwicklungsstadium noch nicht fest gefügt, Ich und Nicht-Ich, Innenwelt und Außenwelt können noch nicht mit voller Sicherheit voneinander abgegrenzt werden. Dementsprechend spielen beim zwanghaften Persönlichkeitstyp irrationale Vorgänge eine besonders wichtige Rolle (selbst wenn sie vordergründig, wie etwa bei der unkritisch betriebenen Astrologie, in pseudorationalem Gewande erscheinen). Aberglauben, Hang zu okkulten Anschauungen, unwillkürliche Überschätzung der Wirksamkeit eigener Gefühle und Gedanken auf andere Menschen oder Vorgänge in der Umgebung (»Allmacht der Gedanken«) sind bei diesem Persönlichkeitstyp besonders häufig anzutreffende Phänomene.

Zur *Abwehr* gegen seine aus dem Unterbewußtsein andringenden Triebwünsche bedient sich das Ich des Zwanghaften häufig der Mechanismen der Isolierung und des Ungeschehen-Machens, nicht selten auch der Projektion. Die *Isolierung*[34] besteht darin, daß ein Teilgedanke aus einem Gedankenzusammenhang gelöst und verabsolutiert wird und die zum realitätsgerechten Verständnis des Gesamten führenden weiteren Gedanken außer acht gelassen werden, ein Vorgang, der im Grunde auch bei der Bildung vieler neurotischer Symptome wirksam wird. (s. S. 76 f.). Die Isolierung führt nicht selten zur Bildung formelhafter Prinzipien oder Denk- und Handlungsrituale. Die – für den Zwanghaften oft Angst hervorrufende – Realität einer eigenen Handlung oder einer äußeren Situation wird dadurch »ungefährlich« gemacht, daß ein Teilaspekt herausgegriffen und zum Ganzen gemacht wird.

Im *Ungeschehen-Machen* versucht der Betreffende so zu tun, als ob be-

34 S. Freud, Hemmung, Symptom und Angst. Ges. Werke, Bd. XIV, S. 150–152.

stimmte, von ihm selbst gedachte Gedanken oder vollzogene Handlungen nicht geschehen wären. In einer Art magischem Gegenzauber bewerkstelligt er dies, indem er Gedanken oder Handlungen mit gegensätzlichem Inhalt dagegensetzt. Das Ungeschehenmachen enthält auch häufig die moralisch entlastende Tendenz der Wiedergutmachung, der wir bereits bei der Erörterung der Schuldgefühle begegnet sind (s. S. 89). Häufig besteht der magische Gegenzauber in einer Wortformel, z. B. wenn jemand, der sich dazu hinreißen ließ, sehr abfällig über einen Dritten zu reden, sofort laut sagt: »Nein, das habe ich nicht gesagt.« Das Ungeschehenmachen kann auch durch Handlungen erreicht werden, indem z. B. eine schuldhaft erlebte Handlung, wie das Quälen eines Tieres, dadurch ungeschehen zu machen versucht wird, daß eine gute Handlung, z. B. einem Bettler einen besonders hohen Geldbetrag zu schenken, unmittelbar anschließend an die erste Handlung erfolgt.

4.4 Die hysterische Persönlichkeitsstruktur

Die hysterische Persönlichkeitsstruktur kann, sofern sie in »reiner« Form in Erscheinung tritt, d. h. wenn sie nicht durchsetzt ist von Anteilen der anderen drei Strukturen, als die »gesündeste« Variante unter den vier Hauptcharaktertypen angesehen werden. Das Kind, welches später zu einer hysterisch strukturierten Persönlichkeit wird, hat die psychischen Entwicklungsstufen in den ersten drei Lebensjahren ungestört durchlaufen und stößt erst auf stärkere Widerstände, wenn es die genitale Organisationsstufe seiner Triebentwicklung erreicht hat und seine kindlichen Liebesbedürfnisse sich erstmalig in ausgeprägter Weise auf den andersgeschlechtlichen Elternteil richten. Die in vielen Familien gerade in diesem Stadium deutlich werdenden Widerstände gegen diese kindlich-sexuellen Triebregungen haben dann zur Folge, daß die Tendenz des Kindes, seine Liebeswünsche auf den geliebten (Eltern-)Partner zu richten, blockiert wird und dadurch seine Objekt-Libido anschließend wieder zurückflutet und sich in verstärktem Maße als sekundärer Narzißmus in seinem eigenen Ich und Selbst ausbreitet. Der hysterische Erwachsene ist im Stadium der phallisch-narzißtischen Entwicklung stehengeblieben. Er liebt deshalb vor allem sich selbst, auch dann, wenn ihm äußerliche Bindungen an Liebespartner(innen) gut zu gelingen scheinen, und wenn er meint, echt zu lieben. Er liebt aber in Wirklichkeit immer nur sich selbst und den anderen nur insoweit, wie letzterer ihn liebt. Das hieraus resultierende Ich-bezogene, geltungsbedürftige und dabei nicht selten ungewollt rücksichtslose Verhalten des Hysterikers wird von den Mitmenschen meist eher und deutlicher bemerkt als von dem Betreffenden selbst.

Die Ich-Entwicklung des reinen Hysterikers ist zwar häufig fortgeschrittener als bei den anderen drei Strukturen, aber keineswegs abgeschlossen. Der Hysteriker fühlt sich zwar vordergründig in seinem Narzißmus wohl, leidet aber hintergründig darunter, daß er nicht dazu fähig ist, tiefgehende menschliche Objektbeziehungen einzugehen. Er kann den Partner(in) nicht in seiner Eigenart wahrnehmen, anerkennen und lieben. Infolge dieses Mangels ist er innerlich verunsichert. Er versucht sich damit zu helfen, daß er Personen nachahmt, die über die Fähigkeit der liebenden Objektbeziehungen verfügen. Er schlüpft sozusagen in sie hinein und übernimmt somit ihre Rolle. Dabei spielt er dann diese Rolle häufig in übertriebener, dramatischer und *theatralischer* Weise. Der Außenstehende spürt meist, daß der Hysteriker nicht mit seinem Wesen hinter seiner Rolle steht, und empfindet ihn und sein Verhalten und die von ihm geäußerten Gefühle als *unecht.* Infolge seiner inneren Unsicherheit und der Neigung, sich an anderen zu orientieren, ist der Hysteriker auch stärker als andere Charaktere durch andere Menschen *beeinflußbar.* Er läßt sich leicht etwas einreden und vertritt dies dann so lange mit übertriebener Vehemenz, bis ihm etwas Neues eingeredet wird, was ihn noch mehr überzeugt. In ausgeprägten Fällen kann es dabei zu einer Sprunghaftigkeit in der Meinungsäußerung kommen, die für den Außenstehenden schwer zu ertragen sein kann.

Die Reifungsverzögerung der hysterisch strukturierten Persönlichkeit vor dem Eintritt in die ödipale Entwicklungsstufe während seiner Kindheitsentwicklung hat weiterhin häufig zum Ergebnis, daß er in Teilbereichen seines Lebens auch als Erwachsener noch wie ein Kind wirkt, und deshalb nicht selten Ausdrücke wie kindlich, naiv oder infantil für sein Verhalten verwendet werden.

Ebenso wie seine allgemeinen menschlichen Beziehungen sind auch die sexuellen Partnerschaften des Hysterikers von seiner Ich-Bezogenheit einerseits und von seiner mangelnden Fähigkeit, sich einem Liebesobjekt echt zuzuwenden andererseits bestimmt. Er erlebt dabei nur insofern Befriedigung, als er mit Hilfe des Liebespartners zu einer Abreaktion seiner sexuellen Bedürfnisse kommt, gelangt aber nicht zu dem Grad und Ausmaß von Liebesglück, welches nur durch eine echte, partnerbezogene Einstellung auf den anderen, dessen Bedürfnisse und Eigenart zustande kommen kann. Häufig haben deshalb hysterisch strukturierte Frauen unzureichende oder fehlende Gefühlserlebnisse beim Liebesakt, sind also frigide, erleben hysterisch strukturierte Männer beim Geschlechtsverkehr nur dann etwas, wenn ihr narzißtisches Befriedigungsbedürfnis durch die Partnerin stimuliert wird, oder ihre sexuelle Potenz versagt sogar bei der Liebesvereinigung. Bei hysterischen Frauen und

Männern geschieht es nicht selten, daß ihnen die sexuelle Selbstbefriedigung mehr gibt als der Geschlechtsakt mit einem Partner(in).

Als Abwehrmechanismus, mit dessen Hilfe der Hysteriker seine aus dem Unbewußten andringenden Triebwünsche vom Ich abwehrt, finden wir bevorzugt die *Verdrängung*, den wichtigsten und am häufigsten – auch bei den anderen Persönlichkeitsstrukturen – vorkommenden Abwehrvorgang überhaupt. Genaugenommen geht jedem Abwehrvorgang, also auch den bereits beschriebenen Mechanismen, eine Verdrängung eines aus dem Triebbereich hochkommenden Impulses voraus. Die weiteren Abwehrvorgänge der Isolierung, der Projektion, des Ungeschehenmachens usw., sind somit der Verdrängung nachfolgende, sekundäre oder zusätzliche Vorgänge, die der Fertigung des durch die Verdrängung hervorgerufenen Abwehrergebnisses dienen.

Für die hysterische Persönlichkeit ist es weiterhin typisch, daß dem Verdrängungsvorgang häufig eine Verlagerung der durch die Verdrängung gestauten Triebenergien auf die verschiedensten Körperregionen, -funktionen und -organe folgt, die sog. hysterische *Konversion.* Anläßlich der Erläuterung der Entstehung neurotischer Symptome (s. S. 75–77) war gezeigt worden, wie diese Fehl- und Überbesetzung verschiedenster Körperfunktionen mit Triebenergie den gesunden und normalen Funktionsablauf der betreffenden Organe stören kann.

Nach der Beschreibung und der genetischen Ableitung der vier Haupt-Persönlichkeitsstrukturen aus ihrem frühkindlichen Schicksal ist zu ergänzen, daß die reinen Strukturen wesentlich seltener vorkommen als die Mischungen aus verschiedenen Strukturen[35], z. B. der schizoiden und der hysterischen, der zwangsneurotischen und der depressiven oder irgendeine andere Kombination. Dies nimmt insofern nicht wunder, wenn man sich vergegenwärtigt, daß ein Kind während seiner charakterbildenden seelischen Entwicklung oft nicht nur während *eines* Abschnittes dieser Entwicklung durch äußere Einflüsse aus seiner Umgebung behindert wird, was dann zu einer reinen Persönlichkeitsstruktur führt, sondern häufig während *mehrerer* Abschnitte seiner Kindheitsentwicklung, z. B. während seiner intentionalen und später auch seiner ödipalen Entwicklungsphase. In letzterem Falle kommt es dann zu einer schizoid-hysterischen Mischstruktur.

Die Zuordnung eines Menschen, insbesondere eines Neurotikers zu ei-

35 Thiemann fand in einer 1950 angestellten, über tausend Patienten umfassenden statistischen Erhebung, daß die Mischstrukturen in seinem Krankengut achtmal so häufig waren wie die reinen Strukturen. S. E. Thiemann, Statistische Erhebungen zur Symptomatik und Charakterstruktur der Neurose. Analyt. Psychotherapie und Erziehungshilfe. Berlin 1952.

nem der beschriebenen Persönlichkeitstypen, hat zunächst einen rein diagnostischen Wert. Darüber hinaus ist sie aber auch von erheblicher Aussagekraft für das zu vermutende Kindheitsschicksal des Betreffenden und öffnet damit dem kundigen Seelenarzt nicht selten das Verständnis für die krankmachenden Hintergründe in der Vergangenheit seines Patienten. Eine weitere Bedeutung erhält die charakterdiagnostische Einordnung des Patienten durch den aus der Erfahrung bekannt gewordenen Umstand, daß für jede Charakterstruktur bestimmte Arten von Symptombildungen kennzeichnend sind, z. B. psychogene Gliedmaßenlähmungen und Kopfschmerzen für Hysteriker, psychogene Magenfunktionsstörungen für Depressive, psychogene Stuhlverstopfung für Zwangstypen, psychogene Hautflechten für Schizoide usw. Schließlich sind wir durch die Kenntnis der für die jeweiligen Persönlichkeitsstrukturen typischen Abwehrmechanismen von vornherein bei der seelischen Behandlung dieser Patienten auf die bei ihnen zu erwartenden besonderen Schwierigkeiten vorbereitet.

5. Vererbung und Pseudovererbung psychischer Eigenschaften

Beim Vergleich der Charaktereigenschaften von Blutsverwandten auf- und absteigender Linie bestätigt sich immer wieder die Erfahrung, daß auffallend häufig große Ähnlichkeiten vorkommen. Diese Ähnlichkeiten betreffen nicht nur allgemeinere Eigenschaften wie Kontaktfreudigkeit, Zurückhaltung, Liebenswürdigkeit, Jähzorn usw., sondern gehen bis in die kleinsten Einzelheiten mimischen und gestischen Verhaltens. Der Sohn zieht in bestimmten Situationen genauso den linken Mundwinkel zur Seite wie sein Vater, und die Tochter streicht sich genauso mit drei, in bestimmter Weise angewinkelten Fingern der rechten Hand über die Haare, wenn sie nachdenkt, wie ihre Mutter. Während die meisten Menschen dazu neigen, diese zuletzt genannten Einzelmerkmale des unwillkürlichen Ausdrucksverhaltens als Ergebnis unbewußter Nachahmungen bzw. der Identifikation mit dem meist gleichgeschlechtlichen Elternteil anzusehen, gelten die zuerst genannten Charaktermerkmale in den Augen der meisten Laien als angeborene und schon in der Erbanlage vorgebildete Eigenschaften. Es wird meist unreflektiert die Folgerung gezogen, daß auch die Charaktereigenschaften in gleicher Weise vererbt werden, wie es bei der Vererbung körperlicher Merkmale doch ganz offensichtlich der Fall ist.

Nun gibt es zweifellos eine Vererbung bestimmter psychischer Merkmale. Nur ist der erworbene Anteil im psychischen Verhalten eines erwachsenen Menschen sehr viel schwieriger gegenüber einem etwaigen

Erbanteil in der Verursachung des Verhaltens abzugrenzen. Wir hatten gesehen, daß das für ein Individuum kennzeichnende Verhaltensgefüge, also sein Charakter, ganz überwiegend durch Lernvorgänge zustande gekommen ist und deshalb in hohem Maße von den Zufälligkeiten der Umgebungseinflüsse während der Kindheit geprägt worden ist.

Die tiefen- und sozialpsychologisch orientierte Charakterforschung vertritt deshalb die Ansicht, daß die meisten der sog. Charaktereigenschaften *nicht* in der Erbanlage vorgebildet sind, sondern sich erst im Lauf der Auseinandersetzung mit den äußeren Gegebenheiten des Lebens, vorwiegend während der ersten vier bis fünf Lebensjahre ausbilden und sich in den folgenden Lebensjahren nur noch etwas differenzieren und modifizieren, aber im wesentlichen immer mehr verfestigen. Die genauere Beobachtung der Lebensentwicklung von Menschen, die ihren Müttern oder Vätern in bestimmten Charaktereigenschaften auffallend ähneln, zeigt häufig, daß diese Ähnlichkeiten durch die gewollten Erziehungseinflüsse der Eltern und noch stärker durch die unwillkürlichen identifikatorischen Prozesse der Kinder im Verlauf ihrer Reifung zustande gekommen sind.

Als Beispiel mag die immer wieder beeindruckende Beobachtung angeführt werden, daß Kinder von zwanghaften Müttern sehr häufig auch zwanghafte Eigenschaften entwickeln. Sie werden jedoch keineswegs mit einer zwanghaften Erbanlage geboren, sondern erwerben erst in ihrem zweiten/dritten Lebensjahr die typischen Verhaltensmerkmale, aus denen sich der spätere zwanghafte Charakter entwickelt. Sie stoßen in diesem Kindesalter auf die intensiven, ihre motorisch-aggressiven Triebwünsche einengenden Ordnungs- und Sauberkeitsanforderungen ihrer Mütter und kommen in der Verdrängung dieser Triebregungen und in der Annahme der von der Mutter gewünschten Verhaltensweisen und den damit verbundenen moralischen Einstellungen deren eigenem Charakter unwillkürlich immer näher.

Zu diesem, der Vermeidung von Angst, Strafe und Liebesverlust dienenden Anteil der Anpassung an die mütterlichen Verhaltensnormen tritt dann weiterhin der identifikatorische Anteil hinzu. Er dient der Orientierungshilfe und Ich-Stärkung und vermittelt dem Kinde in seiner Unterlegenheit gegenüber dem Erwachsenen so lange Sicherheit und Rückhalt, bis es selbst erwachsen wird und sich von den für die Entwicklung seines Selbst nicht mehr passenden Identifizierungen lösen kann.

Ein dritter Faktor, welcher eine charakterliche Angleichung der Kinder an ihre Eltern begünstigt, geht von den Eltern selbst aus. Wir können beobachten, daß von vielen Vätern und Müttern unbewußt eine starke Tendenz verfolgt wird, ihre Töchter und Söhne sich selbst möglichst ähnlich zu machen. Es offenbart sich darin ein vielen Menschen innewohnender narzißtischer Wunsch, das geliebte Selbst durch eine möglichst ähnliche Tochter (Sohn) verdoppelt oder vervielfältigt zu sehen. Die charakterliche Ähnlichkeit vieler Kinder mit ihren Müttern oder Vätern beruht demnach nicht oder nur in sehr begrenztem Ausmaß auf Vererbung, sondern auf Erziehung und Identifikation und wird durch die äußeren Umstände geprägt, unter welchen das Kind aufwächst. Es wird deshalb auch von *»sozialer Vererbung«* gesprochen in Abgrenzung zu der in der Anlage verankerten, also der *genetischen* Vererbung.

Dasjenige, was uns als Charaktermerkmal beim erwachsenen Menschen und auch bereits beim Kinde vom sechsten Lebensjahr ab begegnet, ist bereits etwas Sekundäres oder gar Tertiäres, außerdem etwas in komplizierter Weise Zusammengesetztes, etwas aus dem Aufeinanderwirken verschiedener Innen- und Außenkräfte Gewordenes. Die verursachenden primären seelischen Grundgegebenheiten, die eventuell als Erbradikale tatsächlich durch Verankerungen in den Genstrukturen an die Nachkommen weitergegeben werden, kennen wir aufgrund ihrer schweren Bestimmbarkeit nicht genau. Es gibt aber einige Hypothesen über ihre Natur.

Schultz-Hencke vermutet z. B., daß es sowohl in der Reizempfindlichkeit und -beantwortung, der *Sensibilität,* im spontanen *motorischen* und *sexuellen* Bedürfnis angeborenerweise erhebliche quantitative Unterschiede gibt. Er unterscheidet demzufolge zwischen *hypersensibel* und *hyposensibel, hypermotorisch* und *hypomotorisch* und zwischen *hypersexuell* und *hyposexuell* veranlagten Menschen. In welchem Ausmaß solche quantitativen Anlagenunterschiede die Entstehung einer Neurosenbereitschaft während der Frühkindheit beeinflussen, wird z. B. deutlich, wenn man sich vergegenwärtigt, daß ein Kind mit einem angeborenen motorischen Antriebsüberschuß, also ein hypermotorisches Kind, infolge seiner größeren Lebhaftigkeit viel eher auf seine Eltern störend wirken wird und Proteste, Verbote und Strafandrohungen und Strafen hervorrufen wird, als ein durchschnittlich motorisch veranlagtes oder gar ein hypomotorisches Kind. Das hypermotorische Kind muß eher und intensiver verdrängen und wird deshalb leichter in seiner Charakterentwicklung gestört oder neurotisch werden als das weniger motorische Kind. Eine erhöhte Neurosenanfälligkeit ist in ähnlicher Weise auch bei den anderen angeborenen Plus-Varianten zu beobachten, also bei den Hypersensiblen und bei den Hypersexuellen. Auch sie geraten leichter und eher mit ihrer Umgebung in Konflikt als diejenigen mit einer durchschnittlichen oder verringerten angeborenen Sensibilität und Sexualität.

Auch im gemüthaften Ansprechen auf emotional bewegende Ereignisse gibt es wahrscheinlich vererbte Unterschiede; die bei manchen Menschen zu beobachtende besondere *Weichheit* des Gemütes ist kaum anders, insbesondere nicht aus der charakterlichen Entwicklung nach der Geburt abzuleiten. A. Dührssen hat gezeigt, daß sich auch Unterschiede in der Neigung feststellen lassen, gefühlsmäßig positiv oder negativ getönte Erlebniskoppelungen im unbewußten und bewußten Gedächtnis zu bewahren. Sie vermutet, daß die Anlage zu diesem »Gedächtnisoptimismus« oder »Gedächtnispessimismus« bereits mit der Anlage vererbt wird[36].

C. G. Jung haben wir die begriffliche Unterscheidung zwischen nach innen gerichtet lebenden Menschen, *Introvertierten,* von den nach außen lebenden Menschen, den *Extravertierten* zu verdanken[37]. Auch bei diesen beiden gegensätzlichen Einstellungen scheint es sich überwiegend um anlagemäßig vorgebildete Grundgegebenheiten zu handeln. Allerdings ist nicht zu verkennen, daß die Ausbildung oder Verringerung einer dieser beiden Einstellungsmöglichkeiten nicht selten auch stark von äußeren Erlebnissen und von deren individueller intrapsychischer Verarbeitung abhängen[38]. Es gibt wissenschaftliche Bemühungen, auch diejenigen Eigenschaften, die wir unter dem sehr globalen Begriff der *Ich-Stärke* zusammenfassen, auf eine ererbte Anlage zurückzuführen. Ohne eine solche Möglichkeit ganz auszuschließen, muß jedoch kritisch gegenüber solchen Hypothesen eingewandt werden, daß sie bei der heutigen Kenntnis der psychischen Tatbestände und Zusammenhänge kaum Aussicht haben, bestätigt oder verworfen zu werden. Bei der Darstellung der seelischen Entwicklung des Menschen wurde deutlich zu machen versucht, von welchen und von wie vielfältigen äußeren Faktoren die Entwicklung derjenigen psychischen Funktionen abhängt, die in ihrer Gesamtheit das Ich ausmachen. Man müßte deshalb, um genauere Aussagen über eventuelle Anlagebereitschaften im Zusammenhang mit der Ich-

36 A. Dührssen, Psychogene Erkrankungen bei Kindern und Jugendlichen. Göttingen 1954.

37 J. Jacobi, Die Psychologie von C. G. Jung. Zürich 1949.

38 Die Jungschen Einstellungstypen haben eine gewisse Verwandtschaft zu den *schizothymen* und *cyclothymen* Typen Kretschmers. (E. Kretschmer, Körperbau und Charakter. Berlin 1931), welche er seiner Persönlichkeitslehre zugrunde legte. Letztere sind von den typischen Symptomen der Schizophrenie und der manisch-depressiven Psychose abgeleitet und stellen deren »verdünnte« Abschwächung im Bereich des seelisch gesunden Verhaltens dar. Die Kretschmersche Konstitutionslehre, die auch die körperlichen Zuordnungen zu den beschriebenen Persönlichkeitstypen beschreibt, ist vorwiegend für den Psychiater von Bedeutung.

Entwicklung machen zu können, in der Lage sein, genau zu differenzieren, um welche der zur Ich-Konstitutierung führenden psychischen Funktionen es sich handelt. An dieser Stelle liegt aber eine Grenze unseres gegenwärtigen Wissens.

Einen vererbbaren Ursachenanteil hat ohne Zweifel derjenige psychische Bereich, der mit dem Begriff *Intelligenz* bezeichnet wird. Es gibt sicher angeborene Unterschiede hinsichtlich der allgemeinen intellektuellen Leistungsfähigkeit wie auch hinsichtlich intellektueller Einzelmerkmale. Allerdings mußte diese Aussage nach den psychologischen und soziologischen Forschungen der letzten Jahrzehnte erheblich eingeschränkt werden. Denn es hat sich gezeigt, daß die Intelligenz des Menschen durch entwicklungsbeieinflussende äußere Faktoren in hohem Maße behindert wie auch gefördert werden kann. Aber auch unter Berücksichtigung dieser neuen Erkenntnisse werden wahrscheinlich Unterschiede in der ererbten Anlage zur Intelligenz übrig bleiben. Dafür spricht nicht zuletzt der Umstand, daß es ausgesprochen erbliche Formen von Schwachsinn verschiedener Schweregrade gibt. Die unterschiedliche Fähigkeit des Menschen in der intellektuellen Auseinandersetzung mit seiner persönlichen Existenz und der ihn umgebenden Welt, einschließlich der Gesellschaft, bleibt deshalb weiterhin eine Tatsache, an welcher keiner vorbeigehen kann, der sich mit gesellschaftlichen und politischen Veränderungsideen befaßt.

6. Der neurotische Teufelskreis

Zum Abschluß des einführenden Teiles dieses Buches, das den Leser mit den grundlegenden Tatbeständen und Zusammenhängen der seelischen Entwicklung des Menschen und mit der Entstehung von Charaktermerkmalen und Neurosen bekannt machen sollte, und zur Überleitung auf den zweiten Teil soll der besseren Übersicht halber noch eine kurze *Zusammenfassung* der wichtigsten Vorgänge beim Zustandekommen neurotischer Erkrankungen angeschlossen werden.

Die erste Voraussetzung für die Entstehung einer Neurosenbereitschaft besteht häufig in einer ererbten Hypersensibilität oder einem angeborenen motorischen Antriebsüberschuß, gelegentlich auch in einer hypersexuellen Anlage. Wächst ein Kind mit einer solchen Anlage in einem traumatisierenden Familienmilieu auf, d. h. bei Eltern, die nicht in der Lage sind, seine altersgemäßen in ihm wirksamen spontanen psychischen Entwicklungstendenzen zu fördern oder überhaupt nur zu akzeptieren, sondern diese Entwicklungsschritte durch Strafen und Drohungen mit Liebesentzug behindern, dann kommt es zu erheblichen Hemmungen oder gar partiellen Stillständen der begonnenen seelischen Entwicklung, zur neurotischen Fixierung. Entsprechend der jeweiligen frühkindlichen Entwicklungsstufe, auf welcher die Hauptbehinderung eingesetzt hat, kommt es zur Ausbildung reaktiver Verhaltensweisen, die in ihrer Gesamtheit zu unterschiedlichen Persönlichkeitsstrukturen führen, nämlich zur schizoiden, depressiven, zwanghaften oder hysterischen Charakterstruktur, oder zu einer Kombination von mehreren dieser Strukturen.

Im Einzelnen konstelliert sich dann die Neurosenbereitschaft, unabhängig von der speziellen Charakterstruktur, in folgender Weise:

Als *primäre Folgeerscheinungen* der ins Unbewußte zurückgedrängten Triebwünsche der jeweiligen kindlichen Entwicklungsstufe entstehen *Lücken* im Erleben des Kindes: Lücken sowohl in der Außenwahrnehmung als auch hinsichtlich der innerseelischen Wahrnehmung. Diese – bis zum Erwachsenenalter bestehen bleibenden, sich häufig sogar noch ausweitenden – Erlebnislücken werden gelegentlich dumpf gespürt oder geahnt. Die Betreffenden werden sich dessen bewußt, daß ihnen etwas im psychischen Erleben mangelt oder fehlt, können es aber meist nicht bezeichnen. Ebenso wie im Wahrnehmungsbereich ruft die neurotische Fixierung auch im *Handlungsbereich* Beeinträchtigungen hervor. Die Fähigkeit zur altersadäquaten handelnden Auseinandersetzung wird vermindert.

Das teils bewußt gespürte, teils unbewußte lückenhafte oder Mangelerleben gibt nunmehr den Anlaß zu *sekundären Folgeerscheinungen* der vorangegangenen neurotischen Hemmungen. Diese bestehen in unwillkürlichen Versuchen der Kompensation des psychischen Mangelzustandes und der damit verbundenen Minderwertigkeitsgefühle. Sie führen zu kompensatorischen Einstellungen im bewußten Erleben und im Verhalten. Diese werden als *Haltungen* bezeichnet. Je stärker sie vom normalen, d. h. realitätsgerechten Verhalten abweichen, haben sie den Charakter von *Fehlhaltungen.* Sie können sich z. B. in überhöhten Ansprüchen und Erwartungen äußern. Zu den sekundären Folgeeerscheinungen der neurotischen Fixierung gehört auch die unwillkürlich sich einstellende Entdeckung des lustvoll getönten Passivitätserlebens als Folge der Handlungsbeeinträchtigung. Sie mündet in der Regel in *Bequemlichkeitshaltungen* ein.

Die sekundären Gehemmtheitsfolgen gehen fließend in die *tertiären Folgeerscheinungen* über. Diese bestehen in der Entwicklung von *Ideologien* und *Rationalisierungen,* um dem Mangelerleben eine scheinbare Rechtfertigung zu geben und in einem zunehmenden *Defizit an Lernergebnissen.* Denn das in neurotischem Ausmaß gehemmte Kind kann schlechter lernen – sowohl was das unwillkürliche soziale Lernen als auch die bewußte Aneignung von Wissen und Fertigkeiten anbelangt – als das unbehinderte Kind.

Die Gesamtheit der aufgeführten Gehemmtheitsfolgen vergrößert ständig den psychischen Entwicklungsrückstand und den Rückstand an emotionalen und triebbezogenen Befriedigungserlebnissen gegenüber dem unbehinderten Gleichaltrigen.

Hierdurch wird eine ständige Vergrößerung der Minderwertigkeitserlebnisse und des Isoliertseins hervorgerufen, was wiederum in einer Art Teufelskreis eine Intensivierung der beschriebenen kompensatorischen Mechanismen zur Folge hat. Das Ergebnis dieser ständig auseinander hervorgehenden und sich gegenseitig intensivierenden Abläufe ist dann eine immer stärkere Ausprägung und Fixierung der neurotischen Charaktermerkmale und im Unbewußten ein immer stärkeres Anwachsen und Anstauen nicht abgeführter spontan entstehender Triebenergien.

Hiermit ist das Stadium einer akuten *Neurosenbereitschaft* erreicht. Der Betreffende, inzwischen vielleicht schon ins Erwachsenenalter gelangt, hält sein Leben nur mühsam durch oft überhöhte Leistungsanstrengungen, gewaltsame Anpassungsbemühungen und durch moralische Selbstüberhöhung mittels geeigneter Ideologien im Gleichgewicht. Von den Möglichkeiten adäquater Befriedigungen seiner persönlichen Triebwünsche durch eigene, die äußere Lebenswirklichkeit einbeziehende Handlungen ist er weit entfernt. Er kann deshalb auch meist nicht genießen.

Falls sein reaktives neurotisches Charaktergefüge fest genug ist, um allen Belastungen von außen standzuhalten, verändert sich grundsätzlich nichts mehr in seinem weiteren Leben. Begibt er sich wegen seines allgemeinen Erlebnismangels und seiner ständigen untergründigen Bedrücktheit zu einem Psychotherapeuten, so wird dieser ihm eine *Charakterneurose* bescheinigen.

Halten die kompensatorischen Charakterbildungen jedoch nicht stand, um die im Unbewußten gestauten Triebregungen weiterhin abzuhalten bzw. aufzufangen, dann kann es in einer *auslösenden Schicksalssituation* zum Ausbruch eines neurotischen Symptomes kommen. Es entsteht in diesem Falle eine *Symptom-Neurose*.

Die das Symptom hervorrufende Situation ist immer gleichzeitig eine *Versuchungs- und eine Versagungssituation*: eine Versuchungssituation deswegen, weil sie, wie z. B. eine zufällige Begegnung eines in seinen sexuellen Wünschen gehemmten Mannes mit einer anziehenden Frau, eine Provokation seiner unbewußten gestauten sexuellen Triebwünsche bewirkt, also einen sexuellen Versuchungsanteil für ihn enthält. Gleichzeitig ist für den Betreffenden ein Versagungsanteil in dieser Situation enthalten, weil es ihm auf Grund seiner erworbenen neurotischen Gehemmtheiten und der daraus entstandenen sexualfeindlichen Ideologien versagt ist, seinen latenten sexuellen Triebwunsch im Bewußtsein zuzulassen und ihn an der Verwirklichung in einer adäquaten Liebeshandlung hindert.

Die in der zum Beispiel genommenen Situation enthaltene Provokation des gestauten sexuellen Triebwunsches führt nun dazu, daß die sexuellen Triebenergien einen Anstoß erhalten und in Bewegung geraten. Da sie nicht vom Ich des Betreffenden zugelassen werden, kann es zu einer Verlagerung von sexuellen Energiemengen *innerhalb* des psycho-physischen Organismus kommen, z. B. zu dem früher beschriebenen Vorgang der hysterischen *Konversion.* Es kann etwa zum plötzlichen Auftreten von psychogenen Kopfschmerzen kommen.

Grundsätzlich ähnlichen Verlaufsgesetzlichkeiten folgt auch die Auslösung aller anderen neurotischen Symptombildungen, sowohl solcher mit körperlichen als auch solcher mit psychischen Merkmalen, in den jeweiligen, die latenten Triebwünsche provozierenden Versuchungs- und Versagungssituationen. Unterschiedlich sind lediglich die Zeiträume und die Aktualität im Auftreten der neurotischen Symptome. Zwischen ganz plötzlich und dramatisch innerhalb von Sekunden hervorbrechenden und mit intensivem Leidensgefühl einhergehenden Symptomen und solchen, die im Verlaufe von Jahren ganz langsam beginnen und sich allmählich verstärken, gibt es alle Zwischenstadien in fließenden Übergängen.

Das neurotische Symptom läßt *verschiedene Aspekte* erkennen. Es hat einmal Signal-Charakter, indem es die Umgebung durch seinen direkten oder symbolischen Ausdrucksgehalt auf den verdrängten Triebwunsch aufmerksam macht. Es enthält häufig weiterhin einen Anteil, der als Ergebnis einer Selbstbestrafung wegen der als verboten erlebten, über das Symptom einer Befreiung zu drängenden Triebregung anzusehen ist. Schließlich ist nicht selten ein finaler Aspekt im neurotischen Symptom enthalten, der auf latente, im Symptomträger vorhandene Selbstverwirklichungsmöglichkeiten hinweist.

III. Der Neurotiker in unserer Gesellschaft (Seine Stellung zur Gesellschaft und die Stellung der Gesellschaft zu ihm)

1. Wer ist normal? – Die Relativität des psychischen Normalitätsbegriffes

In den beiden einführenden Abschnitten wurden die Begriffe Neurose, Krankheit und Normalität so hingestellt, als würde es sich dabei um fest umrissene Tatbestände handeln. In Wirklichkeit zeichnen sich diese Begriffe aber durch ein hohes Maß an Unbestimmtheit aus. Es hängt weitgehend vom subjektiven Erleben und Werten des Einzelnen und von der Ansicht der ihn umgebenden Kulturgesellschaft ab, welches Befinden und Verhalten als krankhaft, anormal oder neurotisch gilt, und in welcher Weise Gesundheit und Normalität demgegenüber definiert werden.

1.1 Der Krankheitsbegriff bei körperlichen Krankheiten

Selbst auf dem Gebiet der primär organischen Krankheiten ist nicht absolut festgelegt, welche Kriterien den Definitionen von krank und gesund zugrunde gelegt werden sollen. Wir verfügen zwar bei der Bestimmung *körperlicher* Krankheiten über das relativ genaue Kriterium einer Funktionsveränderung, Entartung oder eines Unterganges von organischen körperlichen Substanzen, also von Zellen, Geweben oder Organen. Aber diese Kriterien beziehen sich lediglich auf den objektiven, wissenschaftlichen Krankheitsbegriff. Krankheit, auch organisch verursachte, ist aber mehr als nur Veränderung von Körperfunktionen und Zell- oder Gewebestrukturen. Sie enthält einen starken *subjektiven* Erlebnisanteil. Man *fühlt* sich krank. Objektiver und subjektiver Krankheitsbegriff fallen dabei keineswegs immer zusammen. Bei einer Frau, die an Altersschwäche gestorben ist, fördert zum Beispiel der Leichenöffnungsbefund eine ganze Gallenblase voller Steine zutage. Dabei hatte diese objektiv gallensteinkranke Frau ihr Leben lang niemals die geringsten Galleinsteinbeschwerden, fühlte sich also subjektiv gesund.[1]

1 Ackerknecht berichtet von dem grotesken Zustand bei manchen südamerikanischen Indianerstämmen, wo eine sehr verunstaltende Hautspirochätose, der

1.2 Der Krankheitsbegriff bei psychischen Krankheiten

Die Unbestimmtheit des Krankheitsbegriffes wird noch wesentlich größer, wenn wir uns den psychischen Krankheiten zuwenden, die eine gröbere organische Zell-, Gewebe- oder Stoffwechselveränderung in den meisten Fällen nicht erkennen lassen. Hier sind wir ganz darauf angewiesen, die Krankheitsfeststellung vom subjektiven Erleben des Betroffenen und von den Normen psychischen, geistigen und moralischen Verhaltens her zu treffen, die in der umgebenden Gesellschaft vorherrschen.

Sobald wir diese Tatsache näher betrachten, müssen wir erkennen, daß diese Normen keineswegs einheitlich sind, und daß sich der Einzelmensch gleichzeitig so wie im Laufe seiner Entwicklung nacheinander in *verschiedenen* gesellschaftlichen Gruppen befindet, von denen er jeweils abhängig ist, und die alle unterschiedliche Normen haben können hinsichtlich psychisch Krankhaftem und Gesundem bzw. Anormalem und Normalem.

Die erste Prägung erfolgt häufig durch die Familiennorm. In der Familie A gilt ein Mitglied schon als eindeutig krank, wenn es einen leichten Schnupfen, eine auf 37,2° erhöhte Körpertemperatur oder einen leichten, mit Ermüdung und Bedrücktheit verbundenen Erschöpfungszustand hat.

In der Familie B, die im gleichen Hause wohnt wie Familie A, werden die genannten Ausnahmezustände hingegen nicht als Krankheiten anerkannt. In dieser Familie beachtet man derartige »Lächerlichkeiten« nicht, man ignoriert sie, man tut seine Pflicht und gilt höchstens dann als krank, wenn man eine Blinddarmentzündung oder sich ein Bein gebrochen hat. Psychische Ausnahmezustände gelten gar als völlig abwegig und stehen in der Familie B außerhalb jeder Diskussion.

In den sekundären Kleingruppen, in welche ein Kind im Verlauf seiner Entwicklung hineingelangt, dem Kindergarten, der Schulklasse, der Jugendgruppe usw. wird es mit jeweils anderen Normen über die Normalität und Anormalität psychischen Verhaltens konfrontiert.

Je erwachsener es wird, desto stärker setzt es sich auch mit den in Großgruppen herrschenden Normen auseinander. Durch die Teilnahme

sog. pinto, so verbreitet ist, daß fast alle Männer an ihr leiden und die wenigen Männer, die davon frei sind, darum als krank gelten und deshalb von der Heirat ausgeschlossen werden. Die Malaria ist in bestimmten Gegenden, z. B. im Mississippi-Tal des 19. Jahrhunderts, so stark verbreitet gewesen, daß sie nicht mehr als Krankheit angesehen wurde. Dasselbe gilt für Ekzeme bei Kindern im 18. Jahrhundert. Vgl. Ackerknecht, Kurze Geschichte der Psychiatrie. Stuttgart 1967.

am Fernsehen, in welchem die Großgruppennormen in jeden Haushalt vermittelt werden, geschieht dies heutzutage schon ziemlich früh.[2]

Durch das Lesen, durch das Reisen in andere Landesteile oder Länder verstärkt sich die Wahrnehmung und die Bedeutung der unterschiedlichen Großgruppennormen für die Einstellung des Einzelnen zum psychisch Normalen und Abnormen noch weiter. In den mittleren und Kleingruppen der Arbeitswelt, in denen der Erwachsene dann die meiste Zeit seines weiteren Lebens verbringt, wird er – von geringeren betriebs- oder landschaftsbedingten Unterschieden abgesehen – überwiegend mit den Großgruppen-Normen konfrontiert. Denn diese bestimmen weitgehend die Einstellung zur Frage des psychischen Krankseins in den Betrieben, wie auch im größten Teil des öffentlichen Lebens. Dabei ist es erstaunlich festzustellen, nach den Ausführungen im II. Kapitel jedoch leicht zu erklären, in welchem Ausmaß die in der Kindheit geprägten Normen bezüglich des psychisch normalen oder nicht normalen Verhaltens, trotz des intensiven Verflochtenseins im beruflichen, öffentlichen und sozialen Leben der meisten heute beruflich Tätigen, auch im Erwachsenenleben weiter aufrecht erhalten werden. Obwohl die aktuelle neurotische Störung, z. B. eine Agoraphobie, eine panische Angst beim Betreten von Straßen und Plätzen, heute eine von den öffentlichen Versicherungsträgern anerkannte psychische Erkrankung ist, und ihre (psychotherapeutische) Behandlung von den Krankenkassen bezahlt wird, scheuen sich auch heute noch viele an einer solchen Erkrankung oder anderen Neurosen leidende Menschen zuzugeben, daß sie diese Krankheit haben, und suchen deshalb auch lange Zeit deswegen keinen Arzt auf. Häufig handelt es sich dabei um Menschen, die im Milieu einer Familie vom geschilderten Typ B aufgewachsen sind, und die dementsprechend das ausgeprägte Vorurteil, man habe nicht »nervös« zu sein, demzufolge sei man auch nicht nervös, nicht ablegen können.

2 In zahlreichen Untersuchungen der letzten Jahre wurde der Normen-prägende Einfluß des Fernsehens auf Kinder bestätigt. Z. B. stellte H. Mosse vom New Yorker Medical College fest, wie weitgehend Kinder sich mit dem am Bildschirm Gesehenen identifizieren. Nach dem Mord auf J. F. Kennedy wurden einige besonders brutale und blutrünstige Szenen aus den Kinderprogrammen herausgenommen. Vgl. H. Mosse, Massenmedien. In: H. Meyer (Hrsg.), Seelische Störungen. Frankfurt/Main 1968, S. 201–208.

1.3 Psychische Normalität und Anormalität bei anderen Völkern und zu anderen Zeiten

Wie unterschiedlich die Beurteilung des psychischen Verhaltens eines Menschen durch die umgebende Gesellschaft und Kultur sein kann, läßt sich besonders eindrucksvoll aufzeigen, wenn man sich die stark voneinander abweichenden Normenbegriffe in den verschiedenen Ländern und Kulturen der Erde vergegenwärtigt, besonders diejenigen der sog. primitiven Stämme und Völker. Man kann dann sehen, daß in einigen dieser Kulturen psychische Auffälligkeiten, die bei uns als eindeutige Symptome einer Geisteskrankheit gelten, dort zum normalen Verhalten gehören. So sind z. B. bei dem Stamm der Dobuaner Verfolgungsideen, bei den Kwakiutl Größenideen und bei den Mohave oder Takala Halluzinationen normal. Homosexualität gilt bei denjenigen zahlreichen Stämmen als normal, die für die Homosexuellen einen legitimen Transvestitenstand (Berdache) geschaffen haben. Zahlreiche mit dem Glauben an Zauberei und Tabus zusammenhängende Rituale würden bei uns als eindeutige krankhafte Zwangshandlungen diagnostiziert werden. Umgekehrt würden bestimmte, in unserer Gesellschaft als völlig normal geltende Verhaltensweisen wie Gutmütigkeit oder Freigiebigkeit bei anderen Völkern, Letzteres z. B. bei den Dobuanern, als anormal gelten.

Ackerknecht[3], dessen Ausführungen die eben gegebenen Beispiele entnommen wurden, hat vorgeschlagen, um der Relativität des psychischen Normalitätsbegriffes Rechnung zu tragen, diejenigen psychischen Verhaltensweisen, die von den Angehörigen der eigenen Kultur für normal gehalten werden, *autonormal*, und die von der eigenen Kultur für krankhaft gehaltenen, *autopathologisch* zu nennen. Die von den Vertretern einer anderen, also außenstehenden Kultur für normal und anormal gehaltenen psychischen Äußerungen in unserer Kultur werden von ihm als *heteronormal* bzw. *heteropathologisch* bezeichnet.

Wir brauchen übrigens gar nicht zu anderen Völkern und Kulturen zu gehen, um uns die Relativität der kulturellen psychischen Normen klar zu machen, denn bereits in den verschiedenen Landschaften unseres Staates werden bestimmte Verhaltensweisen sehr unterschiedlich beurteilt. So würde z. B. die im Rheinland häufig anzutreffende und deshalb dort als normal geltende Fröhlichkeit von einem in Ostpreußen aufgewachsenen Psychiater in ausgeprägten Äußerungsformen schon als Ausdruck einer krankhaften manischen Gemütsverfassung diagnostiziert werden,

3 E. H. Ackerknecht, Kurze Geschichte der Psychiatrie. Stuttgart 1967.

oder die im Schwabenland übliche und deshalb normale Tendenz zur ausgeprägten Reinlichkeit, Ordnung und Sparsamkeit von einem Berliner als Ausdruck einer bereits krankhaften zwangsneurotischen Haltung.

Die Relativität des psychischen Normenbegriffes läßt sich nicht nur an völkerkundlichem und landschaftlichem, sondern auch an historischem Material aufzeigen. Sigerist[4] hat nachgewiesen, daß »derselbe Minnesänger, der seinen Zeitgenossen als normal erschien, bei uns für verrückt angesehen würde«. Dasselbe gilt für die Typen des ekstatischen Religiösen, des Hexenverfolgers oder des asketischen Puritaners. In geringerem Ausmaß, aber noch deutlich genug, können wir auch heute noch beobachten, daß Menschen, die sich nach einer schon vergangenen Mode kleiden, oder die sich nach einer neuen, noch nicht allgemein verbreiteten Mode anziehen, lange Haare wachsen lassen oder gar einen Bart stehen lassen, auch damit rechnen müssen, für etwas anormal oder verrückt gehalten zu werden.

Die historisch zu beobachtende Veränderung in der Einschätzung psychischen Verhaltens bringt es möglicherweise auch mit sich, daß bestimmte psychische Krankheitsbilder seltener oder häufiger werden, oder daß ihre Symptomatologie sich verändert. So glaubte Jaspers z. B. zu beobachten, daß die Schizophrenie immer mehr an Häufigkeit zunehme, während die Hysterie gegenüber dem 19. Jahrhundert und der Zeit davor seltener geworden sei.

1.4 Schafft sich eine Gesellschaft »ihre« psychisch Kranken selbst?

Die Prägung psychischen Verhaltens der Menschen durch eine sie umgebende Kultur läßt sich auch von da her verdeutlichen, daß es bei bestimmten Völkern und Kulturen psychische Krankheitsbilder gibt, die in anderen nicht vorkommen. Z. B. kommt die bei Malayen, südamerikanischen Indianern, Melanesiern, Sibiriern, Indern und Masai relativ häufig auftretende Mordpsychose, der *Amok*, bei uns so gut wie gar nicht vor. Das gleiche gilt für den *Vodoo-Tod*, auch Thanatomanie genannt, eine merkwürdige Form des Todes durch Autosuggestion, unter der Vorstellung verhext zu sein, die nur bei bestimmten südlichen Völkerstämmen vorkommt. Es spricht vieles dafür, daß eine bestimmte menschliche Völker- und Kulturgemeinschaft zur Aufrechterhaltung ihrer gesellschaft-

4 H. E. Sigerist, Psychopathologie und Kulturwissenschaft. In: Abhandlungen aus der Neurologie, Psychiatrie, Psychologie und ihren Grenzgebieten, 61, 1930, S. 140–46 (zit. nach Ackerknecht, vgl. Anm. 3).

lichen Funktionen nicht nur bestimmte Begriffe für psychische Normalität benötigt, sondern daß sie in ihrem Großgruppenzusammenhang auch den psychisch Abnormen benötigt und ihm unwillkürlich bestimmte (Anormalitäts-)Merkmale, also Symptome aufnötigt. Der psychisch Abnorme (oder die Masse der psychisch Abnormen) spielt demzufolge in der jeweiligen Gesellschaft und Kultur eine ähnliche Rolle wie etwa der Außenseiter, der Sündenbock oder der Prügelknabe in der Kleingruppe. Hieraus kann abgeleitet werden, daß der Gesellschaft eine sehr dynamische Tendenz innewohnt, sich eine gewisse Anzahl psychisch abnormer oder kranker Individuen mit bestimmten Kriterien der psychischen Anormalität zu schaffen. Z. B. eignet sich der Neurotiker oder Gemütskranke (und Geisteskranke) vorzüglich dazu, daß der Gesunde, Normale sich ihm gegenüber als höherwertig erleben kann, oder daß er seine unbewußten Schattenseiten auf ihn projizieren kann. Es hat sich gezeigt, daß diese Großgruppendynamik einen der wichtigsten Hinderungsgründe darstellt gegen eine Änderung der Einstellung der in unserer Kultur lebenden Menschen zu dem psychisch Kranken. Wir wissen aus der Familiendynamik und aus den Erfahrungen in therapeutischen Kleingruppen (bis zu 8 Mitgliedern), daß die darin wirksam werdenden Tendenzen und die dahinter stehenden Kräfte, mit denen den schwächsten Gruppenmitgliedern bestimmte Rollen aufgezwungen werden, außerordentlich groß sind. In einer therapeutischen Gruppe kommt es z. B. häufig vor, daß einem Mitglied, das durch irgendein äußeres Merkmal, wie einem fremden Akzent in der Sprache auffällt, die Rolle des »Anderen«, des Außenseiters, zugeteilt wird. Alles »Andere«, alles Fremde, alles Schlechte, also dasjenige, was die anderen Gruppenmitglieder nicht als Bestandteil ihres eigenen Wesens sich bewußt machen können, proijzieren sie auf den Außenseiter. Je schwächer dieser ist, desto intensiver nimmt er diese Rolle an, d. h. verhält er sich entsprechend den ihm von den anderen Gruppenmitgliedern aufsuggerierten Eigenschaften (Merkmalen). Wie stark diese in der Gruppe vorhandene Dynamik ist, eine derartige Rolle am Leben zu erhalten, kann man daraus ersehen, daß es beim Fehlen des Außenseiters in einer Gruppensitzung gar nicht lange dauert, bis ein anderes Mitglied der Gruppe diese Außenseiterposition zugeteilt bekommt. Die Gruppe *braucht* ihn.

In Übertragung dieser in Kleingruppen zu beobachtenden Gesetzmäßigkeiten auf menschliche Großgruppen kann man unschwer erkennen, daß auch die Großgruppe den oder die psychisch Abnormen *braucht*. Sie braucht den Geisteskranken, sie braucht den sexuell Abnormen, sie braucht den Nervösen, sie braucht auch den Kriminellen und den Süchtigen. Jedenfalls gilt dies für unsere westliche Gesellschaft, in der wir heute leben. Andere Zeiten und andere Kulturen brauchen bzw. brauchten andere Erscheinungsformen psychischer Abnormität. Wir brauchen *diese* Abnormen, um unsere eigene Aggressivität, unseren eigenen Sadismus, unsere unterschwellige zügellose Sexualität, unsere unbewußte Neigung zur Sprengung aller konventionellen Grenzen, zur Verwahrlosung und Ekstase, wenn wir sie uns schon nicht als zu uns selbst gehörig betrachten dürfen und können, wenigstens an andere zu delegieren.

1.5 Versuch einer (relativen) Definition des psychisch Normalen

Nach der Auseinandersetzung mit der Relativität des Begriffes der psychischen Normalität und Gesundheit soll in den weiteren Ausführungen davon ausgegangen werden, dasjenige als »normal« bzw. »psychisch gesund« zu bezeichnen, was einerseits in unserer (westlichen) Gesellschaft und Kultur von der überwiegenden Anzahl der darin lebenden Menschen dafür gehalten wird, und das andererseits mit den individuellen Entwicklungsgesetzlichkeiten des Einzelnen übereinstimmt und ihm ein Gefühl positiver Daseinsverankerung vermittelt. Es gehört weiterhin zur hier gegebenen Definition des psychisch Normalen und Gesunden, daß es mit dem Freisein von Gefühlen verbunden gedacht ist, sich selbst krank oder leidend zu fühlen[5]. Die Zone fließender Übergänge zwischen den als eindeutig anormal oder psychisch krank zu bezeichnenden und den als normal oder psychisch gesund zu bezeichnenden Bereichen ist allerdings recht breit, so daß in zahlreichen konkreten Fällen eine sichere Einordnung in die eine oder andere Kategorie nicht möglich sein wird. Es ist z. B. oft schwierig, die Grenze zwischen einer normalen und gesunden Trauer einerseits und einer bereits krankhaften depressiven Verstimmung andererseits zu ziehen.

2. Der Geisteskranke als besonders auffallend psychisch Kranker in unserer Gesellschaft

Am besten können wir uns die Einstellung unserer Gesellschaft zum psychisch Kranken dadurch vergegenwärtigen, indem wir uns am Verhalten unserer Mitmenschen den *eindeutig* psychisch Kranken gegenüber orien-

5 Die Weltgesundheitsorganisation hat in ihrer Definition von Gesundheit neuerdings auch den psychischen Bereich mit einbezogen, wenn sie sagt, Gesundheit sei ein Zustand vollkommenen körperlichen, geistigen und sozialen Wohlbefindens. Allerdings dürfte mit dieser Definition mehr ein Idealzustand gekennzeichnet sein.

tieren. Die auffallendste Form psychisch abartigen Verhaltens haben wir in den Geistes- oder Gemütskrankheiten, den *Psychosen* vor uns.

2.1 Ansätze und Anzeichen positiver Einstellungen zum Geisteskranken

Der heutzutage übliche Umgang mit unseren Geisteskranken scheint das Ergebnis einer sich über Jahrhunderte mit großen Schwankungen hinziehenden Humanisierung zu sein. Wir wissen, daß es sich bei Psychosen um eindeutige Krankheiten handelt und nicht um Ausdrucksformen »böser« und »schlechter« Veranlagungen oder Folgen von Geisterbesessenheit oder Personifizierungen von Teufel- oder Hexenwesen. Wir haben als Ursachen medizinisch-biologische und soziokulturelle Gründe erkannt. Dementsprechend versuchen wir nicht mehr, wie es vorwiegend im Mittelalter geschah, die Geisteskranken als Ausbünde der Schlechtigkeit zu bestrafen, sie durch brutale Maßnahmen umzuerziehen oder böse Geister aus ihnen herauszutreiben, sondern wir behandeln sie wie andere Kranke in Krankenhäusern, geben ihnen als wirksam erprobte Medikamente und versuchen, sie durch psycho- und soziotherapeutische Maßnahmen aus ihrer krankhaften psychischen Verstrickung heraus zu lösen und sie ihrem gesunden Selbst und der Teilnahme am mitmenschlichen Zusammenleben zuzuführen. Wir sehen in ihnen auch nicht mehr gefährliche Tiere, die an Ketten gelegt werden müssen und in abseits gelegenen Tollhäusern ein menschenunwürdiges Dasein fristen müssen, sondern wir fördern ihre Einbeziehung in die Gemeinschaft der Gesunden und verschließen nur noch in denjenigen Ausnahmefällen vorübergehend ihre Türen, wenn sie sich, außerhalb jeglicher Eigenkontrolle in ihrem psychotischen Wahnerleben selbst oder andere zu gefährden drohen.

Eines der positiven Ergebnisse dieser veränderten Einstellung zum Geisteskranken gegenüber früher ist z. B., daß bestimmte Formen extremer und anhaltender Aggressivität gegen alle Mitmenschen und bizarren, verrückten Verhaltensweisen wesentlich seltener geworden sind, nachdem wir diese Symptome als Reaktionen auf eine inhumane Einstellung der Angehörigen oder des Pflegepersonals gegenüber dem Psychotiker, als »jatrogene« (durch den Arzt hervorgerufene) oder Anstalts-Artefakte kennengelernt und die notwendigen Konsequenzen aus dieser Erkenntnis gezogen haben.

2.2 Das Weiterwirken irrationaler Einstellungen zum Geisteskranken in unserer heutigen Zeit

Der so erfreuliche Prozeß der Versachlichung und Verwissenschaftlichung psychischer Krankheiten und der Vermenschlichung des Umganges mit Psychotikern ist aber leider, wenn man genauer hinsieht, nicht so weit voran geschritten, wie es nach der eben gegebenen kurzen Charakterisierung der augenblicklichen Verhältnisse den Anschein haben könnte. Wir finden in vielen großen psychiatrischen Krankenhäusern der westlichen Welt noch eine Einstellung unter den Ärzten und dem Pflegepersonal verbreitet, in der sich unwillkürlich die in früheren Jahrhunderten vorherrschende Meinung fortsetzt, daß Geisteskranke eine andere, mit den normalen Menschen nicht vergleichbare Kategorie menschlicher Wesen seien, denen man zwar mit den vorhandenen medizinischen Mitteln zu helfen versuche, denen gegenüber man auch eine gewisse Art von Mitleid empfinde, von denen man aber durch eine unüberbrückbare Barriere getrennt sei.

Man muß sich in diesem Zusammenhang vergegenwärtigen, daß es erst seit den zwanziger Jahren dieses Jahrhunderts eine aktive Behandlung von Geisteskrankheiten gibt, und daß bis zu diesem Zeitraum ein weitgehender therapeutischer Nihilismus gegenüber den Psychose-Kranken vorherrschte. Außerdem muß hervorgehoben werden, daß das Gesetz der psychischen Trägheit, das wir im einführenden Teil als Wiederholungszwang kennengelernt hatten, sich in Großinstitutionen, wie sie die psychiatrischen Landeskrankenhäuser (früher Irrenanstalten genannt) darstellen, mit einer bemerkenswerten Zähigkeit durchsetzt. In solchen Institutionen, übrigens auch in manchen psychiatrischen Universitätsinstituten, vorherrschende Traditionen des Umganges mit dem Psychotiker und seiner medizinischen, menschlichen, sozialen und moralischen Beurteilung werden von Generation zu Generation weiter gegeben und per Identifikationsbedürfnis der Jüngeren, der Lernenden aufgenommen und fortgesetzt, ähnlich wie bei der Weitergabe von Familiennormen an die in der Familie aufwachsenden Kinder. Es wird hierdurch deutlich, daß es starker und anhaltender Gegenkräfte bedarf, um den Prozeß der Humanisierung des Umganges mit den Geisteskranken weiter zu fördern. Es gehört für junge Assistenzärzte oder junge Krankenschwestern in einer großen psychiatrischen Klinik zweifellos eine Menge sozialer Wachheit und Bewußtheit, persönlicher Mut und Durchhaltekraft dazu, um für richtig und notwendig gehaltene Reformen auf einer Station für Geisteskranke anhaltend anzustreben und eventuell sorgar durchzusetzen, wenn die Oberärzte, der Chefarzt oder die Oberschwestern mit der ganzen Macht der Erfahrung, Autorität und Tradition diese Bemühungen den Jüngeren auszureden versuchen. Allzu leicht erliegen die Jüngeren dann eines Tages der Versuchung, den Weg des geringeren Widerstandes zu gehen und auf der Welle der gewohnten Verfahrensweise mitzuschwimmen. Und zwar besonders dann, wenn für sie die Erreichung einer höheren Stufe innerhalb der Anstaltshierarchie aktuell geworden ist, z. B. wenn sie selbst Oberarzt oder Stationsschwester werden wollen.

Kennzeichnend für die Trägheit, mit der Reformen in der psychiatrischen Versorgung gebremst bzw. verzögert werden, sind z. B. die Schwierigkeiten und Hindernisse bei der Verwirklichung des Konzeptes der *Therapeutischen Gemeinschaft* (Therapeutic Community)[6], eines modernen Konzeptes stationärer Versorgung von Psychotikern und anderen psychisch Kranken, in dessen Rahmen alle auf einer Krankenstation lebenden Personen, also Patienten, Schwestern, Pfleger, Ärzte, Krankengymnastinnen, Sozialarbeiter usw. – auf der Basis völliger persönlicher Gleichberechtigung – entsprechend ihren jeweiligen Funktionen und entsprechend den vorhandenen äußeren Gegebenheiten (Räume, finanzielle Mittel usw.) die optimale Form einer Gruppenzusammenarbeit und dazu gehörenden Organisationen bzw. Struktur erarbeiten, um innerhalb einer solchen Funktionsgruppe, eben der besagten therapeutischen Gemeinschaft, heilungsfördernde Prozesse in Gang zu bringen. Dieses schon vor Jahrzehnten in England[7] konzipierte und mit gutem Erfolg verwirklichte psychische Behandlungskonzept ist in der Bundesrepublik bisher nur in einzelnen Stationen oder Abteilungen einzelner psychiatrischer Landeskrankenhäuser oder Universitätskliniken eingeführt worden[8] und dies auch nur auf Grund der persönlichen Initiative der jeweiligen Stations- und Abteilungsärzte. Diese hatten trotz grundsätzlicher Zustimmung bzw. Duldung ihrer Reformbemühungen durch die Klinikleiter vor allem gegen die in der Institution (Verwaltung, Träger) und der vorherrschenden, von ärztlichen Kollegen, Schwestern und Pflegern vertretenen alten Tradition verankerten Schwierigkeiten zu kämpfen. Tatsache ist, daß dieses Behandlungskonzept, obwohl es seine Überlegenheit gegenüber den herkömmlichen psychiatrischen Behandlungskonzepten erwiesen hat, noch in keiner bundesdeutschen Großklinik in vollem Umfange verwirklicht werden konnte.

6 A. Veltin, Die therapeutische Gemeinschaft im deutschen Psychiatrischen Krankenhaus. In: Gruppenpsych. und Gruppendyn., Bd. 2, 1968, S. 190–196.

7 A Ploeger, Die Anwendung der »Therapeutischen Gemeinschaft« bei kleinen Gruppen. Gruppenpsychotherapie u. Gruppendynamik. Bd. 6, 1972, S. 85–90.

8 H. Flegel, Die psychiatrische Krankenabteilung als therapeutische Gemeinschaft. In: Nervenarzt, 37 (1966), S. 160–168.

Ähnliches gilt für die Bemühungen, die Behandlung und Versorgung von Psychotikern in der Weise zu verbessern, daß bei ihrer Behandlung der Kranke nicht nur während seines zeitlich begrenzten Aufenthaltes in der psychiatrischen Klinik erfaßt wird, sondern daß auch das *pathogene Milieu,* in welchem der Patient erkrankt war, in die Gesamtheit der Behandlungsmaßnahmen mit einbezogen wird. Diese unter der Bezeichnung *sozialpsychiatrisch* zusammengefaßten Maßnahmen, welche die Öffnung der psychiatrischen Kliniken in das soziale Feld (der Familie und des Arbeitsbereiches) beinhalten und Übergangseinrichtungen wie Tages- und Nachtkliniken, geschützte Werkstätten, sozialfürsorgerische Dienste usw. umfassen, stehen zwar auf dem Programm einiger psychiatrischer Großkliniken und sind in gewissen Anfängen an einigen Stellen bereits verwirklicht, sie stoßen aber auf ähnliche Schwierigkeiten hinsichtlich einer umfassenden Realisierung wie das Konzept der Therapeutischen Gemeinschaft.

Die Beurteilung der Stellung des Geisteskranken in unserer Gesellschaft kann aber erst vollständig verdeutlicht werden, wenn wir über die Umgangsweise der damit befaßten Fachleute mit ihnen hinausgehen und uns dem *Durchschnittsmenschen* und dessen Einstellung zum Geisteskranken zuwenden. Dabei müssen wir feststellen, daß die kurz zuvor erwähnte Dynamik des Wiederholungszwanges im Sinne des Aufrechterhaltens von Beurteilungs- und Bewertungsnormen hier noch wesentlich erfolgreicher ist als im engeren Bereich der Psychiatrie. Die Einstellung des heutigen Durchschnittslaien gegenüber den Psychotikern wird zum großen Teil noch von Vorstellungen beherrscht, die aus irrationalen Quellen stammen, und die in der offiziellen öffentlichen Meinung bereits überwunden sind und nicht mehr in Erscheinung treten.

Die Mehrzahl unserer Mitmenschen hat etwa folgende Meinung zu diesem Thema: Der Geisteskranke ist ein sehr bedauernswertes Wesen. Er weicht völlig von allen anderen Menschen ab. Er leidet sicher sehr unter seinem Kranksein. Es ist sicher eine hohe ethische und soziale Aufgabe, ihm beizustehen, ihn zu pflegen und zu versorgen. Aber eigentlich möchte man selbst lieber nichts mit ihm zu tun haben. Man macht lieber einen großen Bogen um ihn. Auch um Nervenärzte und »Irrenpfleger«, die mit ihm beruflich zu tun haben. Um nicht Angst vor den »Irren« und den in ihnen vermuteten animalischen Affekten haben zu müssen, macht man lieber Witze über sie und die sie behandelnden Psychiater. Wenn man doch einmal genötigt wird, sich eine ernsthafte Meinung über den Geisteskranken zu bilden, sagt man vielleicht, daß man zwar etwas von den modernen Behandlungsmethoden der Psychosen gehört habe, daß dabei aber sicher nicht viel heraus komme. Das seien mehr Versuche, die Ärzte experimentierten doch gern, und außerdem beruhige man doch damit sein Gewissen, indem man etwas für diese bedauernswerten Leute tue usw. Aber im Grunde könne ihnen doch keiner helfen. Sie haben doch eine krankhafte Erbanlage. Und dadurch ist doch ihr Schicksal schon bei der Geburt festgelegt. Man habe zwar schon von vorübergehenden Stillständen gehört. Aber die fortschreitende Verblödung sei doch mit allem ärztlichen Aufwand nicht aufzuhalten.

Eine auch heute noch nicht ganz kleine Gruppe von Zeitgenosssen kommt sogar zu dem Schluß, daß es für »diese Menschen« (die Psychotiker) besser wäre, sie würden gar nicht leben bzw. bald sterben. Wir sollten uns daran erinnern, daß es erst 30–40 Jahre her sind, daß aus einer solchen Einstellung heraus Geisteskranke systematisch umgebracht wurden[9]. Die Tatsache, daß hierzu die Befehle von Machthabern in einem diktatorischen Staatssystem gegeben wurden, entlastet nicht den Einzelnen von seiner Mitverantwortung. Denn eine sich durch derartig unmenschliche Gewaltmaßnahmen auszeichnende Diktatur kann sich nur dann etablieren, wenn sie sich auf die – häufig nur in passivem Geschehen-lassen bestehende – Bereitwilligkeit vieler Einzelner stützen kann.

Nachdem wir uns hiermit die Ansicht des heutigen Durchschnittsbürgers, einschließlich der extremen Varianten, zum Geisteskranken vergegenwärtigt haben, soll noch ein Blick auf die *institutionalisierte Öffentlichkeit* und deren Einstellung zu diesem Problem geworfen werden. Diese wird repräsentiert durch die staatlichen Organe und die von ihnen erlassenen Gesetze und Richtlinien, durch die politischen Parteien, durch die Universitäten und Schulen, durch die Kirchen und durch die Interessenvertreter der Arbeitgeber und Arbeitnehmer. Die Meinungsbildung in diesen öffentlichen Gruppen und Institutionen ist das Ergebnis äußerst vielfältiger in- und gegeneinander wirkender emotionaler und rationaler Kräfte. Es ist unmöglich, diese Kräfte im einzelnen in ihrer Bedeutung für die Meinungsbildung zu dieser Frage abzuschätzen. Es kann nur der Schluß gezogen werden, daß der *Zwiespalt* zwischen der in den vorigen Absätzen skizzierten Kollektivmeinung der Masse unserer Staatsbürger einerseits und der auf Fortschritt, Reformen, verstärktes medizinisches, psychologisches und soziales Engagement gerichteten Meinung einer Gruppe von Fachleuten und emotional beteiligten Laien andererseits in der Haltung der öffentlichen Stellen sehr deutlich zum Ausdruck kommt.

9 Kulturhistorisch ist anzumerken, daß es einzelne Völkerstämme gab und vielleicht auch heute noch gibt, die ihre Geisteskranken töten. Aber auch die Mehrzahl der einfachen Völkerstämme versucht, ihren psychotischen Mitbürgern durch irgendwelche Formen der Behandlung zu helfen.

Einerseits wird nach außen hin, teilweise sogar auf parlamentarische Initiative[10] hin, vieles unternommen, was dem Ziel dient, die Lage der Psychotiker in unserem Lande zu verbessern, während andererseits bei der praktischen Durchführung derartiger Maßnahmen in den untergeordneten ausführenden Gremien eine Fülle von Hindernissen auftritt, welche dann die Verwirklichung der geplanten Reformen blockiert. Bei der Rechtfertigung dieser behindernden Maßnahmen wird häufig, ohne daß es direkt ausgesprochen wird, die vorhin zitierte Meinung als Motiv sichtbar, daß es sich doch eigentlich nicht lohne, für Geisteskranke so viel Mühe aufzuwenden und Geld auszugeben.

Daß die ökonomisch-finanzielle Begründung nur ein Vorwand ist, und sich dahinter das alte Vorurteil von der menschlichen Minderwertigkeit des Geisteskranken verbirgt, geht daraus hervor, daß bei optimalem Einsatz der heute bereits zur Verfügung stehenden Möglichkeiten der Behandlung und Resozialisierung von Psychotikern und beim Einsatz der hierfür erforderlichen Geldmittel höchst wahrscheinlich ein solcher Zuwachs an volkswirtschaftlich einsetzbarem Arbeitspotential entstehen würde, daß sich dieser finanzielle Einsatz selbst vom kaufmännischen Standpunkt aus bereits lohnen würde. (Den ethischen Standpunkt braucht man dann nicht einmal zu bemühen). J. F. Kennedy und seine Berater werden aller Wahrscheinlichkeit nach auch nicht nur ethische Gesichtspunkte vor Augen gehabt haben, als sie in den sechziger Jahren mehrere Milliarden Dollar für ein umfassendes Reformprogramm[11] zur Verbesserung der Situation der Geisteskranken in den USA aus dem öffentlichen Staatshaushalt zur Verfügung stellten. Es bleibt abzuwarten, ob die bundesdeutschen Gesetzgeber ähnlich großzügig und einsichtig verfahren werden, wenn der Zeitpunkt gekommen sein wird, an dem die Mittel zur Verfügung gestellt werden müssen, die zur Verwirklichung der Reformvorschläge erforderlich werden, welche die Experten der Enquête-Kommission (vgl. Anm 10) ausarbeiten werden, um die Lage der psychisch Kranken in der Bundesrepublik Deutschland zu verbessern.

10 Am 23. Juni 1971 beschloß der Deutsche Bundestag in seiner 130. Sitzung, die Bundesregierung zu ersuchen, eine *»Enquête über die Lage der Psychiatrie in der Bundesregierung Deutschland«* erstellen zu lassen. Als erstes offizielles Arbeitsergebnis der daraufhin vom Bundesgesundheitsministerium beauftragten Sachverständigen-Kommission wurde im Herbst 1973 ein Zwischenbericht über die derzeitige Situation der psychiatrischen Versorgung vorgelegt. Daraus geht eindeutig hervor, daß man in vielen Bereichen der heutigen psychiatrischen Versorgung noch von einem Notstand sprechen muß (Drucksache 7/1124, Sachgebiet 212, vom 19. 10. 1973 des Deutschen Bundestages, 7. Wahlperiode).

11 Mental Health Program. Vgl. Anm. 3, S. 10.

3. Massenerkrankung Neurose

Im Vorwort wurde als Zahl der behandlungsbedürftigen Neurotiker in unserem Staat sieben Millionen genannt. Das ist eine Schätzung. Die wirkliche Anzahl kann heute noch nicht ermittelt werden. Und zwar aus folgenden Grunden:

Erstens gibt es in der medizinischen Diagnostik noch keine für alle tätigen Ärzte verbindlichen und anwendbaren diagnostischen Erfassungskriterien für Neurosen.

Zweitens verbergen sich unter einer Fülle anderslautender Diagnosen, die von deutschen Ärzten gestellt werden, wie z. B. »vegetative Dystonie« »funktionelle Herz- oder Magen-Darm-Beschwerden«, »pseudotetanisches Syndrom«, »Psychopathie«, »psychasthenische Persönlichkeit« u. v. a. häufig Neurosen. Diese entgehen somit einer statistischen Erfassung, und die Folge davon ist, daß es bei den Neurosen eine so große Dunkelziffer gibt wie bei keiner anderen Krankheit sonst.

Drittens, mit der zweiten Begründung eng zusammenhängend, gibt es – auch heute noch – nur eine sehr kleine Anzahl von Ärzten, die aufgrund einer Ausbildung auf dem Gebiet der Entstehungsbedingungen, Symptomatologie und der Behandlung neurotischer Erkrankungen über die wissenschaftlich-beruflichen Voraussetzungen verfügen, die Diagnose einer psychogenen Erkrankung zu stellen, einen entsprechenden Behandlungsplan aufzustellen und ggf. selbst eine psychotherapeutische Behandlung durchzuführen. Wie bereits im Vorwort erwähnt wurde, erhielt der deutsche Arzt auf der Universität bisher keine verpflichtenden Vorlesungsangebote auf dem Gebiet psychogener Erkrankungen. Nur die wenigen schon an den Fragen der Neurosenentstehung und -behandlung bereits während ihres Studiums interessierten Mediziner haben sich in wenigen, an einigen Universitäten angebotenen Vorlesungen erste Kenntnisse auf diesem Gebiet erworben. Die Psychotherapie hat sich in Deutschland historisch *außerhalb der Universitäten* entwickelt. Der an Psychotherapie interessierte Arzt mußte sich bisher nach Abschluß seines Studiums in einer zusätzlichen, fünf bis sechs Jahre dauernden berufsbegleitenden Weiterbildung im Abendstudium die notwendigen Kenntnisse auf diesem Gebiet aneignen. Diese Situation, die auch heute noch weitgehend Realität ist, kann keinesfalls mit der Weiterbildung auf irgendeinem Spezialgebiet der Medizin nach dem Staatsexamen, wie Chirurgie, innere Medizin, Frauenheilkunde usw. verglichen werden. Denn zu diesen Spezialfächern werden ja seit jeher die Grundlagen schon *während* des Medizinstudiums gelegt. Trotz bahnbrechender Bemühungen von Internisten, Psychosomatikern und Psychotherapeuten wie z. B. G. von Bergmann, R. Siebeck, V. von Weizsäcker, A. Jores, E. Kretschmer, J. H. Schultz, H. E. Richter, A. Mitscherlich, W. Bräutigam, W. Schwidder, A. Dührssen, W. Th. Winkler, H. Enke, D. Langen u. v. a. konnte die Psychotherapie erst Ende 1972 als Pflichtfach in das bundesdeutsche Medizinstudium eingeführt werden (Vgl. Anm. 2, S. 9). Die Praxis zeigt, daß noch viele organisatorische, finanzielle, persönliche und emotionale Widerstände überwunden werden müssen, bis genügend Lehrstühle an *allen* Medizinischen Fakultäten errichtet sein werden, damit die vier jetzt vorgeschriebenen psychotherapeutischen Pflichtstudienfächer tatsächlich sachgerecht gelehrt werden können. Selbst wenn diese Voraussetzungen zum Zeitpunkt der Einführung dieser neuen Studienbestimmungen an einigen Universitäten erfüllt gewesen sein würden, könnten die ersten Medizinstudenten, die während ihres Studiums ein *einführend*es Grundlagenwissen auf dem Gebiet der Psychotherapie erworben haben, frühestens Ende 1977 die Universität verlassen. Um als Psychotherapeut *tätig* zu werden, müßten sie dann noch eine Spezialausbildung machen, die dann etwa derjenigen eines Facharztes auf einem der übrigen medizinischen Fachgebiete vergleichbar wäre.

Es gibt eine nicht geringe Anzahl von Ärzten, die für sich in Anspruch nehmen, aufgrund der im Verlauf ihrer langjährigen Tätigkeit als »Nebenprodukt« abfallenden allgemeinen Menschenkenntnis die Psychotherapie so nebenher mit betreiben zu können (»ein guter Arzt kann das eben von selbst«). Die betreffenden Kollegen halten oft eine besondere psychotherapeutische Ausbildung, die gar mit einer Eigenanalyse verbunden ist, nicht nur für entbehrlich, sondern sogar für schädlich. Ohne leugnen zu wollen, daß es als seltene Ausnahmeerscheinungen auch einmal »angeborene« Psychotherapeuten geben kann, wie es »angeborene« Chirurgen geben kann (z. B. Sanitätsfeldwebel, die im Kriege mit operiert haben und nach dem Kriege lange Zeit oft mit besten Erfolgen chirurgisch als »Ärzte« tätig gewesen sind), ist es jedoch eher wahrscheinlich, daß sich in dem Anspruch dieser Ärzte eine in diesem Berufsstand besonders verbreitete Selbstüberschätzung äußert. Weil der Arzt es mit Hilflosen und Abhängigen, nämlich Kranken zu tun hat, ist auch die Versuchung für ihn besonders groß, derartige Überlegenheits- und Allmachtshaltungen zu entwickeln. Dabei kommt ihm die Rollenerwartung, die viele seiner Patienten ihm gegenüber haben, nämlich daß sie ihn als überragende, unfehlbare Heilspersönlichkeit sehen wollen, sehr entgegen.

Wir können hier erneut das schon einmal erörterte gruppendynamische Phänomen erkennen, daß eine Änderung in der Einstellung solcher Ärzte im Sinne eines besseren psychischen Verständnisses für ihre Patienten nicht von den

Ärzten allein ausgehen kann, sondern daß sich auch die Einstellung der Patienten verändern muß. Erst wenn Letztere sich in ihrer Mehrzahl nicht mehr mit ihrer infantilen Rolle zufrieden geben, die sie häufig dem als väterlich überlegen empfundenen Arzt gegenüber spielen, sondern bereit sind, diese Rolle in Frage zu stellen und zu ändern, kann sich auch das Verhalten dieser Kategorie von Ärzten ändern. Vorerst werden, um es anders auszudrücken, von einer größeren Anzahl von Patienten noch Ärzte gebraucht, in denen man magische Fähigkeiten vermuten kann. Dem psychotherapeutischen Arzt, wie auch dem Psychologen als jemandem, der über die Geheimnisse der Seele Bescheid weiß, werden naturgemäß in besonderem Maße derartige magische Heilserwartungen entgegen gebracht. Es ist dann oft eine große Enttäuschung für die betreffenden Patienten, wenn sie in einer Analyse mit den persönlichen infantilen Wurzeln solcher Erwartungen konfrontiert werden und genötigt werden, sich sachlich kraft ihres bewußten Verstandes kritisch damit auseinander zu setzen, um somit an die in ihnen selbst liegenden Kräfte der Persönlichkeit, der Selbstentfaltung, der Reifung und der Heilung heran zu kommen.

Mit der eben eingefügten Ergänzung sollte versucht werden, zu erklären, daß und warum es u. a. noch längere Zeit dauern dürfte, bis bewährte psychotherapeutische Erfahrungen und psychologisch-wissenschaftliche Erkenntnisse zum Wohle der Kranken in vollem Umfange in die ärztliche Ausbildung und Praxis Eingang gefunden haben werden.

Ein *vierter* wichtiger Grund für die Schwierigkeit, die Zahl der an Neurosen Leidenden genauer zu bestimmen, liegt darin, daß viele Patienten wegen ihrer neurotischen Symptome gar nicht zum Arzt gehen, da sie entweder einen Makel damit verbunden sehen oder sich gar nicht dessen bewußt werden, daß sie an einer Neurose leiden. Die verbreitete Einstellung der Mitmenschen (»das habe ich auch, da muß man sich eben mit abfinden«) und nicht weniger Ärzte (»Ihnen fehlt nichts, die Untersuchungen haben nichts Krankhaftes ergeben« oder »das ist bloß nervös«) hindert viele Patienten, die an Angstneurosen, Zwangssymptomen, psychogenen Leistungsstörungen oder seelisch bedingten Organbeschwerden leiden, daran, ihr Leiden sich als Krankheit bewußt zu machen und sich in die Behandlung eines Nervenarztes oder Psychotherapeuten zu begeben.

Ein weit verbreitetes Hindernis, das in diesem Zusammenhang wirksam wird, ist das Vorurteil, ein Leiden oder ein Symptom sei »nur eingebildet« und existiere deshalb in Wirklichkeit gar nicht. Man »simuliere« nur. Die Aussage, man bilde sich etwas ein, enthält zwar einen zutreffenden Anteil. Jedoch ist die daraus abgeleitete Folgerung, daß es »deshalb« keine Krankheit sein könne, grundlegend falsch, denn die *Einbildung* ist ja bereits das *Symptom einer tiefgehenden seelischen Störung*, also ein *sicheres Krankheitszeichen.* Das (tendenziöse) Mißverstädnnis beruht darauf, daß ohne weitere Überlegung gefolgert wird, die Einbildung sei durch bewußte Handlungen zustande gekommen, – »*Ich habe* mir etwas eingebildet« – und man müsse dementsprechend auch durch bewußte Willensanstrengung die Einbildung wieder beseitigen können. (Für die als Simulation bezeichnete bewußte Vortäuschung nicht vorhandener Symptome gilt dies ja tatsächlich.) Die Einbildungen des Neurotikers sind jedoch *nicht* Produkte bewußter Willensakte oder anderer bewußter Ich-Funktionen, sondern das Ergebnis vom Bewußtsein und Willen *unabhängiger,* also *unbewußter* seelischer Vorgänge. Sie können deshalb vom Kranken nicht ohne therapeutische Hilfe wieder abgelegt werden.

Die Neurotiker, welche aus den eben angeführten Gründen nicht zum Arzt kommen, landen häufig an anderen Stellen, z.B. in der Sprechstunde des Sozialarbeiters, beim Ehe-, Erziehungs- oder Berufsberater, in der Sprechstunde oder im Beichtstuhl des Pfarrers oder in einer der vielen, häufig extreme ideologische Anschauungen vertretenden Gemeinschaften, Bewegungen und Sekten. Wenn sie Glück haben, werden sie dort auf die zu vermutenden seelischen Krankheitsursachen hingewiesen und man rät ihnen, psychotherapeutische Hilfe in Anspruch zu nehmen. Dies setzt allerdings voraus, daß die betreffenden Sozialarbeiterinnen, Erziehungsberater, Pfarrer usw. selbst über grundlegende Kenntnisse auf diesem Gebiet verfügen. Anderenfalls werden ihre pathologischen Charakterzüge noch fixiert und damit jede Möglichkeit, das Krankhafte zu erkennen und behandeln zu lassen, weiter verringert.

4. Die vielfältigen Äußerungsformen der Neurosen

Wenn ein Laie das Wort Neurose hört, so denkt er vielleicht an auffallende eindeutige Formen dieser Erkrankung, wie Zwangsneurosen mit hochgradigen Waschzwängen, hysterische Anfälle oder allenfalls noch

12 Ausführlichere Darstellungen spezieller neurotischer Krankheitsbilder und Entwicklungen finden sich z. B. in folgenden Büchern und Monographien: P. Kuiper, Die seelischen Krankheiten des Menschen. Bern und Stuttgart 1973. – A. Dührssen, Psychogene Erkrankungen bei Kindern und Jugendlichen. Göttingen 1954. – F. Alexander, Psychosomatische Medizin. Berlin und New York 1971. – W. Bräutigam und P. Christian, Psychosomat. Medizin. Stuttgart 1973. – H. Quint, Über die Zwangsneurose. Göttingen 1971. – P. Hahn, Der Herzinfarkt in psychosomatischer Sicht. Göttingen 1971. – H. E. Richter und D. Beckmann, Herzneurose. Stuttgart 1969. – W. Schwidder, Psychosomatik und Psychotherapie bei Störungen und Erkrankungen des Verdauungstraktes. Documenta Geigy, 7, 1965, 51 ff. – H. Thomä, Anorexia nervosa. Stuttgart 1961.

an übertriebene Ängste vor Spinnen, Mäusen oder Hunden. Er ist sich wahrscheinlich jedoch nicht der Vielzahl möglicher Äußerungsformen neurotischen Krankseins im klaren. Dazu gehören, um ein einigermaßen vollständiges Bild zu geben, folgende wichtige Äußerungsformen:

4.1 Die Neurosen des Kindesalters

Hier finden wir neurotische Eßstörungen, nächtliche Unruhezustände mit Aufschreien, Sich-umherwerfen usw., Nägelknabbern, Haare-ausreißen, Stottern, Stereotypien wie Kopf- und Körperwippen, Einnässen und Einkoten, Fortlaufen und vor allem die große Gruppe der neurotischen Kontaktstörungen, der dadurch bedingten sozialen Einordnungsschwierigkeiten, und der neurotisch bedingten Spiel-, Lern-, Arbeits- und Leistungsstörungen.

4.2 Die Neurosen mit überwiegend psychischen Symptombildungen

Hierzu gehören einmal die das gesamte Verhalten umfassenden, als Charakterneurosen (vgl. S. 83 u. 118) bezeichneten Erkrankungen. Sie treten im subjektiven Erleben des Betroffenen als diffuses Leidensgefühl oder ständiges unterschwelliges Mangelerleben bzw. depressives Lebensgefühl, allgemeines Minderwertigkeitserleben oder als Kontaktstörung in Erscheinung. Häufiger werden sie jedoch gar nicht direkt bewußt registriert, sondern bewirken erst dann Konflikte und damit – sekundären – Leidensdruck, wenn es aufgrund von Leistungsminderungen, sozialem Abstieg und zunehmender Vereinsamung und zu dadurch ausgelösten neurotischen Kompensationen und Ersatzbefriedigungen gekommen ist. Diese Sekundärerscheinungen treten als reaktive Depressionen, nervöse Erschöpfungszustände, psychische Versagungszustände und als pathologische Ersatzbefriedigungs- und Suchthaltungen, vor allem Alkoholismus, aber auch Medikamenten- und Drogenmißbrauch in Erscheinung.

Weiterhin kann auf zahlreiche Monographien und Einzeldarstellungen verwiesen werden, vor allem in folgenden Zeitschriften: Psyche (Klett-Verlag Stuttgart), Z. f. Psychosomat. Medizin und Psychoanalyse (Verlag f. Medizinische Psychologie im Verlag Vandenhoeck & Ruprecht Göttingen und Zürich), Z. f. Psychotherapie und Medizinische Psychologie (Thieme-Verlag Stuttgart), Praxis der Psychotherapie (Lehmann-Verlag, München), Analytische Psychologie (Karger-Verl. Basel u. a.) und Praxis der Kinderpsychologie (Verlag für Medizinische Psychologie im Verlag Vandenhoeck & Ruprecht Göttingen und Zürich).

4.2.1 Neurotische Charakterentwicklungen

Die neurotischen Charakterentwicklungen, die zur Entstehung *sexueller Perversionen*[13] oder zur Bildung *asozialer Verhaltensweisen* – vorwiegend erst durch die sekundären Reaktionen einzelner anderer oder der Gesellschaft – führen, gehören ebenfalls noch in die Gruppe der Charakterneurosen. Sie stehen denjenigen Persönlichkeitstypen sehr nahe oder sind teilweise mit ihnen identisch, welche in der Psychiatrie als *Psychopathen* bezeichnet werden, und für welche von einigen Autoren abnorme ererbte Anlagefaktoren ursächlich verantwortlich gemacht werden[14].

4.2.2 Psychische Symptomneurosen

Weiterhin finden wir in dieser Gruppe die an *Einzelsymptomen* vorwiegend psychischer Art leidenden Patienten, die vorher (s. S. 118) als *psychische Symptomneurosen* bezeichnet wurden. Hierzu gehören die neurotischen Depressionen, die Gruppe der Zwangsneurosen mit ihren Handlungs-, Ordnungs-, Kontroll- und Denkzwängen, ferner die diffusen Angstneurosen und die auf bestimmte Situationen bezogenen Angstzustände (die Ängste in geschlossenen Räumen, z. B. in Fahrstühlen, Verkehrsmitteln, Kinos usw.), die Clausthrophobien, die Ängste beim Betreten eines Platzes oder einer Straße (Agoraphobien), sowie die auf be-

13 Hierzu gehören als wichtigste Formen: Der *Voyeurismus* (sexueller Schautrieb), der sexuelle Grausamkeitstrieb, der sich entweder in der aktiven Form des *Sadismus* oder der passiven, des *Masochismus* oder in einer Verbindung beider Formen (*Sado-Masochismus*) äußern kann. Ferner die (aktive oder passive) männliche und weibliche *Homosexualität*, die sexuelle Neigung, sich durch Anziehen von Kleidungsstücken des anderen Geschlechts in einen Angehörigen des anderen Geschlechts zu verwandeln, der *Transvestitismus* (bei Männern häufiger als bei Frauen vorkommend), der Trieb, sich mit Hilfe einzelner Kleidungsstücke des geliebten Objektes zu befriedigen, der *Fetischismus*, die fast ausschließlich beim Manne vorkommende Neigung, sich durch Entblößen der Geschlechtsteile und des daraufhin einsetzenden Erschreckens eines Angehörigen des anderen Geschlechts zu befriedigen, der *Exhibitionismus*. Weiterhin die Neigung, ausschließlich im sexuellen Verkehr mit Kindern oder Greisen zur Befriedigung zu gelangen (*Pädophilie* und *Gerontophilie*). Schließlich sind noch zu nennen die sexuelle Neigung zur geschlechtlichen Vereinigung mit Tieren, die *Sodomie*, und die geschlechtliche Erregung beim Anlegen oder (und) Betrachten von Bränden, die *Pyromanie*.

14 K. Schneider, Die psychopathischen Persönlichkeiten. Wien [4]1940.

stimmte objektiv meist harmlose Objekte gerichteten Ängste (Angst vor Spinnen, Mäusen, Hunden, Schlangen usw.) Auch die Ängste, ohne jegliche objektive äußere Begründung an bestimmten körperlichen Krankheiten wie Krebs, Syphilis u. a. zu leiden, gehören hierher.

Schließlich seien in dieser Gruppe auch noch die seltener vorkommenden hysterischen Ausnahmezustände genannt, die mit vorübergehend veränderter Bewußtseinslage und späterer Erinnerungslosigkeit an den vorangegangenen Zustand einhergehen, die sog. hysterischen Dämmerzustände.

Als Übergangserscheinungen zu den eigentlichen Psychosen sind noch die hysterischen, reaktiven oder psychogenen Psychosen zu nennen, die oft von den eindeutigen Schizophrenien schwer zu unterscheiden sind, weil sie auch mit Erlebnissen der Ich-Veränderung, mit Sinnestäuschungen und Wahnvorstellungen einhergehen können, und die mit fließenden Übergängen in die Gruppe der schizophrenen Psychosen einmünden[15].

4.3 Neurotische Störungen der Sexualfunktion

Noch überwiegend zu den mehr im psychischen Bereich anzusiedelnden Symptom-Neurosen gehören auch die *krankhaften Störungen der sexuellen Empfindung,* die sexuelle Gefühlskälte der Frau, die Frigidität, und das dadurch bedingte Unvermögen, den sexuellen Höhepunkt (Orgasmus) zu erreichen, die Anorgasmie, sowie die verschiedenen Formen der Potenzminderung des Mannes wie vorzeitiger oder stark verzögerter Samenerguß (Ejakulatio praecox und Ejaculatio retardata), die Verminderung oder Unfähigkeit zum Steifwerden des Penis (Erektive Impotenz), die Herabsetzung oder das Fehlen der sexuellen Begehrlichkeitsgefühle usw. Diese sexuellen Störungen nehmen unter den Symptom-Neurosen jedoch insofern schon eine Sonderstellung ein, als ein Teil von ihnen, wie die Erektionsschwäche des Mannes oder die Scheidenverkrampfung der Frau beim Eindringen des männlichen Gliedes (Vaginismus) bereits mit körperlichen Funktionsstörungen verbunden sind. Sie leiten damit zu den Symptom-Neurosen mit körperlich-funktionellen Störungen über.

15 Es gibt zahlreiche Veröffentlichungen, in denen die Hypothese zu untermauern versucht wird, daß auch bei einer Anzahl eindeutig schizophrener Psychosen grundlegende neurotische Ursachenanteile beteiligt sind.

4.4 Neurosen mit körperlich-funktionellen Störungen

In der nächsten Gruppe finden wir diejenigen neurotischen Erkrankungen, die vorwiegend mit *körperlich-funktionellen Störungen* einhergehen, bei denen also keine bleibenden organischen Gewebsveränderungen nachzuweisen sind. Hierzu gehören neurotische Bewegungsstörungen wie nervöse Ticks (Lidzucken, Schulterzucken o. ä.), neurotische Muskelverspannungen (z. B. Schiefhals, Schreibkrampf), psychogene Gehstörungen und Lähmungen. Es gehören dazu weiterhin die psychogenen Verkrampfungen innerer Hohlorgane, wie Speiseröhren-, Magen-, Darmverkrampfungen sowie Spasmen der Gallengänge, der Harnleiter, der Harnblase und der Harnröhre. Ebenso die zahlreichen extremen Kaliber-Schwankungen (krankhaften Erweiterungen und Verengungen) der Blutgefäße in den verschiedensten Verteilungsgebieten des Blutgefäßsystems. Sie können zu funktionellen Angina-Pectoris-Anfällen führen, wenn sie die Herzkranzarterien betreffen, zu schmerzhaften, mit Sehüberempfindlichkeit und Erbrechen einhergehenden Kopfschmerzen (Migräne) u. v. a. Auch die seelisch bedingten Funktionsstörungen der Verdauungstätigkeit und die mit leichten vorübergehenden Entzündungserscheinungen verbundenen Magen-, Gallen- und Darmneurosen sind hier zu nennen.

4.5 Die psychosomatischen Erkrankungen

In der letzten, ebenfalls noch zu den Symptom-Neurosen gehörenden, allerdings wegen der in gewisser Beziehung tieferen Gestörtheit der Erkrankten, teilweise in den Bereich der Haltungs-(Charakter-)Neurosen übergehenden Gruppe müssen schließlich die *psychosomatischen Erkrankungen* genannt werden[16]. Hier finden wir diejenigen vordergründig als Körperkrankheiten imponierenden Störungen, für welche die psychosomatische Medizin ebenfalls neurotische Ursachen herausgefunden hat. Dies gilt für zahlreiche Fälle von Magen- und Zwölffingerdarmgeschwüren, für die geschwürartige Mastdarmentzündung (Colitis ulcero-

16 Um schwere Formen neurotischen Krankseins handelt es sich bei diesen Erkrankungen deshalb, weil sich die neurotischen Mechanismen, vor allem die Abwehrvorgänge, tiefer in die unbewußten Persönlichkeitsbereiche erstrecken und weiter verzweigt sind als bei den »leichteren« Neurosen. Mitscherlich, Ruffler u. a. haben in diesem Zusammenhang, um die tiefer gehenden Neurosenbildungsvorgänge bei dieser Krankheitsform zu unterstreichen, von zweiphasiger Verdrängung gesprochen.

sa), für zahlreiche Fälle von Asthma bronchiale und für die fast ausschließlich bei jüngeren Mädchen auftretende psychogene Magersucht.

Es gibt darüber hinaus aber noch viele organische Krankheiten, für deren Verursachung in sehr häufigen Einzelfällen neurotische Anteile eine zentrale Rolle spielen: z. B. für die Zuckerkrankheit (Diabetes mellitus), die Schilddrüsenüberfunktion (Hyperthyreose), die Fettsucht, zahlreiche Hauterkrankungen wie Flechten (Ekzeme), Überempfindlichkeitsreaktionen (allergische Rötungen und Blasenbildungen) und sogar für die sehr umfangreiche Gruppe der rheumatischen Erkrankungen, die sich in allen Muskeln, Knochen und Gelenken des Rumpfes einschließlich der Wirbelsäule, des Kopfes und Halses sowie der Gliedmassen manifestieren können.

Um die Häufigkeit neurotischer Krankheiten im Anschluß an diese Aufzählung der verschiedenen Äußerungsformen derselben noch einmal zu unterstreichen, sei hervorgehoben, daß nach Schätzungen erfahrener Internisten und Allgemeinmediziner (Praktischer Ärzte) die Anzahl der ausschließlich seelisch verursachten oder maßgeblich seelisch mit verursachten Erkrankungen bei den täglich in die Sprechstunde kommenden Patienten ihrer Praxis zwischen 30 und 75 % liegt.

5. Die Auswirkungen des Massenphänomens Neurose

Die Auswirkungen, welche die Tatsache, daß mehrere Millionen bundesdeutscher Mitbürger an schweren neurotischen Erkrankungen leiden, auf unser Staatswesen, auf unser Volk und jeden einzelnen Menschen darin hat, müssen von mehreren Aspekten her gesehen werden, damit sie in ihrer vollen und umfassenden Bedeutung erkannt werden können.

a. Am leichtesten läßt sich der Ausfall an Arbeitskraft und dadurch bedingt der Ausfall an potentiellem Volkswirtschaftsvermögen verdeutlichen. Dieser wird dadurch hervorgerufen, daß Millionen Menschen in unserem Staat wegen Neurosen arbeitsunfähig sind oder vorzeitig Renten erhalten müssen, und daß weitere Millionen wegen neurotischer Erkrankungen vermindert arbeitsfähig sind, häufig am Arbeitsplatz fehlen oder nie zu der beruflichen Qualifikation gelangen, die potentiell in ihnen steckt. Die hierdurch entstehenden Milliardenbeträge gehen *weit* über das hinaus, was durch andere Krankheiten wie Kreislaufleiden, Krebs, Tuberkulose, Geschlechtskrankheiten und selbst durch Geisteskrankheiten an Einbuße von volkswirtschaftlichem Potential entsteht. Diese Tatsache ist zwar bekannt, wird aber erstaunlicherweise weitgehend in der Öffentlichkeit verleugnet. In den offiziellen Statistiken erscheinen meistens die vorher (s. S. 133) genannten Scheindiagnosen, die den Leser, in diesem Falle auch leider den Gesundheits- und Sozialpolitiker, nicht erkennen lassen, daß die größte Krankheitsgruppe, die es überhaupt gibt, diejenige der Neurosen ist und sich hinter dem statistischen Material verbirgt. – Es soll und kann aus dem eben Ausgeführten nicht gefolgert werden, daß mit der Erkennung der neurotischen Ursachen zahlreicher konkreter Erkrankungsfälle automatisch schon eine Heilungsgarantie dieser Erkrankungen verbunden wäre. Es gibt auch bei neurotischen Krankheiten, ebenso wie bei solchen aus dem Bereich der inneren Medizin, der Chirurgie und der Frauenheilkunde, einen gewissen Prozentsatz unheilbarer Fälle. Aber es gilt die gleiche Regel wie bei organischen Krankheiten, daß nämlich die Heilungschancen um so besser sind, je früher die Behandlung beginnt. Und hierfür ist die erste Voraussetzung, daß die Neurosen in ihrer Häufigkeit und in ihren unterschiedlichen Erscheinungsformen erst einmal allgemein bekannt geworden sind.

b. Ein weiterer Aspekt, unter dem das Massenphänomen Neurose betrachtet werden muß, ist das ungeheuere Ausmaß an persönlichem Leid, persönlicher Not und persönlichem Elend und die hochgradige Beeinträchtigung des Lebensgefühles, das für jeden einzelnen Neurotiker mit seiner Krankheit verbunden ist. Dies hört sich wie eine Selbstverständlichkeit an. Aber vielleicht ist es doch notwendig, einmal darauf hinzuweisen. Es muß dabei auch realisiert werden, daß eine sehr große Anzahl der neurotisch erkrankten Menschen sich nicht einmal darauf berufen kann, daß sie krank sind, denn sie wissen es gar nicht. Es hat ihnen keiner gesagt, und sie glauben sich für ihr ganzes Leben damit abfinden zu müssen, daß sie bedrückt sind, keinen Kontakt finden, nichts genießen können, kaum etwas leisten können oder ständig unter unerklärlichen Ängsten und Schmerzen zu leiden haben. Es muß an dieser Stelle betont werden, daß dieses Leiden des Neurotikers nicht mit denjenigen seelischen Spannungen in Form von Erregung, Bedrücktheit, Furcht oder Ärger verwechselt werden darf, welche im Verlauf der aus keinem Leben wegzudenkenden alltäglichen Konflikte auftreten, und die keinem Menschen erspart bleiben. Es besteht nämlich heutzutage bei einer größeren Anzahl von Menschen ein solches Mißverständnis gegenüber dem Begriff einer Neurose oder eines seelischen Leidens. Die Informationen und Beeinflussungen, die von bestimmten Massenmedien verbreitet werden, führen dazu, daß bei manchen Menschen ein überhöhter, unrealistischer Anspruch an die Wissenschaft und an den Staat gerichtet wird, ihm, dem Einzelnen, ein von Konfliktspannungen freies, ständig glückliches, reiches und zufriedenes Leben zu »liefern«. Gelegentlich können wir auch an einer solchen »existentiellen Fehlhaltung« das

Fortwirken von Verwöhnungseinflüssen aus der Kindheit der Betreffenden erkennen, die sie daran gehindert haben, sich im Verlauf ihrer persönlichen Entwicklung an die üblichen Belastungen, Forderungen und Härten des Lebens zu gewöhnen und darauf einzustellen. – Diese »verwöhnten Illusionisten« sind aber nicht gemeint, wenn vom persönlichen Leiden der Neurotiker die Rede ist, gemeint ist die Not der wirklich aufgrund ihrer Neurose kranken, behinderten und insuffizienten Menschen.

c. Eine dritte, kaum weniger folgenschwere Auswirkung der Massenerscheinung Neurose ist mehr indirekter Natur. Gemeint ist die *negative Beeinflussung und Prägung der von Neurotikern abhängigen Menschen.*

Dieser negative Einfluß ist besonders schwer erkennbar, da er sich häufig unter dem Deckmantel wohlmeinender und positiver Vorsätze und Handlungen verbirgt. Am besten können wir das bei der Neurotisierung von Kindern neurotischer Mütter oder Väter sehen. In dem Abschnitt über die Weitergabe neurotischer Strukturen von einer Generation auf die andere, die sog. soziale Vererbung (s. S. 112–114) und über die Entstehung von neurotischen Angst- und Schuldgefühlen (s. S. 78–89) konnte gezeigt werden, wie über die Mechanismen der Identifikation und der Anerziehung von Angstreflexen einerseits und (seltener) der Belohnung von »Wohlverhalten« andererseits, ein von den Eltern gewünschtes Verhalten bei den Kindern hervorgerufen wird. Dieses ist dann bei Kindern neurotischer Eltern meist auch ein neurotisches Verhalten. Der neurotisierende, also der für das Kind schädliche Anteil des Elternverhaltens wird häufig unter positiven Wertungsakzenten rationalisiert. Eine überängstliche Mutter ist beispielsweise davon überzeugt, ihrem Kinde etwas besonders Gutes anzutun, wenn sie es ständig warnt, »geh nicht auf die Straße, damit Du nicht überfahren wirst, spiele nicht mit anderen Kindern, die könnten Dich verhauen« usw. Auch im Kind selbst kann allmählich die Überzeugung entstehen, daß es eine besonders gute Mutter hat, da diese ihm alles Böse und Schädliche fern hält. Für den Außenstehenden sieht die geschilderte Situation aber so aus, daß hier bei einem Kind durch das Verhalten seiner Mutter eine Bereitschaft für eine eigene spätere Neurose gelegt worden ist. Es wird wahrscheinlich später selbst neurotische Ängste oder Zwangssymptome entwickeln und dadurch an seiner Selbstwerdung behindert werden und leiden.

Die Förderung neurotischen Verhaltens beim Kind durch eine neurotische Mutter oder einen neurotischen Vater ist zwar besonders eindeutig und auch besonders stark prägend, da sie bereits in der charakterbildenden Phase einsetzt. Aber es ist nicht das einzige Beispiel möglicher Neurotisierung anderer durch Neurotiker. Die Charakterbildung des

Menschen ist zwar in ihren wesentlichsten Merkmalen mit dem Ende des fünften Lebensjahres abgeschlossen. Das, was auf die weitere Persönlichkeitsentwicklung in der Zeitspanne danach einwirkt, ist aber keineswegs gleichgültig. Bei der sehr großen Zahl der im Verlauf ihrer Frühkindentwicklung in leichtem bis mittlerem Ausmaß neurotisch gehemmten Kindern können die neurotischen Fehlhaltungen in der weiteren Entwicklung entweder verstärkt und fixiert werden, oder es kommt zu einer Auflockerung des neurotischen Verhaltensgefüges, was mit der Möglichkeit zu partiellen Nachentwicklungen und Nachreifungen verbunden sein kann. Ein solches Ergebnis kann dann eintreten, wenn ein neurotisiertes Kind aus seiner familiären Primärgruppe heraustritt und in den gesünderen und damit entwicklungsfördernden und »entneurotisierenden« Einflußbereich einer Sekundärgruppe, zum Beispiel eines Kindergartens oder einer Schulklasse gelangt[17].

Es kommt auch umgekehrt vor, daß ein nur wenig in neurotischem Ausmaß gehemmtes Kind unter dem Einfluß eines stark neurotischen Schulmilieus oder Lehrers seine neurotischen Verhaltensweisen verstärkt. Diese Erfahrung weist darauf hin, daß der heranwachsende und auch bereits erwachsene Mensch durch die Einflüsse eines neurotisierenden Sekundärgruppen-Milieus oder durch einen neurotischen Vorgesetzten noch in erheblichem Ausmaß zusätzlich seelisch behindert und geschädigt werden kann. Die Abhängigkeitsverhältnisse des Erwachsenen in Sekundärgruppen sind zwar nicht mehr so stark und unmittelbar wie diejenigen des Kindes in der Familie. Sie sind aber noch stark genug – nicht zuletzt wegen eines erheblichen Ausmaßes verbliebener unbewußter infantiler Abhängigkeitswünsche sehr vieler Erwachsener – um darunter erhebliche Verstärkungen neurotischer Charakterhaltungen und nicht selten auch den Ausbruch neurotischer Krankheitssymptome hervorzurufen[18].

17 Dieses Ergebnis kann auch dann eintreten, wenn das seelische Klima der Primärgruppe, also der Familie, gesünder wird. Es kommt oft vor, daß unter der psychotherapeutischen Behandlung einer Mutter oder eines Vaters spontane Besserungen neurotischen Verhaltens oder sogar von Symptomen ihrer Kinder berichtet werden, so daß der Junge plötzlich nicht mehr stottert oder nachts nicht mehr einnäßt.

18 A. Mitscherlich weist in einem Aufsatz über die Äußerungsformen der menschlichen Aggressivität im Alltagsleben darauf hin, daß wir über die Beeinflussungsmöglichkeiten des menschlichen Charakters nach Abschluß der relativ gut erforschten Frühkindentwicklung noch recht wenig sagen könnten. »Wir sind etwa nicht in der Lage«, so führt er aus, »generell die Auswirkungen eines forcierten militärischen Trainings auf die Persönlichkeit dessen, der einem

Je einflußreicher nun ein neurotischer Erwachsener ist, je ausgedehnter sein Einflußbereich ist, innerhalb dessen seine Arbeitnehmer, Untergebenen, Kranken oder ideologisch, weltanschaulich und religiös ihm Unterstehenden von ihm abhängig sind, desto stärker macht sich sein neurotisierender Einfluß auf die in seinem Verantwortungs- (und Macht-) Bereich stehenden Menschen bemerkbar, und eine um so größere Anzahl von Menschen wird davon betroffen. Je autoritärer und diktatorischer das System ist, in welchem die beruflich, wirtschaftlich oder ideologisch Abhängigen dem neurotischen Leiter unterstellt sind, desto katastrophaler wird sich sein neurotisierender Einfluß geltend machen. Daß ein solcher neurotisierender Einfluß sich durch einen einzelnen Diktator auf die große Masse eines ganzen Volkes richten konnte, haben uns die Jahre von 1933–45 gelehrt, in denen Millionen Menschen unter dem Einfluß des Neurotikers Hitler neurotische Massenideologien von der Höherwertigkeit nordischer (sprich deutscher) Rassenangehöriger gegenüber Menschen, die anderen Rassen angehören, angenommen haben, damit selbst ihre eigene Charakterneurose verstärkt haben und sowohl dieselben Verbrechen begehen mußten und dieselben kollektiven Folgen tragen mußten, die nach dem objektiv voraussehbaren Zusammenbruch eintraten, wie der neurotische Führer es hätte tun müssen, wenn er nicht im Augenblick des realen Scheiterns Selbstmord begangen hätte.

Das erwähnte Extrembeispiel zeigt auch noch einen weiteren Zusammenhang auf, der schon in kleineren sozialen, wirtschaftlichen, politischen oder weltanschaulichen Gruppierungen wirksam wird, nämlich die ungewollte Mitbeteiligung charakterlich widerstandsfähiger, seelisch gesunder, nicht neurotischer Menschen an den Auswirkungen der Handlungen und Meinungsbildungen neurotischer Machthaber. Während die latent Neurotischen unter dem Einfluß eines neurotisch bestimmten Betriebsklimas ihre neurotischen Strukturen verstärken, müssen die Gesunden in einem solchen Betrieb sich einem verstärkten Druck aussetzen und *real* darunter leiden. Dies kann auch bei seelisch als gesund zu bezeichnenden Menschen dazu führen, daß sie in einen Zustand von Stress, Miß-

solchen Training unterworfen wird, zu beurteilen.« Er erwähnt in diesem Zusammenhang den im »New Yorker« veröffentlichten Bericht über einen amerikanischen Fallschirmjäger, der im Zweiten Weltkrieg ausgebildet worden war. Das System dieser Ausbildung habe darin bestanden, ihn »an eigenes Leiden und an das Leiden anderer« zu gewöhnen. Es habe dazu geführt, daß dieser Mann »ohne Beziehung auf irgendeine Ideologie zu einer Mordmaschine gemacht wurde, die keine Fragen stellt«. Vgl. Aggression – Annäherung an das Thema vom Alltag her. In: Die Idee des Friedens und die menschliche Aggressivität. Frankfurt/Main 1969. S. 7–36.

vergnügen, Ärger und Arbeitsunlust geraten. Man kann dem nicht einfach entgegenhalten, daß sich solche gesunden Arbeitnehmer, die aufgrund unsinniger, von einem Neurotiker geschaffener Arbeitsbedingungen doch einen anderen Arbeitsplatz suchen könnten. Die realen Abhängigkeiten und andere Gegebenheiten sind bei vielen Arbeitnehmern, besonders älteren so intensiv, daß ein Wechsel des Arbeitsverhältnisses nicht möglich ist, ohne echte Risiken einzugehen.

Hinzuzufügen ist noch, daß der neurotisierende Einfluß eines neurotischen Machthabers oder Funktionsträgers gegenüber den von ihm Abhängigen um so größer ist, je kleiner die Funktionsgruppe ist, und je abgeschlossener sie nach außen hin ist. Er macht sich deshalb, z. B. in einer Dorfschulklasse, auf der Lehrstelle eines Kleinbetriebes in ländlicher Gegend, in der Abgeschlossenheit der Diaspora einer kleinen religiösen oder weltanschaulichen Minderheitengruppe am stärksten bemerkbar. Er wird um so geringer, je größer und durchlässiger für Einflüsse von außen die betreffende Gruppe wird.

6. Kulturpsychologische und soziologische Ursachen für das massenhafte Auftreten von Neurosen

Im vorigen Abschnitt wurde darzustellen versucht, daß und in welcher Weise durch Neurotiker wiederum neue Neurotiker »gebildet« werden können. Es könnte danach so aussehen, als würde die Ausbreitung der Neurosen wie eine Infektion ausschließlich über einzelne Menschen erfolgen, also über Eltern oder Elternersatzfiguren wie Lehrer, Chefs, Pfarrer, Ärzte, Offiziere, Parteifunktionäre und andere Personen, zu denen der Erwachsene unserer Gesellschaft in eine Abhängigkeitsbeziehung gerät. Dem ist jedoch keineswegs so. Um ein umfassenderes Verständnis für die Neurosen als Massenphänomen unserer Zeit und unserer Gesellschaft zu gewinnen, muß die Ebene der Beeinflussung einzelner Menschen durch einzelne andere Menschen verlassen werden und müssen zusätzlich zwei weitere Breiche beschritten werden, die untereinander zahlreiche Zusammenhänge erkennen lassen, wie sie andererseits auch mit der bereits dargestellten Ebene der persönlichen gegenseitigen Beeinflussung eng zusammenhängen. Es handelt sich einmal um den in unserer gegenwärtigen Gesellschaft, Kultur bzw. Zivilisation erkennbaren Bereich der Institutionen und der innerhalb dieser vertretenen *offiziellen* rechtlichen und moralischen Ordnungen sowie die – häufig nicht formal festgelegten *inoffiziellen,* aber deshalb keineswegs in ihrer Wirksamkeit weniger bedeutsamen – Wertnormen und deren neurotisierende Wirkung auf den einzelnen Menschen.

Zum zweiten handelt es sich um den kulturpsychologischen Bereich, der über die im ersten Bereich erfaßte Gegenwartssituation sowohl in die Vergangenheit als auch in die Zukunft hinausweist und deshalb gleichzeitig ein historischer Bereich ist. Innerhalb des letztgenannten Bereiches soll versucht werden, einige der in unserer Gesellschaft erkennbar werdenden historischen Wirkungskräfte, soweit sie mit psychologischen Mitteln erfaßbar und beschreibbar sind, aus ihren historischen Anfängen und Entwicklungen her abzuleiten und ihre aus der bisherigen Entwicklung her zu vermutenden, auf die Zukunft gerichteten Tendenzen aufzuzeigen.

6.1 Die (neurotisierende) Wirkung von Institutionen und Wertnormen unserer Gesellschaft auf den Einzelnen

Bei der Betrachtung unserer politischen, sozialen und ökonomischen Situation können wir im Vergleich zu früheren Zeiten unschwer erkennen, daß die Bedeutung einzelner Menschen gegenüber der Bedeutung von Institutionen, Organisationen und Systemen immer mehr zurückgetreten ist. Der Unternehmer X, der Spitzenfunktionär Y oder der Länderkultusminister Z können nach außen hin noch so viel persönliche Autorität und Macht verkörpern, in Wirklichhkeit aber sind sie alle wie nie zuvor den offiziellen und wahrscheinlich noch stärker den inoffiziellen Zwängen in Form ökonomischer Gesetzmäßigkeiten und ideologischer wie moralischer Festlegungen unterworfen, die in allen Bereichen des öffentlichen Lebens ihren Niederschlag finden. Neid, Vaterhaß, Allmachtsprojektionen, Sicherungsbedürfnisse, Schuldgefühle und andere Abkömmlinge infantiler Triebregungen verschleiern dem Besitzlosen und Untergebenen häufig den Blick dafür, in welchem Ausmaß die offiziellen Machthaber ihrerseits Sklaven der gesellschaftlichen Zwänge sind. Infolge solcher Rollenerwartungen unterliegen auch diese selbst noch häufig der illusionären Überschätzung ihrer tatsächlichen Macht und Unabhängigkeit. Trotz solcher gesellschaftlicher Verdrängungsleistungen sind die Anzeichen in der Gesellschaft nicht zu verkennen, die auf eine Bedeutungsverlagerung von einzelnen Menschen auf anonyme Gruppen, Institutionen und Ideologien hinweisen.

6.1.1 Die Institutionen und die in ihnen vertretenen offiziellen Wertnormen

Während die Staatsformen, Verfassungen, Grundgesetze verschiedener Länder, und zwar sowohl sog. kapitalistischer als auch sog. sozialistischer

Prägung, äußerlich eine Fülle von Unterschieden, zum Teil extrem gegensätzlicher Natur erkennen lassen, zeigt eine nähere Betrachtung, daß die den unterschiedlichen Staatsformen zugrundeliegenden offiziellen Wertnormen eine an einem *zunehmend ähnlich werdenden Menschenbild* orientierte Konvergenz deutlich machen. Alle Staatsformen gehen davon aus, daß die sog. *Grundrechte* des Menschen zum Ausgangspunkt jeglicher politischer und rechtlicher Ordnung gemacht werden müssen. Darunter wird verstanden das Recht zur freien Entfaltung der Persönlichkeit, zur Befriedigung der persönlichen Grundbedürfnisse und zur Erreichung eines befriedigenden Lebensstandards sowie einer ausreichenden sozialen Sicherstellung im Fall der Arbeitslosigkeit, Invalidität und im Alter. Auch das Recht auf Bildung, freie Meinungsäußerung und freie Berufswahl gehört zu den offiziellen Grundrechten aller zivilisierten Staaten.

Im Gegensatz zu den *Rechten,* welche jedem Staatsbürger offiziell bescheinigt werden und damit zu einem uneingeschränkten *positiven Wert* gemacht werden, zeigen die *Pflichten,* welche den Bürgern von Staaten unterschiedlicher politischer Struktur und Verfassung auferlegt werden, teils zwar auch Gemeinsamkeiten, aber in vielen Bereichen auch echte Unterschiede. Letztere beruhen darauf, daß in den politisch-sozialen Auffassungen, welche den Verfassungen zugrundeliegen, unterschiedliche Voraussetzungen angenommen werden, von denen her die gemeinsam anerkannten menschlichen Grundrechte innerhalb eines staatlichen Gemeinwesens am besten verwirklicht werden können. Naturgemäß bewirken die staatsbürgerlichen Pflichten immer eine Einschränkung der persönlichen Freiheiten, psychoanalytisch gesprochen, eine Beschränkung der Befriedigungsmöglichkeiten persönlicher Triebwünsche des einzelnen Menschen. Sie sind somit Bestandteile des Realitätsprinzips, mit dem sich der einzelne mittels seiner Ich-Funktionen auseinandersetzen muß. Vordergründig scheinen die dem Bürger eines sozialistischen Staates auferlegten Pflichten (Repressionen) vielfältiger und intensiver zu sein als die dem Bürger eines kapitalistischen Staates auferlegten. Der stärkere offizielle Eingriff des sozialistischen Staates in das Wirtschafts-, Bildungs- und Kulturleben behindert naturgemäß die persönlichen Entfaltungsmöglichkeiten, die dem Bürger eines kapitalistischen Staates offiziell zugebilligt werden. Letzterer kann sich offiziell in freier wirtschaftlicher und beruflicher Konkurrenz entfalten, und er wird in seiner Geistesbildung und seiner kulturellen und wissenschaftlichen Wirksamkeit offiziell nicht durch eine ihn verpflichtende Staatsideologie behindert.

Es wird im Folgenden zu untersuchen sein, ob die eben erwähnten Behinderungen in der persönlichen Entfaltung des einzelnen Menschen durch staatliche Eingriffe tatsächlich die für eine Neurotisierung entscheidenden sind, oder ob andere gesellschaftliche Einflüsse, die in kapitalistischen Ländern genauso häufig oder sogar häufiger vorkommen, in gleicher Weise oder sogar noch stärker neurotisierend wirken können. Bei der späteren Darstellung der in unserer Gesellschaft wirksamen inoffiziellen Wertnormen werden wir erneut auf diese Frage zurückkommen[19]. – Es muß hinzugefügt werden, daß die internationale politische Entwicklung deutlich eine Tendenz erkennen läßt, welche zu einer allmählichen Verringerung der Unterschiede in den Pflichten von Bürgern sozialistischer Staaten (jedenfalls denjenigen sowjetrussischer Prägung) und denen in kapitalistischen Staaten führen: Einige der bisherigen persönlichen Freiheiten von Bürgern kapitalistischer Staaten werden durch verstärkte staatliche Eingriffe im Dienste der sozialen Sicherung des einzelnen, einer verstärkten staatlichen Kontrolle der Wirtschaft, des Bildungs- und des Gesundheitswesens verringert, während sich andererseits in den sozialistischen Ländern Ansätze zu einer Verringerung der dem einzelnen Bürger auferlegten staatlichen Beschränkungen bemerkbar machen.

Es würde zu falschen Schlüssen führen, wenn das in der Auffassung der offizielen Öffentlichkeit unseres Staates zugrunde gelegte Menschenbild mit der Darstellung der in der Grundordnung verankerten Menschenrechte und der in unserem Staat verhältnismäßig geringen offiziellen staatsbürgerlichen Pflichten und Einschränkungen als abgeschlossen und vollständig bezeichnet werden würde. Vielmehr bedarf dieses Menschenbild wesentlicher Ergänzungen durch eine Darstellung der Wert- und Verhaltensnormen, wie sie in der offiziellen, durch die Erziehung und Kirche vermittelten und im Recht verankerten Moral erkennbar wird. Die für uns gültigen, in diesen Bereichen sichtbar werdenden Wertnormen sind zwar in vieler Hinsicht mit den Menschenrechtsgrundlagen verflochten, auf welchen die staatliche Verfassung basiert; sie erhalten ihre Wirksamkeit jedoch in weiten Bereichen unabhängig von den in den Staatsbürgerpflichten verankerten moralischen Grundsätzen und haben demzufolge in unserem Staat eine weitaus größere Bedeutung als in den sozialistischen Staaten, in denen alle Wertnormen auf

19 Aufschlußreich wäre in diesem Zusammenhang eine Gegenüberstellung der Anzahl neurotischer Erkrankungen in kapitalistischen und sozialistischen Staaten. Eine solche ist aber zur Zeit nicht realisierbar, da die Verschleierung der Neurosenhäufigkeit in sozialistischen Ländern noch ausgeprägter ist, als es für unseren Staat früher schon dargestellt wurde (s. S. 133–136).

der Staatsideologie basieren und es außerhalb davon keine weiteren, jedenfalls keine weiteren offiziellen gibt.

Die Erziehung unserer Kinder in der Familie, in den Schulen und in den beruflichen Lehr- und Ausbildungsstätten folgt im wesentlichen den Ideal- und Moralvorstellungen christlich-humanistischer Herkunft. Dazu gehört die Forderung, den anderen Menschen zu achten, mit Hilfe des Willens die Triebe zu beherrschen, die Vorherrschaft des logischen Verstandes gegenüber den Gefühlen, die Vorstellung von der Beherrschung des Körpers durch den Geist und die Hochachtung vor den Produkten des menschlichen Geistes, insbesondere der Wissenschaft und der Kunst. Dazu gehört weiterhin der Gehorsam gegenüber dem Vater als Familienoberhaupt sowie allen Abkömmlingen des patriarchalischen Prinzips, sei es nun der Lehrer, Polizist, Pfarrer, Chef oder – was, wie bereits erwähnt, in zunehmendem Maße bedeutsam gewordem ist – die institutionalisierte Repräsentanz des Vaters als Behörde, Gewerkschaft, Militär, Kirche, Staat, als Obrigkeit schlechthin.

Es gehört weiterhin dazu ein Frauenbild als potentieller Ehe- und Hausfrau und Mutter und eine mit dem Vergangenen eng verknüpfte sittliche Vorstellung von der Lenkung der sexuellen Triebe. Letztere dürfen angst- und schuldfrei nur in der monogamen, bis zum Tode verpflichtenden ehelichen Bindung gelebt werden. Anderweitige heterosexuelle Handlungen werden allenfalls als in Einzelfällen entschuldbare voreheliche Lernerfahrungen oder unvermeidbare Entlastungshandlungen von unverschuldet nicht verehelichten Personen toleriert. Nicht toleriert werden hingegen von der öffentlichen Moral alle sexuellen Handlungen, die nach den psychoanalytischen Erkenntnissen Freuds als Abkömmlinge frühkindlicher Vorformen der heterosexuellen Triebausrichtung zu verstehen sind. Dementsprechend werden sexuelle Äußerungen und Handlungen autoerotischer und narzißtischer Art, masochistische und sadistische, sowie gleichgeschlechtliche Partnerschaftsbeziehungen moralisch verurteilt, als minderwertig bezeichnet und von der Kirche mit der Auferlegung von Schuld belastet.

Die ebenfalls von der christlichen Moralvorstellung herrührende Verleugnung von Besitzwünschen und die daraus resultierenden Forderungen nach Genügsamkeit, Bescheidenheit und Opferbereitschaft haben in der heutigen Konsumgesellschaft gegenüber den später zu erörternden, diesen offiziellen Normen entgegenstehenden inoffiziellen Wertsetzungen an Wirksamkeit verloren, spielen aber dessenungeachtet bei der Internalisierung durch die Umwelt vermittelter Normen im Über-Ich des Kindes weiterhin eine wichtige Rolle.

Im Bereich des Macht- und Geltungsstrebens und der eng damit zusammenhängenden aggressiven Triebe standen bei der Bildung der offiziellen moralischen Normen in Deutschland seit Jahrhunderten die christlichen Ideale mit ihren Forderungen nach Unterdrückung und Verleugnung jeglicher aggressiver Regungen oder gar Handlungen im Widerstreit mit dem deutschen Nationalstolz und den damit zusammenhängenden, vom Soldaten- und deutschen Mannestum abgeleiteten »Tugenden«. Dies führte zu einer merkwürdigen Zwiespältigkeit in den diesem Bereich zugehörigen Handlungen und ihrer moralischen Bewertung. Vom deutschen Bundesbürger, insbesondere dem Mann, wird einerseits erwartet, daß er selbstbewußt und tüchtig ist, daß er sich durchsetzt und keine Schlappe einsteckt, andererseits wird er in dem Bestreben, diese Norm zu erfüllen, durch die ebenfalls gültige Norm behindert, die besagt, daß er bescheiden sein soll, und daß er sich den Vätern und den institutionalisierten Vater-Repräsentanten gehorsam unterwerfen soll.

Beim Gewahrwerden der eben zusammengefaßten, in unserer heutigen Gesellschaft gültigen offiziellen Wertnormen wird den meisten Lesern bewußt geworden sein, in welcher Wandlung diese offiziell vertretenen Normen in den letzten Jahrzehnten begriffen sind. Diese Wandlung läßt sich in den verschiedensten Bereichen deutlich machen: Sei es in der Abnahme der Einwirkungsmöglichkeiten der Kirchen auf die öffentliche Moral und die Gewissensbildung des Einzelnen (direkt oder über die Familie), sei es in der Durchsetzung bisher stärker tabuierter Verhaltensweisen (z. B. der Homosexualität, die unter erwachsenen Männern nicht mehr wie früher bestraft wird, oder der toleranteren Einstellung gegenüber vor- und außerehelichen sexuellen Beziehungen oder gegenüber einem Wechsel des sexuellen Partners). Dieser Wandel in den offiziellen moralischen Normen, der sich auch in einer Abnahme der repressiv wirkenden Autorität der Väter und Vater-Repräsentanten bemerkbar macht, und zu echten Auflehnungen der Jüngeren und der Abhängigen geführt hat, ist nicht zuletzt auf die zunehmende Wirksamkeit der im Folgenden darzustellenden, inoffiziell in unserer Gesellschaft wirkenden Normen zurückzuführen.

6. 1. 2 Die »inoffiziellen« in unserer Gesellschaft wirksamen Wertungs- und Handlungsnormen

Bei dem Versuch zu ergründen, welche bewußten oder (noch häufiger) unbewußten Norm- und Wertvorstellungen (Idealvorstellungen) viele heutige Menschen in ihrem privaten und öffentlichen Handeln leiten, stoßen wir zunächst häufig auf die Vokabel »modern« oder »der moderne Mensch« oder »der Mensch unserer Zeit«. Hinter der Verschwommenheit dieser Bezeichnung zeigen sich dann bei näherer Betrachtung präzisere Vorstellungen und Ideale. Diese konvergieren in den Begriffen von Leistung und Erfolg, von Wissenschaftsgläubigkeit, Gesundheit und Normalität, Jugendlichkeit und Schönheit, Männlichkeit des heutigen Mannes und Weiblichkeit der heutigen Frau.

Das Anwachsen und Überhandnehmen des Leistungs- und Erfolgsprinzips in unserem heutigen Leben verdankt seine Ursache einleuchtenden psychologischen und kulturellen Zusammenhängen und Entwicklungen: Einmal ermöglichen zunehmende Spezialisierung und Technisierung der Arbeits- und Produktionsprozesse Ausmaße von Leistungen und Erfolgen, die vorher niemals möglich waren. Zum anderen handelt es sich beim Leistungs- und Erfolgsstreben des Menschen um Formen der Abänderung primärer (aggressiver und sadistischer) Triebregungen, die im menschlichen Zusammenleben nicht zu unmittelbaren Konflikten mit anderen Menschen führen, und die eine soziale Anerkennung genießen. Psychoanalytisch gesprochen: Das Verfolgen des Leistungsprinzips stellt eine erfolgreiche Abwehrform gegenüber den konflikthafteren Äußerungen der primären aggressiven und sadistischen Triebe dar.

Das Leistungs- und Erfolgsprinzip ist vom frühesten Kindesalter an gültig. Mütter sind besonders angesehen, deren Kinder frühzeitig sauber sind. Kinder werden besonders bestätigt, wenn sie schon vor dem Schuleintritt einige Buchstaben kennen, und wenn sie in der Schule möglichst viel leisten. Das Ansehen von Zwölf- bis Sechzehnjährigen ist unter Gleichaltrigen besonders groß, wenn sie Höchstleistungen im Sport aufweisen. Wer im Beruf – gleichgültig ob manueller, geistiger oder auch künstlerischer (besonders interpretativer Art) etwas Besonderes leistet, ist der Achtung und Wertschätzung seiner Verwandten und Bekannten gewiß. Wer es zu einer geachteten Stellung, zu einem Titel, einem Haus, einem repräsentativen Auto, oder aber auch zur Anerkennung in der Öffentlichkeit gebracht hat, so daß sein Name oder die von ihm hergestellte Ware in Massenmedien erscheint, wer in aller Munde ist, wessen Schlager millionenfach auf Schallplatten gepreßt werden, wessen Skandalgeschichten die Klatschspalten der Zeitungen füllen, der kann sich als Repräsentant der Leistungsgesellschaft fühlen.

Das moderne Leistungsideal ist auch in einen Bereich eingedrungen, der ursprünglich mit Lust und nichts mit Leistung zu tun hat, nämlich in den Bereich des Sexualverhaltens. Viele Männer orientieren sich unwillkürlich in ihrer Vorstellung an einem Ideal, nach welchem nur derjenige als männlich, normal oder gesund gelten kann, der auf dem Gebiet der Sexualität eine bestimmte »Leistung« erbringt, z. B. jeden Tag fünfmal oder mehr einen Orgasmus »zustande bringt«. Auch viele Frauen unserer Tage erleben den Orgasmus und die Überwindung einer drohenden Frigidität (Gefühlskälte) als eine zu erbringende Leistung. In diesem Gebiet wird besonders deutlich, welche repressive und neurotisierende Wirkung ein übersteigertes und unpassendes Leistungsideal haben kann. Es führt allzu leicht zu einer Behinderung der zu einem normalen und befriedigenden sexuellen Geschehen notwendigen Gefühlserlebnisse und anderweitigen Emotionen, Vorgänge und Funktionen.

Derjenige in unserer Gesellschaft, der nicht genügend Leistung und Erfolg erbringt, entwickelt unwillkürlich Minderwertigkeits- und Schuldgefühle den Mitmenschen gegenüber. Und – was noch schlimmer ist – er fürchtet, von den anderen, d. h. vom Ehepartner, von den Eltern, von den Kindern, von den Freunden, von den Vorgesetzten, Mitarbeitern und Untergebenen nicht mehr »geliebt« zu werden. Denn die am Anfang in der Kindheit stehende Drohung »wenn Du nicht genügend leistest, habe ich Dich nicht mehr lieb«, wird auch auf das Leistungsverhalten im Erwachsenenalter übertragen. Nicht genug Leistung erbringen, erleben viele Menschen gleichbedeutend mit nicht mehr geliebt werden, als Versager abgestempelt werden, ausgestoßen werden und isoliert werden. Depressionen und Gefühle existentieller Bedrohung können dadurch mobilisiert werden. Es zeigt sich in diesem Zusammenhang, daß die Überbetonung des Leistungsprinzips zu einer verhängnisvollen Verwechslung sowohl bei denen, die Leistung vom anderen fordern, als auch bei denen, die sie erbringen (oder eben nicht erbringen) geführt hat: Nämlich die Gleichsetzung von Liebe im Sinne der positiven Gefühlszuwendung dem anderen gegenüber, weil er so ist, wie er ist, unabhängig von Leistung oder Nicht-Leistung, und Anerkennung und Achtung wegen einer erwarteten und erbrachten Leistung. Aber für wie viele Menschen ist Anerkennung der eigenen Leistung das einzige Mittel zur Selbstbestätigung, wenn ihnen Liebe niemals entgegengebracht wurde! Und Leistung, um anerkannt zu werden, kann man durch aktives Handeln erbringen, während man, um geliebt zu werden, aktiv kaum etwas tun kann, zumal in denjenigen zahlreichen Fällen, in denen man als kleines Kind nicht die Grunderfahrung gemacht hat, von den Eltern wirklich voraussetzungslos um seiner selbst willen geliebt zu werden.

Eine weitere, eng mit dem Vorherrschen des Leistungsprinzips zusammenhängende Begleiterscheinung ist die *Einseitigkeit* der beruflichen Arbeit und das zeitliche Ausmaß, in welchem diese jeden Tag verrichtet werden muß, im Vergleich zur Freizeit, die dann noch neben dem notwendigen Erholungsschlaf verbleibt. Diese, mit Ausnahme vielleicht von einigen schöpferischen Künstlern, allen Menschen aufgezwungene Einseitigkeit der beruflichen Arbeit, läßt die Vielseitigkeit der Bedürfnisse und Fähigkeiten, besonders zu nennen ist hier die schöpferische Phantasie, die meist schon im Elternhaus und in der Schule systematisch und erfolgreich verschüttet wird, weitgehend verkümmern. Denn um ein sozial anerkanntes Maß an Leistung heute zu erbringen, ist meist ein solcher Grad von beruflicher Spezialisierung notwendig, daß daneben keine Kraft, Zeit und Motivation mehr für anderweitige, weniger einseitige Tätigkeiten verbleibt.

Ähnliches gilt für die gleichzeitige *Verfremdung* der Arbeitsvorgänge in den meisten heutigen Berufen. Viele Arbeiten vermitteln nur noch sekundäre Befriedigungserlebnisse durch die damit erzielte Anerkennung und den damit erzielten Lohn, der wiederum eine Gestaltung der Freizeit ermöglicht, welche gewisse Befriedigungen verschaffen kann. Eine *unmittelbare* (primäre) Befriedigung in der beruflichen Arbeit in der Form, daß das Produkt der eigenen Tätigkeit als Ergebnis persönlicher schöpferischer Kräfte, Ideen und Impulse entsteht, gibt es nur noch in Ausnahmefällen.

Hinzu kommt noch, daß der *Konsumzwang*, ein Abkömmling des Leistungsprinzips, und Letzteres auch in unmittelbarer Form selbst die *Freizeitgestaltung* zahlreicher Menschen ergriffen hat. Sie müssen besonders weite Reisen machen, besonders aufregende Erlebnisse nachweisen, in besonders exclusiven Hotels wohnen, besonders braun gebrannt vom Urlaub zurückkehren oder – die verbreitetste Form des Konsumzwanges – sie lassen sich in ihrer täglichen Freizeit vom Fernsehapparat berieseln und damit auch in der wenigen ihnen zur Verfügung stehenden wirklich freien Zeit weiterhin von der Erschließung wirklich eigener, echte persönliche Befriedigungserlebnisse verschaffenden Handlungen abhalten.

Die unsere Zeit kennzeichnende *Wissenschaftsgläubigkeit*, die als nächste anzuführende inoffizielle Norm, enthält bereits begrifflich eine provozierende Paradoxie und offenbart damit gleichzeitig einen der Versachlichung und der immer stärkeren rationalen Beherrschung allen Geschehens entgegenwirkenden Zug: Während die *Wissenschaft* tatsächlich ganz überwiegend auf Grund emotionsfreier, urteilender Denkleistungen sich entwickelt und auf solchen beruht, zeichnet sich das Phänomen des *Glaubens* gerade durch seine Irrationalität aus. Die Wissenschaft beansprucht, daß man sich von ihren Ergebnissen durch nachvollziehende rationale Urteilsakte überzeugen läßt oder sich damit rational kritisch auseinandersetzt. Die Fähigkeit und das Bedürfnis zum

Glauben haben hingegen ihre psychischen Wurzeln in dem Bedürfnis, sich einer »guten«, d. h. einer dem eigenen Wohl dienenden höheren, erfahreneren, machtvolleren Person oder Instanz vertrauensvoll zu verbinden. Die primären kindlichen Urbilder, welche der Erwachsene als Kind über den Vorgang der Introjektion und Identifikation in seinen Seelenorganismus aufgenommen hat, und welche in den Menschen und Mächten des Erwachsenenlebens als Objekte des Glaubens neu belebt werden, sind letzten Endes die Mutter- und Vater-Imagines (Urbilder). Die Objekte des weiter entwickelten Glaubens des Kindes an eine gute Mutter und an einen guten Vater sind heute in zunehmendem Maße nicht mehr die Religionen und ihre Inhalte, sondern die Wissenschaft, ihre Inhalte und auch ihre Repräsentanten. In der Wissenschaftsgläubigkeit unserer Zeit können wir demnach einmal die im Bewußtsein vordergründige Tendenz erkennen, alles mit dem Verstand zu erklären und zu beherrschen, und andererseits die hintergründige irrationale Tendenz, sich einer höheren Macht kritiklos zu unterwerfen. Die eben behauptete Kritiklosigkeit läßt sich unschwer darin erweisen, welche Wirkungen durch wissenschaftliche »Verpackung« z. B. in der Werbung erzielt werden. Wenn ein Präparat »klinisch getestet« ist, oder wenn ein Forscher im weißen Kittel hinter dem Mikroskop sitzend eine neue Hormoncreme anpreist, ist der Verkaufserfolg dieser Waren von vorn herein gesichert. Die Glaubensbereitschaft an die Wissenschaft ist so intensiv, daß es sich erübrigt, dem Fernsehzuschauer echte wissenschaftliche Fakten vorzulegen, so daß dieser sich aus eigenem Denken ein Urteil über die Wirksamkeit eines Präparates bilden könnte. – Im Namen der Wissenschaft gestatten Menschen irgendwelchen »Assistenten« Zugang zu ihrem intimsten Privatleben oder lassen Experimente über sich ergehen, bei denen sie schmerzhafte Stromstöße erleiden, die bis zur Bewußtlosigkeit führen, ohne zu protestieren. Die Ergebnisse der Wissenschaft zu bewundern oder wissenschaftlich zu argumentieren, sind wichtige Normen unserer Zeit. Die Repression dieses Normenzwanges für den Einzelnen besteht unter anderem darin, daß sein persönliches Handeln und Argumentieren behindert wird, wenn er andere als wissenschaftliche Kriterien benutzt, als Ergebnisse der Wissenschaft vermittelte Handlungsempfehlungen ablehnt oder gar die Unantastbarkeit der Wissenschaft in Frage stellt.

Die folgenden der eingangs dieses Abschnittes aufgezählten inoffiziellen Wertnormen unserer Zeit, nämlich *Gesundheit, Normalität, Jugendlichkeit* und *Schönheit* sollen im Zusammenhang dargestellt werden, da sie enge und vielfältige Beziehungen zueinander aufweisen. Diese vier Kategorien stellen zunächst unbestritten positive Werte dar. Es gibt aber viele Anzeichen dafür, daß eine weit verbreitete Übersteigerung,

Ausweitung und Einseitigkeit dieser vier Werte zu ähnlich repressiven Auswirkungen führen kann, wie wir sie schon beim Leistungsprinzip kennengelernt hatten. Es ist übrigens auch nicht ganz abwegig, den Sinngehalt, welchen diese vier Kategorien in den unbewußten Wertvorstellungen vieler Menschen unserer Zeit angenommen haben, als Abkömmlinge des Leistungsprinzips zu verstehen.

Es ist eine zu erbringende Leistung, gesund, normal, jugendlich und schön zu sein. Man ist ein Versager, wenn man all dies gar nicht ist. Man verliert an Ansehen, wenn man öfter oder gar anhaltend *krank* ist (mit Ausnahme vielleicht derjenigen Unfallfolgekrankheiten – Auto- oder Sportunfälle –, die sogar das Prestige der Betreffenden erhöhen können). Krankheit wird als ein Zeichen von Minderwertigkeit angesehen, da sie ein Übergewicht von anderen als der Leistung und geistigen Erfolgen dienenden Kräften im Menschen offenbaren. Der Kranke gilt als schwach. Sein Gefühlsleben tritt gegenüber seinem Leistungs- und Versachlichungsstreben während der Krankheit stärker hervor. Krankheit macht sogar häßlich, und Häßlichkeit stößt ab, isoliert, ist ein Unwert. Krankheit unterbricht den Strom der Arbeit, sie verringert und verzögert den Erfolg. Der Kranke ist meist hilfloser als der Gesunde und beansprucht mehr Hilfe und Mitgefühl, die oft nur widerwillig gegeben werden. Wenn man gesund ist, verbleibt man im erfolgreichen Strom der Leistungsfähigen und erhält sich die das eigene Selbstwertgefühl bestätigende Anerkennung der anderen.

Ganz ähnlich, aber noch weit stärker und ausgedehnter verhält es sich mit der inoffiziellen Wertnorm der *Normalität*. Über die Relativität dieses Begriffes war früher (s. S. 120–126) schon gesprochen worden. Die Normalität als Wertideal meint hier noch mehr als nur »psychisch normal« bzw. »nicht psychisch krank«. Letztere Form der Anormalität stellt zwar die stärkste Abweichung von der angestrebten Normalität dar, ist somit eine der Extremformen von Nicht-Normalsein. Aber in dem inoffiziellen Wert der Normalität ist vor allem auch enthalten die Vorstellung vom *systemkonformen Normalverhalten*. Dies läßt auch wiederum starke Verknüpfungen mit dem Leistungsprinzip erkennen, wenn auch nicht ausschließlich. Es gehört dazu, wie man seine Wohnung einrichtet, wie man sich kleidet, frisiert, schmückt, wie man eine Party arrangiert, wie man sich auf einer Tagung verhält, über welche Tagesereignisse, Fernseh- und Presseinformationen man Bescheid wissen muß. Natürlich gibt es Varianten des Normalverhaltens, entsprechend den unterschiedlichen sozialen Schichtungen. Aber es hat den Anschein, daß der Konformitätszwang infolge der Wirksamkeit der Massenmedien eine ungleich größere Bedeutung als je zuvor erhalten hat.

Die Nichtkonformen, also die Anormalen, werden als Außenseiter oder Gegner der Gesellschaft abgestempelt, und es wird ihnen im öffentlichen Ansehen ein entsprechender Platz zugewiesen. Die Vielfalt der Bemühungen und der Einfälle, mittels welcher unsere Gesellschaft den vielen Anormalen ihren Platz anweist, macht nochmals wahrscheinlich, daß sie *in ihrer Gesamtheit* die Anormalen braucht, und wahrscheinlich auch, welche Schuldgefühle sie ihnen gegenüber hat: der Geisteskranke hat seinen Platz in der Psychiatrischen Klinik, der Neurotiker gehört auf die Couch des Psychoanalytikers, der Süchtige und Verwahrloste in die Heilstätte oder Fürsorgeeinrichtung, der gesellschaftliche Nicht-Konformist wird je nach seinem Format entweder nur mit dem Gefühl der Überlegenheit bedauert, oder man distanziert sich in journalistischen oder literarischen Produkten von ihm. Er füllt die Klatschspalten entsprechender Journale, oder er wird als Angehöriger einer gesellschaftsfeindlichen Gruppe mit allen Machtmitteln der heutigen Öffentlichkeit bis zum Äußersten bekämpft.

In welchem Ausmaß in unserer Gesellschaft Kranke und Anormale anzutreffen sind, offenbart einmal, daß diejenigen Persönlichkeitskräfte, welche sich den regressiven Gesundheits- und Normalitätsnormen widersetzen, im Steigen begriffen sein müssen. Umgekehrt ist zu vermuten, daß die Überbedeutung, welche die genannten Normideale erlangt haben, auch als Ergebnisse verstärkter kollektiver gesellschaftlicher Abwehrvorgänge verstanden werden können, mittels derer die Gesellschaft unwillkürlich versucht, ihr eigenes Kranksein zu verbergen und das Kranke in ihr auf die Gruppe der Außenseiter zu verschieben.

Die inoffiziellen Wertnormen der *Jugendlichkeit* und *Schönheit* haben sich wahrscheinlich unwillkürlich im gleichen Zusammenhang wie die der Gesundheit und Normalität unter der Vorherrschaft des Leistungs- und Erfolgsprinzips gebildet. Nur wer jung und schön ist, kann auch etwas im Beruf, im öffentlichen Leben und auf sexuellem Gebiet leisten. Deshalb bemühen sich alternde Männer und Frauen stärker als je zuvor, sich jung und fit zu erhalten. Sobald einem das Altwerden angesehen wird, ist man abgeschrieben. Der sechzigjährige Herr X genießt nicht deswegen noch Ansehen, weil er eine originelle Meinung vertritt, sondern weil er sich so gut gehalten hat und noch so schwungvoll und dynamisch wirkt. Während allerdings Männern noch gelegentlich Anerkennung gezollt wird, wenn sie trotz höheren Alters noch sichtbare Leistungen erbringen, Prestige haben und Macht verkörpern und ihre mit dem Älterwerden dahinschwindende jugendliche Schönheit in eine in diesem Falle sogar eine gewisse neue Attraktivität erlangende Seriosität und Markantheit verwandelt werden kann, die das Häßliche des Alterns verklärt, sind die alternden Frauen wesentlich schlechter dran. Da ihre »Leistung« vorwiegend darin gesehen wird, weiblich, d. h. unabdingbar auch jung und schön zu sein, und ihnen nicht im gleichen Maße wie den Männern wertsteigernde Leistungen anderer Art zugebilligt werden – und zwar weder in der Familie noch im öffentlichen Leben – sind sie in noch viel stärkerem Maße als die Männer darauf angewiesen, die inoffiziellen Wertnormen des Jung- und Schönseins so lange wie irgend möglich mit allen Mitteln der Mode, Kosmetik und Hormonchemie bei sich selbst aufrecht zu erhalten.

Jede Kultur und jede Zeit hat ihre eigene Vorstellung von idealer Männlichkeit und Weiblichkeit. Gewisse Anteile der offiziellen, zum Bilde des *heutigen idealen Mannes* gehörenden Eigenschaften, wie das Kraftvolle, Selbstbewußte und Stolze wurden vorher schon erwähnt. Die inoffiziellen Männlichkeitsnormen in unserer heutigen Gesellschaft haben dem gegenüber eher eine noch stärkere Bedeutung. Sie werden durch Comic-Strips, Krimis, Western und vor allem durch die Informationsauswahl und die Art der Informationsvermittlung in den Boulevard-Blättern verbreitet und vom frühesten Kindesalter an von jedem einzelnen aufgenommen. Die Werbung bedient sich mit größtem Erfolg dieser Männlichkeitsnormen und stellt durch ihren Erfolg die Gültigkeit dieser Normen einerseits unter Beweis, wie sie sie andererseits auch ständig verfestigt. Der heutige Mann ist natürlich zu allererst erfolgreich. Er ist aktiv und »dynamisch«, er hat Selbstvertrauen. Er gehört mindestens dem gehobenen Teil der mittleren Gesellschaftsschicht an. Er hat keine Angst vor Rivalen und ist ihnen grundsätzlich überlegen. Notfalls bringt er sie mit einem Machtwort oder Kinnhaken zur Raison. In der Regel ist er aber so überlegen, daß er Gewaltmaßnahmen gar nicht nötig hat. Während er auch auf sexuellem Gebiet ein Höchstmaß an Leistungen ohne Mühe vollbringt, und die Frauen um den Finger wickelt, werden differenziertere Gefühlsregungen nicht von ihm erwartet. Sie erscheinen, schon gar wenn sie von Angst, Schwäche, Weichheit oder Weinen begleitet sind, als unpassend. Auch Unbeständigkeit im Beruf gilt als unmännlich (da die beständige Leistung dadurch gefährdet wird). Das Ansehen des Mannes wird gesteigert, wenn er von Attributen des gehobenen Konsums wie exklusiven Autos, Möbeln, Bildern, auch Büchern umgeben ist, wenn er wertvolle Armbanduhren oder Manschettenknöpfe trägt, wenn dies alles noch eine sportliche Note hat, die zum Beispiel durch besondere Hobbies wie Sportfliegerei, Golfspielen oder Hochseefischen (neuerdings auch Fahren von schweren Motorrädern) unterstrichen wird. Er ist ein toller Kerl, bis zu der Grenze, wo es um die Belange der Obrigkeit geht. Wenn es ernst wird, tastet er die Macht und die Gesetze der Letzteren nicht an.

Es gehört sogar zu seinen Pflichtnormen, daß er sich für die Aufrechterhaltung der jeweils gültigen Ordnung tatkräftig einsetzt. Er muß zwar trinkfest sein und große Mengen möglichst exklusiver Getränke zu sich nehmen, darf aber keinesfalls ein verwahrloster Alkoholiker sein. Auch der Politiker, der Wirtschaftsmanager, der Intellektuelle und Forscher, auch der Künstler passen in das Bild der modernen Männlichkeit, wenn sie Erfolg haben und wenn sie eine bedeutende, d. h. mit Macht verbundene Stellung im staats- und wirtschaftskonformen System haben. Gefährdet wird das Prestige der Männer aus diesen Berufsgruppen allerdings dann, wenn sie anfangen, nonkonformistische Meinungen zu vertreten oder Handlungen zu begehen. Dann werden sie leicht zu Außenseitern, zu Anormalen, und damit bröckelt gleichzeitig etwas von ihrer Männlichkeit ab. Denn der richtige Mann ist auch immer normal.

Zur Normalität des heutigen Mannes gehört auch, daß seine Partnerschaft zur Frau – in der monogamen ehelichen Beziehung – beständig ist, daß er ein guter Familienvater und ein verläßlicher Ernährer der Familie ist. Allerdings wird dem Mann in stärkerem Maße als der Frau gestattet, die monogame eheliche Partnerschaft durch Scheidung oder außereheliche Beziehungen vorübergehend oder dauernd zu beenden bzw. zu lockern. Nicht nur die Männer, sondern auch ein großer Teil der Frauen begründen dies mit der – keinesfalls erwiesenen – Behauptung, daß der Mann stärker als die Frau »polygam« veranlagt sei. Dabei spricht mehr dafür, daß es sich in Wirklichkeit um kulturgeschichtlich entstandene Unterschiede in der Bewertung polygamer Neigungen und Aktivitäten handelt und nicht um biologische Gesetzmäßigkeiten.

Daß so viele Frauen sich mit einer solchen Auffassung identifizieren, ist vermutlich darauf zurückzuführen, daß unsere Gesellschaft zur Aufrechterhaltung der monogamen Struktur der Kleinfamilie die eheliche Treue der Frau stärker benötigt als die des Mannes. Denn der Frau werden infolge ihrer Rolle und ihres Engagements in der Kindererziehung und Haushaltsführung integrierendere Funktionen des familiären Lebens auferlegt als dem Manne. Sie muß deshalb – im Interesse der Aufrechterhaltung der monogamen Kleinfamilie – ein strengeres, Monogamie forderndes Über-Ich entwickeln und entsprechende Schuldgefühle beim Bewußtwerden von Bedürfnissen zu außerehelichen sexuellen Beziehungen oder beim Zulassen solcher Beziehungen bekommen als der Mann.

Die *heutige Rolle der Frau* ist in zahlreichen, vorwiegend von Frauen selbst verfaßten Abhandlungen untersucht worden (z. B. Simone de Beauvoir, Das andere Geschlecht, Betty Friedan, Der Weiblichkeitswahn, Esther Vilar, Der dressierte Mann u. a.). In all diesen Untersuchungen kommt einerseits zum Ausdruck, daß viele der dem Weiblichen zugeordneten Verhaltensnormen Übernahmen von Wunsch- und Erwartungsvorstellungen des Mannes der Frau gegenüber durch die Frau selber darstellen, daß es demnach keine primären, aus dem biologischen Wesen der Frau abzuleitenden geschlechtsspezifischen Normen gibt. Warum dies vermutlich so ist, soll noch im folgenden Abschnitt untersucht werden, in welchem auf die kulturpsychologischen Ursprünge unserer heutigen (offiziellen und inoffiziellen) gesellschaftlichen Normen in der Vergangenheit eingegangen wird. Andererseits stimmen die im einzelnen recht unterschiedliche Ergebnisse aufweisenden Untersuchungen der verschiedenen Autorinnen darin überein, daß trotz dieses »sekundären« Rollenverhaltens der heutigen Frau ihr eine geheime und große Macht innewohnt, welche die Frau zum wahren Beherrscher der Familie, des Mannes, der Kinder und dadurch und darüber hinaus mittelbar auch von zahlreichen Vorgängen des gesellschaftlichen und sozialen Zusammenlebens macht.

Wir hatten schon gesehen, daß die speziell von der heutigen Frau geforderte »Leistung« die ist, schön, weiblich, d. h. für den Mann begehrenswert, »attraktiv« zu sein. Ihr inoffizieller Wert ist viel stärker auf ihre Wirkung dem Manne gegenüber angelegt als der des heutigen Mannes hinsichtlich seiner Wirkung auf die Frau. Dem Mann werden auch noch außerhalb seiner Wirkung auf Frauen zahlreiche Werte zugebilligt. Die Frau hingegen muß sich ständig damit auseinandersetzen, daß ihr weibliches Image sofort geringer wird, wenn sie sich auf das Gebiet der beruflichen, wirtschaftlichen und politischen Leistung begibt. Da diese Gebiete als Privilegien des Mannes gelten – die offiziellen Zugeständnisse der Frau gegenüber dürfen nicht über das Weiterbestehen dieser inoffiziellen Wertsetzungen hinwegtäuschen – wird sie also dadurch unwillkürlich »männlicher« und damit weniger weiblich. Trotz der Emanzipation der Frau und ihrer zunehmenden Gleichstellung im beruflichen, wirtschaftlichen und politischen Leben gelten die unausgesprochenen, zeitweilig auch noch ausgesprochenen Festlegungen weiterhin. Eine wichtige Aufgabe vieler Frauen ist heute z. B. die Mithilfe oder auch die treibende Kraft bei der Erhöhung des Sozialprestiges des Ehemannes und der Familie. Es findet hierbei nicht selten eine gegenseitige Eskalation statt. Die Frau treibt den Mann zu immer höherer beruflicher, wirtschaftlicher und geistiger Geltung an und partizipiert dabei an seinem durch sie selbst provozierten erhöhten öffentlichen Erfolg und Prestige, wie auch er an ihrem durch seine Leistung ermöglichten Prestigezuwachs teil hat.

Die meisten Frauen wünschen sich nach wie vor den überlegenen

Mann, zu dem sie »aufsehen« können. Zwar hat sich insofern eine Wandlung vollzogen, als sich die meisten Männer eine nicht nur attraktive, sondern auch geistig bewegliche Partnerin wünschen und sich nicht mehr mit einem »Dummchen« begnügen. Aber bei den meisten Männern hört die Bereitschaft zur Anerkennung der Eigenständigkeit der Frau auf, wenn sie das gleiche Maß an Befriedigung durch eigenständige Leistung, selbst gewählte anderweitige Partnerschaften oder Wirksamkeit im öffentlichen Leben fordert. Dem Mann ist es – psychoanalystisch ausgedrückt – eher gestattet, narzißtische Befriedigungen zu erleben als der Frau. Er entzieht sich nicht so sehr den von der Gesellschaft geforderten Verpflichtungen, wenn er nur für sich selbst genießt wie die Frau.

Es ist nicht zu übersehen, daß dieses eben absichtlich etwas provozierend formulierte Bild des inoffziellen weiblichen Normverhaltens, noch stärker als dasjenige des Mannes, in einem mindestens seit hundert bis hundertfünfzig Jahren befindlichen Wandlungsprozeß begriffen ist. In der jüngeren Generation gibt es viele Frauen, die sich bemühen, ihr Leben freier und damit unabhängiger von diesen eben skizzierten inoffiziellen Wertnormen zu gestalten. Sie möchten auch diejenigen Selbstverwirklichungsmöglichkeiten realisieren, die bisher durch die genannten Festlegungen behindert worden sind. Ein großer Teil der gerade bei Frauen auftretenden inneren Konfliktspannungen und daraus resultierenden Neurosen rührt von dem Aufeinanderwirken der in einem Teil der Öffentlichkeit zunehmend anerkannten, von dem größeren Teil aber abgelehnten, sich allmählich anbahnenden neuen Wertnormen des weiblichen Verhaltens her. Ob diese Entwicklung allmählich zur Entstehung eines grundlegend anderen Normenbildes für Weiblichkeit und weibliches Verhalten führen wird, oder ob die behindernden, konservativen Kräfte der Kultur die Oberhand behalten werden, die bisher einen solchen Wandlungsprozeß verhindert haben, bleibt abzuwarten. Später wird diese Frage in einem anderen Zusammenhang noch einmal berührt werden.

Abschließend ist zum inoffiziellen Normenbild des weiblichen Verhaltens noch hinzuzufügen, daß die Frau mehr vom Gefühl her leben und handeln darf und soll, daß sie mütterlich und weich sein soll, sie darf auch – im Gegensatz zum Manne – weinen und auch ein stärkeres Maß an »hysterischem Agieren« zeigen, soweit es ihren Charme erhöht und nicht beeinträchtigt, als es dem Manne gestattet wird[20].

20 Vielleicht entspricht von den früher beschriebenen Persönlichkeitsstrukturen her das Bild des idealen modernen Mannes, im Vergleich zu der leicht hysterischen idealen Frau eher dem der charakterlich gut kompensierten und sub-

Die Bedeutung der Möglichkeit zur Berücksichtigung von Gefühlen, Emotionen und Affekten im Leben der Frau ist vielleicht größer, als es zunächst den Anschein hat, besonders wenn man die einseitig auf Leistung, Rationalität und Sachlichkeit zentrierte Bewertung des männlichen Verhaltens dem gegenüber stellt, und die darin gleichzeitig enthaltene Repression für den Mann erkennt. Diese versagt ihm, vom Gefühl her zu handeln. Es ist schwer zu entscheiden, ob die Frustration (Behinderung an einer Befriedigung) der Frau, eigenständige, nicht auf ihre Beziehung zum Manne orientierte Selbstverwirklichungsmöglichkeiten zu entwickeln, stärker ist oder die Behinderung des Mannes, sein Leben unabhängiger von dem auf ihm lastenden Leistungs- und Erfolgsdruck zu leben und seine unmittelbaren Wunsch- und Gefühlsregungen in seinem Leben zu berücksichtigen.

6.1.3 Die Auswirkung der (offiziell vermittelten und der inoffiziellen) Wertnormen auf den Einzelnen und ihre Beziehung zum massenhaften Auftreten von Neurosen in unserer Gesellschaft

Die seeliche Reifung des Menschen besteht, wie wir dargestellt hatten, in einer allmählichen Berücksichtigung des Realitätsprinzips gegenüber dem bei der Geburt allein wirksamen Lustprinzip. Hierzu bedarf es der Entwicklung eines Ichs, welches die äußere und innere Realität wahrnimmt, primär seelische Vorgänge in realitätsgerechte (mit Wortsymbolen verknüpfte) sekundäre Denkvorgänge umwandelt und realitätsgerechte (sowohl die Triebwünsche aus dem Inneren als auch die Einschränkungen der Außenwelt berücksichtigende) Handlungen vorbereitet und deren Ablauf in Gang setzt. Dazu bedarf es weiterhin, wie wir ebenfalls gesehen hatten, der Konstituierung zusätzlicher innerseelischer Instanzen, vor allem des *Über-Ichs,* das sich gleichzeitig mit dem Ich bildet und eine Verinnerlichung des repressiven Anteiles der äußeren Realität darstellt. Wir finden im Über-Ich die sittlichen Gebote, Verbote und Strafandrohungen für das Übertreten der Verbote und das Nichteinhalten der Gebote. Das Über-Ich kommt zustande durch *Identifikation*

limierten, vorwiegend depressiv-zwanghaften Struktur mit eventuellen geringen schizoiden und noch weniger hysterischen Anteilen. Die gesellschaftlich vom Manne geforderten Leistungen und Eigenschaften des planvollen, erfolgreichen Handelns, der Verläßlichkeit, des Verantwortungsbewußtseins und der Beherrschung und Zurückhaltung von emotionalen gegenüber rational bestimmten Handlungen lassen sich am besten in einer solchen Persönlichkeitsstruktur unterbringen. Daß unsere Gesellschaft dem Manne ein etwas höheres Maß an narzißtischer Befriedigung gestattet als der Frau, wurde schon erwähnt.

(Gleichwerdung) mit den elterlichen Partnern (Mutter und Vater), zu denen eine auf Grund kindlicher Hilflosigkeit und Unterlegenheit beruhende Abhängigkeitsbindung besteht. Da Mutter und Vater sowohl vom Kind positiv als auch negativ erlebte Persönlichkeitsanteile verkörpern, nimmt es bei der Identifikation auch beide in sich auf: Die positiven werden zur Konstituierung seines eigenen Ichs und seines potentiellen Ichs, seines Ideal-Ichs verwendet, während die negativen, d. h. die repressiven, aggressiven, einschränkenden Anteile des Mutter- und Vaterbildes (der Mutter- und Vater-Imago) im Über-Ich ihren Platz finden.

Über-Ich und Ideal-Ich sind ebenso wie das Ich keine stabilen seelischen Instanzen, sondern erfahren im Verlauf der weiteren seelischen Entwicklung mannigfache Abwandlungen, Ergänzungen oder Reduzierungen. Diese kommen durch die Übertragung der primären Urbilder (Mutter- und Vater-Images) auf *andere Menschen*, die dem Kinde begegnen, zustande. Also auf Kindergärtnerinnen, Hausangestellte, Lehrer, Pfarrer, Jugendgruppenleiter, auf in der Vorstellung existierende und durch den Glauben vermittelte Gewalten und Instanzen (Gott, Natur, Schicksal) und deren menschliche Repräsentanten wie Bischöfe, Pfarrer Ärzte, Naturwissenschaftler und deren Anwender, die Technologen. Aber auch auf die als Beherrscher und »Verwalter« der Seelengewalten erlebten Personen, die Psychiater, Psychologen und Psychotherapeuten und auf die »Kenner der Schicksalskräfte«, die Astrologen und Wahrsager werden die primären Urbilder übertragen und abgewandelt. Schließlich kommen, wie wiederholt dargestellt, die weiteren Ausformungen des Über-Ichs und des Ideal-Ichs auch durch die Übertragung der Mutter- und Vater-Urbilder auf die *Institutionen* zustande, also auf den Staat, die Behörden, die Parteien, auf die Massenmedien, das Militär, die Gewerkschaften, die Wirtschaftsverbände und andere gemeinsame Interessen und Ideologien vertretende Gruppierungen, sowie deren Repräsentanten, die Politiker, die Wirtschafts- und Parteifunktionäre, die Beamten, Militärs, Polizisten u. v. a.

In den einführenden Abschnitten war dargestellt worden, daß die Entwicklung einer stabilen Persönlichkeit an bestimmte Voraussetzungen geknüpft ist:

Die Umgebungsvoraussetzungen im Elternhaus während der charakterbildenden Frühkindphase müssen dem Kind ein ausreichendes Maß positiver Identifizierungsmöglichkeiten geben, d. h. das Kind muß ein genügend stabiles, mit seinen individuellen Entwicklungsmöglichkeiten übereinstimmendes Ich und Ich-Ideal aufbauen können. Mutter und Vater müssen durch ihr liebevolles und bestätigendes Verhalten genügend positive Identifizierungsmöglichkeiten anbieten. An dieser Stelle, wo die in der Gesellschaft wirkenden Kräfte und ihre Einwirkung auf den einzelnen untersucht werden, muß nun hinzugefügt werden, daß vom Standpunkt einer stabilen Persönlichkeitsentwicklung her diejenigen Anteile der Mutter- und Vater-Imago, welche zur Über-Ich-Bildung des Kindes beitragen, möglichst gut *mit den repressiven Inhalten übereinstimmen müssen, denen das Kind später in der Gesellschaft begegnen wird,* so daß es zur Konstituierung eines einerseits möglichst einheitlichen und andererseits der geltenden gesellschaftlichen Realität entsprechenden Über-Ichs kommt.

Wenn wir die eben getroffene Feststellung mit den Aussagen über die offiziellen und inoffiziellen heute bei uns erkennbaren gesellschaftlichen Normen verknüpfen, läßt sich erkennen, daß die Konstituierung eines für die Bewältigung des Realitätsprinzips geeigneten Über-Ichs durch zahlreiche Einflüsse behindert wird, die von der Gesellschaft her auf den Einzelnen einwirken, wahrscheinlich stärker als in vergangenen Jahrhunderten. Während früher die dem Kind vermittelten Wertnormen im wesentlichen einheitlich waren[21], was nach unseren früheren Ausführungen mit der stärkeren Verankerung und Wirksamkeit der offiziellen christlich-humanistischen Wertnormen in allen Bereichen zusammenhing, ist dies heute weitaus weniger der Fall. Das sich entwickelnde Individuum ist heutzutage einer viel stärkeren Vielfalt und Gegensätzlichkeit verschiedenster Wertnormen ausgesetzt, und mit diesen wird es auch zu einem wesentlich früheren Zeitpunkt seiner Wesens- und Charakterentwicklung konfrontiert. Während ihm von den Eltern und einer vielleicht noch relativ konservativen schulischen Erziehung her die früheren Wertnormen vermittelt werden, begegnet es bereits, ehe es lesen kann, beim Spiel mit Nachbarkindern, vor allem oft beim Fernsehen Wertnormen, die den offiziell vermittelten genau entgegengesetzt sind. Dies hat nicht nur zur Folge, daß es zu einer »Konfusion« bei der Über-Ich-Bildung kommt, sondern auch, daß die Vertrauensbeziehung zu den Elternpersonen, deren Wertvermittlung ja durch das Fernsehen unterlaufen wird, sich lockert und ins Wanken geraten kann. Mit anderen Worten, der für die Ich- und Über-Ich-Bildung des Kindes wenigstens in den ersten fünf bis sechs Lebensjahren erforderliche Anteil echter Autorität der Elternpersonen wird durch diesen Konfusionsprozeß verringert.

Die eben aufgezeigte Entwicklung kann noch dadurch verstärkt werden, daß beide Elternteile stark unterschiedliche Wertnormen vertreten (oder unwillkürlich danach leben), oder daß ein Elternteil in der bewuß-

21 Dies trifft heutzutage in anderer Form wiederum in den von einer Staatsideologie beherrschten sozialistischen Ländern zu.

ten Annahme oder in der unbewußten Handhabung bestimmter Wertnormen selbst sehr schwankend ist.

Wir können also mit Sicherheit *eine* Ursache für die verstärkte Entstehung einer Bereitschaft zur Neurosenbildung erkennen. Nämlich die Störung der Über-Ich- (und auch der Ich-)Bildung infolge des Gegeneinanderwirkens aus früheren Epochen stammender, heute noch in bestimmtem Umfang in der häuslichen Kindererziehung in der Schule und im öffentlichen Leben offiziell vermittelter Wertnormen und von neuen und anderen Wertnormen, die inoffiziell in den Massenmedien verbreitet werden und in der Gesellschaft eine zunehmende Wirksamkeit entfalten. Das Ich, und besonders das Über-Ich vieler Menschen kann sich unter dem Einfluß dieser gegeneinander wirkenden Einflüsse nicht so stark, sicher und einheitlich entfalten, wie vielleicht in früheren Zeiten und in anderen Gesellschaften. Und der Erwachsene mit einem solchen labileren Ich und Über-Ich ist deshalb häufiger in bestimmten Belastungssituationen seines späteren Lebens außerstande, eine »gesunde« Entscheidung zu treffen. Dies hat zur Folge, daß er in solchen Situationen häufiger die »krankhafte«, nämlich die Lösung der Neurosenentstehung »wählt«, d. h. daß dies ohne sein willentliches Zutun unwillkürlich geschieht. Anders ausgedrückt: Es kommen heute häufiger als früher Menschen in Lebenssituationen, in denen sie nicht mehr wissen, was sie tun sollen, in denen sie innerlich aber von starken diffusen, unlustbetonten Erregungen erfüllt sind. Das Leben und ihre eigene Persönlichkeit sind ihnen auf einmal zu verwirrend geworden, um einen Ausweg aus dieser äußeren und inneren Spannungssituation finden zu können. Durch die Produktion einer neurotischen Erkrankung oder das Eintreten in eine weniger konflikthafte Ersatzwunschwelt in der Sucht oder dem Alkoholismus sind sie allem weiteren, was ihr Inneres und die Gesellschaft fordern, enthoben.

Es darf aber bei der kritischen Auseinandersetzung mit den eben aufgezeigten pathogenen (krankmachenden) Wertkonflikten auf die Über-Ich-(und Ich-)Bildung des Kindes nicht vergessen werden, daß dies nur *einer* der für das Kind wirksamen Faktoren ist, die seine seelische Entwicklung beeinflussen, in diesem Falle ein konflikthafter. Um ein noch vollständigeres Bild der Zusammenhänge zu gewinnen, müssen wir hinzufügen, daß die Bildung eines einheitlicheren Über-Ichs unter den früheren einheitlicheren gesellschaftlichen Entwicklungsbegebenheiten des Kindes zwar unter besseren Voraussetzungen stand, daß aber das Ausmaß bestimmter, gegen das eigene Ich des Menschen gerichteter aggressiver und repressiver Anteile eines solchen Über-Ichs zweifellos *auch* zu Neurotisierungen der Persönlichkeit geführt hat.

Die Entwicklung der Psychoanalyse durch Freud ging ja davon aus, daß er die neurotisierende, d. h. hysterische Erkrankungen hervorrufende Wirkung sexueller Verdrängungen und diese Verdrängungen unterhaltender Tabus im Über-Ich zahlreicher Menschen seiner Zeit erkannte und beschrieb. Die Abkehr von früheren einheitlicheren Wertnormen muß deshalb, auch wenn als Ersatz dafür eine Verunsicherung des Werterlebens in Kauf genommen werden muß, auch unter diesem positiven Gesichtspunkt gesehen werden. Gemeint ist, daß die Tendenz einer Abkehr von einseitigen und festgelegten Wertnormen unserer Gesellschaft auch den Versuch einer Befreiung von Behinderungen enthält, die einem Teil der unbehinderten persönlichen Entfaltung des Menschen vorher auferlegt waren.

Nach dieser Ergänzung kann vielleicht die Situation des heutigen gegenüber dem Menschen unserer Zivilisation vor hundertfünfzig Jahren in folgender Weise beschrieben werden:

Der Mensch unserer Zeit wird zwar weniger stark durch triebfeindliche (besonders den Sexualtrieb in der genitalen heterosexuellen Vereinigungsform unterdrückende) gesellschaftliche Normen behindert als vor hundertfünfzig Jahren. Er kann sich dadurch in diesem Bereich etwas freier, weniger von Angst und Schuld behindert, entfalten. Bestimmte, auf starken und früh eingetretenen Triebverdrängungen beruhende Neurosen treten dadurch seltener bei ihm auf. Männer und Frauen sind in dieser Beziehung heute emanzipierter als früher. Eine Begleiterscheinung dieser Entwicklung ist eine Verunsicherung in der Über-Ich-Bildung. Es erhebt sich deshalb die Frage, ob der Mensch unserer Gesellschaft diese Befreiung von bestimmten Repressionen durch verbindliche, kollektiv gültige Werte und deren Repräsentanzen im Über-Ich überhaupt »ertragen« kann, ob sich sein Ich und sein Selbst so weit festigen und stärken können, daß sie ein so strenges Über-Ich wie früher gar nicht mehr benötigen. Wenn man dieses letzten Endes für möglich hält, so könnte man die infolge der Labilisierung des Über-Ichs und die damit zusammenhängende, vorhin aufgezeigte andersartige neue Form der Neurotisierung als eine *Übergangserscheinung* betrachten. Diese würde dann möglicherweise nur so lange in Erscheinung treten, bis sich die Gesellschaft und der Einzelne in ihr an ein neues Gleichgewicht zwischen geringerem Über-Ich-Druck und verstärkten Ich-Möglichkeiten gewöhnt hat. Dies wäre allerdings nur unter der Voraussetzung möglich, daß man eine echte (evolutionäre) Veränderung der psychischen Gesamtstruktur des Menschen für denkbar hält. – Die Alternative in der Einschätzung der gegenwärtig verstärkten pathogenen Bedeutung der Über-Ich-Labilität des Einzelnen in der Auseinandersetzung mit einer Gesellschaft, die eigentlich noch ein stärkeres Über-Ich fordert, da infolge einer allgemeinen Trägheit bei der Entwicklung und Veränderung gesellschaftlicher Normenstrukturen heute noch zahlreiche von den früheren strengeren Wertforderungen wirksam sind, könnte die Annahme sein, daß die Neurosenhäufung infolge einer allgemein verbreiteten Über-Ich-Schwäche als unwillkürlicher Protest gegenüber einem Irrweg aufzufassen ist, der die psychische Stabilität des Menschen in unzumutbarem Ausmaß belastet. Es gibt zumindest ein Anzeichen dafür, das eine solche Interpretation wahrscheinlich machen könnte:

Bei der vorangegangenen Darstellung der in ihrer unwillkürlichen Auswirkung auf den Einzelnen an Bedeutung zunehmenden inoffiziell genannten Wertnormen war deutlich geworden, daß diese unter der Vorherrschaft *einer* übergeordneten Norm stehen, nämlich der *Norm einer zum Erfolg führenden Leistung.* Es kann nun gut möglich sein, daß dieses Leistungsprinzip einen solchen Grad kollektiver, einheitlicher Wirksamkeit erlangt oder bereits erlangt hat, daß es in gleicher Weise repressiv wirkt wie die früheren, z. B. aus zu starker Sexualverdrängung entstandenen Wertnormen, obwohl das heutige Leistungsprinzip keine offizielle, durch moralische oder weltliche Gesetze verankerte Kollektivnorm ist. Es besteht demnach offenbar kein Unterschied darin, ob eine gesellschaftlich wirksame Wertnorm bereits offiziell verankert ist oder nicht. Man könnte daraus weiter folgern, daß sich nach der Aufgabe des auf Sexualverdrängung gerichteten Tabus ein neues repressives Prinzip, nämlich das Leistungsprinzip entwickeln *mußte,* da die psychische Struktur des Menschen ein derartiges, seine freie individuelle Selbstentfaltung behinderndes Regulativ benötigt! Eine solche Hypothese würde den Schluß notwendig machen, daß in unserer Kultur zu einem späteren Zeitpunkt, falls auch das jetzt gültige Leistungsprinzip einmal an Bedeutung verlieren sollte, ein neues repressives Prinzip entstehen müßte. Im folgenden Abschnitt werden wir noch einmal auf diese Frage zurückkommen.

Wir hatten gesehen, daß die früheren, auf Sexualverdrängung basierenden gesellschaftlichen Normen der Natur des Menschen nicht gerecht wurden, und zu bestimmten krankhaften Auswegen in Form der Neurosenentstehung geführt haben. Wir konnten weiter erkennen, daß auch das heute wirksame Leistungs- und Erfolgsprinzip den Menschen zu Überforderungen und Einseitigkeiten zwingt, daß es als Folge davon häufig zur Entstehung von Neurosen kommt, wobei sich, was zu ergänzen ist, die mit der veränderten Form der Unterdrückung und den anderen Bereichen des im Menschen Unterdrückten die Erscheinungsweisen der Neurosen gewandelt haben. Schließlich konnten wir erkennen, daß die Übergangserscheinungen von den früheren zu den jetzt gültigen in der Gesellschaft wirksamen Wert- und Handlungsnormen ebenfalls zur Entstehung von Neurosen führen, da sie die Bildung von stabilen Über-Ich-Strukturen behindern.

Wir wollen diesen Abschnitt abschließen mit einer Untersuchung der Frage, ob sich aus den Erörterungen über die Eigenart und Wirksamkeit der gesellschaftlichen Normen auch Antworten darauf finden lassen, weshalb das Ausmaß des Massenphänomens Neurose heutzutage so stark verschleiert wird, und warum es der einzelne Neurotiker in dieser, unserer Gesellschaft so schwer hat, sich des Krankhaften, ihn Behindernden und grundsätzlich einer Änderung Bedürftigen und auch Änderbaren seines Zustandes bewußt zu werden.

Teilantworten auf diese Frage waren aus der Identifizierung des Einzelnen mit den in unserer heutigen Gesellschaft durch Institutionen, Ideologien und Letztere repräsentierenden Personen und deren Wertnormen bereits gegeben worden. Der Einzelne ist entsprechend diesen introjizierten Normen bestrebt, viel zu leisten und erfolgreich zu sein. Er muß gesund und normal und gesellschaftskonform sein. Demzufolge muß er aus seinem Bewußtsein alle ihn selbst betreffenden Fakten fernhalten, die nicht mit der Erfüllung dieser Wertnormen übereinstimmen. Er verleugnet also zunächst seine Zweifel, seine Depressionen, seine Ängste und einen Teil seiner von der Gesellschaft und von seinem Über-Ich verbotenen Bedürfnisse. Nehmen diese, ständig angestaut, allmählich eine solche Dynamik an, daß sie nach Abfuhr und Entlastung drängen, so entstehen häufig neurotische Symptome. Denn der gesunde, d. h. unmittelbare, persönlichkeitskonforme Handlungen beinhaltende Weg ist aufgrund der erworbenen und charakterlich fixierten Gehemmtheiten versperrt worden. Um nun wenigstens noch etwas von den verpflichtenden Leistungs-, Erfolgs- und Normalitätsidealen für sich selbst aufrecht zu erhalten, stellt sich im Regelfall der inzwischen zum seelisch Kranken gewordene Mensch noch immer nicht den unerfüllten, unterdrückten Forderungen seines Inneren, sondern setzt weitere Abwehrmechanismen in Gang, und zwar *isoliert* er häufig sein Symptom von seinem Gesamtbefinden, indem er es von seiner Gesamtpersönlichkeit abzutrennen versucht. Das Symptom existiert sozusagen neben oder außerhalb von ihm. Er hofft damit, die übrig bleibende »gesunde« und »normale« Persönlichkeit weiterhin in Einklang mit den gesellschaftlichen Wertnormen zu halten. Falls sein Symptom körperlicher (psychosomatischer) Art ist, fällt ihm diese Isolierung und Abtrennung besonders leicht, da die meisten Menschen ohnehin annehmen, daß körperliche Symptome auch körperliche, d. h. nicht auf eigener psychischer Unausgeglichenheit beruhende Ursachen haben.

Dem Verhalten des einzelnen, bereits zum Neurotiker gewordenen

Menschen entspricht das Verhalten der ihn umgebenden Menschen. Alle benutzen den gleichen Abwehrmechanismus, der eine Verleugnung etwaiger seelischer Unzulänglichkeiten beim Einzelnen und damit eine Nichterfüllung der in der Gesellschaft gültigen Leistungs- und Erfolgsnormen nebst ihren beschriebenen Abkömmlingen zum Ziel hat:

Die Familienangehörigen und Bekannten bestärken den Neurotiker in seiner Neigung, seine Symptome als persönlichkeitsunabhängig, zufällig, durch Witterungs- oder Ernährungseinflüsse bedingt zu betrachten, oder die Symptome auf körperliche Ursachen zurückzuführen. Viele Ärzte beteiligen sich dabei, teils aus Überzeugung, teils aus ungenügender Bewußtseinswachheit, die zur Berücksichtigung und therapeutischen Handhabung psychischer Krankheitsursachen notwendig ist. (Letzteres ist von dem Streß her, in welchem sich die meisten praktizierenden Ärzte befinden, gut zu verstehen.) Sie stellen unverbindliche Körperdiagnosen wie »vegetative Dystonie« und ähnliches und helfen dem Patienten damit dank ihrer beruflichen Autorität, seine innerpsychischen Konflikte weiterhin von seinem Bewußtsein fern zu halten. Auch die Mehrzahl der Ärzte ist mit den aufgezeigten, gesellschaftlich gültigen Leistungsnormen identifiziert. Eine ganz spezielle Folgeerscheinung dieser Norm ist die, daß *psychisch bedingte Symptome und Krankheiten ungleich stärker von den gültigen Wertnormen der Leistung und Normalität wegführen als primär-körperliche Symptome und Krankheiten.* Dahinter verbirgt sich vielleicht ein tieferes unbewußtes Wissen, wonach der Patient für seine psychisch bedingte Störung *innerlich verantwortlich* ist, er sich also eingestehen müßte, daß er persönlich »versagt« hat – so ist aus der Sicht des Leistungsprinzips zu folgern – wenn er sich die seelische Verursachung seiner Krankheit klar macht. Für primär-körperliche Krankheiten ist er hingegen nicht verantwortlich. Sie entstehen durch äußere schicksalhafte Ursachen wie Unfälle, Bakterieneinwirkungen, Ernährungsfehler, Hormonstörungen, Neubildungsprozesse bestimmter Körpergewebe usw., welche höheren, auf jeden Fall außerhalb seines persönlichen Einflußbereiches stehenden Gesetzmäßigkeiten unterliegen.

Es offenbart sich in der Solidarisierung der Gesellschaft und der in ihr lebenden Menschen mit der unbewußten Abwehr des einzelnen Neurotikers gegenüber den in ihm selbst liegenden psychischen Ursachen seiner Krankheit ein Phänomen, das nicht allein aus dem Mitgefühl gegenüber dem Neurotiker zu erklären ist, sondern es ist als wahrscheinlicher anzunehmen, daß *die Gesellschaft daran dringend interessiert ist, selbst als Kollektiv gesund und normal zu erscheinen.* Sie kann das am besten dann, wenn die Anzahl der in ihr lebenden, offensichtlich psychisch Kranken möglichst gering ist, und wenn sie andererseits die unübersehbar psychisch Kranken in eine Außenseiterposition bringt. D. h. sie isoliert die »offiziellen« Neurotiker in einem unsichtbaren gesellschaftlichen Ghetto und glaubt damit, dasselbe zu erreichen, was der einzelne Neurotiker durch seine Symptomisolierung zu erreichen versucht, nämlich den Anspruch aufrecht erhalten zu können, voll und erfolgreich das Leistungsprinzip und die von diesem abgeleiteten Wertnormen weiterhin unangetastet zu verkörpern.

Erst nach dieser Ergänzung können wir in vollem Umfang verstehen, warum der Neurotiker es in unserer Gesellschaft so schwer hat, an die seine Krankheit motivierenden, in ihm selbst wirksamen seelischen Kräfte heranzukommen. Zu den persönlichen Abwehrmechanismen, die zwar ursprünglich auch aus der Gesellschaft herrühren, die aber durch die Über-Ich-Bildung zu Bestandteilen seiner eigenen psychischen Struktur geworden sind, kommen noch zusätzlich die – über jeden Einzelnen in der Gesellschaft wirkenden – kollektiven Abwehrkräfte der Gesellschaft *hinzu* und verringern seine Chancen, sich mit seinen inneren seelischen Konflikten auseinander zu setzen und damit seine Neurose abzulegen und sein Selbst besser zu verwirklichen, noch weiter[21].

Im folgenden Abschnitt soll nun untersucht werden, ob aus einer psychoanalytisch orientierten Betrachtung der Entwicklungs- und Kulturgeschichte unserer gegenwärtigen Situation von den Anfängen her zusätzliche Gesichtspunkte aufgezeigt werden können, die zu einem noch weitergehenden Verständnis für die Situation des Neurotikers in unserer Gesellschaft und für das massenhafte Auftreten neurotischer Erkrankungen in ihr führen können.

6.2 Erörterung über mögliche psychologische Gesetzmäßigkeiten in der Entwicklung der menschlichen Gesellschaft

Jede Betrachtung kulturhistorischer Zusammenhänge muß notwendigerweise subjektiv, einseitig und hypothetisch sein, jedenfalls dann, wenn sie über die Schilderung überlieferter historischer Abläufe hinaus geht

21 Psychotherapeuten erleben es häufig, daß neurotische Patienten von einem bestimmten Zeitpunkt an, wenn der seelische Druck ihrer Erkrankung ihre persönliche Abwehr gegen die Anerkennung innerseelischer Krankheitsursachen überwunden hat und sie bereit sind zur Aufnahme einer psychoanalytischen Behandlung, noch jahrelang brauchten, bis sie sich gegen die von ihren Angehörigen, Mitarbeitern oder Ärzten vorgebrachten Beschwichtigungsversuche durchgesetzt hatten und endlich zum Psychotherapeuten gegangen waren.

und versucht, allgemeinere Kräfte, Motive und Regelhaftigkeiten aufzuzeigen, welche die gesellschaftlichen Entwicklungen lenken und die gesellschaftlichen und kulturellen Phänomene erklären könnten, und von denen her gelegentlich auch Prognosen für zukünftige Entwicklungen gestellt werden. Mit dieser Vorbemerkung soll klar gestellt werden, daß allen im Folgenden gemachten Aussagen, Feststellungen und Vermutungen immer nur eine begrenzte Aussagekraft zukommen kann, da bei den anzustellenden Betrachtungen bevorzugt biologisch-psychologische Kriterien angelegt bzw. zugrunde gelegt werden. Da das Ziel dieses Buches jedoch die Herbeiführung eines möglichst umfassenden Verständnisses für die Situation des psychisch Kranken, des Neurotikers, in der psychologisch-soziologischen Struktur unserer heutigen Gesellschaft ist, glaube ich, die mit der Bevorzugung psychologischer Kriterien in der Darstellung bestimmter kulturgeschichtlicher Zusammenhänge und Entwicklungen verknüpfte unvermeidbare Einseitigkeit vertreten zu können.

6.2.1 Die Kultur-Psychologie Freuds

Freud hat in seinen späteren Lebensjahren seine aus der psychologischen Entwicklung (und Erkrankung) von menschlichen Einzelindividuen gewonnenen Erkenntnisse dazu benutzt, um mit ihrer Hilfe auch Einsichten in die Entwicklung der Menschheit, insbesondere ihrer Kulturen und Zivilisationen zu erhalten. Er hat seine diesbezüglichen Hypothesen in mehreren Werken veröffentlicht[22]. Er geht in seinen Darstellungen und Schlußfolgerungen davon aus, daß sich in den geschichtlichen Abläufen von Völkern, Kulturen und Zivilisationen das Wirken derselben psychischen Kräfte nachweisen lasse, die auch das Leben des einzelnen Menschen bestimmen. Er meint mit diesen Kräften den Eros und den Todestrieb. Der Begriff Eros, wie ihn Freud in seiner abgewandelten Triebtheorie ab »Jenseits des Lustprinzips« verwendet, stellt eine Erweiterung des ursprünglichen Begriffes des Sexualtriebes dar und beinhaltet all das, was »das Ziel verfolgt, das Leben durch immer weitergreifende Zusammenfassung der in Partikel zersprengten lebenden Substanz zu komplizieren, natürliches dabei zu erhalten«[23]. Der Begriff Eros kann gleichbedeutend mit *Lebenstrieb* gesetzt werden. Diese Begriffserweite-

22 S. Freud, Totem und Tabu, Ges. Werke, Bd. IX. Jenseits des Lustprinzips. Ges. Werke Bd. XIII. – Die Zukunft einer Illusion. Ges. Werke, Bd. XIV. – Das Unbehagen in der Kultur. Ges. W., Bd. XIV. – Moses, sein Volk und die monotheistische Religion. Ges. W., Bd. XVI.

23 S. Freud, Das Ich und das Es. Ges. W., Bd. XIII, S. 269.

rung beinhaltet auch, daß der Eros außer dem Sexualtrieb auch die Selbsterhaltungstriebe und diejenigen Selbstentfaltungskräfte enthält, die im ersten Teil (s. S. 32) als primärer Narzißmus bezeichnet wurden. Eros bzw. Lebenstriebe umfassen demnach all jene Kräfte, die nach der Erhaltung und der Entwicklung des Lebens und darüber hinaus nach der Herstellung immer umfassenderer und komplizierterer lebendiger Einheiten streben. Dem gegenüber umfaßt der dem Eros entgegen wirkende »*Todestrieb*« jene Kräfte, die nach einer Wiederherstellung des anorganischen, unbelebten einfachen Zustandes streben, und die demzufolge eine Auflösung und Zerstörung der komplizierten lebenden Einheiten zum Ziel haben.

Freud glaubte nun, sowohl in den gesunden als auch in den krankhaften Entwicklungen aller belebten Einzelwesen in der Natur bis hin zum Menschen, aber auch in der Entwicklung der Menschheit, in gleicher Weise das Ergebnis des Gegeneinanderwirkens von Eros und Todestrieb im eben definierten Sinne erkennen zu können.

Die *Lebenstriebe* würden sich im Verlaufe der Menschheitsentwicklung unter anderem darin zeigen, daß sich aus gegenseitig einander bekämpfenden Einzelwesen in der Vorzeit allmählich größere soziale Einheiten gebildet hätten, wie Familienclans, Stämme, Völker und Staaten, daß damit einhergehend das individuelle Leben sich verfeinert, kompliziert und bereichert habe. Der Mensch lernte das Feuer zu nutzen, begann Werkzeuge herzustellen und zu gebrauchen, entwickelte eine Sprache, die ihn zur Bewußtwerdung seiner selbst und seiner Endlichkeit und Geschichtlichkeit sowie zu abstraktem und planvollem Denken und differenzierten gegenseitigen Kommunikationen befähigte; er erreichte es, sich von der zerstörerischen Kraft der Naturgewalten unabhängiger zu machen und konnte dadurch sein Leben sicherer, bequemer und freier von realer Angst und realen Sorgen machen. Die Lebenstriebe hätten weiterhin dazu geführt, daß Kulturen mit geistigen und künstlerischen Werten und Schöpfungen entstanden seien, daß sich Wissenschaften und Techniken entwickelt hätten, die dem Menschen eine immer größere Unabhängigkeit von den zerstörerischen Kräften der Natur und eine immer größere Macht über diese verliehen hätten und letzten Endes auch dazu geführt hätten, daß die tägliche Daseinsnot, der Lebenskampf, die »Ananke« immer mehr an Bedeutung verloren habe. Der Mensch habe dadurch die während seiner Entwicklung erlangten höheren Werte auch immer unbehinderter genießen können.

Im Gegensatz dazu habe sich der dem Eros entgegenwirkende *Todestrieb* in der Menschheitsentwicklung immer in der Weise geäußert, daß er die durch die Wirkung des Eros zustande gekommenen neuen Errungenschaften in verschiedenster Weise wieder zu zerstören versuchte und die Menschheit als komplizierte, höhere lebendige Einheit wieder in den einfachen, primitiven, d. h. unlebendigen Urzustand zurückzuführen versucht habe. Vor allem meinte Freud, daß die Entwicklung der menschlichen Kultur und Zivilisation nur mit einer ständigen Vermehrung an notwendigem Verzicht auf unmittelbare Befriedigung der Primärbedürfnisse erreicht werden konnte. Die zur Entwicklung und Aufrechterhaltung einer hohen Kulturstufe notwendigen, jedem Einzelnen aufzuerlegenden ethischen, sozialen und gesetzlichen Gebote und dafür erforderlichen Einschränkungen seien ein hoher Preis für die Errungenschaften unserer Kultur. Freud vermutet, daß bei einem weiteren Anwachsen solcher für eine Weiterentwicklung der Kultur notwendigen Triebverzichte die Lebenstriebe in ihrer ursprünglichen, die menschliche Art erhaltenden Form so weit zurück gehen könnten, daß die Menschheit sich eines Tages nicht mehr vermehren und aussterben könnte. In diesem Falle hätte der Todestrieb auf indirekte und raffinierte Weise letzten Endes den Sieg über die Lebenstriebe, den Eros, davongetragen.

Weiterhin läßt sich nach Freuds Auffassung das kollektive Wirken des Todestriebes auch in zahlreichen anderen Vorgängen und Phänomenen beobachten: Nachdem es in vergangenen Jahrhunderten durch Verbesserung der Lebensumstände zu einem allmählichen Bevölkerungszuwachs gekommen ist, dezimierten Seuchen und Hungersnöte wieder die Menschheit. Nachdem es der Medizin gelungen war, die Seuchen wirksam zu bekämpfen (Eros), wurde die moderne Menschheit zunehmend durch die bereits in zahlreiche Nahrungsmittel eingedrungenen Chemikalien gefährdet (Todestrieb). Nachdem Wissenschaft, Technik und Industrie dem Menschen Sicherheit, Komfort und Bequemlichkeiten beschert haben und damit sein Lebensgefühl gesteigert haben (Lebenstrieb), ist in der zunehmend schädlichen Wirkung der sich anhäufenden Industrieabfälle in der Luft und im Wasser das Wirken des Todestriebes die baldige Folge. Während nach der Entdeckung wichtiger Energiequellen (Sprengstoff und Atomkraft) die Zivilisation einen weiteren Aufschwung nehmen und damit den Lebenstrieben nutzbar gemacht werden konnte (Straßen- und Kanalbauten, Atomkraftwerke, Nuclearmedizin), trat gleichzeitig der Todestrieb auf den Plan, um sich der zerstörerischen Kräfte dieser Energien zu bedienen und mit Spreng- und Atombomben Millionen von Menschen zu vernichten und als gefährliche Macht in Form bereit liegender Atomwaffen sogar Milliarden von Menschen unter Lebensbedrohung zu halten.

Besonders überzeugend stellt Freud das Wirken des Todestriebes im Verlauf der Menschheitsentwicklung am destruktiven Aggressionsverhalten der Menschen dar, wie es sich in feindseligen und kriegerischen Auseinandersetzungen erkennen läßt. Während sich in der Vorzeit die einzelnen Menschen gegenseitig bekämpften, brachte es die kulturelle Entwicklung mit sich, daß bestimmte Gruppen sich zusammenschlossen und innerhalb dieser Gruppen Tötungs- und Aggressionsverbote verabredet wurden, um die Vorteile gemeinsamer Aktionen nutzen zu können. Die Folge davon war und ist bis zum heutigen Tage, daß die Aggressionen des Einzelnen allmählich in eine Gruppenaggression übergingen. Die in sich selbst friedliche Gruppe äußerte nunmehr einer anderen, als Feind empfundenen Gruppe gegenüber ihre kollektive Aggressivität. Freud kam sogar zu der durch die heutige moderne Gruppenforschung erhärteten Auffassung, daß es zur Erhaltung eines friedlichen Gruppenzusammenhanges, welcher soziale und kulturelle Leistungen innerhalb dieser Gruppe ermöglichen soll, unbedingt eines außerhalb der Gruppe stehenden Feindes oder Gegners *bedürfe*, um die in der Gruppe selbst unterdrückten Aggressionen zu entladen. Er schreibt hierzu:

»Es ist immer möglich, eine größere Menge von Menschen in Liebe aneinander zu binden, wenn nur andere für die Äußerung der Aggression übrig bleiben ... Nachdem der Apostel Paulus die allgemeine Menschenliebe zum Fundament seiner christlichen Gemeinde gemacht hatte, war die äußerste Intoleranz des Christentums gegen die draußen Verbliebenen eine unvermeidliche Folge geworden. ... Es war auch kein unverständlicher Zufall, daß der Traum einer germanischen Weltherrschaft zu seiner Ergänzung den Antisemitismus ausrief, und man erkennt es als begreiflich, daß der Versuch, eine neue kommunistische Kultur in Rußland aufzurichten, in der Verfolgung der Bourgeois seine psychologische Unterstützung findet. Man fragt sich nur besorgt, was die Sowjets anfangen werden, nachdem sie ihre Bourgeois ausgerottet haben.«[24]

Wenn wir bedenken, daß die eben beschriebene kollektive Äußerungsform des Todestriebes heute genauso wie am Anfang der Kulturentwicklung wirksam ist, und daß wir heute, im Gegensatz zur menschlichen Vorzeit, über die technischen Mittel zur Vernichtung aller Menschen verfügen, dann kann die Frage, ob es dem Todestrieb gelingen könnte, mit einer gewaltigen Anstrengung alle Errungenschaften des Eros zu vernichten, d. h. die Menschheit auszulöschen, nicht von vorn herein verneint werden.

Freuds kulturpsychologische Hypothesen enthalten aber noch eine weitere Analogie zwischen der psychosozialen Entwicklung des Einzelindividuums und der soziokulturellen Entwicklung der Menschheit. Nach dieser weiteren Hypothese habe die Menschheit in ihren Anfängen unter

24 S. Freud, Das Unbehagen in der Kultur. Ges. W. Bd. XIV, S. 473–474.

einer Frauen- und Mutterherrschaft gestanden, unter einem Matriarchat[25], ebenso wie das neugeborene Kind, das ja aus dem Mutterleib geboren wurde, zunächst weiterhin völlig von der Mutter abhängig ist (und zwar ebenso von deren guten als auch von deren bösen Kräften). Diese matriarchalische Anfangsstufe der sozialen Menschheitsentwicklung habe sich nicht nur in der absoluten Vorherrschaft der Mütter und Frauen gezeigt, die auch mit der Vorstellung verbunden war, daß die Frauen aufgrund besonderer Machtvollkommenheit, ohne die Mitwirkung des Mannes – die Zeugungsfunktion des Mannes wurde noch nicht erkannt – Kinder gebären können und damit alleinige Herrscher über das Leben (und das Nicht-Leben, also den Tod, wären, sondern auch darin, daß die mütterlichen Urbilder auf die Natur in ihrer Gesamtheit und auf eine Vielzahl von personifizierten Naturkräften (Göttern), in der Vorstellung übertragen wurden.

Der weitere Ablauf der Menschheitsentwicklung war dann nach Freuds Auffassung dadurch gekennzeichnet, daß zwei Ereignisse stattfanden, die dem Mann allmählich das Übergewicht gegenüber der Frau verschafften und damit die patriarchalische Epoche der Menschheitsentwicklung einleiteten: Einmal die Entdeckung der damaligen Menschen, daß nur durch die zeugende Vereinigung des Mannes mit der Frau neues menschliches Leben entstehen kann und sich dadurch die Macht der Neuschöpfung menschlichen Lebens von der Frau auf den Mann verlagerte. In diesem Erkenntniszusammenhang wurde auch das männliche Zeugungsglied, der Phallus, zum Symbol schöpferischer Macht. Das zweite, am Anfang des Ur-Patriarchats stehende, mit dem ersten untrennbar verbundene Ereignis war, daß es dem Ur-Vater gelang, sich dagegen abzusichern, daß seine Söhne ihre gegen ihn gerichteten Mordphantasien verwirklichen konnten. Diese hegten sie nach Meinung Freuds, um sich der Mutter als Sexualobjekt zu bemächtigen. Die Einführung des *Inzest-Tabus* (Verbot sexuel-

25 Freuds weitergehende Auffassung, daß diesem Ur-Matriarchat noch ein Ur-Patriarchat vorangegangen sei, und daß es erst infolge des realen oder phantasierten Vatermordes in der Ur-Horde über ein Zwischenstadium der Bruderhorde zum Ur-Matriarchat gekommen sei, entbehrt genügender Beweise und wird deshalb von vielen heutigen Autoren nicht mehr geteilt. Die scheinbare Stütze, welche eine solche Hypothese in der Genesis erhält, wonach am Anfang ein Mann war, Adam, und aus diesem erst eine Frau entstanden ist (»geboren wurde«), Eva, verliert ihre Beweiskraft wieder, wenn man sich vergegenwärtigt, daß die Genesis von den Juden zu einem Zeitpunkt aufgeschrieben wurde, als sie sich bereits in der ausgesprochen patriarchalischen Kulturstufe befanden, welche auf die vorangegangene Ur-matriarchalische Epoche gefolgt war, und in deren Schöpfungsvorstellung demzufolge ein Mann am Anfang stehen mußte.

ler Beziehungen unter Familienangehörigen) und der Exogamie (Verpflichtung, den Sexualpartner außerhalb der Familie zu finden) sorgten dafür, daß der Vater in seiner Vormachtstellung unangetastet bleiben konnte. Diese Entwicklung ermöglichte es auch, daß bald darauf der Vater seine Vormachtstellung weiter ausbauen und festigen konnte. Er organisierte gemeinsame Arbeitsaktionen zusammen mit den Söhnen, welche dem Ziel des Nahrungserwerbs dienten, indem er mit ihnen auf die Jagd ging. Hierbei festigte sich gleichzeitig seine Vormachtstellung gegenüber den Söhnen und wurde es allen Beteiligten, also den Männern, möglich, ihr Bewußtsein und ihr Urteilsvermögen bereichernde Erfahrungen zu sammeln. Die Frauen (Mutter und Töchter) hatten hierzu, da ihnen aufgrund ihrer körperlichen Unterlegenheit diese Möglichkeit versagt war und ihnen die Rolle zugeteilt wurde, das Haus zu versorgen und die kleinen Kinder zu beaufsichtigen, hingegen weniger Gelegenheit.

Freud sieht auch in dem eben geschilderten Vorgang eine Analogie zur Individualentwicklung des Menschen. Dem Übergang vom Ur-Matriarchat zum Patriarchat entspricht seiner Auffassung nach der Entwicklungsschritt des kleinen Jungen, der sich im zweiten bis vierten Lebensjahr, in welchem seine Ich-Funktionen sich bilden, sein Bewußtsein einsetzt und er erste Schritte in der Bewältigung des Realitätsprinzips tun kann, allmählich aus der alleinigen Vorherrschaft des mütterlichen Machtbereichs sich löst und vermittels der Macht und Unabhängigkeit und sachlich-rationale Lebensbewältigung ermöglichenden Identifikation mit seinem Vater allmählich selbst in einen machtvollen und unabhängigen Mann und Vater zu verwandeln beginnt[26].

Ebenso wie sich in der Zeit des Ur-Matriarchats die Mutter-Imagines auf Naturkräfte und eine Vielzahl von Göttern im Erleben der damaligen Menschen übertragen hatten, bilden sich die Projektionen während der patriarchalischen Stufe entsprechend der veränderten Vorstellungswelt. Unter anderem bekommt der Himmel eine symbolische Bedeutung als Vater zugewiesen, der über die (mütterlich erlebte) Erde herrscht. Die Übertragung patriarchalischer Vorstellungen auf die höheren Gewalten gipfelt nach Freuds Meinung in der Schaffung eines einzigen Vater-Gottes oder Gott-Vaters und führt damit zur Bildung der monotheistischen Reli-

26 Das kleine Mädchen verwendet bei seiner allmählichen Verselbständigung zweifellos, soweit die jeweiligen Normen ihm das ermöglichen, auch Anteile des Vaterbildes, während andererseits nach der psychoanalytischen Auffassung gleichzeitig in diesem Entwicklungsabschnitt der weibliche Minderwertigkeitskomplex wegen des Fehlens des machtvollen männlichen Phallus und der dadurch hervorgerufene Penisneid einsetzen.

gionen, welche die früheren polytheistischen Religionen ablösen[27]. Verfolgt man diese Analogie weiter, so ergibt sich als Schlußfolgerung, daß es für den Entwicklungsstand oder Reifungsgrad einer Kultur kennzeichnend ist, in welchem Umfang in ihr noch matriarchalische Elemente die gesellschaftlichen Verhältnisse und das Vorstellungsleben der in ihr lebenden Menschen bestimmen, oder bereits in überwiegendem Maße paternale Prinzipien vorherrschen.

Wir wissen aus der seelischen Entwicklung des Einzelmenschen, daß die Reifung oder Individuation erst vollendet werden kann, wenn die ödipale Auseinandersetzung stattgefunden hat und positiv verarbeitet worden ist, d. h. wenn der mit dem übermächtigen Vater um die Liebe seiner Mutter ringende Knabe im Verlaufe dieses Geschehens sich nicht von den Entmachtungs- (Kastrations-)Drohungen des Vaters auf die Dauer seines Lebens unterdrücken läßt und dementsprechend in permanenter Abhängigkeit und Bestrafungsangst vor dem Vater verharrt, sondern wenn er die positiven, d. h. die Macht, Potenz, Freiheit und persönliche Entfaltung und Unabhängigkeit verleihenden Anteile der Vater-Imago in sich hineinnimmt (introjiziert) und sie damit zu Bestandteilen seines eigenen Wesens macht (positive Identifikation). Freud vertrat die Auffassung, daß sich diese Reifungsauseinandersetzung ebenfalls in den verschiedenen Kulturen wie auch in der Entwicklung unserer Kultur an Hand zahlreicher Besonderheiten nachweisen lasse. Er kommt zu dem Ergebnis, daß diese Auseinandersetzung in denjenigen Kulturen, die von den Forderungen des Christentums bestimmt würden, noch nicht zu einem erfolgreichen positiven Ausgang gelangt sei, da in ihnen die von Angst und Schuld gekennzeichnete lebenslange Unterwerfung unter die Gebote des vorwiegend als Richter und Rächer erlebten Gottvaters ständig aufrecht erhalten bleibe.

Auch die Bereitschaft verschiedener Völker, sich einem Diktator zu unterwerfen, der in ihrer unbewußten Vorstellung mit gottähnlichen Allmachtsfunktionen ausgestattet ist (Hitler, Stalin, Mao), kann in der Weise verstanden werden, daß die Kulturentwicklung in diesen Staaten die ödipale Stufe der Entmachtung des Vaters und der Befreiung der eigenen Persönlichkeit durch Identifikation mit dem Vater noch nicht erreicht hat. Wir können jetzt besser verstehen, woher die vorher geschilderte Bereitschaft großer Teile des deutschen Volkes sich seinerzeit mit den destruktiven Zielen und Ideologien Hitlers zu identifizieren stammt:

Das von Generation zu Generation in unserem Kulturbereich weiter-

27 S. Freud, Moses, sein Volk und die monotheistische Religion. Ges. W., Bd. XVI.

gegebene kollektive Schuldgefühl auf Grund der unbewußt phantasierten Beseitigungswünsche gegenüber dem Vater konnte in der absoluten Unterwerfung unter einen übermächtig erlebten Vater gut entlastet werden.

Auch die in unserer heutigen Gesellschaft weiterhin anzutreffende und durch die sozialen Institutionen ständig weitergegebene und aufrecht erhaltene Bereitschaft, sich dem Vater und dessen Repräsentanten in unserem öffentlichen und geistigen Leben gehorsam zu unterwerfen, kann im gleichen Sinne verstanden werden. D. h. es kann darin ein unbewußter Versuch gesehen werden, die phantasierte und als schuldhaft erlebte Beseitigung des Vaters durch Unterwerfung unter seine heutigen gesellschaftlichen Repräsentanten wieder gut zu machen. Dies gilt sowohl für die Unterwerfung unter die Repräsentanten der Obrigkeit, als auch für die Bejahung der früher beschriebenen inoffiziellen gesellschaftlichen Werte, vor allem des Leistungs- und Erfolgsprinzips, der Wissenschaft und Technologie.

Zahlreiche Autoren haben sich mit den kulturpsychologischen Hypothesen Freuds kritisch auseinandergesetzt und sind dabei teils zu Ergänzungen, teils zu veränderten Auffassungen gelangt. Auf die Grundgedanken von zwei Autoren soll an dieser Stelle im Folgenden näher eingegangen werden, weil sie mir besonders geeignet erscheinen, unser Verständnis für die gegenwärtige, durch das massenweise Auftreten von Neurosen und die gleichzeitige Verleugnung dieses Umstandes gekennzeichnete Situation zu bereichern, nämlich G. Mendel mit seinem Buch »Die Revolte gegen den Vater«[28] und Herbert Marcuse mit »Triebstruktur und Gesellschaft«[29].

6.2.2 Die psychoanalytischen Kultur-Interpretationen von G. Mendel

Mendels Verdienst ist es unseres Erachtens, daß er die von Freud übernommenen Gedankengänge und Hypothesen über das Wirken der auch im Einzelmenschen vorhandenen unbewußten psychischen Kräfte im gesellschaftlichen Zusammenleben und in der Kulturentwicklung weiter geführt hat, und daß er hierbei zu begrifflichen Klarstellungen gekommen ist, welche die in der Kulturgeschichte erkennbaren Äußerungen der »Massenseele« und ihre Einwirkungen auf die psychischen Vorgänge des Einzelmenschen in mancher Hinsicht überzeugender mit den Tatsachen in Übereinstimmung bringen als Freuds erster Entwurf.

28 G. Mendel, Die Revolte gegen den Vater. Frankfurt/Main 1972.
29 H. Marcuse, Triebstruktur und Gesellschaft. Frankfurt/Main 1967.

Der Autor nimmt zum Ausgangspunkt seiner Hypothesen-Bildungen die biologische Entwicklungstheorie des holländischen Anatomen Bolk[30]. Danach sei es aufgrund vergleichender morphologischer Forschungen wahrscheinlich, daß die *körperliche* Entwicklung im Verlaufe der etwa eine Million Jahre, in denen sich der Mensch von seinen tierischen Vorfahren »abgelöst« hat, sich immer mehr verzögert habe. Diese körperliche Retardierung habe u. a. bewirkt, daß der neugeborene Mensch noch zahlreiche körperliche Merkmale aufweise, die sich bei höheren Säugetieren nur vorübergehend im Embryonalstadium zeigten. Bolk: »Wenn ich das Prinzip meiner Auffassung in einem etwas scharf formulierten Satz ausdrücken wollte, dann möchte ich den Menschen in körperlicher Hinsicht als einen zur Geschlechtsreife gelangten Primatenfötus bezeichnen«. Dieses »Zu-früh-geboren-werden« des Menschen hat nun zur Folge, daß er eine ungleich längere Zeitspanne als andere Tiere auf den Schutz der Erwachsenen angewiesen ist. Mendel leitet von diesem für den Menschen kennzeichnenden Umstand die Überzeugung her, daß die Wechselbeziehungen zwischen Beschütztem (Kind) und Beschützern (Eltern), die sich über einen Zeitraum von mehreren Jahren abspielen, eine so große Bedeutung bekommen haben. Im Folgenden untersucht der Autor dann, welche Auswirkungen diese biologische Besonderheit des Menschen auf dessen psychische Entwicklung gehabt hat und orientiert sich hierbei an den psychoanalytischen Theorien. Hierbei stellt er in den Mittelpunkt die Definition der sich beim Menschen entwickelnden Mutter- und Vaterbilder. Seiner Meinung nach würden »die Natur und ihre Gesetze vom Menschen unbewußt als Widerspiegelung des Mutterbildes erlebt«, während »die Macht der Rationalität im Unbewußten mit dem Vaterbild in Zusammenhang gebracht wird«. Er folgt Freuds Auffassungen in der Annahme, daß sich in der Entwicklung des Einzelmenschen die psychischen Prozesse wiederholen würden, die auch im Verlaufe der Menschheitsentwicklung wirksam gewesen seien. Dabei legt er zugrunde, daß diese Entwicklungsprozesse trotz zahlreicher Retardierungen und Regressionsperioden im Grunde *fortschreitender* Natur seien. Die erste Phase der Menschwerdung – sowohl in seiner Stammes- wie auch in seiner Individualgeschichte – sei durch eine ständige Verinnerlichung maternaler Imagines (mütterlicher Urbilder) gekennzeichnet. In der Menschheitsgeschichte habe diese erste Humanisierungsperiode etwa bis vor zehn- bis zwölftausend Jahren gedauert. In der Individualentwicklung entspricht sie der Entwicklung bis etwa zum dritten Lebensjahr. Von dem genannten Zeitpunkt an, der etwa in der Menschheitsgeschichte

30 Bolk, Das Problem der Menschwerdung. Jena 1926.

dem Beginn des Werkzeuggebrauchs entsprach, hätten die Menschen dann allmählich begonnen, die Vaterbilder zu verinnerlichen. Dieser Prozeß habe dazu geführt, daß der Mensch es wagte, die Natur zu beherrschen. Statt archaischem Phantasieren trat rationales Handeln in den Vordergrund, statt Allmacht begrenzte Macht, statt Willkür Gesetz, statt übernatürlicher Offenbarung wissenschaftliches Gesetz, statt der Wirtschaftsform des »Beschenkt-Werdens durch die Mutter Natur (Sammeln, Jagen, Fischen)«[31] habe sich die »Wirtschaftsform rationaler Ausbeutung der Mutter Natur (Ackerbau und Viehzucht)« (S. 108) später der Wissenschaft und Technik entwickeln können. Nach Ansicht Mendels wurde aber dieser kulturelle Wandlungsprozeß nur dadurch möglich, daß die neue Art der Umweltsbeziehungen eine Verbindung mit dem Vorangegangenen (Maternalen), eine magische Vereinigung anstrebenden Art der Umweltbeziehung eingegangen sei. Denn eine völlige Abkehr vom mütterlichen Prinzip wäre wegen der Furcht vor der Rache des als allmächtig und vernichtend erlebten bösen Anteils des Mutterbildes nicht möglich gewesen. (Auch diese, »Mediatisierung« der ursprünglichen mütterlichen Imagines mit den späteren väterlichen habe ihre Parallele in der Individualentwicklung.) Mendel analysiert in sehr differenzierter Weise, in welchem Ausmaß innerhalb gegenwärtiger Kulturen und Völker jeweils die kollektiven Mutterimagines noch (oder wieder, durch regressive Vorgänge bedingt) das Übergewicht haben, und in welchen sich die Vaterbilder stärker durchgesetzt haben. Er wendet sich übrigens eindeutig von der Hypothese Freuds ab, daß zum Beginn der Menschheitsentwicklung ein realer Vatermord gestanden habe, und stellt dem seine Auffassung gegenüber, daß jeweils nur die unbewußte Phantasie des Vatermords vorhanden gewesen sei und diese ausgereicht habe, die von Freud beschriebenen Entwicklungen (allerdings erst vom Übergang des Ur-Matriarchats zum Patriarchat) in Gang zu setzen.

Mendel differenziert auch die Inhalte der Mutterimagines insofern, als er ihre »guten« Anteile (d. h. die Leben gebenden, nährenden und spendenden, das Selbst bestätigenden und die Liebe vermittelnden) von den »bösen« Anteilen, (den »verschlingenden«, eine Wiedervereinigung mit der Mutter durch Wiedereinverleibung anstrebenden) derselben abgrenzt. (Bei Freud waren die »bösen« Anteile der Mutterimagines kaum erschienen.) In ähnlicher Weise grenzt er eine negative Vater-Imago, die durch verurteilende, strafende, entmachtende, »kastrierende« und un-

31 G. Mendel, Die Revolte gegen den Vater. Frankfurt/Main 1972. S. 108. Im folgenden wird jedoch die entsprechende Seitenzahl in Klammern angegeben.

terdrückende Tendenzen gekennzeichnet ist, von solchen Vaterbildern ab, welche die liebenden Anteile des Vaters dem Sohn gegenüber repräsentieren, und die auch die Möglichkeiten der rationalen Bewältigung der natürlichen (mütterlichen) Kräfte und deren Repräsentanten in der Gesellschaft enthielten. Für unsere heutige Gesellschaft kommt der Autor zu dem Ergebnis, daß zwar Anteile des guten Vaterbildes in ihr introjiziert seien und sich bestimmte Leistungen unserer Kultur nur von da her ableiten ließen, daß aber die Introjektion bestimmter Anteile der bösen Vaterimagines (des rächenden, entmachtenden, kastrierenden und strafenden Vaters) dazu geführt habe, daß sich »ein auf defensiver Überbesetzung externer Vaterbilder beruhendes System von projektiven Abwehrhaltungen« (S. 108) etabliert habe. Letzteres sei ausgerichtet »erstens auf das Bild des Vater-Gottes, zweitens auf die Gestalt des großen Forschers und Gelehrten und drittens auf die Gestalt des Diktators« (S. 108). Er meint, daß viele Menschen unserer Zeit in ihrer Individualentwicklung die ödipale Stufe positiv durchlaufen würden, durch die repressive Wirkung der eben genannten Vater-Projektionen in der Gesellschaft aber wieder auf frühere Entwicklungsstufen zurückgeworfen würden. Er weist am Beispiel der Schulerziehung nach, wie sich dieser sekundäre Infantilisierungsprozeß in der Gesellschaft vollzieht. Er meint hierzu: »Der Kulturterror, dem das Kind vom fünften Lebensjahr an ausgesetzt ist, zielt darauf ab, seinen Eigenwillen so weit zu brechen, daß es als Erwachsener die Vorstellung, allein und der Vaterliebe beraubt zu sein, nicht ertragen kann – einerlei, ob der Vater Gott oder der »starke Mann an der Spitze des Staates ist« (S. 122).

Auf die Zukunft bezogen, glaubt man eine gewisse Hoffnung des Autors zu spüren, daß die Massenseele weitere Reifungsprozesse durchmachen könnte, die mit einer weiteren Stärkung des (dann von jedem Einzelnen introjizierten) positiven Anteiles der Vaterimagines verbunden gedacht wird. Dieser mögliche Prozeß würde der vernichtenden Menschheitsprognose Bolks entgegenstehen, der die Ansicht vertrat, daß die Entwicklung der Menschenart in Richtung Mängelwesen schließlich zum Aussterben derselben führen müsse. Mendel hingegen hält es für möglich, daß die von ihm nicht bestrittenen biologischen Mängel des Menschen durch die Weiterentwicklung seiner natur- und kulturgestaltenden Fähigkeiten, seiner Meinung nach Abkömmlingen der positiven Vaterimagines, diese Mängel ausgleichen und überwinden könnten. Er wendet sich auch gegen die nihilistischen Menschheitsprognosen des Franzosen Lacan und seiner Schule. Er sieht in der Auffassung dieses Autors das Ergebnis eines besonderen kollektiven Abwehrmechanismus. Dieser bestehe in der »These von der fundamentalen Ohnmacht des Menschen.

Dieser ist danach ein für allemal kastriert und hat nur noch die eine Aufgabe, sich mit seiner Kastration abzufinden« (S. 123). Besonders eingehend setzt sich der Autor mit den Auffassungen von Foucault[32] auseinander, der aus dieser Schule hervorgegangen ist. Er kommt bei der Analyse von dessen Buch »Die Wörter und die Dinge« zu dem Ergebnis, daß es sich bei Foucaults Hypothesen geradezu um eine psychotische Regression in die Entwicklungsperiode handle, in welcher die bösen Mutter-Imagines die absolute Vorherrschaft hatten. – Mendel drückt dem gegenüber seine eigene Prognose (»eine andere wünschbare Lösung gibt es nicht« (S. 177) mit folgenden Worten aus:

»Wiedergewinnung der an eine äußere Autorität delegierten gesellschaftlichen Macht durch das Individuum. Dessen Wunsch, sich diesen, seinen Teil der Freiheit wieder anzueignen, kommt in der Aktualität von Begriffen wie »Teilhabe«, »Mitbestimmung« zum Ausdruck. In diesem Fall wären der Tod Gottes und das Absterben der paternalen Elemente in der sozialen Gewalt die Vorzeichen einer *neuen Kulturphase, in der jedes Individuum sich nicht mehr nur – in Konsequenz des Ödipus-Konflikts – mit seinem persönlichen Vater identifizieren würde, sondern in gewissem Umfang auch mit der sozialen Gewalt.* (Hervorhebung durch Verf.). Dann wäre der Sohn, wenn er als Individuum in psycho-affektiver Hinsicht erwachsen und nach Überwindung des Ödipuskonflikts selber ein Vater geworden ist, auf sozialer Ebene nicht mehr zur Regression gezwungen, die ihn zeitlebens Sohn eines Vaters sein läßt, wobei es keinen Unterschied macht, ob dieser Vater Gott ist oder die in einem Menschen sich verkörpernde soziale Gewalt.«

Mendel verkennt keineswegs, daß die durch die, seiner Meinung nach, stärkere Bedeutung paternaler Elemente der Massenseele in Gang gekommene aktiv-rationale Naturbewältigung durch die Wissenschaft und die von ihr ausgegangenen Phänomene der Technik und Industrialisierung zur Schaffung eines gesellschaftlichen Ich-Ideals geführt hat, das sich »dem Menschen auf Kosten seines (persönlichen) Ich-Ideals als das Idealbild seiner selbst aufzudrängen versucht.« Dieses bestehe »in einer nach Effizienz- und Ertragskriterien organisierten Leistungsgesellschaft« (S. 334). Dieses dem Einzelnen gegenüber feindlich wirkende Leistungsideal strebe einen gut funktionierenden »Maschinenstaat« an, in welchem, gleichsam wie in einem Ameisen- oder Bienenvolk jeder Einzelne nur eine dem Funktionieren des Ganzen dienende Teilfunktion als »Rädchen« habe. Dieses Leistungs- und Maschinen-Ideal lasse aber gerade die »menschliche Besonderheit«, z. B. die »menschliche Kreativität« (S. 335)

32 M. Foucault, Die Ordnung der Dinge (Les mots et les chauses). Frankfurt/Main 1971.

zunehmend außer Betracht. Er hält es demzufolge für schicksalhaft, ob es der Menschheit gelingen werde, diese einseitigen Leistungsideale aufzugeben, indem der Einzelne sich, wie im vorigen Absatz zitiert wurde, nicht mehr nur mit dem persönlichen Vaterbild identifiziert, sondern in zunehmendem Maße auch mit Anteilen des in der Gesellschaft als Kollektivwesen wirksamen Vaterbildes. Dies bedeutet mit anderen Worten gleichzeitig, daß der Einzelne sich in Zukunft bewußter als bisher nicht nur als Individuum, sondern gleichzeitig auch als integrierender und auch potenter Bestandteil innerhalb des sozialen Großgruppenorganismus, genannt Gesellschaft, erleben und auch als solcher handeln kann. Er müßte demzufolge sozialpsychologisch und politisch bewußter, wacher und aktiver werden. Der Autor sieht in der Auflehnung der heutigen Jugend Anzeichen dafür, daß die von ihm für »einzig wünschbare« Zukunft der Menschheit gehaltene Weiterentwicklung tatsächlich eintreten könnte, wenn er auf den letzten Seiten schreibt:

»Was ist schließlich die augenblickliche Revolte gegen den Vater anderes als der Ausdruck des Wunsches, die Vater-Imago von ihrer regressiven (und damit zum Teil mütterlichen) Umhüllung zu befreien. Wenn ein junger Mann erklärt, daß er die soziale Gewalt und die soziokulturellen Institutionen seines Vaters und seiner Vorväter ablehnt und bekämpfen will, sagt er das, weil er das zwar verworrene, aber starke Gefühl hat, daß diese Institutionen auch Hitler, Stalin und Hiroshima umfassen« (S. 379).

6.2.3 Die gesellschafts-psychologischen Hypothesen von Herbert Marcuse

Herbert Marcuse[33] legt der in seinem Buch »Triebstruktur und Gesellschaft« unternommenen Analyse der Kulturentstehung und seiner Kritik der gegenwärtigen Gesellschaft über die kulturpsychologischen Werke Freuds hinaus dessen gesamte psychologische Theorie zugrunde. Unter der offiziellen Zielsetzung, einen »philosophischen Beitrag zu Sigmund Freud« zu leisten, gelangt er zu teilweise neuartigen Interpretationen psychoanalytischer Aussagen und zu weiterführenden Schlußfolgerungen hieraus für das psychosoziale Verständnis unserer heutigen Gesellschaft und des Einzelmenschen in ihr: »Die Heilung persönlicher Störungen hängt viel direkter als ehedem von der Heilung der Gesamtstörung ab« (S. 7).

In den Mittelpunkt seiner Erörterungen stellt er die These, daß das *Realitätsprinzip* kein unverrückbarer Begriff sei, wie man nach den De-

33 H. Marcuse, Triebstruktur und Gesellschaft. Frankfurt/Main 1967. Im folgenden werden jeweils die entsprechenden Seitenzahlen in Klammern angegeben.

finitionen, die Freud hierfür gegeben hatte, annehmen könnte, sondern daß sich dieses im Laufe der Menschheitsgeschichte *gewandelt* habe: »Nach Freuds Überzeugung wird«, so erläutert der Autor, »die unterdrückende Modifizierung der Triebe unter das Realitätsprinzip durch ›die ewige, urzeitliche, bis auf die Gegenwart fortgesetzte Lebensnot‹ verstärkt und unterstützt. Die Lebensnot (Ananke) lehrt die Menschen, daß sie ihre Triebimpulse nicht ungehemmt befriedigen können, nicht unter dem Lustprinzip leben können. ›Das Motiv der Gesellschaft‹ für die Erzwingung der entscheidenden Modifizierung der Triebstruktur ist also ›im letzten Grunde ein ökonomisches; da sie nicht genug Lebensmittel hat, um ihre Mitglieder ohne deren Arbeit zu erhalten, muß sie die Anzahl ihrer Mitglieder beschränken und ihre Energien von der Sexualbetätigung weg auf die Arbeit lenken‹ (S. 22).«*

Marcuse sieht nun die gegenwärtige kulturelle und gesellschaftliche Situation dadurch gekennzeichnet, daß in den zivilisierten Ländern die Lebensnot (Ananke) im Freudschen Sinn nicht mehr die alleinige und primäre triebeinschränkende Kraft in der Gesellschaft ist, da durch die Ergebnisse der Wissenschaft und Technik und die industrielle Produktion die Grundbedürfnisse der Menschen (Sättigung, ausreichende soziale Sicherheit und Bequemlichkeit) erfüllt seien. Er führt zur Kennzeichnung der jetzigen Situation zwei neue Begriffe ein:

a. Die »*zusätzliche Unterdrückung*: die durch die soziale Herrschaft notwendig gewordenen Beschränkungen. Sie unterscheiden sich von der (Grund-)Unterdrückung (der Daseinsnot im Freudschen Sinne, d. Verf.), der Triebmodifizierung, die für das Fortbestehen der menschlichen Rasse in der Kultur unerläßlich ist«.

b. Das »*Leistungsprinzip*«, das der Autor als »die vorherrschende historische Form des Realitätsprinzips« (S. 40) ansieht. Freud hat nach Ansicht Marcuses bei der Darstellung des Realitätsprinzips unberücksichtigt gelassen, daß die Hemmungen nicht nur durch die Lebensnot, sondern auch »durch die hierarchische Verteilung der Not«, d. h. auch »durch das Interesse an der Herrschaft auferlegt« (S. 133) werden können. »Freuds beständige Ablehnung irgendeiner wirklichen Befreiungsmöglichkeit aus dieser Modifizierung« setze »also voraus, daß die Lebensnot ebenso dauerhaft ist wie die Herrschaft – eine Annahme, die nun«, wie er sagt, »fraglich ist« (S. 133).

Daß auf dem heutigen Menschen außer der für die Erhaltung der kulturellen Errungenschaften notwendigen »Grundunterdrückung« seiner Lebenstriebe noch die »zusätzliche Unterdrückung« durch das Leistungs-

* Zitate in einfachen Anführungszeichen: S. Freud, Vorles. zur Einf. in die Psychoanalyse. Leipzig, Wien, Zürich 1926.

prinzip lastet, hält Marcuse für ein Ergebnis der Wirksamkeit des Todestriebes innerhalb der Kultur. Seiner Meinung nach stünden Rationalität und Wissenschaft, obwohl sie zunächst die Befreiung von der Lebensnot herbeigeführt hätten, nunmehr, nachdem sie sich verselbständigt haben, im Dienste des Todestriebes. »Innerhalb der totalen Mobilisierung von Mensch und Natur, die unsere Zeit auszeichnet, ist die Wissenschaft zu einem der destruktivsten Instrumente geworden – zerstörerisch gegenüber jener Freiheit, die sie einst versprach«. Marcuse vermutet, daß die heutige Zeit einen psychischen Regressionsvorgang erkennen läßt, der sich auch bei Einzelnen als Ursache ihrer neurotischen Erkrankung oft nachweisen läßt, nämlich eine Ablösung der im Verlaufe der psychischen Reifung normalerweise *vermischten* destruktiven Triebe von den libidinösen. »So ist die Kultur von einer Triebentmischung bedroht, in der der Todestrieb danach strebt, die Oberhand über den Lebenstrieb zu gewinnen. Dem Triebverzicht entsprungen und unter fortschreitendem Triebverzicht sich entwickelnd neigt die Kultur zur Selbstzerstörung« (S. 85).

Marcuse vertritt ebenso wie Mendel die Meinung, daß dieser Prozeß der Kultur- und Menschheitszerstörung nicht notwendigerweise fortschreiten muß. Er kommt allerdings bei der Darlegung der Möglichkeiten, welche ein so düsteres Ende abwenden könnten, zu wesentlich anderen Schlußfolgerungen als Mendel.

Er stützt seine kulturpsychologischen Zukunftsperspektiven auf die in der psychoanalytischen Trieblehre Freuds bereits enthaltene Auffassung, daß die *Organisation der Triebe* des Menschen keineswegs festgelegt ist, sondern daß sie von exogenen und somit auch von historischen Faktoren abhängig ist. Die durch die Kulturentwicklung entstandene Festlegung der Lebenstriebe auf die Stufe der genitalen Sexualität sei zwar die notwendige Voraussetzung dafür gewesen, daß unsere Kultur in der jetzigen Form entstehen konnte, sie sei aber keineswegs die einzig mögliche Form, in der sich die libidinösen Triebe äußern könnten. Besonders dann nicht, wenn man die begriffliche Erweiterung ins Auge fasse, die in der Einführung des Begriffes Eros oder Lebenstriebe gegenüber dem früheren der sexuell-libidinösen Triebe enthalten ist.

Marcuse neigt sogar zu der Auffassung, daß unsere heute gültige Festlegung der Sexualität auf die genitale Äußerungsform und die damit verbundene Tabuisierung prägenitaler Äußerungsformen der Sexualität wie Narzißmus und Homosexualität zu einer Verkümmerung derjenigen Möglichkeiten sexuell-erotischer Befriedigung geführt habe, die ursprünglich im Menschen angelegt seien. Als mythologische Sinnbilder führt er für unser heute gültiges Prinzip der Leistung und der genitalen Sexualität (und gleichzeitig als Symbol für die nicht abgeschlossene ödipale Auseinandersetzung mit dem Vater) die Prometheus-Sage und für die Ideale einer vielfältiger sich äußernden (und prägenitalen) Sexualität die Orpheus- und Narzissos-Mythen an. Er hält es für denk- und wünschbar, daß in einer zukünftigen menschlichen Gesellschaft die inzwischen eingetretene Desexualisierung des Menschen in der Weise aufgehoben werden könnte, daß den bisher unterdrückten Formen nicht-genitaler erotischer Lustbefriedigungen neue Verwirklichungsmöglichkeiten geboten würden.

Voraussetzung hierfür ist nach seiner Auffassung die Frage, ob »ein Kulturzustand vorstellbar ist, in dem menschliche Bedürfnisse in einer Weise und einem Maße befriedigt werden, die die Abschaffung der zusätzlichen Unterdrückung erlaubt« (S. 151). Ein nach seiner Meinung denkbarer zukünftiger Kulturzustand müßte zwei wichtige Elemente enthalten: Das eine wäre als eine Art Rückkehr in einen menschheitsgeschichtlichen Frühzustand mit »nicht-bedrückender Teilung der Lebensgüter« und einer »gleichmäßigen Verteilung der Not« (S. 151) anzusehen. Das zweite Element würde in »einer rationellen Organisation einer voll entwickelten, industrialisierten Kultur nach der Überwindung der Lebensnot« (S. 151) bestehen. »Die Triebentwicklung wäre« dann »nicht-repressiv, nicht-verdrängend in dem Sinne, daß zumindest die durch das Interesse der Herrschaft verhängte zusätzliche Unterdrückung der Triebe fortfiele« (S. 151). Trotz umfassender Automatisierung der Arbeit würde die zur Erreichung des aufgezeigten Zustandes erforderliche Verkürzung der Arbeitszeit eine Verringerung des Lebensstandards mit sich bringen. Ein solcher spräche aber ebenso wie ein Zusammenbruch des Leistungsprinzips, »nicht gegen den Fortschritt der Freiheit« (S. 152).

Was Marcuse mit der von ihm zitierten stärkeren Berücksichtigung der Lebenstriebe meint, wird deutlich, wenn er auf die im *narzißtischen Erleben* enthaltenen erotischen Befriedigungsmöglichkeiten hinweist. Er äußert, daß »der primäre Narzißmus ... mehr« sei, »als nur Autoerotik; er zieht die Umgebung in sich hinein, indem er das narzißtische Ich mit der objektiven Welt integriert« (S. 166). Der Narzißmus in dieser Deutung versucht deshalb, einen früheren einheitlichen Zustand wieder herzustellen, der vor der Abtrennung einer »späteren Form und Stufe der Beziehung zwischen dem Ich und der Realität« (S. 167) schon einmal bestanden hatte, und den Freud folgendermaßen charakterisiert hatte:

»Ursprünglich enthält das Ich alles, später scheidet es eine Außenwelt von sich ab. Unser heutiges Ich-Gefühl ist also nur ein eingeschrumpfter Rest eines weltumfassenderen, ja – eines allumfassenden Gefühls, welches einer innigeren Verbundenheit des Ichs mit der Umwelt entsprach.«[34]

34 S. Freud, Das Unbehagen in der Kultur. Frankfurt, S. 95.

Durch eine »nicht-verdrängende Form der Sublimierung ..., die aus einer Erweiterung der Libido resultiert«, so folgert Marcuse nun weiter, sei der Narzißmus geeignet, eine »umfassende existentielle Ordnung« (S. 68) schaffen zu helfen. Die erstarrte, nicht mehr vom Leistungsprinzip behinderte Selbstliebe könne sich in mannigfacher Weise äußern, z. B. als weiter entwickelte ästhetische Funktion, als Spieltrieb und als Phantasie. Das vom Autor für möglich gehaltene neue Realitätsprinzip würde auch Bedingungen enthalten müssen, welche eine »Ableitung der Sexualität in die Kanäle der monogamen Fortpflanzung zerstören« und »das Tabu auf die Perversionen aufheben« (S. 197) würde. »Der Körper, der nicht mehr ganztägig als Arbeitsinstrument zur Verfügung stehen müßte, würde resexualisiert« und »die Gesamtpersönlichkeit erotisiert« (S. 199) werden.

Marcuse hält es auch für möglich, daß sich in einer zukünftigen Kultur die Beziehung des Menschen zu seiner *Arbeit* verändern könnte. Das Charakteristikum der Arbeit in der heutigen, vom Leistungsprinzip beherrschten Industriegesellschaft sei die »entfremdete« Arbeit. Diese sei in den meisten Fällen Zwang und Mühe und enthalte keine lustbetonten (libidinösen) Elemente. Es sei aber eine *nicht-entfremdete, libidinöse Arbeit* denkbar. Eine solche könne zustande kommen, wenn »die Arbeit von einer Reaktivierung der prägenitalen polymorphen Erotik begleitet« würde. Sie wäre dann »an sich befriedigend, ohne dabei ihren Werk-Inhalt zu verlieren« (S. 212). Die Umwandlung der Sexualität (in ihrer heute anerkannten ausschließlich genitalen Form, d. Verf.) in Eros und ihre Ausweitung auf dauerhafte libidinöse Werkbeziehungen setzen allerdings »die rationelle Neuorganisation eines riesigen Industrieapparates voraus« (S. 213).

Der Autor wendet sich entschieden gegen die Auffassung einiger Revisionisten, welche die Ansicht vertreten, daß Arbeiten schlechthin Lust verschaffe, indem dadurch ein neu eingeführter »Bemeisterungstrieb« befriedigt werde, der darauf abziele, »ein Stück der Umgebung durch den geschickten Gebrauch intellektueller, motorischer und Wahrnehmungstechniken zu verändern oder zu beherrschen«[35]. Marcuse sieht in solchen Auffassungen eher die Gefahr, daß die Psychoanalyse dadurch noch stärker in den Dienst des Leistungsprinzips gestellt werde und der Todestrieb, dessen Abkömmling das Leistungsprinzip sei, dadurch eine noch stärkere Wirksamkeit erfahre. Denn eine solche Entwicklung könnte nur zu einer Vermehrung der entfremdeten Arbeit führen, die ja gerade die Le-

35 J. Hendrick, Work and the Pleasure Principale. In: Psychoanalytic Quarterly 12 (1943), S. 3.

benstriebe in ihren umfassenden Äußerungsmöglichkeiten nicht zur Wirkung kommen lasse.

Schließlich versäumt es der Autor auch nicht, der Frage nachzugehen, was nun in der von ihm für möglich gehaltenen zukünftigen Menschheitskultur und -gesellschaft aus dem *Todestrieb* wird, der doch in der bisherigen Entwicklung und besonders jetzt, wie Marcuse selbst darstellt, eine so große Macht besitzt. Unter Hinweis auf die psychische Individualentwicklung, in welcher es normalerweise zu einer Vermischung der libidinösen mit den destruktiven Trieben komme, leitet er ab, daß wegen dieser Koppelung »eine qualitative Veränderung in der Entwicklung der Sexualität«, wie er sie ja zukünftig für möglich hält, »notwendigerweise« auch »die Manifestation des Todestriebes ändern« (S. 138) müsse. Dies könne dazu führen, daß in einer Kultur, welche eine größere Vielfalt in den Entfaltungsmöglichkeiten der Lebenstriebe zulasse, auch eine größere Menge der Gesamtenergie des Todestriebes gebunden und damit neutralisiert werde. Dies könne sich letzten Endes in einer Verminderung der Gefahr, welche die reine, also unvermischte Form des Todestriebes für die Menschheit darstellt, auswirken. Die Neutralisierung einer größeren Menge der in der Gesellschaft wirksamen Todestrieb-Energie würde sich auch insofern fördernd auf die Lebenstriebe auswirken, als hiermit verbunden die Summe der aus früheren Menschheitsentwicklungen stammenden und ständig weiter wirkenden kollektiven Schuldgefühle sich verringern würde.

Letztere wirken ja vom Über-Ich, dem Ort ihrer Wirksamkeit beim Einzelnen, her, ständig destruktiv auf das Ich und auf die Lebenstriebe.

Vergleicht man die Hypothese Marcuses über eine mögliche zukünftige, den Bedürfnissen, d. h. den Lebenstrieben des Einzelnen mehr gerecht werdenden Gesellschaft und Menschheitskultur mit denjenigen Mendels, so könnte man, wenn man den Gedankengängen des Letzteren folgt, auf die Vermutung kommen, daß Marcuse zu denjenigen gehört, die eine positive Bewältigung des ödipalen Konfliktes in der Menschheitsentwicklung nicht für möglich halten und es deshalb vorziehen, auf eine präödipale Entwicklungsstufe zu regredieren, die in der Menschheitsentwicklung derjenigen des Ur-Matriarchats entsprechen würde.

Die positive Bewertung eines solchen Vorgehens durch den Autor selbst wäre dann das Ergebnis eines unbewußten Abwehrvorganges im Sinne der Rationalisierung. Besonders taucht dieser Verdacht dann auf, wenn man sich vorzustellen versucht, daß die Sexualität sich in einer von Marcuse aufgezeigten möglichen zukünftigen Menschheitskultur vielleicht, ohne daß dies in dem von ihm vorgestellten Konzept so extrem enthalten ist, in einem solchen Ausmaße prägenitaler Befriedigungsmöglichkeiten bedient, daß die genitale Form immer weniger in Erscheinung tritt. Dies würde einen zunehmenden Ausfall der Fortpflanzungstätigkeit und damit unter Umständen das Aussterben der Menschenart zur Folge haben. Der Todestrieb hätte sich damit – als eine auf die Menschengattung und nicht nur den einzelnen Menschen wirkende Macht – gerade in einer solchen möglichen zukünftigen Gesellschaft durchgesetzt, für die ihr Befürworter Marcuse eine Verringerung der Macht des Todestriebes erwartet.

Andererseits enthalten die Zukunftperspektiven Marcuses durchaus auch Anteile dessen, was Mendel als Ansätze zur Verwirklichung post-ödipaler Ich-Ideale bezeichnet hat, und was er insbesondere unter dem Begriff der Einbeziehung positiver Anteile des Vaterbildes in die identifikatorischen Vorgänge der Menschen einer erdachten zukünftigen Gesellschaft beschrieben hat. Marcuse hat diesen Anteil nur nicht so ausdrücklich hervorgehoben. Im Grunde sind die Auffassungen der beiden Autoren deshalb vielleicht gar nicht so weit voneinander entfernt, wie es manchmal den Anschein hat.

6.2.4 Der Neurotiker, ein psychisch Kranker oder ein »Symptom« einer gesellschaftlichen Situation?

Die in den eben erörterten kulturpsychologischen Hypothesen als wirksam erkannten kollektiven psychischen Kräfte machen noch einmal mehr verständlich, aus welchen Gründen bestimmte Kulturen und Gesellschaften bestimmte Institutionen und Wertnormen ausbilden mußten, und von welchen Ursachen her dem Einzelnen Verzichte auf verschiedensten Gebieten seiner Selbstentfaltung und Selbstverwirklichung auferlegt werden mußten und auch weiterhin müssen. Besonders ist dabei auf die den Einzelnen behindernde und bedrohende Auswirkung des von Freud Todestrieb genannten Destruktionstriebes hinzuweisen, der – von allen zitierten Autoren übereinstimmend hervorgehoben – in den verschiedensten »Verkleidungen« seine Macht als kollektive psychische Kraft entfalten kann, in unserer heutigen Gesellschaft als Leistungs- und Erfolgszwang, als Zwang zu entfremdeter »nicht-libidinöser« Arbeit, als Verselbständigung der Wissenschaft, Technologie und Verwaltung und damit Ablösung von den ursprünglichen Bedürfnissen des Einzelnen und mit repressiver Rückwirkung auf diesen, und als Zwang zu einseitiger Kanalisierung erotischer Bedürfnisse auf genitale sexuelle Befriedigung in der einzigen Gesellungsform der monogamen ehelichen Partnerschaft.

Es ist nach den letzten Erörterungen deutlich geworden, daß die in unserer Gesellschaft wirksamen Zwänge nicht einfach als Willkürprodukte einzelner Machthaber zu verstehen sind, sondern daß es sich um notwendige Ergebnisse von kulturpsychologischen Entwicklungsprozessen und diese bewirkenden kollektiven psychischen Kräften handelt. Das Erkennen der eben behandelten Zusammenhänge ist wichtig zum Verständnis der im letzten Abschnitt zu behandelnden Fragen. Dies sind vor allem folgende:

1. Gibt es Möglichkeiten, dem einzelnen neurotisch Kranken in unserer Gesellschaft wirksam zu helfen?

2. Läßt sich die Bereitschaft und Fähigkeit der Öffentlichkeit (Gesellschaft) verbessern, das Massenphänomen Neurose realistischer wahrzunehmen und demzufolge die Voraussetzungen für die in der ersten Frage gewünschte bessere Hilfsmöglichkeit für den Neurotiker bereitzustellen?

Die vorher angestellten kulturpsychologischen Betrachtungen führen aber außerdem zu der Erkenntnis, daß die Frage der Neurosenentstehung nicht nur vom Standpunkt des individuell darunter leidenden Einzelmenschen erörtert werden kann, sondern darüber hinaus auch noch vom Standpunkt des »Großindividuums« Gesellschaft, mit anderen Worten, welche Rolle die neurotische Erkrankung eines Einzelnen bei der Beurteilung der »Gesundheit« oder »Krankheit« der Gesellschaft spielt. Wenn wir diese beiden Aspekte einander gegenüberstellen, so kann sich leicht die paradoxe Situation ergeben, daß die neurotische Erkrankung des Einzelnen ein Symptom dafür sein kann, daß sich in der Gesellschaft »gesunde« Änderungstendenzen abzeichnen, die zu einer »Heilung« der Gesellschaft in der Zukunft führen könnten. Diese Heilung der Gesellschaft könnte, falls sie eines Tages eintritt, wiederum bewirken, daß dann weniger Mitglieder dieser Gesellschaft, also Einzelmenschen, neurotisch werden. Dies wiederum könnte beim einzelnen Neurotiker der Gegenwart zur Folge haben, daß er seine Neurose akzeptiert und nicht an ihrer Beseitigung interessiert ist, da die Gesellschaft ja hierdurch vielleicht einen Anstoß zur Gesundung erhält.

Nur ist es im Regelfall wenig wahrscheinlich, daß viele Neurotiker eine solche Haltung aufbringen werden. Denn erstens ist das Bewußtsein der eben aufgezeigten Zusammenhänge bei den meisten Neurotikern nicht vorhanden, und zweitens besteht eine so große Zeitspanne zwischen dem Auftreten des eine Gesundung der Gesellschaft ankündigenden Symptoms in Form der neurotischen Erkrankung eines Einzelnen und der gesellschaftsverändernden *Auswirkung* dieses Symptoms, daß die Lebenserwartung des einzelnen Neurotikers damit weit überschritten würde. Die Aufrechterhaltung einer mit erheblichem subjektivem Leidensgefühl verbundenen Neurose im Dienste einer – etwaigen – Gesundung der Gesellschaft überschreitet damit eindeutig auch die Grenzen des Einfühlbaren und Zumutbaren.

Wir werden aber bei der Erörterung der Heilungschancen des Neurotikers unserer Gesellschaft im letzten Abschnitt noch sehen, welche Probleme *für den Psychotherapeuten* entstehen können, wenn er sich bei seinen Behandlungen von Neurotikern die mit einander konkurrierenden Interessen des Einzelnen und der Gesellschaft vergegenwärtigt.

IV. Die Heilungschancen des Neurotikers in unserer Gesellschaft

Der Neurotiker kann nur gesunden, wenn er zu sich selbst findet und wenn er lernt, sich dabei gleichzeitig auf die ihn umgebenden Realitäten einzustellen. Die erste Voraussetzung für seine Gesundung ist das Wahrnehmen und Akzeptieren seines Krankseins und sein Wille, gesund zu werden. Wenn diese Voraussetzung erfüllt ist, kann er die zur Verfügung stehenden Behandlungsmöglichkeiten in Anspruch nehmen und sich dabei helfen lassen, die für den Außenstehenden leichter als für ihn selbst erkennbaren, oft verschlungenen Pfade zu beschreiten, die ihn aus seiner neurotischen Verstrickung herausführen.

Ist dies aber die einzige Voraussetzung für seine mögliche Gesundung? Die Antwort muß lauten: Für ihn selbst ja. Es ist die einzige Voraussetzung, die in ihm persönlich erfüllt sein muß. Aber sein seelisches Kranksein ist, wie im letzten Abschnitt gezeigt worden war, eingebettet in einen gesellschaftlichen Zusammenhang, in welchem starke Kräfte wirken, die seinen Willen, gesund zu werden, in vielfältiger Weise hemmen (oder fördern) können. Seine Chancen gesund zu werden, hängen demnach auch weitgehend davon ab, welche fördernden oder hemmenden Kräfte in der ihn umgebenden Gesellschaft wirksam sind.

Es sind deshalb im Folgenden zunächst die Behandlungsarten darzustellen, die dem gesundungswilligen Neurotiker zur Verfügung stehen, während daran anschließend die in der Gesellschaft wirksamen Kräfte aufzuzeigen sind, welche den Gesundungs- und Wandlungsprozeß des Neurotikers im Verlauf seiner Behandlung fördernd und hemmend beeinflussen. Eine solche Untersuchung wird notwendigerweise Überlegungen und Vorschläge enthalten, ob und in welcher Weise die gesellschaftlich bedingten, in der Öffentlichkeit verbreiteten und über die Institutionen und Massenmedien wirkenden hemmenden Kräfte vermindert werden können, damit der Neurotiker besser gesunden kann. Schließlich wird daran anknüpfend eine Antwort auf die Frage zu finden versucht werden, ob in unserer Gesellschaft Maßnahmen denk- und realisierbar sind, welche zu einer Verringerung der Neurosenanfälligkeit und -häufigkeit führen könnten.

1. Die Behandlung von Neurotikern

Es gibt heute eine Vielzahl von Behandlungsmethoden, deren Anwendung dem Neurotiker zur Gesundung verhelfen kann. Die Auswahl der Methode richtet sich nach den Besonderheiten des jeweiligen Krankheitsfalles. So wie bei organischen Krankheiten einmal ein bestimmtes Medikament angezeigt ist, ein anderes Mal eine Diätkur und im dritten Fall eine Operation, kann sich bei Neurosen in einem Fall eine langdauernde, der Aufdeckung unbewußter Persönlichkeitskonflikte dienende Psychoanalyse, im zweiten Fall ein verstehendes Gespräch und im dritten Fall die Anwendung einer Entspannung bewirkenden Übungsbehandlung, etwa des Autogenen Trainings, als angezeigt erweisen. Nur sind unsere Kenntnisse auf dem Gebiet der seelisch verursachten Krankheiten leider noch lange nicht so gut wie in der Organmedizin. Dies gilt sowohl für die Wirksamkeit der verschiedenen therapeutischen Methoden allgemein als auch für die Effektivität bestimmter Methoden bei bestimmten neurotischen Erkrankungen, also die Frage der speziellen medizinischen Indikationsstellung. Eine betrübliche, aber offenbar wohl unvermeidliche Begleiterscheinung dieser noch bestehenden Unsicherheit ist eine starke Konkurrenz der Vertreter dieser unterschiedlichen Behandlungsmethoden untereinander. Da neben dem Anspruch, die eigene Methode als die beste zu beweisen, auch wirtschaftliche Interessen mitspielen – denn die Teilhabe am Verdienst bei der Behandlung von Millionen von Neurotikern stellt zweifellos einen nicht zu unterschätzenden Faktor dar – wird dieser Konkurrenzkampf zum Teil auch mit berufspolitischen und anderweitigen Machtmitteln geführt, was dann weit von der reinen Sachauseinandersetzung wegführt. Es bleibt nur zu hoffen, daß die Tatsachen, welche die Wirksamkeit bestimmter Methoden und ihre Anwendung auf bestimmte Neurosenformen beweisen können, so bald wie möglich von der Wissenschaft und Praxis herausgestellt werden, damit dieser teilweise auf dem Rücken der Patienten ausgetragene Kampf ein Ende findet.

Die Unsicherheit für den neurotischen Patienten, welchem Behandlungsvorschlag er folgen soll, erhöht sich noch dadurch, daß nur eine Minderzahl von Ärzten eine ausreichende Kenntnis von den heute bereits durch die Erfahrung weitgehend sichergestellten Indikationen und Gegenindikationen unterschiedlicher psychotherapeutischer Anwendungsformen bei speziellen neurotischen Erkrankungen hat. Es reicht demnach nicht aus, daß die Wissenschaft und die Empirie unumstößliche Tatsachen liefern, sondern diese Tatsachen müssen auch Allgemeingut der Ärzte und aller anderen mit der Behandlung, Beratung und Betreuung von Neurotikern befaßten Berufsgruppen werden. Es ist deshalb ein dringendes Anliegen dieses Buches, dem auf Grund seiner Ausbildung und bisherigen Berufspraxis auf diesem Gebiet wenig eingeweihten und erfahrenen Leser eine orientierende Übersicht über das Wesen der wichtigsten, bei Neurosen angewandten therapeutischen Verfahren zu geben, und dabei auch die wichtigsten Indikationsstellungen mit einzubeziehen.

1.1 Die »aufdeckenden« psychotherapeutischen Verfahren

Im II. Kapitel war dargestellt worden, daß eine große Zahl von neurotischen und psychosomatischen Erkrankungen dadurch entsteht, daß ein zu großer Teil von den Lebenskräften des Menschen in Form von Triebwünschen und Selbstverwirklichungstendenzen an ihrer Realisierung in natürlichen Handlungen gehindert wird, und daß die demzufolge nicht nach außen abgeführten und zur Entspannung gelangten Triebenergien sich im Inneren des Menschen anstauen. Dies führt weiterhin dazu, daß psychische und körperliche Funktionen mit einem Teil dieser gestauten Triebenergien besetzt und dadurch in ihrer normalen Funktion gestört werden. Es kommt auf diese Weise zu neurotischen Störungen der Gefühls-, Vorstellungs- und Denkfunktionen oder auf körperlichem Gebiet zu krankhaften Störungen der verschiedensten Organe oder Organsysteme. Die ursprünglich von der Außenwelt kommenden Behinderungen der natürlichen Entfaltungstendenzen bewirken allmählich, meist schon in den ersten drei bis fünf Lebensjahren, in denen sich der Charakter bildet, daß die immer wieder an ihrer natürlichen Entfaltung gehinderten Triebwünsche, einschließlich der mit ihnen verbundenen Vorstellungen, Gefühle und Affekte aus dem Bewußtsein verschwinden. Sie sind von da ab nicht mehr bewußt, also *unbewußt*. Von diesem veränderten Ort, dem Unbewußten her, entfalten sie nun ständig – außerhalb jeder Kontrollmöglichkeit durch den bewußten Verstand – ihre krankmachende oder die bereits entstandene neurotische Erkrankung unterhaltende Wirksamkeit. Dies tun sie in der Regel so lange, bis sie, infolge spontaner Schicksalsabläufe oder durch gezielte Behandlungstechniken wieder *aufgedeckt* worden sind, d. h. wieder dem Bewußtsein zugänglich und damit verfügbar geworden sind. Alle psychotherapeutischen Methoden, welche eine Aufdeckung und Bewußtmachung unbewußter Erlebnisinhalte zum Ziel haben und damit gleichzeitig eine Bewußtseinserweiterung im Hinblick auf die Gesamtpersönlichkeit des Betreffenden anstreben, bezeichnet man deshalb als aufdeckende psychotherapeutische Verfahren. Diese wirken dementsprechend auch immer auf eine vertiefte und umfassendere Selbsterkenntnis hin.

1.1.1 Die psychoanalytische Standardmethode

Die Behandlungsmethode der *Psychoanalyse* stellt einmal historisch den Beginn der aufdeckenden psychotherapeutischen Methoden dar, während sie heute eine von mehreren Methoden ist, die eine Aufdeckung unbewußter Erlebnisinhalte zum Ziel haben. Sie stützt sich auf bestimmte grundlegende Aussagen der psychoanalytischen Theorie, vor allem auf die psychoanalytische Triebtheorie, die Libidotheorie, auf die Bedeutung des Ödipuskomplexes und die Lehre von der Übertragung und vom Widerstand. Der Psychoanalytiker erhebt den Anspruch, seinen Patienten nicht nur von seinen neurotischen Leidenssymptomen zu befreien, sondern im Zusammenhang damit und darüber hinaus seine Gesamtpersönlichkeit in der Weise umzustrukturieren, daß sie gesünder und stabiler wird, so daß der Patient in künftigen Krisensituationen seines Lebens nicht mehr darauf angewiesen ist, seine Zuflucht zur Neurose zu nehmen, sondern daß er sich gesund, d. h. realitätsgerecht damit auseinandersetzen kann. Dieser therapeutische Anspruch entspricht der medizinischen Idealvorstellung einer *kausalen* Behandlung. Die Ursache des Übels, hier das Krankhafte im Charakter des Patienten, soll beseitigt werden, so wie in der Organmedizin mittels eines Chemotherapeutikums die eine Infektionskrankheit hervorrufenden Bakterien abgetötet werden und auf diese Weise eine kausale Therapie betrieben wird. Der kausalen psychoanalytischen Behandlungsmethode stehen im Bereich der Psychotherapie diejenigen Methoden gegenüber, welche lediglich eine am Symptom orientierte Therapie betreiben und sich nicht um etwaige, im Unbewußten liegende psychische Ursachen kümmern, und die als *symptomatische* Behandlungen bezeichnet werden.

Fall 1: Herr S., ein 32jähriger verheirateter Mann, befand sich acht Jahre lang wegen anfallsweiser Herzbeklemmungen, Angstzuständen beim Umgang mit Kunden, Rückenschmerzen und zahlreichen anderweitigen körperlichen Beschwerden in Behandlung von verschiedenen praktischen Ärzten, Internisten, Orthopäden und Neuropsychiatern. Er nahm Unmengen von Medikamenten zu sich, unterzog sich verschiedenen heilklimatischen und Diätkuren. Schließlich führte ein Psychiater eine Elektroschock-Behandlung bei ihm durch. Nichts half, und immer wieder vorgenommene Spezialuntersuchungen ließen nie einen krankhaften Organbefund erkennen. Herr S. geriet immer mehr in Panik. Er *hatte* doch Herzbeschwerden und Rückenschmerzen. Aber seine Frau, seine Brüder und seine Eltern glaubten ihm das kaum noch, nachdem kein Arzt etwas

Krankhaftes gefunden hatte. Er kam sich bald selbst als Lügner oder Simulant vor. Keiner verstand ihn mehr. Er mußte immer mehr Tabletten nehmen, um der Schmerzen und Ängste Herr zu werden und seinem anstrengenden Beruf nachgehen zu können. Als er kurz vor dem Zusammenbruch stand, ging er zu einem weiteren Spezialisten. Der untersuchte ihn gründlich und fand wiederum nichts Krankhaftes. Diesem Arzt fiel aber das Verkrampfte und Gehetzte hinter der geschäftsmäßig forsch-freundlich-verbindlichen Maske des Patienten auf. Er sprach mit ihm über seinen Beruf, dann über seine Familie und seine Eltern. Dabei stellte sich heraus, daß Herr S. jeden Tag 12–14 Stunden arbeitete, daß er für diese Arbeit – als verantwortlicher Leiter eines kleineren Industriebetriebes, der zum Verband eines größeren im Alleinbesitz des Vaters befindlichen Unternehmens gehörte – von Letzterem ein Gehalt von weniger als DM 1000.– bezog. Hierin war sogar noch das Entgelt für die intensive Mitarbeit seiner Ehefrau eingeschlossen. Herr S. sagte zwar, daß er dies alles in Ordnung finde, geriet aber bei seinem Bericht in immer stärkere Erregung und sagte, daß seine Herzkrämpfe wieder anfingen. Daraufhin überwies der Spezialarzt den Patienten zu mir in psychoanalytische Behandlung, in der Annahme, daß die Hauptursache der Krankheit in unbewältigten und unbewußten seelischen Konflikten des Patienten zu suchen sei.

Herr S. war nicht begeistert von diesem Vorschlag. Ihm wäre es lieber gewesen, wenn der Arzt endlich »die« organische Ursache für sein Leiden gefunden hätte. Er hätte sich eher einer lebensgefährlichen Operation unterzogen als zum »Psychiater« gehen zu müssen. Wie seine kleinstädtische Umgebung, in der er aufgewachsen war, und aus der er niemals herausgekommen war, sah auch der Patient selbst verächtlich auf alles herab, was mit Nerven, Nervosität, psychischen Auffälligkeiten oder gar Abnormität zusammenhing. Er mußte sich ja selbst verachten, wenn er zu »diesen« Leuten, die einen Psychiater brauchten, gehören sollte. Nur weil er unter dem unerträglichen Druck seiner Leidenssymptome stand und er Vertrauen zu seinem letzten Arzt gefaßt hatte, folgte er dessen Rat.

Er weihte nur seine Frau ein, daß er »solch eine« Behandlung mache. Zu seinem Erstaunen unterstützte diese ihn aber in seinem Vorsatz und verachtete ihn nicht, wie er befürchtet hatte. Sie sagte, daß sie sich durch diese Behandlung erhoffe, daß er seine Gereiztheit los werde, und daß es auch mit dem Geschlechtsverkehr besser werden würde, der in den letzten Monaten kaum noch stattgefunden hatte und auch nicht mehr richtig geklappt hatte. Sie hoffte ferner, daß er sich wieder um die beiden kleinen Kinder kümmern würde, die er zuletzt überhaupt nicht mehr beachtet hatte, und die ihn nur störten. Seinen Eltern und Geschwistern und Geschäftsfreunden traute er sich aber lange Zeit nichts von der Behandlung beim Psychoanalytiker zu sagen.

Bei den ersten Sitzungen – jeweils zwei in der Woche à 50 Minuten– saß mir Herr S. gegenüber. Er brachte mehr durch seine Haltung als durch Worte zum Ausdruck, daß er es eigentlich gar nicht nötig hätte, zu mir zu kommen. Er tue dies nur, damit ihm später keiner einen Vorwurf machen könne, daß er nicht alles für seine Gesundheit getan habe. Er war übersorgfältig nach der neuesten

Mode gekleidet, drückte sich gewählt aus, sprach ununterbrochen und versuchte, in mir die Vorstellung zu erwecken, was für ein toller Kerl er eigentlich sei. Ich ließ ihn reden. Ich hatte ihm ja in der ersten Stunde gesagt, er solle alles aussprechen, was gerade in ihm vor sich gehe, auch Gefühle und Körperempfindungen, und auch solche Gedanken und Vorstellungen, die einem normalerweise nicht wichtig oder auch peinlich sind.

In der fünften Stunde geriet sein Redestrom erstmalig etwas ins Stocken. Er hatte gerade von seinem Vater gesprochen. Als er eine Pause machte, ermutigte ich ihn, ruhig auszusprechen, was jetzt gerade sei. Sein Gesicht verzerrte sich daraufhin, er sprang auf und lief unruhig hin und her. Er vermied es, mich dabei anzusehen. Ich sagte ihm daraufhin, er könne sich auch hinlegen, vielleicht könne er leichter reden, wenn er mich nicht dabei anzusehen brauche. Er griff diesen Vorschlag sofort auf, legte sich hin, sein Körper fing an zu zucken, und es kam zu einem immer heftiger werdenden Schluchzen und schließlich zu einem minutenlangen verzweifelten Weinen, welches von heftigem Schütteln des ganzen Körpers begleitet war. Dann entspannte er sich allmählich und sagte, daß seine Herzschmerzen fort seien. Wir konnten beide erst viel später, nachdem die Behandlung schon ein Jahr gedauert hatte, verstehen, was in dieser fünften Stunde passiert war. Herr S. hatte bei mir erstmalig erlebt, daß er *Gefühle* zulassen durfte. Ich hatte weder durch Worte noch durch meine Haltung zum Ausdruck gebracht, daß er »sich zusammennehmen« müsse, d. h. seine Gefühle wegschieben. Dadurch konnte in ihm das Gefühl einer verzweifelten Ohnmacht gegenüber der Übermacht seines Vaters in sein bewußtes Erleben eindringen. Am Ende dieser Stunde sah er wie ein kleiner, hilfloser und trauriger Junge aus und nicht mehr wie ein erfolgreicher Geschäftsmann. Ich stimmte zu, als er darum bat, in der nächsten Zeit statt zweimal nunmehr viermal in der Woche zu mir kommen zu wollen.

Der weitere Verlauf der Behandlung wurde von denjenigen Kräften und Vorgängen bestimmt, die spontan in ihm abliefen. Meine Aufgabe bestand darin, ihn in seinen ausgesprochenen Gedanken, seinen Träumen, seinen Phantasien, aber auch in seinem Schweigen und seinen mimischen und gestischen Äußerungen zu verstehen. Ich versuchte, mich in ihn einzufühlen und stellte mich auch darauf ein, die in mir selbst aufsteigenden Gefühle und Vorstellungen wahrzunehmen. Was ich hiervon für nützlich hielt, um den spontanen Prozeß seiner Bewußtwerdung zu fördern, ihm mitzuteilen, sprach ich aus.

Es ging lange Zeit vorwiegend um den Vater und die Konkurrenz mit den beiden Brüdern. Das Gefühl der Ohnmacht gegenüber dem Vater verwandelte sich allmählich in Haß gegen ihn. Hier geriet die Analyse eine Zeitlang ins Stocken, und auch sein Verhalten mir gegenüber nahm einen zunehmend feindseligen Charakter an. Diese Schwierigkeit konnte erst überwunden werden, nachdem ihm klar wurde, daß er mich ebenso übermächtig erlebte wie seinen Vater. Er hatte geträumt, wie sein Vater am Steuer eines Autos saß und er auf dem Beifahrersitz daneben und sie einem gefährlichen Ziel entgegenfuhren. Er fühlte sich im Traum ohnmächtig, sich dagegen zu sträuben. Das Auto war aber nicht das des Vaters, sondern *meines.* Als ihm dieser Zusammenhang bewußt wurde, konnte er erleben, daß ich nicht sein Vater bin. Er erlebte mich von jetzt ab *auch* als den wohlwollenden Helfer, der ihn sich zu seinem Selbst entwickeln ließ, dem er ohne Angst Schwächen eingestehen konnte, und der ihn sogar im Kampf gegen seinen realen Vater unterstützen konnte.

Nach anderthalb Jahren Behandlung fiel ihm in einer Behandlungsstunde plötzlich folgende Szene aus der Vergangenheit ein: Er war noch in der Ausbildung im Betrieb seines Vaters. Er hatte einen anstrengenden Arbeitstag hinter sich und freute sich auf den Feierabend. Da trug ihm der Vater noch spät abends auf, eine Kiste aus dem Lagerraum in den Verkaufsraum zu tragen, wo sie am nächsten Morgen gebraucht würde. Voller ohnmächtigen, inneren Protestes machte er sich an die Kiste und trug sie auf dem Rücken in den Verkaufsraum. Dort stand plötzlich auf einer Empore der Vater. Als der Patient ihn sah, hatte er auf einmal den Impuls, ihm die Kiste vor die Füße zu werfen. Der drohende Blick des Vaters hinderte ihn aber daran. In diesem Augenblick trat der stechende und brennende Rückenschmerz auf, der den Patienten seitdem nie verlassen hatte. Herr S. geriet in große Erregung, als er sich an diese Szene wieder erinnerte. Ihm wurde plötzlich klar, daß er in jenem Augenblick symbolisch die ganze Bürde hatte wegwerfen wollen, die ihm der Vater aufgeladen hatte. Die Angst vor der Strafe war aber zu groß gewesen. Und schon der Impuls, gegen diese Bedrückung aufzubegehren, hatte genügt, daß er sich unwillkürlich mit dem plötzlich einsetzenden Rückenschmerz dafür bestrafte. Sein anerzogenes Über-Ich, welches ihm sagte, Du mußt ein gehorsamer Sohn sein, war stärker gewesen als sein Wunsch nach Befreiung. Herr S. verstand jetzt sein Rükkensymptom so, daß es ihn ständig ermahnen sollte, »Du mußt das Dir auferlegte Kreuz immer tragen«. Gleichzeitig wurde ihm aber auch klar, daß der sozusagen »eingefrorene« Protest gegen das Tragen dieser ständigen Last darin ebenfalls enthalten war. »Du mußt ständig diese Schmerzen haben, damit Du nicht vergißt, Dich eines Tages von dieser Last zu befreien.« In der folgenden Zeit wurde das Rückensymptom rasch geringer. Herr S. konnte sich jetzt *real* von seinen väterlichen Bürden befreien. Er setzte eine angemessene Bezahlung seiner Tätigkeit und eine größere Selbständigkeit in seinem Betrieb durch und ließ sich auch nicht mehr von den väterlichen Drohungen, ihn zu enterben, beeindrucken. Er machte sich auch von der Zielsetzung unabhängig, weiterhin der »liebste«, d. h. der tüchtigste Sohn seines Vaters bleiben zu müssen.

Im Verlaufe dieser Entwicklung lernte unser Patient es auch, seinen Vater mit größerem Abstand zu sehen. Er erkannte dabei, daß der berufliche Erfolg des Vaters seine einzige Stärke war, und daß dahinter ein armer Mensch steckte, der völlig einsam war, seit Jahrzehnten von seiner Frau seelisch und körperlich getrennt war, trotz erhaltener äußerer Wohngemeinschaft, und für den Begriffe wie Genuß oder Gemütlichkeit Fremdwörter waren. Seine menschlichen Kontakte bestanden ausschließlich zu Geschäftsleuten und einflußreichen Honoratioren und Beamten seiner Stadt.

Nachdem der Patient seinen Vater »überwunden« hatte, und damit ein Stück eigener männlicher Identität nachentwickeln konnte, ging es im letzten Teil der Analyse um seine Beziehung zur Mutter. Letztere war bisher so selten in seinen

Einfällen aufgetaucht, daß man den Eindruck bekommen konnte, er habe nie eine Mutter gehabt. Innerlich *hat* er auch nie eine richtige Mutter gehabt. Bei dem Wach-werden seiner frühen Kindheitseindrücke fehlten jegliche Erlebnisse liebevoller mütterlicher Zärtlichkeit, Zuwendung und Geborgenheit. Unwillkürlich hat er seine Mutter schon als ganz kleines Kind sozusagen »abgeschrieben«. Die Mutter hatte sich völlig dem Totalitätsanspruch des Vaters unterworfen und damit auch den spartanischen Erziehungsmaximen des Vaters den Kindern gegenüber. Sie lebte seit Jahren völlig resigniert wie ein Schemen neben dem Vater. Dem Patienten wurde in der Rückerinnerung bewußt, daß er Ansätze mütterlicher Liebe lediglich durch eine Tante erfahren hatte, die im Nachbarhaus wohnte, und die sich nicht völlig von der Diktatur des Vaters hatte unterjochen lassen.

Das Gewahrwerden des Mangels an mütterlicher Liebe in seiner Kindheit führte in dieser Phase der Behandlung zu tiefen und schmerzvoll erlebten Depressionen. Dem Patienten wurde auf einmal bewußt, daß er seine Frau mit dem unbewußten Wunsch geheiratet hatte, daß sie ihm seine Mutter ersetzen möge, und daß seine Gereiztheit gegen sie Ausdruck seiner Enttäuschung war, daß dieser Wunsch sich bei ihr nicht erfüllt hatte. Mit seinen Kindern konnte er nichts anfangen, da er sie unbewußt als Konkurrenten bei dem Verlangen nach mütterlicher Liebe durch seine Frau empfunden hatte. Sie nahmen ihm seine Frau-Mutter weg. In welchem inneren Zwiespalt der Patient sich zum Zeitpunkt seiner Eheschließung befand, mag aus folgenden Ereignissen an seinem Hochzeitstag ersehen werden: Das innere Motiv zum Heiraten war gewesen: »Ich möchte weg aus dieser trostlosen und bedrückenden häuslichen Welt in eine bessere Welt hinein, wo ich vielleicht noch eine Mutter bekomme, die mich liebt.» Daneben stand aber gleichzeitig das Wissen darum, daß er als Ehemann Verpflichtungen gegenüber seiner Frau haben würde, daß es Abschiednehmen von der Jugend heißen würde. Und der Protest gegen diesen eigentlich nicht von ihm gewollten Anteil der Ehe drückte sich nun in einer dramatischen, mitten am Hochzeitstage ausbrechenden Erkrankung aus, die mit Unruhe, Kopfschmerzen, Übelkeit, Erbrechen und heftigen Durchfällen einher ging. Herr S. verstand dies jetzt selbst so, als habe er damit seinerzeit zum Ausdruck bringen wollen: »Ich bin noch ein kleines Kind, ich kann doch noch nicht heiraten, Ihr seht doch alle, daß mir das noch nicht bekommt und daß ich davon krank werde.»

Das Durcharbeiten dieser Zusammenhänge ermöglichte es ihm, eine reifere Einstellung zu seiner Frau zu gewinnen. Er konnte sie jetzt überhaupt erstmalig als jemanden begreifen, den man als anderes Wesen liebhaben kann, mit dem man sich unterhalten, fröhlich sein und gemeinsam arbeiten kann und nicht mehr nur jemand, von dem man die Stillung eines unersättlichen Kindheits-Liebeshungers erwartet und sich enttäuscht zurückzieht, wenn dies nicht geschieht. Herr S. entdeckte auf einmal auch, daß er Kinder hatte. Er spielte mit ihnen, fing an zärtlich zu ihnen zu sein und übernahm Verantwortung für ihre Erziehung.

Das Ergebnis dieser Behandlung, aus der nur wenige Ausschnitte wiedergegeben werden konnten, war, daß Herr S. seine Symptome verloren hatte, daß er im Gegensatz zu vorher er selbst sein konnte, sein Leben frei von neurotischer Angst und Bedrückung wurde, und daß er seine Beziehung zu anderen Menschen und seine Arbeit und Freiheit voll erleben und genießen konnte.

Dem Leser, der mit dem Begriff Psychoanalyse sofort Sexualität assoziiert, mag auffallen, daß in dieser Schilderung so wenig von Sexualität die Rede ist. Dies entspricht der Verwunderung vieler Patienten, die darauf warten, daß der Analytiker ständig drastische sexuelle Deutungen gibt und beinahe enttäuscht sind, daß dies nicht geschieht, und sie deshalb keine Gelegenheit haben, gegen derartige unsinnige Deutungen zu protestieren. Erst nach und nach, wenn sie die Möglichkeiten der Selbstbesinnung und Selbsterkenntnis im Verlaufe der Analyse in *allen* Bereichen des Gefühls- und Vorstellungslebens erfahren haben, kommen ganz von selbst Erinnerungen an kindliche sexuelle Gefühle, Erlebnisse, Phantasien und Ängste in ihr Bewußtsein und wird ihnen ganz von selbst klar, welch wichtige Bedeutung diese wiedererinnerten Erlebnisse für ihre Charakterbildung und ihre Beziehung zu den Menschen gehabt haben. Sie erkennen von diesem Stadium der Behandlung ab ganz von selbst auch die Bedeutung der Fortsetzungen ihrer kindlich-sexuellen Bedürfnisse, Vorgänge und Phantasien in ihrem *gegenwärtigen* Erleben, wie auch in ihren gegenwärtigen Phantasien und Träumen. Dies war auch bei dem von mir beschriebenen Patienten der Fall. Nur erlaubte es die geraffte Darstellung der wichtigsten Behandlungsetappen nicht, die vielfältigen Einzelprobleme zu referieren, die in den zahlreichen Behandlungsstunden zur Sprache kamen, und zu denen häufig auch Probleme der Sexualität gehörten.

Im Anschluß an diese auszugsweise Falldarstellung können jetzt die im Verlaufe einer psychoanalytischen Langzeitbehandlung regelmäßig zu beobachtenden Vorgänge verständlich gemacht werden:

1. Es kommt zu einer *Erweiterung des Bewußtseins des Patienten über sich selbst.* Die Behandlungsanordnung, das sog. Setting, fördert die Bewußtwerdungsprozesse. Der Patient kann sich im Liegen auf der Couch körperlich entspannen und sich dadurch, daß er optisch nicht von einem Gegenüber abgelenkt wird, ganz auf sein seelisches Innenleben einstellen, sich *introspektiv* verhalten. Obwohl er den Analytiker nicht sieht, weiß er aber, daß dieser anwesend ist. Er hört seine Worte und nimmt die mitfühlende und verstehende Anteilnahme des Analytikers wahr.

2. Das Gewähren-lassen durch den Therapeuten führt bald dazu, daß der Patient stärker als sonst Gefühle in sich wahrnimmt. Hiermit verbunden sind Vorstellungen und Phantasien, die in der Regel rasch auf ihre in der Kindheit liegenden Anfänge zurück führen. Es kommt damit zu ei-

ner *Regression.* Dieser Vorgang wird durch das Liegen – wie man aus Vergleichen zu im Gegenübersitzen durchgeführten Behandlungen sehen kann – deutlich intensiviert.

3. Die Regression bringt es mit sich, daß die nunmehr wieder lebendig gewordenen kindlichen Einstellungen des Patienten sich auf den Analytiker richten. Man kann auch umgekehrt sagen, daß Letzterer sie durch sein mütterlich-väterliches Wohlwollen und Gewähren-lassen im Patienten hervorruft. Hiermit ist das eingetreten, was früher schon als *Übertragung* beschrieben wurde.

4. Die Aufgabe beider an der Analyse Beteiligten besteht jetzt darin, die eingetretene Gefühlsbeziehung zwischen beiden, eben die Übertragung, bewußt wahrzunehmen und zu verstehen. Das heißt unter anderem, der Patient lernt es allmählich, durch die Ähnlichkeit seines Gegenüber dem Analytiker bewußt gewordenen Gefühles – wie im Beispiel gezeigt – mit seiner Einstellung zum Vater und anderen kindlichen Primärobjekten eben diese seine Einstellung zu den Letzteren zu erkennen. Über die *Analyse der Übertragung* zum Therapeuten kann dem Patienten somit seine Beziehung zu den Primärobjekten Mutter, Vater und anderen Familienmitgliedern, und zwar der kindliche Ursprung dieser Gefühlsbeziehungen bewußt werden.

5. Der Analytiker hilft dem Patienten gelegentlich durch das Aussprechen von ihm vermuteter Zusammenhänge, sog. *Deutungen,* besser und rascher an die bisher von ihm nicht wahrgenommenen inneren Vorgänge heranzukommen. Diese Deutungen sind demnach keine magischen oder suggestiven Zauberformeln (obwohl viele Patienten sie besonders zu Beginn der Behandlung als solche sehen möchten), sondern verbale Anstöße, die dem Analysanden dabei helfen sollen, die Behinderungen zu überwinden, welche seinem bewußten Erkennen innerseelischer Vorgänge im Wege stehen. Die Kunst des Deutens besteht vor allem darin, Deutungen nur an denjenigen Stellen des spontanen, sich im Analysanden abspielenden psychischen Geschehens zu geben, an denen nicht zu erwarten ist, daß der Patient einen zum bewußten Erkennen gerade reifen Zusammenhang von selbst spontan vollzieht, wo aber andererseits die Behinderung nur so mäßig ist, daß sie durch die Provokation der Deutung überwunden werden kann. Eine Analyse läuft um so besser, je weniger gedeutet werden muß, d. h. je spontaner dem Patienten die inneren Zusammenhänge ins Bewußtsein dringen.

6. Gedeutet werden außer den Übertragungsvorgängen noch weitere Phänomene, deren Hintergründe und Motive dem Patienten bei seiner Selbstwerdung helfen können. Hierzu gehören die verschiedenen Äußerungen des *Widerstandes.* Gemeint ist vor allem der dem Patienten

nicht bewußte Anteil seines Widerstandes gegen den Analytiker oder gegen das Bewußtwerden unangenehmer Erlebnisse, Gefühle und Einsichten. Der Patient lernt dadurch verstehen, daß bestimmte, von ihm selbst unbeachtete Vorgänge Ausdruck eines unbewußten Widerstandes gegen den Analytiker und gegen die Behandlung sein können. Zum Beispiel daß er immer etwas zu spät kommt, daß er an bestimmten Stellen in der Stunde plötzlich müde wird, keine Lust mehr hat oder ihm etwas plötzlich banal oder »nicht dazu gehörig« vorkommt usw. Wenn die Deutung des Analytikers »Sie sind jetzt müde, weil Sie nicht weiter über Ihr Gefühl des Alleinseins nachdenken wollten, das nach meinem Empfinden aus Ihren letzten Worten herausklang« richtig ist, wird der Patient rasch auf die letzte Situation zurückkommen, weitere Einfälle dazu bringen und an meist unangenehme, unlustvolle und schmerzliche Erlebnisse gelangen, die er bis dahin mit seiner Müdigkeit abgeschoben hatte. Die Müdigkeit wird dabei rasch verschwinden.

7. Die zu analysierenden Widerstände können in der vielfältigsten Form auftreten, häufig auch mit Übertragungsvorgängen verbunden. In dem dargestellten Fall war der längere Zeit anhaltende Widerstand des Patienten gegen mich erwähnt worden, der so lange anhielt, bis er erkennen konnte, daß er mich als seinen bedrückenden Vater erlebt hatte. An dieser Stelle kann gezeigt werden, welche Vorgänge im Verlaufe einer Analyse in besonderem Maße *heilend* wirken:

a) Der Patient erkennt: »Ich erlebe meinen Therapeuten ebenso bedrückend, wie ich seit früher Kindheit meinen Vater erlebt habe.« Hierdurch wird folgende weitere Erkenntnis möglich:

b) »Jetzt wird mir erst richtig bewußt, *wie* bedrückend ich meinen Vater erlebe und immer erlebt habe.«

c) Weiterhin kann der Patient jetzt erstmalig erkennen: »Ich erlebe meinen Therapeuten zwar wie meinen Vater, aber er *ist* doch nicht mein Vater. Er ist doch jemand *anderes.* Er verhält sich doch auch anders zu mir als mein Vater. Also muß *ich* es selbst sein, der ihn mir so erscheinen läßt wie meinen Vater. Ich sehe meinen Vater in ihn selbst hinein. Es ist also jemand anderer, jemand, der mir helfen will, zu mir selbst zu kommen. Diese Hilfe kann ich jetzt annehmen, da ich keine Angst mehr vor ihm zu haben brauche, nachdem ich erkannt habe, daß er nicht mein Vater ist, sondern ich das bisher nur so empfunden hatte.« –

Dieser therapeutisch wirksame Effekt des Gewahrwerdens echter neuer psychischer Einstellungen und Beziehungen zum Analytiker nach dem Bewußtwerden des Übertragungsanteiles in dieser Beziehung nannte F. Alexander »*korrigierende emotionale Erfahrung*«. Sie beinhaltet die Ablösung von den beim Neurotiker zwingenden Wiederholungen der infantilen Beziehungs-, Einstellungs- und Verhaltensmuster. Zur Verdeutlichung dessen, was in solchen »Markstein«-Situationen während einer Analyse geschieht, in denen korrigierende emotionale Erfahrungen gemacht werden, ist hinzuzufügen, daß es sich um gefühlsmäßig und affektiv stark bewegende Vorgänge handelt, die häufig von körperlichen Erscheinungen wie Schwindel, Blässe oder Zittern oder auch von Weinen begleitet werden und nicht etwa nur um »rationales Verstehen« von intellektuellen Zusammenhängen.

8. Die eben geschilderten Vorgänge der korrigierenden emotionalen Erfahrung beinhalten noch etwas Weiteres, worauf besonders Erikson[1] in seinen Schriften aufmerksam gemacht hat, nämlich die *Findung der eigenen Identität* des Patienten. Unser Patient hatte sich als kleines Kind unbewußt an seinem Vater orientiert und sich mit ihm identifizert. Damit hatte er unwillkürlich auch die schwachen und negativen Seiten seines Vaters »introjiziert«, die seiner eigenen Persönlichkeitsentwicklung gar nicht entsprachen, sondern sie nur behinderten. Er hatte sich also partiell »fehlidentifiziert«. Wenn nun die Vater-Übertragung in der Wiederholung derselben auf den Analytiker bewußt geworden ist, können auch die Fehlidentifikationen wahrgenommen werden. Die Folge davon ist, daß der Patient nunmehr unbehinderter sich selbst annehmen und entfalten kann und damit zu seiner eigenen Identität finden kann. Nicht selten vollzieht sich dieser Vorgang während der Behandlung über verschiedene Teilidentifikationen mit dem Analytiker. Diese liegen dann meist näher bei den Selbstverwirklichungsmöglichkeiten des Patienten als die in der Kindheit erworbenen. Sie sind dadurch für die Persönlichkeitsfindung geeigneter, und sie sind auch lockerer gefügt als die früher erworbenen und können demzufolge leichter wieder aufgegeben werden. Der höchstmögliche Grad der Persönlichkeitsreife ist dann erreicht, wenn das Selbst des Patienten autonom geworden ist und Identifikationen mit anderen Menschen nicht mehr nötig hat.

Erikson weist in seinen jüngeren Arbeiten (z. B. Autobiographisches zur Identitätskrise. Psyche 27 (1973) S. 793–831) auf die Komplexität des Identitäts-Problems hin, vor allem darauf, daß man von der persönlichen Identität die *soziale Identität* abgrenzen muß und die persönliche im Zusammenhang mit der sozialen begreifen muß. Die soziale oder Gruppenidentität entspricht demjenigen Anteil der Identität, welcher das Selbst des Menschen im Zusammenhang mit seinem sozialen Umfeld, also in seiner Verflochtenheit mit Familie und Gesellschaft betrifft. Wie wandlungsfähig und labil diese soziale Identität gegenüber

1 E. Erikson, Das Problem der Identität. In: Psyche, Bd. 10, S. 114–178.

der relativ stabilen persönlichen Identität ist, zeigt z. B. Hacker (Mythos, Realität, Analyse, Terror. Wien, München, Zürich, 1973, S. 188), in folgendem Beispiel: Dieselben Frankfurter Zuschauer, die einen Hamburger Fußballspieler auspfeifen, der gegen »ihre« Frankfurter Mannschaft ein Tor schießt, jubeln am nächsten Sonntag, wo sie ihre Frankfurter Identität gegen eine Identität als Deutsche vertauscht haben, demselben Hamburger Fußballspieler zu, wo er als Teilnehmer der Deutschen Nationalelf ein Tor gegen Ungarn schießt.

In der psychoanalytischen Behandlung geht es zunächst vorwiegend um die persönliche Identität, weil ihre Störung und Behinderung in besonderem Maße neurotisierend wirkt. Im weiteren Verlauf der Therapie muß aber der soziale Anteil der Identität immer stärker in die analytische Arbeit mit einbezogen werden. Hierbei wird dem Patienten allmählich bewußt, welche Identifikationen mit Personen, gesellschaftlichen Gruppen, Institutionen und Ideologien in ihm wirksam sind, inwiefern diese sozialen Identifikationen unbewußte Verschiebungen persönlicher kindlicher Identifikationen auf diese sind, bzw. in welchem sonstigen Zusammenhang sie mit seiner persönlichen Identität stehen. Im dargestellten Fall war es z. B. erforderlich, daß der Patient die ihm anfänglich unbewußte Verlagerung und Ausweitung seiner Fehlidentifikation mit dem negativen Vater-Anteil auf die Moral, Norm, Gepflogenheiten, Bräuche und Institutionen seiner Heimatstadt erkannte. Erst nachdem ihm dieser Zusammenhang bewußt geworden war, gelang es ihm, sich auch von dieser sozialen Fehlidentifikation zu lösen und sich autonomer zu verhalten, d. h. seiner persönlichen Eigengesetzlichkeit, seinem Selbst entsprechender und sich damit auch unbehinderter und angstfreier in seinen sozialen und beruflichen Beziehungen zu verhalten.

Die Übertragungsvorgänge des Patienten können aber auch manchmal zu einem schwer überwindbaren Widerstand werden, nämlich dann, wenn sie den Charakter einer alles andere verdrängenden und alles andere überstrahlenden Liebesbeziehung bekommen. Eine Patientin möchte nur noch von dem sprechen, was mit ihren Liebesgefühlen zu ihrem Analytiker zusammenhängt. Sie möchte diese Gefühle genießen und sich darin berauschen. Sie möchte nichts mehr von analytischer Arbeit, von Deutungen und ähnlichem hören. Diese Formen der Übertragung sind besonders schwierig zu überwinden, da die Patienten während des Anhaltens eines solchen Zustandes meist rasch ihre Symptome verlieren. In Wirklichkeit sind sie aber nicht gesund geworden, sondern haben nur die pathologische Form der Bewältigung unbewußter Konflikte in Form der neurotischen Symptombildung vertauscht mit der ebenfalls pathologischen Bewältigungsform des Lebens in einer Phantasiewelt, in der nur sie und der geliebte Analytiker existieren, während die Wirklichkeit gleichgültig geworden ist. Es ist gut zu verstehen, wie widerwillig diese Patienten sind, wenn es darum geht, den Widerstandsanteil dieser Übertragungsliebe bewußt zu machen, und wie behutsam der Therapeut hierbei vorgehen muß.

Aber auch die im Therapeuten sich während der Behandlung abspielenden psychischen Vorgänge, insbesondere seine Gefühle zum Patienten, enthalten Übertragungsanteile. Wir sprechen von *Gegenübertragung.* Während man sie nach ihrer Entdeckung zunächst als störend ansah, hat man mittlerweile ihren therapeutischen Wert erkannt. Der Analytiker nimmt z. B. plötzlich wahr, daß sein abwehrendes Gefühl gegenüber einer Patientin damit zusammenhängt, daß ihr rationalisierendes Verhalten ihn an seine Tochter erinnert, zu der er ein ähnliches Gefühl hat. Diese Wahrnehmung ermöglicht ihm zweierlei:

Erstens kann er jetzt das Anderssein der Patientin wahrnehmen und losgelöst von dieser übertragungsbedingten Einstellung unbefangener alles wahrnehmen, was von ihr ausgeht, und zweitens kann er jetzt verstehen, daß die Patientin durch ihr typisches Verhalten bestimmte Gefühle im Partner, hier dem Analytiker, hervorruft. Letzterer kann ihr daraufhin diese Wahrnehmung mitteilen und ihr damit ihre Rationalisierungsneigung »zurückspiegeln«. Dies kann ihr wiederum dazu verhelfen, sich die Ängste, Vorstellungen und Erinnerungen bewußt werden zu lassen, die sie mit ihrem rationalisierenden Verhalten bisher immer weggeschoben hatte.

Die Wahrnehmung und Deutung der Gegenübertragung setzt voraus, daß der Analytiker sich selbst einem gründlichen analytischen Prozeß unterworfen hat, d. h. daß er eine Eigenanalyse durchgemacht hat. Diese ist deshalb ein zentraler Bestandteil seiner Ausbildung.

Die psychoanalytische Standardbehandlung dauert in der Regel, bei einer Frequenz von zwei bis vier Sitzungen pro Woche, zwischen eineinhalb und drei Jahren. Das sind hundert bis fünfhundert Behandlungsstunden.

Die Frage, ob bei einem bestimmten neurotischen Patienten eine Psychoanalyse in Frage kommt, richtet sich nach einer Reihe von Gegebenheiten, die der Therapeut im Rahmen eines ersten Gesprächkontaktes, dem Erstinterview, und der dieses ergänzenden biographischen Anamnese (Vorgeschichte) festzustellen versucht. Natürlich muß vor diesem ersten Kontakt mit dem Patienten abgeklärt sein, daß seine Krankheit keine organischen Ursachen hat. Wenn sich herausstellt, daß die Symptomatik in einer aktuellen belastenden Lebens- und Konfliktsituation aufgetreten ist, spricht dies *für* die seelische Verursachung der Erkrankung. Weitere Hinweise für eine seelische Bedingtheit ergeben sich aus dem Erkennbarwerden neurotisierender Einflüsse während der Kindheit des Patienten.

Mit der Feststellung einer konfliktbedingten, also neurotischen Erkrankung, ist noch nicht die Frage beantwortet, ob der Patient die Voraussetzungen für eine psychoanalytische Behandlung erfüllt. Um diese Frage zu beantworten, muß sich der Therapeut Klarheit darüber verschaffen, ob der Patient über ein ausreichendes Maß an grundsätzlicher Introspektions- und Wandlungsfähigkeit verfügt, also noch nicht in seinen neurotischen Haltungen zu stark fixiert ist, und vor allem, ob er über einen echten Gesundungswillen verfügt und ihm nicht schon bereits die mit seiner Neurose eingetretenen Begleit- und Folgeumstände (Arbeitsunfähigkeit, Versorgtwerden, Rentenbezug, Entlastung von Verantwortung) wichtiger geworden sind als eine auf dem mühevollen Wege der Analyse zu erreichende Gesundheit. Es darf also noch kein fixierter sekundärer Krankheitsgewinn eingetreten sein. Neben weiteren Kriterien der Indikation und Prognose, die hier nicht aufgeführt werden können, ist noch zu erwähnen, daß eine wenigstens durchschnittliche Intelligenz vorhanden sein muß, damit die in der Behandlung geforderten Wahrnehmungs- und Urteilsleistungen zustande kommen können[2].

Zu den positiven, für eine psychoanalytische Behandlung sprechenden Kriterien gehört auch die *eigene Motivation* des Patienten, sein intensiver Wunsch, in der Psychoanalyse mehr über sich selbst zu erfahren und dabei auch unangenehme Erkenntnisse und Gefühlserlebnisse in kauf zu nehmen. Erfreulicherweise mehren sich Patienten mit einer solchen positiven Einstellung zur Psychoanalyse. Streng von dieser Art Patienten sind jedoch jene zu unterscheiden, die nur eine Pseudo-Motivation haben, die sich modern und fortschrittlich vorkommen, weil sie zum Psychoanalytiker gehen, im Grunde aber gar nicht wissen, worum es geht, und die eigentlich nur sich selbst darstellen wollen und die Behandlung dann abbrechen, wenn sie erkennen, daß sie sich mit den Schattenseiten ihrer Persönlichkeit auseinandersetzen müssen.

Für die psychoanalytische Behandlung kommen besonders diejenigen neurotischen Patienten in Frage, deren Erkrankung auf besonders schweren neurotischen Prägungen während der frühen Kindheitsentwicklung gründet. Hier kann, wenn man sich nicht mit meist nur vorübergehend wirksamen Symptombeeinflussungen begnügen will, nur die Aufdekkung des gesamten neurotischen Verhaltensgefüges und Lebensaufbaues und deren kindlicher Entstehungsbedingungen in einer psychoanalytischen Behandlung zu einer grundlegenden Heilung führen.

2 F. Heigl, Indikation und Prognose in Psychoanalyse und Psychotherapie. Göttingen 1972.

Eine kritische Phase jeder intensiven, d. h. mit starken regressiven und Übertragungsvorgängen verknüpften psychoanalytischen Behandlung ist die *Beendigung der Behandlung.* Der Analytiker muß wissen, daß viele Patienten die unbewußte Neigung haben, trotz inzwischen eingetretener Persönlichkeitsreifung und Symptomheilung, die vertraute analytische Situation zu verewigen. Auch für manchen Analytiker ist die Beendigung einer Behandlung nicht selten ein schmerzliches Ereignis, weil er seinen Patienten, gerade nachdem er durch seine Entwicklung liebenswerter, weil reifer und erwachsener und menschlicher geworden ist, nur ungern verlieren möchte. Er muß wissen, daß sich hier das wiederholt, was bei einem Jugendlichen während seiner Ablösung vom Elternhaus vonstatten geht. Die Ablösung und endgültige Verselbständigung kann nur dann gelingen, wenn die Eltern bereit und in der Lage sind, ihre Kinder frei zu geben. Auch der Analytiker muß den richtigen Zeitpunkt erkennen, an dem er seinen Patienten »loslassen« muß. Die mangelnde Fähigkeit mancher Analytiker, ihre Patienten rechtzeitig loszulassen, verbirgt sich gelegentlich hinter ihrem überhöhten perfektionistischen Anspruch, aus ihrem Patienten eine Art Supermensch zu machen und sich nicht mit einem ausreichenden Maß von Symptombesserung, menschlicher Reifung, Stabilität und Genußfähigkeit zu begnügen, dem durchaus noch einige Mängel anhaften können.

1.1.2 Die psychoanalytische Kurz- oder Fokaltherapie

Fall 2: Fräulein K., eine 24jährige, auffallend kleine und zierliche Patientin, kam aufgrund eines Zeitungsartikels, in welchem sie etwas über psychosomatische Krankheiten gelesen hatte, in meine Sprechstunde. Sie leide seit Jahren unter heftigen Durchfällen, die gelegentlich zu schweren Entzündungserscheinungen in den Endabschnitten ihres Darmes geführt hatten. Ärzte hätten eine Colitis ulcerosa (geschwürartige Dickdarmentzündung) diagnostiziert. Die übermäßig stark geschminkte Patientin gab sich betont selbstbewußt und war ganz darauf eingestellt, in der Behandlung in möglichst kurzer Zeit viel zu lernen, um auf diese Weise ihre lästige Erkrankung los zu werden. Sie offenbarte einen starken Ehrgeiz und hatte es in ihrem Beruf bereits zu einer angesehenen selbständigen und verantwortlichen Stellung gebracht. Mit ihrer bisherigen erfolgreichen Leistungsorientierung hoffte sie auch, die Therapie zu schaffen. Sie teilte mir folgenden Traum mit: »Ich nahm an einem Autorennen teil. Ich fuhr einen roten Wagen. Ich wollte unbedingt siegen. Ich merkete aber, daß ich mich nicht aus dem Rudel der Wagen, zwischen denen ich fuhr, lösen konnte. Da erhob sich mein Wagen plötzlich vom Erdboden und flog unbehindert über die anderen hinweg, so daß ich rasch alle hinter mir gelassen hatte und allein an der Spitze war.« Aus ihrer Lebensgeschichte erfuhr ich, daß ihr Vater starb, als sie erst neun Jahre alt war. Ihre Mutter war eine schwache Frau, die nach dem Tode des Vaters mit der Patientin und deren jüngerer Schwester nicht fertig wurde. Die Patientin übernahm daraufhin die Führungsrolle in der Familie. Sie verdiente neben der Schule durch kleine Arbeiten Geld, machte den Haushalt und beaufsichtigte die jüngere Schwester. Ab vierzehn Jahren übernahm sie auch die finanzielle Verantwortung für den Haushalt. Nach der Volksschule machte sie eine Lehre und besuchte abends Kurse in Fremdsprachen und beruflichen Spezialfächern. Bereits mit einundzwanzig Jahren hatte sie eine leitende Position erreicht. Sie freundete sich auch mit Männern an, weil »es eben dazu gehört«, wie sie sagte. Sie suchte sich jeweils solche Partner aus, die ein gutes gesellschaftliches Ansehen hatten, und die tüchtig waren. Es kam aber nie zu stärkeren Gefühlsbindungen. Durchfall bekam sie zum ersten Mal mit neunzehn Jahren, als ihr damaliger Freund von ihr sexuelle Beziehungen verlangte. Es war ihr selbstverständlich, daß sie den größten Teil ihres Verdienstes in den Haushalt steckte und ihre Mutter und Schwester davon mit lebten. Sie hatte unwillkürlich in der Familiengruppe die Rolle ihres verstorbenen Vaters übernommen. Die Durchfälle hatten sich kurz vor ihrem Besuch bei mir verschlimmert, nachdem der Chef ihres Betriebes sich persönlich für sie zu interessieren begann und sie in seinem Betrieb an die Stelle seiner Ehefrau eingesetzt hatte, die bis dahin diese Position eingenommen hatte. Dadurch kam es zu einer starken Rivalitätsspannung zu der Frau des Chefs.

Ich empfand bei diesem ersten Gespräch mit der Patientin, daß sie unwillkürlich dadurch meine Zuwendung zu erlangen suchte, daß sie mir zu erkennen gab, wieviel sie für andere zu leisten und herzugeben bereit sei, und auch in der Therapie für mich zu leisten bereit sein würde. Zu gleicher Zeit entstand in mir der Eindruck, daß aus ihren Worten und Gesten überhaupt keine Gefühlsregungen erkennbar wurden. Ihr Gesicht wirkte auf mich starr, wie eine Fassade, durch die man nicht hindurch in ihr Inneres schauen konnte, und durch die hindurch von ihr nichts nach außen gelangen konnte. Gegen Ende der Konsultation sprach ich ihr gegenüber meine Vermutung eines möglichen Zusammenhanges ihres Symptomes mit dem ihr unbewußten Konflikt aus. Ich sagte zu ihr: »Ich habe den Eindruck, daß Sie sehr tüchtig sind, und daß Sie mehr als viele andere leisten können. Sie bekommen deswegen auch von anderen viel Anerkennung. Aber diese Annerkennung ist vielleicht nicht alles, was Sie sich innerlich wünschen. Vielleicht möchten Sie von den anderen Menschen noch etwas ganz Anderes haben. Und darum müssen Sie immer mehr leisten, um dieses andere endlich einmal zu bekommen. Ihnen scheint das, was Sie beruflich und zu Hause leisten, selbst nie zu genügen, so daß unwillkürlich auch noch Ihr Darm übermäßig viel leistet«. – Zunächst lächelte die Patientin auf diese ihr völlig unerwarteten Worte etwas verlegen, schwieg eine Weile und sagte dann, daß ihr in der letzten Zeit manchmal alles zu viel sei, daß sie sich manchmal frage, was sie eigentlich davon habe, wenn sie sich so anstrenge, und daß sie manchmal etwas ihre Schwester beneide, die sich weniger anstrenge als sie selbst und sich gut mit ihrem Freund verstehe.

Ich schloß aus ihrer Reaktion, daß sie in der Lage war, ihr Verhalten zu reflektieren und in Frage zu stellen, und daß sie das Vertrauen zu mir hatte, in der Behandlung auch einen Zugang zu ihrem völlig verdeckten Gefühlsbereich zuzulassen. Denn in ihrer Antwort auf meine Versuchsdeutung waren erstmalig Mitteilungen über eigene Gefühle enthalten. Wir verabredeten, daß sie einmal wöchentlich zu einem Gespräch kommen werde, und daß wir zunächst weiter über das Thema ihrer Leistungsbezogenheit und ihrer eben ausgesprochenen Unzufriedenheit sprechen wollten.

In der dritten Stunde kamen wir auf den im Erstgespräch von ihr mitgeteilten Traum zurück. Dabei wurden ihr zwei Vorgänge in ihrer Bedeutung noch klarer: Erstens erkannte sie, daß sie sich nicht unmittelbar mit ihren Konkurrenten, die in den anderen Autos fuhren, auseinandergesetzt hatte, sondern daß sie sich über die anderen »hinweggesetzt« hatte, und zweitens, daß sie zum Schluß zwar an der Spitze war, aber damit auch allein und von den anderen isoliert. Sie konnte sich jetzt auch erinnern, daß sie sich in dem Traum zwar einerseits über ihre Spitzenstellung freuen konnte, aber daneben ein ihr unerklärliches deprimierendes Gefühl der Verlassenheit hatte.

Die Behandlung dauerte zwölf Stunden und erstreckte sich über einen Zeitraum von drei Monaten. Ihre Durchfälle besserten sich rasch und verschwanden nach der siebenten Stunde völlig. Die Patientin saß mir während der Behandlungsstunden gegenüber. Am Ende der Behandlung waren folgende Veränderungen bei ihr eingetreten: Sie war natürlicher in ihrem Verhalten, weniger fassadenhaft. Sie zeigte auch, nachdem sie sich nur noch in durchschnittlichem Ausmaße zurecht machte, mehr von ihrem wirklichen Gesicht. Im Beruf und zu Hause war sie weniger überdreht. Sie hatte entdeckt, daß sie persönliche Wünsche hatte, leistete sich ein neues Auto und zog in eine eigene Wohnung. Sie ging auch öfter aus und verwendete nicht mehr ihre ganze Kraft und Zeit für andere und auf Arbeit und Leistung. Das Entscheidende in ihrer inneren Wandlung war vermutlich die Erkenntnis, daß sie bei anderen auch dann etwas galt, wenn sie nicht mehr ständig etwas für sie leistete, also ihnen etwas gab. Sie konnte es zulassen und genießen, etwas für sich selbst zu behalten, so auch ihren Kot, der in unbewußter Fortsetzung frühkindlicher Erlebnisweisen seine Bedeutung als wertvoller geliebter Eigenbesitz unterschwellig behalten hatte. – Ihre Gefühle konnte sie nunmehr bewußter wahrnehmen und anderen gegenüber äußern, da sie nicht mehr so stark wie vorher mit unbewußten Vorstellungen verknüpft waren, noch mehr hergeben zu müssen, wenn man Gefühle äußert (hergibt). Das Wahrnehmen eigener Gefühlsregungen und das Zulassen von Gefühlen zu anderen Menschen waren nicht mehr an die bedrohliche Vorstellung geknüpft, noch mehr leisten (von sich hergeben) oder etwas »verlieren« zu müssen. Sie erkannte auch, daß sie zu Hause den Vater, also den Mann ersetzt hatte und es demzufolge unwillkürlich zu männlichen Fehlidentifikationen bei ihr gekommen war. Diese Einsicht ermöglichte ihr auch erste Ansätze zum Akzeptieren ihrer eigenen Weiblichkeit.

Worin unterscheidet sich nun die eben skizzierte, als psychoanalytische Kurztherapie bezeichnete Behandlung von der vorher dargestellten psychoanalytischen Standardmethode oder Langzeitbehandlung? Einmal natürlich durch die Kürze der Behandlungsdauer und die geringe Anzahl der Sitzungen. Weiterhin aber auch durch die Beschränkung der therapeutischen Zielsetzung auf das Durcharbeiten weniger oder nur eines Hauptkonfliktes in der psychischen Verursachung der Krankheit des Patienten. Im gezeigten Fall war dieser Hauptkonflikt oder Fokus die mit dem übermäßigen Leistungsstreben der Patientin zusammenhängende Persönlichkeitsproblematik. Besonders geeignet für eine solche Kurztherapie sind solche Patienten, die schon im ersten Gespräch mit dem Therapeuten einen solchen Hauptkonflikt erkennen lassen und durch eine entsprechende Reaktion auf eine Fokus-orientierte Versuchsinterpretation des Therapeuten eine Fähigkeit vermuten lassen, sich in therapeutisch fruchtbarer Weise mit diesem Zentralkonflikt konstruktiv auseinanderzusetzen. Im obigen Fall war diese Voraussetzung gegeben. Eine weitere Voraussetzung für die Anwendung dieser Fokaltherapie ist das Vorhandensein wenigstens eines oder einiger ungestörter Lebensbezüge. Bei der geschilderten Patientin war dies der Bereich der beruflichen Arbeit, während die Bereiche der Partnerschaftsbeziehung und der genußvollen Freizeitgestaltung gestört waren.

Im eigentlichen Behandlungsablauf kommt es bei der Kurztherapie viel weniger als in der Langzeitbehandlung zu regressiven Vorgängen. Die Intensität der Übertragung ist meist geringer. Da überwiegend ein aktueller Hauptkonflikt therapeutisch bearbeitet wird, verzichtet der Analytiker auf die in der Langzeitbehandlung regelmäßig einbezogene weitgehende Wiederbelebung und Analyse der Kindheitskonflikte des Patienten. Es wäre zwar irreführend zu sagen, die Fokaltherapie gehe weniger »tief«, denn die emotionalen Vorgänge im Verlaufe der Bearbeitung des Fokus reichen durchaus in die Tiefe, aber es ist richtig zu sagen, daß die Fokalbehandlung sich stärker in den gegenwärtigen Konfliktfeldern des Patienten abspielt und sich seltener bis in die Kindheit des Patienten zurückbegibt.

Je mehr Erfahrungen der Analytiker bei der Durchführung psychoanalytischer Langzeitbehandlungen gesammelt hat, je schärfer demzufolge seine Wahrnehmungsfähigkeit für unbewußte dynamische psychische Prozesse und die davon in Sprache, Mimik, Gestik und Motorik des Patienten ausgelösten Ausdrucksvorgänge ist, desto besser wird er in der Lage sein, diese Kurzbehandlungsform bei den dafür geeigneten Patienten durchzuführen. Es ist deshalb auch nicht möglich, daß ein Anfänger auf dem Gebiet der Psychoanalyse mit Kurzbehandlungen beginnt, vielleicht in der irrtümlichen Annahme, diese würden weniger Übung verlangen als die Langzeitbehandlungen. Genau das Gegenteil ist der Fall.

Es spricht einiges dafür, daß die Zahl der für psychoanalytische Kurzbehandlungen geeigneten Patienten größer ist, als man bisher angenommen hatte. Dies hängt vor allem damit zusammen, daß zahlreiche in der Durchführung von psychoanalytischen Langzeitbehandlungen erfahrene Therapeuten sich scheuen, sich mit dieser zeitsparenden, aber trotzdem bei gegebener Indikationsstellung ausreichenden Behandlungsart auseinanderzusetzen. Malan[3] hat sich mit den Gründen, welche auch die gleichen dafür sind, warum in der Geschichte der Psychoanalyse die Behandlungen immer länger geworden sind, auseinandergesetzt: Vor allem sind es seiner Meinung nach zwei Gründe: Einmal der bei vielen Therapeuten vorhandene Perfektionismus, von dem her der Analytiker sich nie mit dem bisher in der Therapie Erreichten zufrieden geben kann und immer danach strebt, ein *noch* besseres Heilungsergebnis zu erzielen, und zweitens die Verewigung des Lehrer-Schüler-Verhältnisses in der analytischen Situation[4], eine der häufigsten Spielarten der Fixierung des Eltern-Kind-Verhältnisses im Erwachsenenleben. Letzten Endes führen beide Gründe auf das Unvermögen solcher Analytiker hin, den Patienten ganz zu sich selbst finden zu lassen und auf ihn als ein seine, des Analytikers, Bedürfnisse befriedigendes Objekt zum gegebenen Zeitpunkt zu verzichten.

1.1.3 Weitere aufdeckende = bewußtseinserweiternde psychotherapeutische Methoden

Ausgehend von der Freudschen Psychoanalyse als einer Theorie von den unbewußten psychischen Vorgängen und der Entstehung von Neurosen haben sich einige Autoren von den Theorien Freuds distanziert und eigene theoretische Vorstellungsmodelle entwickelt. Diese weichen zum Teil weitgehend, zum Teil nur in einigen Punkten von der Psychoanalyse ab. Erwähnen möchte ich zum vorbereitenden Verständnis für die später zu erörternden Unterschiede in der therapeutischen Handhabung nur einige der wichtigsten:

A. Adler[5] hat in seiner *Individual-Psychologie* für die gesunden und krankhaften psychischen Entwicklungsprozesse das kindliche Unterlegenheitsgefühl gegenüber den physisch und psychisch übermächtigen Erwachsenen in den Mittelpunkt gestellt und von daher das »Macht- und Geltungsstreben« als wichtigsten Motor angesehen, der das menschliche Denken und Handeln leitet. Es wird aus dem Bestreben abgeleitet,

3 D. H. Malan, Psychoanalytische Kurztherapie. Stuttgart/Bern 1965.

4 Dies gilt auch für manche zur Ausbildung des angehenden Psychoanalytikers gehörenden Lehranalysen.

5 A. Adler, Praxis und Theorie der Individualpsychologie. Darmstadt 1965.

die kindlichen Unterlegenheitsgefühle zu überwinden, sie zu »kompensieren«. Die Unterlegenheitsgefühle sind nach Adlers Theorie in manchen Erlebnisbereichen besonders intensiv, was von ihm durch die angeborene oder infolge körperlicher Krankheiten erworbene Minderwertigkeit von bestimmten Organen erklärt wird (z. B. angeborene Blindheit eines Auges, bleibende Verkümmerung eines Beines nach frühkindlicher Kinderlähmung u. a.)[6].

C. G. Jung[7] wandte sich von Freud vor allem deswegen ab, weil ihm dessen Auffassung eines rein sexuellen Charakters der Libido, also der Triebenergie, zu einseitig erschien. Er stellte dem sein eigenes Triebkonzept gegenüber, in welchem die Libido als eine umfassende Lebensenergie verstanden wird, welche außer der Tendenz nach Befriedigung und Entspannung auch noch eine wesentliche prospektive Komponente, also eine auf »Individuation« (Selbstwerdung) gerichtete Tendenz enthält[8]. Dem Begriff des persönlichen Unbewußten Freuds fügte er das »kollektive Unbewußte« hinzu, welches die typischen im Laufe der Menschheitsgeschichte gemachten Ur-Erfahrungen enthalte und neben den dynamischen Inhalten des persönlichen Unbewußten auf das Leben und die psychische Entwicklung des Menschen Einfluß nehme. Das Geistige wird bei Jung als eigenständiger Bereich verstanden, während er bei Freud mehr als sekundäres, sozusagen aufgesetztes psychisches Phänomen begriffen wird. Die Typenlehre von Jung mit der Gegenüberstellung extravertierter und introvertierter Persönlichkeiten und der Unterscheidung von vier seelischen Grundfunktionen (Denken, Fühlen, Empfinden und Intuieren), wovon eine meist überwiegt und eine andere unterentwickelt (minderwertige Funktion) ist, hat weit über das Gebiet der analytischen oder Komplex-Psychologie Jungs hinaus in verschiedenen Nachbarwissenschaften Eingang gefunden.

H. Schultz-Hencke ist mit seiner »Neo-Psychoanalyse« genannten Neurosentheorie besonders in Deutschland nach 1945 bekannt geworden. Er geht vor allem von den im Bewußtsein vorhandenen Erlebnisinhalten aus und schließt aus diesen auf die zu vermutenden latenten psychischen Dynamismen. Im Gegensatz zu Freud geht er außer vom sexuellen und Aggressionstrieb von der Existenz weiterer Triebqualitäten aus, die er in Gegensatz zu Freud für unabhängig und eigenständig (autochthon)

6 A. Adler, Studie über Minderwertigkeit von Organen. Darmstadt 1965.

7 J. Jacobi, Die Psychologie von C. G. Jung. Zürich 1949.

8 In den neueren psychoanalytischen Auffassungen vom Eros-Streben und vom primären Narzißmus nähert sich die Psychoanalyse wieder etwas dem weiter gefaßten Jungschen Libido-Begriff an.

hält und nicht als Abkömmlinge des Sexualtriebes ansieht: So das Besitzstreben (in seiner oralen, kaptativen und retentiven Ausdrucksform), das motorisch-expansive Streben mit der Weiterentwicklung zum Macht- und Geltungsstreben und vor allem das von frühesten Kindheitsphasen an wirksame allgemeine neugierige Streben nach emotionaler Zuwendung zum Ganzen der Welt, das intentionale Bedürfnis. Er bereicherte die Klinik der Psychotherapie mit der Unterscheidung von Persönlichkeitstypen (Neurosestrukturen), welche in der Kindheit infolge besonders intensiver »Hemmungen« in bestimmten Entwicklungsphasen konstelliert werden (s. S. 99–112). Während die Lehre von Schultz-Hencke in mancher Hinsicht nicht leicht zu verstehen ist, indem sie einmal Tatbestände der Psychoanalyse nur mit anderen Begriffen beschreibt und in anderen Bereichen eigene, von der Psychoanalyse abweichende Auffassungen entwickelt, ist nicht zu übersehen, daß das Verständnis von schizoiden Neurosen und von Psychosen sowie von bestimmten Neurosenformen, z. B. der Magenneurosen und anderer Organneurosen von Anhängern der neopsychoanalytischen Richtung vertieft worden ist, und daß zahlreiche Anhänger dieser Richtung in den letzten beiden Jahrzehnten besonders fruchtbar im Bereich der ambulanten und stationären Psychotherapie in Deutschland gewirkt haben. – In den letzten Jahren ist eine deutliche Tendenz bei mehreren Anhängern dieser Richtung zu beobachten, die in der wissenschaftlichen Auseinandersetzung erhärteten und durch die Praxis bestätigten Aussagen dieser Richtung wieder stärker an die Psychoanalyse anzunähern und in ihr zu integrieren.

K. Horney[9] hat sich insofern von der Psychoanalyse distanziert, als sie die Entstehung der Neurosen auf die Konflikte zurückführt, denen der erwachsene Mensch infolge seiner Auseinandersetzung mit der ihn umgebenden Kultur und Zivilisation ausgesetzt ist. Sie versteht die neurotischen Verhaltensweisen deshalb weniger als Fortsetzungen und Wiederholungen von in der Kindheit entstandenen Primärkonflikten, ohne allerdings diesen wichtigen Bestandteil der psychoanalytischen Theorie ganz zu verleugnen. Die Auseinandersetzung mit den Erlebnissen der Angst, den Liebesbedürfnissen, den Verlassenheitsgefühlen und des moralischen Masochismus stehen im Mittelpunkt ihrer Theorie. In ihren Erörterungen über die Bedeutung von Wettbewerbs- und Leistungsstreben finden sich Berührungspunkte zu Adler.

Die Praxis der psychotherapeutischen Behandlungen durch die Vertreter der eben skizzierten und weiterer tiefenpsychologischer Schulrichtungen weist entsprechend den abweichenden theoretischen Grundauf-

9 K. Horney, Der neurotische Mensch in unserer Zeit. München 51951.

fassungen auch Unterschiede in der Handhabung der Therapie auf. Gemeinsam ist diesen Therapiekonzepten, daß sie von der Existenz und dem Wirken eines *dynamischen Unbewußten* ausgehen und das Ziel verfolgen, dieses Unbewußte aufzudecken, also dem bewußten Erleben näher zu bringen und damit der Entscheidung und dem Handeln des Patienten zugänglich zu machen[10]. Nach meinen Erfahrungen schätze ich die Gemeinsamkeiten in der praktischen Handhabung der analytischen Psychotherapie auf der Grundlage unterschiedlicher tiefenpsychologischer Schulrichtungen wesentlich größer ein als die Abweichungen. Diese betreffen lediglich gewisse Akzentsetzungen und führen nicht zu so intensiven Unterschieden in der Therapie, wie man es nach der Verschiedenheit der zugrunde gelegten Theorien, nach welchen die Therapeuten behandeln, vermuten würde. Es scheint so zu sein, daß die im Verlauf einer analytischen Psychotherapie auftretenden psychischen Prozesse eine gewisse zwingende Gesetzmäßigkeit in sich tragen, die den analytisch ausgebildeten Therapeuten zu einem bestimmten therapeutischen Verhalten nötigen, hinter welchem dann die schulbedingten Unterschiede unwillkürlich zurücktreten.

Unterschiedliche Akzente ergeben sich im praktischen therapeutischen Vorgehen bei den Vertretern der vorher skizzierten tiefenpsychologischen Schulrichtungen z. B. in folgender Weise:

In der Individualpsychologie von Adler bemüht sich der Therapeut besonders, diejenigen Störungen im Verhalten seines Patienten herauszuarbeiten, die aus seinen Unterlegenheitsgefühlen und den daraufhin entwickelten Überkompensationen entstanden sind. Er bemüht sich darum, den Patienten dann zu bestätigen und zu ermutigen, wenn er Ansätze zur Selbstentfaltung macht und sich Erfolgserlebnisse bei ihm einstellen. Der Akzent liegt demnach stark auf den aktiven ermutigenden Interventionen des Therapeuten und dem Bemühen, den Patienten zu neuen individuellen und sozialen Lernerfahrungen zu motivieren. Die Aufdekkung unbewußter Kindheitserlebnisse und -konflikte tritt demgegenüber in den Hintergrund. Die Individualpsychologie als Therapie ist dementsprechend auch am wenigsten analytisch und weicht am stärksten von der Psychoanalyse ab. Sie hat in gewissem Ausmaß Beziehungen zu der später zu beschreibenden (nicht aufdeckenden) Verhaltensmodifikation. Phänomene der Übertragung und des (unbewußten) Widerstandes wer-

10 Die Gemeinsamkeit dieses Anliegens hat in der heute in der BRD gültigen Gebührenordnung für Ärzte insofern einen sichtbaren Niederschlag gefunden, indem diese Therapieformen als »tiefenpsychologisch fundierte Psychotherapie« und als »analytische Psychotherapie« als spezielle ärztliche Leistungen einen Platz erhalten haben.

den wenig beachtet und in die therapeutische Deutungsarbeit nur in geringem Umfange mit einbezogen.

Der in der analytischen Psychologie von Jung ausgebildete Psychotherapeut verfolgt in erster Linie das Ziel, bei seinem Patienten einen Individuationsprozeß in Gang zu setzen. Er konstelliert eine therapeutische Situation, in welcher er und der Patient, welcher ihm gegenüber sitzt, sich gemeinsam darum bemühen, etwas Drittes, Neues entstehen zu lassen, das durch Wandlungsprozesse und einen Neubeginn aus der alten, neurotischen Persönlichkeit heraus sich entwickelt. Die Deutung der Träume und die Beachtung derjenigen Symbole darin, welche den angestrebten Wandlungsprozeß signalisieren, indem sie die zukünftigen Seinsmöglichkeiten des Patienten erkennbar machen, spielen eine besonders wichtige Rolle in dieser Form der Psychotherapie. Übertragungs- und Widerstandsphänomene werden weniger intensiv als im psychoanalytischen Vorgehen in die Behandlung einbezogen. Wichtig ist im einzelnen, die vom Bewußtsein abgespaltenen »psychischen Komplexe« herauszufinden und dem Patienten erlebbar werden zu lassen.

In der Praxis des therapeutischen Vorgehens im Rahmen der Neo-Psychoanalyse Schultz-Henckes liegt der Akzent stärker als bei der klassischen psychoanalytischen Methode auf der analytischen Durcharbeitung der gegenwärtigen Lebens- und Konfliktsituation des Patienten, seiner gegenwärtigen mitmenschlichen Beziehungen und Verhaltensweisen im Vergleich zur Analyse der in der Behandlung wiederbelebten Kindheitskonflikte. In der Deutungsarbeit findet die vermutete Eigenständigkeit bestimmter Triebbereiche ihre Berücksichtigung. Besonderer Wert wird in der praktisch-therapeutischen Arbeit auf die »Lücken« im Erleben des Patienten gelegt, also auf das, was der Patient *nicht* wahrnimmt (an inneren und äußeren Vorgängen), was er *nicht* fühlt, wovon er nur eine dumpfe Empfindung eines Mangels hat, eine Empfindung, daß hier eigentlich etwas vorhanden sein müßte. Das Ziel ist die Ausfüllung dieser Lücken mit gefühlten und bewußt gewordenen Erlebnisinhalten. In der Traumdeutung wird die *prospektive* Bedeutung von Vorgängen und Symbolen stärker als in der klassischen Psychoanalyse berücksichtigt. In dem Begriff der »kombinatorischen Phantasie«, als welche die Trauminhalte bezeichnet werden, ist sowohl der Freudsche Begriff »Verdichtung« enthalten als auch die Jungsche Vorstellung von der vorweggenommenen (phantasierten) Möglichkeit künftiger Erlebnis-, Handlungs- und Seinsmöglichkeiten des Patienten. Während nach Etablierung der neo-psychoanalytischen Richtung in der Therapie die Phänomene der Regression, der Übertragung und des Widerstandes keine so ausdrückliche Berücksichtigung fanden wie in der klassischen

Psychoanalyse, sind sie gegenwärtig in gleicher Weise zentrale Bestandteile der Behandlung wie in der klassischen Methode, so daß die Unterschiede in der praktischen Durchführung der Behandlung gegenüber der Psychoanalyse nur noch geringfügig sind.

A. Dührssen[11], aus der neo-psychoanalytischen Schule hervorgegangen, hat neuerdings eine »Dynamische Psychotherapie« genannte Methode beschrieben, bei welcher ausdrücklich tiefer reichende regressive Vorgänge beim Patienten vermieden werden, und bei der die therapeutische Zielsetzung in hervorgehobener Weise in Entlastungserlebnissen, dem Abbau von neurotischen Angst- und Schuldgefühlen und in der therapeutischen Bearbeitung von neurotischen Sekundärverarbeitungen besteht. Die hierbei erzielte Bewußtseinserweiterung soll es dem Patienten ermöglichen, »umzulernen«, d. h. sein neurotisches Fehlverhalten durch persönlichkeits- und realitätsgerechteres Verhalten zu ersetzen. Die Fähigkeit zum Erkennen und zur Handhabung von Übertragungsvorgängen wird beim Therapeuten vorausgesetzt und in seinen Interventionen berücksichtigt, findet aber in den bewußten und verbalisierten Erlebnissen des Patienten weniger Eingang als in der psychoanalytischen Standardmethode. Diese Therapievariante enthält demnach die meisten Elemente der psychoanalytischen Kurz-Psychotherapie, unterscheidet sich aber von der Letzteren dadurch, daß sie nicht durch eine in den ersten Behandlungsstunden gesetzten Abschlußtermin oder eine verabredete Sitzungszahl von vornherein begrenzt wird.

In der Behandlung nach dem Vorstellungsmodell von K. Horney – im deutschen Sprachraum wenig praktiziert – steht die Bewußtmachung der Auseinandersetzung des Patienten mit den ihn umgebenden gegenwärtigen gesellschaftlichen und kulturellen Gegebenheiten ganz im Mittelpunkt der Therapie. Es wird versucht, dem Patienten zu ermöglichen, sich selbst und seine eigene Stellung im Gefüge der gesellschaftlichen Verknüpfungen sicherer und angstfreier erleben und behaupten zu lernen.

1.1.4 Die analytische Gruppen-Psychotherapie

Während die eben beschriebenen Behandlungsverfahren sich im Rahmen einer Zweipersonenbeziehung vollziehen, spielen sich die gruppentherapeutischen Verfahren in einem Behandlungsrahmen ab, der mehr als zwei Personen umfaßt, in der Regel acht Patienten und den Therapeuten. Dieses veränderte Setting bewirkt, daß psychische Prozesse in Gang kommen, die in der Zweiersituation der Einzelanalyse gar nicht auftreten, während umgekehrt in der Gruppe psychische Entwicklungen, die typisch für eine Zweipersonenbeziehung sind, gar nicht oder nur in ge-

11 A. Dührssen, Analytische Psychotherapie in Theorie, Praxis und Ergebnissen. Göttingen 1972.

ringem Umfange mobilisiert werden. Jeder sein eigenes Verhalten einigermaßen wach reflektierende Mensch wird bemerken, daß er sich in einem Zweiergespräch ganz anders gibt als in einem Gespräch zu dritt oder noch mehr Personen. In der Regel kommt es im Zweiergespräch leichter und rascher zu Erlebnissen der Vertrautheit und Sicherheit und wird dadurch die Wahrnehmung von persönlichen Gefühlen und Emotionen und ihre Äußerung dem Partner gegenüber erleichtert. In der Zweiersituation der psychoanalytischen Einzelbehandlung bedeutet dies, daß eine Mobilisierung von kindlichen Erlebnis- und Verhaltensweisen und ihrer Fortsetzungen im Erwachsenenleben leichter und eher zustande kommt als in einer Gruppensituation. Die Wiederbelebung primärer kindlicher Gefühle und Einstellungen nebst den ihnen anhaftenden Vorstellungen, Phantasien und Angsterlebnissen, also regressiver Vorgänge, wird in der Zweiersituation provoziert, besonders dann, wenn der Patient liegt und den hinter ihm sitzenden Analytiker nicht sieht. In der Zweiersituation der Einzelbehandlung entsteht, wenn wir den Bezug zur frühkindlichen Entwicklung herstellen, besonders rasch und gut die Kind-Mutter-Situationen der ersten beiden Lebensjahre neu.

In der Mehr-Personen-Situation einer Gruppe herrschen hingegen zu Beginn Erlebnisse der Unsicherheit, des Mißtrauens und der Angst vor. Auf die frühkindliche Entwicklung bezogen wird diejenige Situation wiederbelebt, in welcher das Kind realisiert, daß es der Primärgruppe Familie angehört, daß es Bestandteil dieser Gruppe ist und sich mit allen Mitgliedern, also auch dem Vater, den Geschwistern und eventuellen anderen in der Familie lebenden Personen auseinandersetzen muß. Es war früher gezeigt worden, daß dieser Übergang von der Zwei- in die Mehr-Personen-Situation, sich in dem Ödipusphase genannten Entwicklungsabschnitt vollzieht, in dem das Kind sich wegen seiner ersten aufwallenden Liebe zum andersgeschlechtlichen Elternteil mit einer dritten Person auseinandersetzen muß.

In der therapeutischen Gruppe werden demzufolge bei jedem Teilnehmer rasch Primärgruppen-Erlebnisse mobilisiert. Diese werden ihm aber in der Regel erst nach längerer Gruppenarbeit bewußt. Zuerst werden ihm nämlich Ähnlichkeiten seiner Beziehungen zu einzelnen Gruppenmitgliedern und der Gruppe als Ganzer zu seinen *gegenwärtigen* Gruppenbeziehungen bewußt. Also zu seiner eigenen Familie, seiner Arbeitsstelle, seinen Freundes- und Interessenkreisen usw. Im Verlaufe dieser in der therapeutischen Gruppe als erstes aktualisierten Sekundärgruppenbeziehungen erlebt der Teilnehmer ein Mitglied als seinen Bruder, eine Teilnehmerin als seine Ehefrau, eine andere erinnert ihn an seine jüngere Schwester, sowie eine andere Teilnehmerin an seine Arbeitskollegin, seine zu Hause wohnende Tante oder seinen Chef, so daß er in bestimmten Teilnehmern der therapeutischen Gruppe diese aktuellen Beziehungspersonen wiederentdeckt. Die Gruppe als Ganzes wird dadurch zur »Familie«, einmal zur »Werkstattgruppe«, ein anderes Mal zu einer »Bürobelegschaft« und wieder ein anderes Mal zu einem Club von gemeinsamen Freunden oder Ehepaaren.

Je länger die Gruppe zusammen ist, desto vertrauter werden die Mitglieder untereinander, und desto häufiger und intensiver gehen die Wiederbelebungen von Beziehungen in frühere Zeiten zurück, bis zu den Primärgruppenbeziehungen hin, d. h. zu den Beziehungen, welche die Teilnehmer als Kinder in ihrer Familie und den einzelnen Personen darin hatten. Es wird dem Patienten auf diese Weise zunehmend bewußt, daß seine gegenwärtigen Gefühls-, Einstellungs- und Beziehungsgewohnheiten zu einzelnen anderen Personen und innerhalb von gegenwärtigen Kleingruppen Fortsetzungen seiner Primärbeziehungen sind, die er als Kind in seiner Familie hatte.

Der eben aufgezeigte Prozeß des Bewußt-Werdens gegenwärtiger Verhaltensmuster und Gruppenbezüge der einzelnen Mitglieder und die allmähliche Aufdeckung der dahinter verborgenen Primärgruppenerlebnisse wird durch Gegebenheiten ermöglicht, die spezifisch für Gruppen sind und bevorzugt in Gruppen vorkommen. Die wichtigsten sollen im Folgenden aufgeführt werden:

1. Die allmählich sich einstellende Vertrautheit, begünstigt durch die gemeinsam vereinbarte Diskretion, gestattet es, daß all diejenigen Gedanken, Vorstellungen, Phantasien, Gefühle, Emotionen und Affekte, die in einem Teilnehmer spontan oder als Reaktion auf eine Äußerung oder ein Verhalten eines anderen Teilnehmers auftreten, im Gegensatz zu anderen Sekundärgruppen, wo vielfältige gegenseitige Rücksichten genommen werden müssen, in der therapeutischen Gruppe ausgesprochen werden dürfen.

2. Die Möglichkeit zu einer freieren und persönlicheren Aussprache bewirkt, daß andere Gruppenteilnehmer ihrerseits dem ersten Mitglied, das gerade gesprochen hat, zum Ausdruck bringen können, welche Empfindungen, Wahrnehmungen und Gefühle seine Äußerung in ihnen hervorgerufen hat. Dieses »feed back« ist entweder einheitlich oder unterschiedlich, je nach der persönlichen Ausgangssituation der antwortenden Gruppenmitglieder. Es bewirkt auf jeden Fall eine Aktivierung der Eigen- und Fremdwahrnehmung beim ersten Teilnehmer und führt bei ihm zu Erlebnissen des unverhofften Verstanden-Werdens, der Entlastung, des Dazugehörens u. a., aber auch zu gegenteiligen Empfindungen, wie denen der Wut, des Nichtverstandenwerdens, des Isoliertseins usw.

3. Die Vielfalt der auf diese Weise in Gang kommenden gegenseitigen Interaktionen nötigt jeden Teilnehmer ständig, sein typisches, für ihn zunächst selbstverständliches Verhalten als ein persönliches, keineswegs einzig mögliches und nicht selbstverständliches zu erkennen und damit gegebenenfalls in Frage zu stellen. Er entdeckt zum Beispiel, infolge des ihm von anderen »zurückgespiegelten« eigenen Verhaltens, daß es seinen Bedürfnissen eher entspricht und anderen Menschen keineswegs so weh tut, wie er bisher angenommen hatte, wenn er Gefühle der Unzufriedenheit, der Wut, der Angst und des eigenen Unvermögens frei äußert. Er bemerkt plötzlich, daß er dadurch sogar als liebenswerter empfunden werden kann.

Bei diesem Prozeß spielt die *verstärkende* Wirkung, welche durch die Vielzahl in gleicher Richtung gehender Rückspiegelungen zustande kommen kann, eine entscheidende Rolle.

Fall 3: Ein männlicher Gruppenteilnehmer klagt darüber, daß es mit seiner Freundin nicht klappt. Sie kennen sich schon eine Weile, er möchte mit ihr auch sexuelle Beziehungen haben, vermutet auch, daß sie dazu bereit ist, hat aber Angst, daß er ihr nicht gewachsen ist, da er in ihr ein sexuell »unersättliches« Wesen sieht, daß er ihr nicht genügen kann und aus Angst davor schon von vornherein ein Versagen seiner Potenz befürchtet. Fast gleichzeitig kommen von allen vier weiblichen Gruppenteilnehmern folgende spontane Reaktionen: Teilnehmerin A: »Das könntest Du ihr doch ruhig sagen!« – Teilnehmerin B, welche der Freundin des Sprechers ähnelt: »Wenn ich Deine Freundin wäre, würde ich mir wünschen, daß wir zärtlich zusammen sind, daß wir nett und gemütlich zusammen plaudern, und daß Du mir viel von Dir erzählst. Wenn es dabei zum Koitus kommt, ist es schön, aber es muß gar nicht unbedingt sein.« – Teilnehmerin C: »Wenn Du beim ersten Verkehr impotent wärst, würde mir das nichts ausmachen.« – Teilnehmerin D, die Älteste in der Gruppe: »Ich glaube, das hängt mit Deiner Mutter zusammen, die hat doch immer so viel von Dir verlangt, und nun glaubst Du, daß alle Frauen so sind«. Die verstärkende Wirkung dieser in gleicher Weise entlastenden und ermutigenden Äußerungen der weiblichen Gruppenteilnehmer hatte zur Folge, daß der Patient seine bisherige angstbesetzte Einstellung zu Frauen in Frage stellen und später auch durch eine natürlichere, angstfreiere und gesündere ersetzen konnte.

5. Sobald im Verlaufe der Gruppenarbeit das Stadium erreicht ist, in welchem den Teilnehmern evident geworden ist, daß sich in ihren Reaktionen und Interaktionen ihre Primärgruppenbeziehungen wiederholen und die therapeutische Gruppe zur wiederbelebten primären Familiengruppe geworden ist, kann ihnen bewußt werden, daß die gegenwärtige therapeutische Gruppe die Möglichkeit eines *Neubeginnes* einer Gruppensituation enthält. Den Teilnehmern wird jetzt ein Prozeß

bewußt, der in der ersten Gruppensitzung begonnen hat, in den ersten Phasen der gemeinsamen Gruppenarbeit aber latent geblieben war, nämlich der Prozeß der Bildung eines neuen, einmaligen dynamischen *Gruppenganzen*. Erst jetzt wird allen bewußt, daß sie eine Gruppe sind. Sie bemerken, daß diese Gruppe eigene Gesetze ausbildet, eine eigene, für diese Gruppe typische Sprachregelung entwickelt, bestimmte Gruppentabus konstelliert und, wie in der familiären Kleingruppe, jedem Teilnehmer eine bestimmte *Rolle* aufnötigt. Die Teilnehmer bemerken den Zwang, der von der Gruppe ausgeht, ihre ihnen zugeteilte Rolle immer weiter zu spielen und den Unmut der Gruppe, wenn sie sich dieses Rollenzwanges entledigen wollen. Es wird ihnen bewußt, und sie machen sich gegenseitig darauf aufmerksam, daß sie bestimmte Teilnehmer in den Rollen des Führers, des Gefolgsmannes, des distanzierten Kommentators und Sachverständigen[12] oder denen des Außenseiters, des Bösewichtes und des Prügelknaben[13] brauchen.

6. Die in diesem Stadium zu einem lebendigen neuen Ganzen, einem Gemeinschafts*wesen* gewordene Gruppe läßt nunmehr deutlicher als in den Anfangsstadien erkennen, daß sich in ihr Entwicklungsprozesse vollziehen, die der Persönlichkeitsreifung des Einzelindividuums entsprechen. Dieser Gruppenreifungsvorgang betrifft sowohl die Triebseite als auch die Seite der Ich-Funktionen. Entsprechend den Persönlichkeitstypen, die infolge einer neurotischen Fixierung in bestimmten Stadien der kindlichen Entwicklung beim Einzelindividuum konstelliert werden, macht auch die Gruppe ein schizoides, ein depressives, ein zwanghaftes und ein hysterisches Stadium durch, bis sie einen Grad von Autonomie erreicht hat, der in der Individualentwicklung der Ausbildung stabiler und differenzierter Ichfunktionen entspricht.

Die therapeutische Gruppe kann nach diesem Hinweis als ein Organismus definiert werden, mittels dessen jeder Teilnehmer über die auch in der Einzelanalyse bewirkte korrigierende emotionale Erfahrung hinaus eine *korrigierende soziale Erfahrung* machen kann. Aufgrund dieser, durch vielfältige Lernprozesse zustande kommenden sozialen Erfahrungen kann er sich einerseits seiner eigenen Rolle und seines Stellenwertes innerhalb des Gruppengefüges und außerdem der Wirksamkeit des Gruppen*ganzen* und damit auch der für ihn selbst hilfreichen und nützlichen Bedeutung der Gruppe bewußt werden. Er kann erfahren, daß die Gruppe die Kraft besitzt, Aufgaben zu bewältigen, für welche seine eigene

12 R. Schindler, Grundprinzipien der Psychodynamik in der Gruppe. In: Psyche, IX, 1957/58.

13 Grinberg, Langer und Rodrigué, Psychoanalytische Gruppentherapie (Praxis und theoretische Grundlagen). Stuttgart 1960.

Kraft allein nicht ausreicht. Die Gruppe vermittelt Sicherheit und Geborgenheit. Sie aktiviert Gefühlserlebnisse, welche das in Zweipersonenbeziehungen auftretende Gefühlsspektrum bereichern, und sie vermittelt Anregungen, welche die eigenen geistigen und kreativen Fähigkeiten fördern und befruchten können.

Die positiven Erfahrungen des Zusammenlebens in einer Gruppe befreien den Neurotiker einerseits von seinen früheren einengenden Primärgruppenerfahrungen und deren sich zwangsläufig fortsetzenden Wiederholungen in den gegenwärtigen sekundären Kleingruppen, und sie bewirken damit einhergehend häufig auch eine Beseitigung seiner neurotischen Krankheitssymptome. Darüber hinaus führen sie oft zu einer besseren Nutzung von Möglichkeiten des Zusammenlebens in der eigenen Familiengruppe und des Kooperierens in den beruflich vorgegebenen Gruppensituationen.

Gelegentlich kommt es im Verlaufe von therapeutischen Gruppenprozessen auch zur Einbeziehung des Verhältnisses des einzelnen oder der therapeutischen Kleingruppe zur Großgruppe Gesellschaft und werden die Kräfte und Gesetzmäßigkeiten dieser Beziehungen aus der konkreten, in der therapeutischen Kleingruppe gerade herrschenden Situation heraus reflektiert. Jedoch werden solche Reflexionsansätze meist rasch wieder verlassen, vermutlich weil der Abstand zu den gesellschaftlichen, also den Großgruppenprozessen, von den meisten Patienten als zu groß empfunden wird und die Einwirkungsmöglichkeiten des einzelnen auf die gesellschaftlichen Verhältnisse und Vorgänge für zu gering gehalten werden.[14]

Die *Funktion und Aufgabe des Therapeuten* in einer analytischen Behandlungsgruppe ist wesentlich anders als diejenige des Einzeltherapeuten. Er stellt sich zwar ebenso auf einen Zustand frei schwebender Aufmerksamkeit ein, muß jedoch eine größere Menge von Wahrnehmungen auf sich wirken lassen als der Einzeltherapeut. Er beobachtet das Verhalten jedes einzelnen Teilnehmers und setzt es mit dessen ihm bekannter Problematik in Beziehung. Er registriert seine eigenen Empfindungen zu den einzelnen Gruppenmitgliedern. Weiterhin versucht er diejenigen unbewußten Gefühle, Stimmungen, Ängste und Phantasien wahrzunehmen, welche die Gruppe in ihrer Gesamtheit betreffen. Er stellt sich also

14 Anders ist dies in Selbsterfahrungsgruppen hochmotivierter, sozial engagierter und politisch bewußter Teilnehmer, die nicht wie Neurotiker ständig oder ausschließlich damit zu tun haben, erst einmal Klarheit über sich selbst und ihre Beziehungen zu den wenigen Teilnehmern ihrer therapeutischen Kleingruppe zu gewinnen. Allerdings stehen solche gesellschaftsanalytischen Reflexionen nicht selten auch im Dienst der Abwehr eigener Triebwünsche und damit verbundener Ängste bei den Teilnehmern.

auf die psychischen Prozesse des einzelnen in der Gruppe und zu gleicher Zeit auf diejenigen der Gruppe als Ganzes ein.

In seiner deutenden Funktion tritt der Gruppentherapeut gegenüber dem Einzeltherapeuten zurück. Diese Funktion wird, insbesondere hinsichtlich der Deutung von Äußerungen einzelner in der Gruppe, zum großen Teil mittels ihrer Reaktionen und Interaktionen von den Gruppenmitgliedern selber geleistet. Der Gruppenleiter kann sich dadurch auf gelegentliche Einzeldeutungen und Verstärkungen oder Verdeutlichungen von schon durch Gruppenteilnehmer gegebenen Einzeldeutungen beschränken und kann den Hauptteil seiner therapeutischen Aktivität auf die Deutung derjenigen Prozesse verlegen, die sich in der Gruppe als Ganzes erkennen lassen.

Die Vielfalt der Theorien über diejenigen Prozesse, welche sich innerhalb von Kleingruppen abspielen und therapeutisch wirksam sind, ist noch wesentlich größer als derjenigen, die für psychodynamische Prozesse in Einzelbehandlungen als verbindlich angesehen werden. Dies rührt vor allem daher, daß das theoretische Konzept der Psychoanalyse für eine einleuchtende Erklärung *aller* in Gruppen sich abspielenden psychischen Vorgänge nicht ausreicht. Alle analytischen Gruppenkonzepte müssen deshalb Bestandteile von Theorien in ihr Konzept mit einbeziehen, die primär an Gesetzmäßigkeiten innerhalb von Gruppen entwickelt worden sind, also in erster Linie von den Sozialwissenschaften, aber auch von der vergleichenden Verhaltensforschung in Gruppen zusammen lebender Tiere. So ist zum Beispiel der Wiener Psychoanalytiker R. Schindler bei der Entwicklung seines Rollen-orientierten Gruppenkonzeptes von dem Modell der von dem Biologen Schjelderup beschriebenen hierarchisch gegliederten Hackordnung von Hühnern ausgegangen, während andere Gruppentherapeuten sich an der von dem Soziologen Lewin entwickelten Theorie der sozialen Felder orientiert haben.

Abgesehen von den zahlreichen Unterschieden, die sich aus der Verschiedenheit der Gruppenkonzepte für die Handhabung der Gruppenprozesse durch den Gruppenleiter ergeben, ist für die Praxis vor allem von Bedeutung, ob der Therapeut die Gruppe nur als einen Rahmen benutzt, innerhalb dessen er jeden einzelnen Teilnehmer – ähnlich wie in der Einzelanalyse – analysiert (Psychotherapie des einzelnen in der Gruppe), oder ob er den Akzent auf das Durchsichtigmachen der Gruppenprozesse insgesamt setzt (Therapie der Gruppe)[15].

15 Eine einführende Zusammenstellung der gebräuchlichsten gegenwärtigen Gruppenmethoden findet sich in: A. Heigl-Evers, Konzepte der analytischen Gruppenpsychotherapie. Göttingen 1972.

Zu ergänzen ist noch, daß neuerdings an manchen Orten in denjenigen Fällen, bei denen die Auslösung einer Neurose durch unbewältigte Ehekonflikte erfolgt ist, und beide Ehepartner daran neurotisch erkrankt sind, mit Erfolg Versuche unternommen werden, drei bis fünf solcher Ehepaare in einer therapeutischen Gruppe zusammenzufassen, um die vorher beschriebenen Vorgänge der verstärkten Eigen- und Fremdwahrnehmung, des sozialen Lernens und der korrigierenden sozialen Erfahrung speziell auf das Konfliktfeld der ehelichen Partnerschaftssituation bezogen, entstehen und therapeutisch wirksam werden zu lassen.

Eine Sonderform der analytischen Gruppenpsychotherapie stellt auch die *Familien-Psychotherapie* dar. Diese besteht darin, daß eine ganze Familie in gemeinsamen Sitzungen einem therapeutischen Prozeß unterzogen wird. Sie wird dann angewandt, wenn die Neurose eines Kindes sich eindeutig als Symptom eines neurotischen Familiengefüges erweist, und wenn dementsprechend das Symptom, nämlich die Erkrankung des Kindes, nur geheilt werden kann, wenn der gesamte erkrankte Organismus, nämlich die neurotische Familie, behandelt wird. H. E. Richter[16] hat eindrucksvoll über das Zustandekommen von Familienneurosen, ihre unterschiedlichen Erscheinungsformen und die Möglichkeiten ihrer psychotherapeutischen Beeinflussung berichtet.

Hinsichtlich der *Indikationsstellung für die Anwendung analytischer Gruppenpsychotherapie* bestehen zur Zeit noch unterschiedliche Auffassungen. Sehr allgemein ausgedrückt, sollte als Voraussetzung für die Teilnahme an einer therapeutischen Gruppe gefordert werden, daß der Patient »gruppenfähig« ist, d. h. es muß von ihm erwartet werden, daß er sich in ein Gruppenganzes einfügen kann, daß er grundsätzlich seine Rolle reflektieren kann, daß er die anderen Teilnehmer in ihrer Andersartigkeit wahrnehmen kann und die Flexibilität besitzt, seine eigene Rolle zu verändern. Dies kann nur dann geschehen, wenn seine Ich-Funktionen bis zu einem gewissen Grade entwickelt sind, und wenn er die ödipale Entwicklungsstufe, die Stufe der Sozialisation, wenigstens teilweise erreicht hat. Nicht geeignet für Gruppenpsychotherapie sind hingegen Patienten, die noch völlig in der Ebene einer Zweipersonenbeziehung verhaftet sind und sich in der Gruppe völlig isolieren würden. Im Gegensatz dazu steht allerdings die Erfahrung, daß gelegentlich sehr Ich-schwache, früh gestörte schizoid strukturierte Patienten von der Gruppe profitieren können. Solchen Patienten gelingt es dann, die Gruppe in ihrer Gesamtheit als Mutter-ähnliche Instanz zu erleben, also als ein Wesen, das ihnen Geborgenheit, Schutz und Sicherheit vermitteln

16 H. E. Richter, Patient: Familie. Reinbek b. Hamburg 1970.

kann. Gleichzeitig haben sie die Möglichkeit, sich zu distanzieren, wenn ihnen die *Nähe* der anderen zu gefährlich wird. Denn es handelt sich dabei gerade um solche Patienten, welche auf Grund belastender Erfahrungen in den frühesten Beziehungen zur Mutter die Zweipersonenbeziehung in der Einzelanalyse nicht ertragen können, da sie sich in dieser Situation ausgeliefert vorkommen und keine Möglichkeit zum Rückzug sehen, falls ihnen die Nähe zum Therapeuten als zu gefahrvoll vorkommt, obwohl sie sich andererseits unbewußt nichts lieber wünschen als eine Nähe zum anderen, die bis zur gegenseitigen symbiotischen Verschmelzung führt. Man sollte annehmen, daß eine durchschnittliche *Fähigkeit zur Verbalisierung* von Wahrnehmungen, Gefühlen, Gedanken, Vorstellungen und Phantasien Voraussetzung für die Teilnahme an therapeutischen Gruppen ist. Es trifft zwar zu, daß wenigstens einige Mitglieder der Gruppe über diese Fähigkeit verfügen sollten; andererseits gibt es immer wieder Gruppenmitglieder, die trotz überwiegenden Schweigens sehr lebhaft am Gruppengeschehen Anteil nehmen, und bei denen sich aufgrund dieser »partizipierenden« Teilnahme auf dem Wege unbewußter identifikatorischer Prozesse mit den individuellen und kollektiven Prozessen, die sich in der Gruppe abspielen, eine therapeutisch fruchtbare Entwicklung vollzieht.

Über die Eignung von neurotischen Patienten hinsichtlich der bei ihnen vorliegenden speziellen neurotischen Symptome können beim derzeitigen Stand der Erfahrung noch keine abschließenden Aussagen gemacht werden. Es scheint so, daß Zwangsneurosen in der Regel weniger in Gruppen therapeutisch beeinflußt werden können als zum Beispiel neurotische Depressionen, Phobien oder Angstneurosen. Patienten mit bestimmten organneurotischen Symptomen wie z. B. Herzneurotiker, oder solche mit psychosomatischen Krankheitserscheinungen wie Colitis-ulcerosa-Kranke, besonders wenn sie mit Patienten gleicher Symptomatik in sog. homogenen Gruppen behandelt werden, haben häufig sogar bessere Aussicht auf Heilung als in anderen therapeutischen Settings[17]. In diesen Gruppen stellt das Gewahrwerden der Gemeinsamkeit spezieller Leidenserlebnisse und die dadurch hervorgerufene Aufhebung der totalen Isolierung von den Mitmenschen in diesem Erlebnisbereich eine wichtige Erfahrung dar und ermutigt die Patienten zu weiteren Entwicklungsschritten. Des weiteren werden diese Patienten durch diejenigen Gruppenteilnehmer besonders ermutigt, die schon länger in der Gruppe

17 Wegen der Besonderheiten ihrer Symptome können diese speziellen Gruppenbehandlungen meist nur in psychosomatischen oder psychotherapeutischen Kliniken durchgeführt werden.

sind, dasselbe durchgemacht haben wie sie selbst, ihre Symptomatik aber inzwischen verloren haben. Voraussetzung für diesen Effekt ist, daß es sich um sog. »offene« Gruppen handelt, bei denen immer gelegentlich ein Patient ausscheidet und dafür ein neuer hereingenommen wird. (Im Gegensatz dazu stehen die »geschlossenen« Gruppen, in denen alle Teilnehmer vom Beginn bis zum Abschluß ihrer Gruppenarbeit zusammen bleiben und dann auch gemeinsam aufhören.)

Die Frage, ob ein Patient mit einer bestimmten Persönlichkeitsstruktur und Symptomatik für eine Gruppe geeignet ist, muß aber auch von der Gesamtzusammensetzung einer konkret neu zu bildenden bzw. bei offenen Gruppen der schon vorhandenen Gruppe her beantwortet werden. Hierbei ist z. B. zu beachten, daß der Altersabstand zwischen den einzelnen Gruppenmitgliedern nicht zu groß ist, und daß der soziale, intellektuelle und bildungsmäßige Abstand der Teilnehmer nicht allzu weit auseinanderklafft. Die Anzahl der weiblichen und männlichen Teilnehmer sollte sich ungefähr die Waage halten, und es sollten möglichst Patienten mit unterschiedlicher Persönlichkeitsstruktur in die Gruppe aufgenommen werden.

1.2 Stützende und sinngebende psychotherapeutische Verfahren

Wir wenden uns jetzt einer Gruppe psychotherapeutischer Techniken zu, die nicht oder nicht in erster Linie eine Aufdeckung unbewußter Persönlichkeitskonflikte und damit eine Freisetzung gestauter, in der neurotischen Symptomatik gebundener Triebenergien anstreben, sondern die sich vorwiegend eine Stützung und Stärkung zurückgebliebener Persönlichkeitskräfte des Patienten zum Ziel setzen. Einige dieser Verfahren gehen von einem als vorgegeben betrachteten Sinn der menschlichen Existenz in religiöser oder philosophischer Hinsicht aus und versuchen demzufolge, die Patienten zur Erfüllung dieses Lebenssinnes hinzuführen.

1.2.1 Existenzanalyse und Logotherapie

V. E. Frankl[18] geht in seinem von ihm »Existenzanalyse« genannten Verfahren davon aus, daß der Mensch sich auf Grund seiner ihm artgemäßen Geistigkeit aus eigener Kraft von seiner Neurose befreien kann.

18 V. E. Frankl, Existenzanalyse und Logotherapie. In: Handbuch der Neurosenlehre und Psychotherapie. München und Berlin 1959. Bd. III, S. 663–736.

Existenz und Existieren werden dabei als »aus sich heraustreten«, als sich selbst, d. h. dem psychologisch-physischen Anteil seines Selbst »gegenübertreten« (ex-sistieren) verstanden. Dabei gelte es, die geistigen Kräfte zu stärken und dem Kranken bewußt zu machen. Denn Frankl nimmt an, daß das Geistige ebenso wie das Triebhafte einen unbewußten Untergrund hat, der in der Existenzanalyse bewußt gemacht werden kann. Im Rahmen einer solchen dualistischen Auffassung bemüht sich Frankl des weiteren darum, dem in dieser Weise sich selbst gegenüber getretenen Patienten den Sinn seines *menschlichen Gesamtdaseins* finden zu lassen. Er bezieht dabei zwar die persönliche, biographisch nachgewiesene Lebensentwicklung des Patienten mit ein; dennoch wird deutlich, daß Frankl bei der Sinnfindung von Seins- und Wertauffassungen ausgeht, die teils von der Existenzphilosophie Heideggers und teils von der christlichen Religion entlehnt sind. Eine Reflexion der sozioökonomischen Gegebenheiten und von da her abgeleiteten Seins- und Wertvorstellungen bei dem therapeutischen Bemühen um Herstellung eines besseren Sein- und Sinnverständnisses beim Patienten tritt hingegen bei Frankls Existenzanalyse kaum in Erscheinung. Als Indikationsgebiet für die Anwendung der Existenzanalyse werden die psychogenen Neurosen, einschließlich der psychosomatischen Krankheiten angesehen.

Dieser Krankheitsgruppe stellt Frankl die »noogenen« Neurosen gegenüber, zu denen er die meisten Phobien und Zwangsneurosen rechnet. Bei diesen wendet er – teils ausschließlich, teils ergänzend zur Existenzanalyse – seine »Logotherapie« an. Diese enthält als praktische Techniken die sog. »paradoxe Intention« und die »Dereflexion«. Der Autor geht davon aus, daß z. B. eine krankhafte Errötungsfurcht, eine sog. Erythrophobie, infolge einer geistigen (noogenen) Überbesetzung der mit Angst erfüllten Erwartung, rot zu werden, zustande gekommen ist. Er fordert deshalb den Patienten auf, einmal zu versuchen, und wenn es nur für Sekunden ist, das was er befürchtet, sich ausdrücklich zu wünschen (»paradoxe« Intention). Bei der nächsten Gelegenheit wünscht sich also unser Patient, noch röter zu werden, als er jemals geworden ist, damit es auch allen, die es sehen, recht gut auffällt. Frankl meint nun und sieht seine Auffassung durch einige von ihm mitgeteilte Heilungen bestätigt, daß die übermäßige vorstellungsmäßige Besetzung der Errötungsfurcht durch diesen vom Patienten selbst vollzogenen Überrumpelungsakt quasi ad absurdum geführt wird und damit aufgegeben werden kann. Die gleiche theoretische Vorstellung liegt der von ihm empfohlenen Technik der »Dereflexion« zugrunde. Hiermit versucht er, den wiederum »aus sich heraus getretenen« Patienten zu veranlassen, die z. B. mit seinem Waschzwang verbundenen übermäßigen geistigen Besetzungen aufzugeben, so daß sich die entsprechenden bisher krankhaften Vollzüge – hier das Waschen – in ihre natürliche und damit gesunde Form zurückverwandeln können.

Mit den Augen der Psychoanalyse gesehen, stellt die Existenzanalyse eine therapeutische Auseinandersetzung mit den auf Grund frühkindlicher neurotischer Fixierungen beim Patienten konstellierten sekundären Charakterbildungen und besonders deren geistigen, moralischen und religiösen Folgeerscheinungen und Inhalten dar. Sie bedient sich dabei der Möglichkeiten der Ich-Stützung und der Ermutigung, kann es aber wahrscheinlich nicht vermeiden, daß unwillkürlich im Erleben des Patienten neue, von außen herkommende Wertvorstellungen etabliert werden und damit eine weitergehende echte Autonomie nicht zustande kommen kann. Es kann aber schon zur Heilung des Patienten ausreichen, daß ein neues, ihm in der Therapie vermitteltes Wert- und Seinssystem seiner Persönlichkeitsentfaltung etwas mehr Spielraum läßt, als das bisher in seinem Über-Ich und seinem Ideal-Ich vorhanden und wirksam gewesene.

Die durch eine Anwendung der paradoxen Intention und Dereflexion, also durch die Logotherapie erzielten klinischen Besserungen stellen beachtenswerte Erfolge dar, deren Wert zwar durch ihren symptomorientierten Effekt etwas relativiert wird, da infolge der unveränderten konflikthaften Grundpersönlichkeit des Patienten das spätere Auftreten neuer, meist anderer neurotischer Symptome (Symptomverschiebung) nicht verhindert wird, die aber allein infolge ihres symptomatischen Heilungseffektes ihre volle Berechtigung erhält, zumal zahlreiche Phobien und Zwänge trotz intensiver und erfolgreicher psychoanalytischer Konfliktbearbeitung nicht restlos verschwinden. Dies ist wahrscheinlich auf die bei solchen Erkrankungen sich im Laufe der Zeit immer mehr verselbständigenden psycho-physischen Vorgänge zurückzuführen, die auch als »Mechanisierung« der Symptome bezeichnet werden. Als Konsequenz aus dieser Schwierigkeit stellt sich bei einigen dieser Patienten mit derart mechanisierten Symptomen die Indikation, sie zunächst kausal, d. h. psychoanalytisch zu behandeln und dann, wenn ihre neurotischen Konflikte durchgearbeitet sind, zusätzlich symptomorientierte Techniken wie z. B. die paradoxe Intention anzuwenden.

Hinzuzufügen ist noch, daß der therapeutische Effekt der Existenzanalyse und der Logotherapie – was im übrigen auch für die meisten anderen noch zu beschreibenden Psychotherapieformen zutrifft – sehr wahrscheinlich auch auf *positiven Übertragungsvorgängen* beruht. Diese kommen selbstverständlich in jeder therapeutischen Situation, in welcher ein Arzt einem Patienten gegenübertritt, zustande, ob sie nun reflektiert werden wie in der Psychoanalyse oder nicht. Mit anderen Worten: Oft wirkt die intensive, helfen wollende und verstehende Zuwendung eines Arztes, der noch dazu an seine Methode glaubt, allein schon heilend auf den Patienten. Dies gilt wahrscheinlich nicht nur für die gerade beschriebene und auch andere psychotherapeutische Techniken, sondern auch für die Verabfolgung von Tabletten in der täglichen Praxis des Arztes, wie auch für die Anwendung von Außenseiter-Methoden wie Akupunktur u. ä. Die rational vertretenen wissenschaftlichen Erklärungsversuche stellen dann – kritisch betrachtet – nur Pseudotheorien dar, die der Rationaliserung unbewußt ablaufender psychischer Heilungsprozesse dienen.

1.2.2 Humanistische Psychologie

Aus der Vielzahl weiterer, als sinngebend zu bezeichnender psychotherapeutischer Verfahren soll noch die an früherer Stelle bereits gestreifte »*humanistische Psychologie*« erwähnt werden, welche Ch. Bühler zusammen mit anderen Autoren 1962 in den USA ins Leben gerufen hat[19]. Sie bezieht ihre Grundannahmen aus verschiedenen Theorien und geht davon aus, daß der Gesamtablauf des menschlichen Lebens bestimmten Entwicklungsgesetzlichkeiten unterliegt, unter denen die Gerichtetheit auf bestimmte Lebensziele, die »Intentionalität«, die Tendenz zur Selbstverwirklichung und die grundsätzlich jedem Menschen innewohnenden kreativen Fähigkeiten und Tendenzen die zentrale Rolle spielen. Neurosen und auch manche Psychosen werden damit erklärt, daß die daran leidenden Patienten nicht zur Erfüllung ihres individuellen Lebenszieles gefunden haben. Die aus diesen Grundannahmen abgeleitete therapeutische Zielsetzung besteht darin, den Patienten zur Findung ihres persönlichen Lebenszieles zu verhelfen, indem den Ursachen und Gründen nachgegangen wird, welche die Betreffenden in ihrem bisherigen Leben daran gehindert haben, ihr spezielles Lebensziel zu finden. Im Zusammenhang damit sollen sie in die Lage versetzt werden, ihr Selbst innerhalb des Gesamtablaufs ihres Lebens von der Geburt bis zum Tode, und auch im Hinblick auf die Beziehungen zu Partnern, Gruppen wie auch zur Gesellschaft zu integrieren.

19 Ch. Bühler / F. Massarik, Lebenslauf und Lebensziele. Studien in humanistisch-psychologischer Sicht. Stuttgart 1969.

1.2.3 Gesprächspsychotherapie

Eine Sonderstellung unter den psychotherapeutischen Verfahren nimmt die von Rodgers[20] begründete *Gesprächspsychotherapie* ein, indem sie einerseits völlig darauf verzichtet, aus den verbalen Äußerungen des Patienten und seinem Verhalten irgendwelche Schlüsse zu ziehen und deshalb jegliche Form von Deutungen oder Interpretationen zu geben, und indem sie es außerdem unterläßt, dem Patienten irgendeine als vorgegeben betrachtete Sinnerfüllung seines Lebens nahezulegen oder entdekken zu lassen. Sie wird jedoch deswegen in diesem Kapitel beschrieben, weil sie zu denjenigen Verfahren gehört, die unter den Oberbegriff der Ich-stützenden und Ich-stärkenden psychotherapeutischen Methoden fallen. Sie wird auch *Klienten-zentrierte Therapie* (Client-centered Therapy) genannt, um damit hervorzuheben, daß die verbalen und averbalen Aktionen des Klienten oder Patienten ganz im Zentrum des Behandlungsablaufs stehen, und daß dem Therapeuten eine noch passivere, rein reflektive Rolle zugewiesen wird als dem Psychoanalytiker.

Der Patient macht in der Gesprächspsychotherapie die Erfahrung, daß er vom Therapeuten akzeptiert wird. Er erlebt, daß dieser nicht anders als er selbst über ihn urteilt. Die in der Therapie zustande kommenden Einsichten werden nicht durch Deutungen seitens des Therapeuten hervorgerufen, sondern durch eigene Bewußtwerdungsprozesse und Urteilsbildungen.

Die Gesprächspsychotherapie begnügt sich in der Regel mit zwanzig bis fünfzig »Begegnungen« (therapeutische Sitzungen von zwanzig bis fünfundvierzig Minuten Dauer). Die Therapeuten beanspruchen für sich, daß sie nur mit wissenschaftlich belegbaren Fakten umgehen. Sie beachten deshalb nur die dem Patienten selbst bewußten psychischen und sozialen Beeinträchtigungen, also seine ihm bewußten Befürchtungen, Ängste, Unsicherheiten und Hemmungen im mitmenschlichen und sozialen Kontakt. Die vom Patienten mitgeteilten, ihm selbst bewußten psychischen Behinderungen bemüht sich der Gesprächspsychotherapeut mit Hilfe psychologischer Tests zu objektivieren, ebenso wie die therapeutischen Sitzungen selbst mittels Tonbandprotokollen einer ständigen nachträglichen psychologischen Analyse durch den Therapeuten selbst und andere Fachkollegen unterzogen werden. Desgleichen werden die durch die Therapie bewirkten Veränderungen mittels abschließender erneuter psychologischer Tests zu objektivieren versucht. Als wissenschaftlich belegter Behandlungserfolg wird demzufolge gewertet, wenn sich

20 C. R. Rodgers, Client-centered therapy. New York 1951.

die zu Beginn einer Behandlung getesteten Werte: starker Neurotizismus und geringe Selbstachtung nach Abschluß der Behandlung in: Verminderung des Neurotizismus und Zunahme der Selbstachtung umgewandelt haben[21].

Die Gesprächspsychotherapie kann diesen wissenschaftlichen Anspruch nur deswegen aufrechterhalten, weil sie das Bestehen und Wirken eines dynamischen Unbewußten verneint. Tausch schreibt: »Die Annahme einer Schicht des sogenannten Unbewußten ist eine den empirischen Befunden nicht entsprechende unnötige Annahme«[22]. Schwer zu vereinbaren mit dieser Aussage ist allerdings folgender, auf derselben Seite stehender Satz desselben Autors: »Nicht bewußte Vorgänge (sog. unbewußte Vorgänge) beeinflussen weitgehend zahlreiche Erlebnis- und Verhaltensweisen von Menschen, nicht nur auf dem Gebiet sogenannter Psychoneurosen und der Psychotherapie, sondern etwa auf dem Gebiet der Wahrnehmung, des Gedächtnisses, des Lernens, des Denkens und Fühlens«[23]. Wenn also unbewußte Vorgänge das Erleben und Verhalten des Menschen »beeinflussen«, steht der im selben Absatz zitierte Satz »für die Annahme irgendeiner sog. Eigendynamik nicht-bewußter Vorgänge ergeben sich keine Hinweise«[24], in direktem logischem Widerspruch hierzu[25].

Kritische Einwände sind jedoch lediglich gegenüber den einseitigen psychologischen Erklärungsversuchen der Behandlungsverläufe und der sich darin abspielenden Prozesse und gegenüber den ausschließlich auf lerntheoretischen Vorstellungen basierenden Interpretationen der durch die Behandlung bewirkten Verhaltensänderungen angebracht. Sie sind hingegen nicht gegenüber der praktizierten Methode selbst angebracht. Die in einer Reihe von Fällen objektivierten Behandlungserfolge recht-

21 R. Tausch, Gesprächspsychotherapie. Göttingen 1973.

22 Tausch, a. a. O., S. 27.

23 Ebda., S. 27.

24 Ebda., S. 27.

25 Die kaum anders als krampfhaft zu bezeichnende Bemühung, die wissenschaftliche Reinheit der von der Gesprächspsychotherapie vertretenen psychologischen Theorien von den »Verunreinigungen« tiefenpsychologischer, also ein dynamisches Unbewußtes einbeziehender wissenschaftlicher Auffassungen fernzuhalten, läßt sich daran erkennen, daß der Autor sich weder mit grundlegenden Veröffentlichungen Freud's noch irgend eines anderen namhaften Psychoanalytikers in seinem Buch auseinandersetzt. Es ist schon ein Kunststück, in einem Standardwerk über eine bestimmte psychotherapeutische Methode weder im Text noch im Literaturverzeichnis den Namen auch nur eines einzigen Psychoanalytikers erscheinen zu lassen.

fertigen – bei gegebener Indikationsstellung – die Beibehaltung dieser Therapieform. Sie fordern jedoch zu ergänzenden Betrachtungen über die Wirkungsweise der therapeutischen Erfolge heraus:

Es wurde schon erwähnt, daß der Gesprächspsychotherapeut sich noch passiver verhält als der Psychoanalytiker. Tausch zählt zu den vom Gesprächspsychotherapeuten zu fordernden »Verhaltensmerkmalen« unter anderem: »Wertschätzung, Achtung, Zuwendung« und »Wärme«[26]. Der Therapeut stellt sich demnach in extremer Weise, sich mit dem Patienten identifizierend und völlig auf die Wahrnehmung eigener Gefühlsregungen verzichtend, auf diesen ein. Es ist mit großer Wahrscheinlichkeit anzunehmen, daß es diese verständnisvolle, den Patienten uneingeschränkt akzeptierende warme und positive emotionale Einstellung ist, die es dem Patienten ermöglicht, sich geborgen zu fühlen, Vertrauen zu gewinnen und Erlebnisse der Entlastung und der Selbstwertsteigerung zu erlangen. Es ist also auch hier die – wenn auch wiederum unreflektierte – positive Übertragung des Patienten zum Therapeuten und die damit eröffnete Möglichkeit zu korrigierenden emotionalen Erfahrungen, die therapeutisch wirksam werden kann. Wenn Tausch schreibt, »daß der Psychotherapeut dem Klienten ein Beobachtungsmodell für günstige seelische Funktionsweisen«[27] sein soll, so heißt dies mit anderen Worten, daß der Therapeut auf Grund seiner Persönlichkeit dem Patienten positive Identifizierungsmöglichkeiten anbieten soll.

Es ist zu begrüßen, daß mit den Gesprächspsychotherapeuten eine Gruppe von Helfern bei psychischen Störungen entstanden ist, die mit großem Einsatz die Unzahl der seelisch Kranken zu behandeln helfen. Es gibt möglicherweise auch spezielle Indikationsstellungen, bei denen Erlebnisse des Verstanden- und Akzeptiertwerdens, der Entlastung, der Ich-Stützung und der Selbstwertsteigerung ausreichen, wie sie in der Gesprächspsychotherapie hervorgerufen werden können.

Es spricht jedoch einiges dafür, daß der diese Methode ausübende Therapeut einige der sich bei ihrer Anwendung abspielenden psychischen und interaktionellen und auch der Gruppenprozesse, sofern die Behandlung in Gruppen ausgeübt wird, nicht wahrnimmt oder beachtet und damit vielleicht nicht alle sich während der therapeutischen Begegnungen einstellenden psychotherapeutischen Möglichkeiten nutzen kann. Für eine solche Vermutung spricht, daß einige Gesprächspsychotherapeuten, die eine gewisse Zeit nach ihrer Methode gearbeitet haben, unwillkürlich durch die in den Behandlungen zustande kommende Dyna-

26 R. Tausch, a. a. O., S. 10.
27 Tausch, a. a. O., S. 18.

mik gedrängt werden zu fragen, warum (kausal) und wozu (final) sich der Patient jetzt gerade so und so verhält. Sie werden also genötigt, sich mit unbewußten psychischen Motivationen und Intentionen zu befassen und stoßen dabei auf die Phänomene der Symbolik des Ausdrucksverhaltens, auf die Abwehrfunktion bestimmter Verhaltensweisen und schließlich auch auf die Übertragung und Gegenübertragung. Dies führt nicht selten dazu, daß sie eine zusätzliche psychoanalytische Ausbildung absolvieren, um dann eine durch die Einbeziehung der zu vermutenden unbewußten psychischen Prozesse in den Behandlungsablauf erweiterte therapeutische Ausgangsbasis zu erhalten.

1.2.4 Psychotherapie in der ärztlichen Allgemeinpraxis

Zu den *psychisch wirksamen Maßnahmen gehören weiterhin die vielfältigen Einflußnahmen der zahlreichen Ärzte in Praxis und Klinik auf ihre Patienten.* In der Mehrzahl der Fälle vollziehen sich diese psychischen Einflußnahmen spontan, unbeabsichtigt und unreflektiert. Es ist deshalb in gleicher Weise möglich und vom Zufall bzw. von der psychischen Gesundheit des Arztes abhängig, ob diese unwillkürlichen Einflußnahmen psychische Gesundungsprozesse beim Patienten fördern, also therapeutisch wirken, oder ob sie psychische Gesundungsprozesse behindern, also »antitherapeutisch« wirken. Letzteres ist z. B. der Fall, wenn der Arzt bestimmte Abwehrstrukturen des Patienten, welche dieser erkennen und aufgeben müßte, um sich aus seiner Neurose zu lösen, nicht in Frage stellt, sondern noch unterstützt, indem er z. B. einem Patienten folgendes sagt: »Sie sind doch ein kräftiger junger Mann, nehmen Sie sich doch zusammen, denken Sie an Ihren Vater, was der alles geleistet hat, vergessen Sie Ihren Kummer, und lenken Sie sich ab«. Dieser wohlmeinende Appell an die Ich-Funktionen, insbesondere den Willen des Patienten, kann sich negativ insofern auswirken, als er die repressiven Über-Ich-Strukturen des Letzteren verstärkt und ihn bezüglich der Möglichkeit, seinen Gefühlsbereich zu entwickeln und sich mit den seine Selbstentfaltung behindernden bedrückenden Autoritäten auseinanderzusetzen, noch mehr vermindert. Psycho-therapeutisch wirksam wären hingegen folgende Äußerungen des Arztes: »Nun erzählen Sie mir mal Ihren ganzen Kummer« oder »Ich glaube, es gibt eine ganze Menge, was Sie im Augenblick bedrückt, und womit Sie nicht fertig werden, kommen Sie doch morgen nachmittag, wenn ich keine Sprechstunde habe, um vier Uhr her, dann habe ich Zeit, daß wir einmal ausführlich miteinander reden können«. Diesem Vorgehen sind zweifellos durch die starke Inanspruchnahme des niedergelassenen Kassenarztes Grenzen gesetzt. Aber manchmal reichen auch einige Worte aus, um dem Patienten das Gefühl zu vermitteln, von seinem Arzt in seinem seelischen Konflikt angenommen zu sein, und ihn in seiner Tendenz zu bestärken, sich mit den ihn behindernden, in ihm selbst wirksamen und von außen auf ihn wirkenden Kräften auseinanderzusetzen. Ein solcher, therapeutisch fruchtbarer Effekt kann beispielsweise dann eintreten, wenn der Arzt folgendes zu einem an Magenbeschwerden leidenden, ihm seit längerer Zeit bekannten Patienten sagt: »Sicher sind Sie enttäuscht, daß Ihre Schmerzen trotz der Diät, die Sie einhalten und trotz der Tabletten, die ich Ihnen verordne, immer noch nicht weg sind. Aber ich kann mir gut vorstellen, daß Ihnen die unmenschliche Atmosphäre an Ihrem Arbeitsplatz und vor allem die Gleichgültigkeit und die ständigen Forderungen Ihres Meisters, für den Sie doch alles tun, auf den Magen schlägt. Wenn ich so viel schlucken müßte, ginge es mir wahrscheinlich auch so wie Ihnen«.

Um solche »gezielten« psychotherapeutischen Interventionen zu machen, reicht jedoch in der Regel die im Verlaufe einer ärztlichen Praxis sich beim Arzt einstellende allgemeine Menschenkenntnis nicht aus. Dies ist auch der Anlaß dafür, daß sich in zunehmendem Maße Ärzte, denen einerseits die große Bedeutung psychischer Faktoren bei der Verursachung zahlreicher Krankheiten bewußt geworden ist, und die andererseits ihre Unzulänglichkeit hinsichtlich des Erkennens der psychischen Ursachenfaktoren und des psychotherapeutischen Umganges damit erkannt haben, um eine *psychotherapeutische Fortbildung* bemühen. Zu diesem Zweck wurden entsprechende Veranstaltungen organisiert, wovon die größte und bekannteste die jedes Frühjahr in Lindau stattfindende Psychotherapiewoche ist. Hier wird in Vorträgen, Seminaren und Selbsterfahrungsgruppen das Eigen- und Fremdverständnis psychischer und sozialer Prozesse erweitert mit dem Ziel, in der täglichen Sprechstunde den psychischen Faktor besser wahrnehmen und therapeutisch wirkungsvoller einsetzen zu können.

1.2.5 Balint-Gruppen

Eine vielleicht noch bessere Methode zur Herstellung eines tieferen Verständnisses für psychische Abläufe als die eben erwähnten psychotherapeutischen Fortbildungsveranstaltungen ist die Teilnahme an sog. *Fallbesprechungsgruppen.* Diese Form wurde von dem in London wirkenden Psychoanalytiker Balint eingeführt. Er ging davon aus, eine Organisationsform und ein psychische sowie soziale Lernprozesse förderndes Instrument zu schaffen, welches dem in einer Praxis tätigen Arzt die Möglichkeiten geben soll, die Grundaussagen der Psychoanalyse kennenzulernen und in seinem täglichen Umgang mit den Patienten therapeutisch wirksam werden zu lassen. Der mit einer vollständigen Ausbildung zum Psychoanalytiker verbundene Aufwand sollte dadurch vermieden werden. Eine Lernanordnung also, die von ihrem Aufwand her noch mit den Beanspruchungen des Arztes in seiner Praxis nebenher zu vereinbaren ist, und die es aber ermöglicht, einem größeren Teil von Ärzten die therapeutischen Möglichkeiten zu vermitteln, welche die Psychoanalyse anzubieten hat. Die Teilnehmer dieser »Balint-Gruppen« treffen sich – meist über mehrere Jahre hin – alle acht bis vierzehn Tage einmal und sprechen über diejenigen Patienten, die ihnen in irgendeiner Weise problematisch sind. Problematisch deshalb, weil der Arzt bei ihnen psychische Probleme vermutet, die er besser erkennen und in den Griff bekommen möchte, oder problematisch deswegen, weil diese Patienten beim Arzt Gefühle und Affekte hervorrufen, die ihn verunsichern, und deren Ursachen er besser erkennen möchte, um souveräner damit umgehen zu können.

Der an einer Balint-Gruppe teilnehmende Arzt macht vor allem folgende Lernerfahrungen: Es wird ihm zunehmend deutlich, daß jedes Verhalten und jede Äußerung seines Patienten auch eine Aussage über dessen unbewußte Gefühle, Wünsche, Befürchtungen und Ängste ist. So lernt er z. B. wahrzunehmen, daß eine Patientin, die mit ihrer vierjährigen, an einem harmlosen Schnupfen leidenden Tochter zu ihm in die Sprechstunde kommt, eigentlich gar nicht deswegen kommt, um den Schnupfen ihrer Tochter behandeln zu lassen, sondern um mit dem Arzt über ihren Familien- und Ehekonflikt zu sprechen. Die harmlose Erkrankung ihrer Tochter dient ihr dabei unwillkürlich als Einstieg. Balint spricht in diesem Zusammenhang von einem «Präsentiersymptom«[28]. Das darin enthaltene Signal kann nur derjenige Arzt erkennen und entsprechend psychotherapeutisch darauf eingehen, der seine Wahrnehmungsfähigkeit für solche Ausdrucksvorgänge geschult hat. Diese und weitere psychische Lernerfahrungen werden durch die früher bei der Beschreibung der analytischen Gruppenpsychotherapie erläuterten Vorgänge des feed back, des Erkennens der eigenen Rolle, des Erkennens der Rollenerwartung der anderen, der Verstärkung usw. gefördert. Der Leiter der Balint-Gruppe bemüht sich bei seinen Interventionen, die gelegentlich auch den Charakter von Deutungen haben, dem jeweiligen Teilnehmer seine Gefühle und typischen Einstellungen, einschließlich

28 M. Balint, Der Arzt, sein Patient und die Krankheit. Stuttgart 1965, S. 56 bis 61.

der darin enthaltenen Erwartungen, Enttäuschungen und Ängste bewußter erkennen zu lassen, indem er ihn z. B. auf die Ähnlichkeit seines Verhaltens zu einer Gruppenteilnehmerin mit dem von ihm geschilderten Verhalten einer Problempatientin gegenüber aufmerksam macht. Die Balint-Gruppe enthält demzufolge immer auch ein Stück notwendiger Selbsterfahrung für den teilnehmenden Arzt.

Im weiteren Verlauf erkennt der Teilnehmer der Gruppe immer deutlicher, daß auch sein ganzes eigenes Verhalten dem Patienten gegenüber, jedes Verschreiben einer Medizin, jede von ihm verabreichte Spritze und jede verbale Äußerung Ausdruck seiner eigenen psychischen Verfassung ist, und daß es auf den Patienten psychisch *wirkt*. So kann sein Verhalten auf den Patienten beruhigend, beschützend, Geborgenheit vermittelnd, ermutigend, befreiend u. a. wirken; es kann aber auch ängstigend, bedrückend, behindernd und enttäuschend auf ihn wirken. Balint spricht in diesem Zusammenhang von der »Droge Arzt« (»in keinem Lehrbuch steht etwas über die Dosierung, in welcher der Arzt sich selbst verschreiben soll«)[29]. Der Arzt in seiner ganzen Person wirkt also auf den Patienten. Je deutlicher und differenzierter er die sich zwischen ihm und seinem Patienten abspielenden psychischen Vorgänge wahrzunehmen gelernt hat, desto fruchtbarer kann er sie therapeutisch einsetzen. Die Droge Arzt wird dann zu einer guten Medizin. Die Gefahr, daß er ungewollt selbst zu einer schädlichen Droge wird und er damit ungewollt zur Entstehung sog. jatrogener Schäden beim Patienten beiträgt, kann dadurch laufend verringert werden.

Es ist zu hoffen, daß mit der neuerlichen Einführung von vier psychologischen bzw. psychotherapeutischen Pflichtprüfungsfächern in das Medizinstudium der nach seinem Studienabschluß in die Klinik oder Praxis gehende junge Arzt in Zukunft schon eine grundsätzlich andere Betrachtungsweise im Hinblick auf die psychische Verursachung oder Mitverursachung zahlreicher Krankheiten haben wird als es bisher der Fall war, und daß er demzufolge in seinem praktisch tätigen Umgang mit seinen Patienten die psychischen Anteile im Verhalten beider deutlicher wahrnehmen und auch neben seinen somatischen Behandlungsmethoden psychisch wirksame Interventionen gezielter und bewußter mit einbeziehen wird.

29 Balint, a. a. O., S. 15.

im Rahmen eines Partnerschaftskonfliktes – einmal die Rolle seines Kontrahenten, z. B. seines Vaters, seiner Schwiegermutter oder seiner Ehefrau – übernehmen möchte, kann er einen anderen Teilnehmer bitten, ihn selbst darzustellen, also seine Rolle zu übernehmen.

Die Themenauswahl des Darzustellenden geschieht spontan und ist etwas von dem theoretischen Konzept abhängig, nach welchem der Psychodrama-Therapeut arbeitet, d. h. ob dieser mehr nach sozio- oder gruppendynamischen oder mehr nach psychoanalytischen Konzepten vorgeht, oder ob er – ähnlich wie in der verbalen analytischen Gruppentherapie – mehr den einzelnen in der Gruppe oder die Gruppe insgesamt bei der Analyse der Darstellungen und Interaktionen im Auge hat. So kann z. B. das Psychodrama in der Weise ablaufen, besonders wenn durch Zusammenbleiben der Teilnehmer über einen längeren Zeitraum hinweg ein enges Gruppengefüge und ein dynamischer Gruppenprozeß zustande kommt, daß die spontanen Gruppenkonflikte durchgespielt werden und durch feed back vom Leiter gegebene Verstärkungen und Deutungen therapeutisch fruchtbar gemacht werden. Gelegentlich übernimmt der Gruppenleiter im Psychodrama auch die Rolle eines »Hilfs-Ich«, indem er sich zum Beispiel hinter einen Teilnehmer stellt, der gerade die ersten Ansätze dazu macht, eine neue Rolle auszuprobieren, aber noch große Angst davor hat, z. B. wenn er im Gegensatz zu früher, von seiner »Mutter« erstmalig etwas zu fordern versucht und etwa sagt: »Ich, Werner (Name des Patienten), habe zwar infolge meiner früheren Erfahrungen Angst, von meiner Mutter etwas zu fordern, ich weiß aber, daß ich nicht mehr das kleine hilflose Kind von früher bin, und daß ich jetzt die Kraft dazu habe, und daß mir nichts passieren kann.« Er verstärkt und fördert auf diese Weise die Ich-Funktionen des Patienten und hilft ihm dadurch bei der Veränderung seines Partnerschafts- und Sozialverhaltens.

Die Themen ergeben sich in der Regel aus dem spontanen Gruppenablauf. Sie beziehen sich entweder auf die Konflikte innerhalb der Gruppe selber oder auf gegenwärtige oder frühere außergruppale Konflikte und Erlebnisse einzelner Teilnehmer, wobei der Gruppenleiter meist versucht, den Bezug dieser außergruppalen Konflikte zum Gruppengeschehen herzustellen. Es gibt aber auch Psychodrama-Therapeuten, welche ganz bestimmte Themen von allgemeiner Bedeutung wie Angst, Vorurteile, Haß oder »Vater-Sohn«, »Schwiegertochter-Schwiegermutter« oder dem lebendigen Geschehen in der Natur entnommene Vorgänge wie »Sonnenaufgang«, »Wachsen eines Baumes«, »Bereitung eines Nestes« u. ä. als Thema anbieten und durchspielen lassen. Oder sie lassen einen zusammenhängenden Vorgang, z. B. ein Märchen, spielen. Dies entspricht dem Vorbild der sog. *»themenzentrierten Gruppenarbeit«*, wie sie von R. Cohn auch für verbale Therapiegruppen und für didaktische Gruppenveranstaltungen eingeführt worden ist.

1.3.2 Primärtherapie

Eine – zumindest in ihren Anfangsstadien und während bestimmter Phasen der weiteren Behandlung – zeitweilig averbale Form der Psychotherapie ist die sog. »*Primärtherapie*«, welche amerikanische Autoren, vor allem Janov[30], eingeführt haben. Angeregt durch spontane kathartische Erlebnisse einzelner seiner Patienten, die in höchster Erregung nach ihrer Mutter schrien, wie jemand, der ermordet wird, geht er davon aus, daß Neurosen dadurch zustande kommen, daß Säuglinge, die von ihren Müttern nicht liebend angenommen werden, Empfindungen hochgradigen seelischen Schmerzes erleiden, welcher von dem Autor »Urschmerz« genannt wird, und die in der Folgezeit zur Vermeidung dieses Urschmerzes ein Abwehrgefüge ausbilden, welches dann dazu führt, daß sie »irreal« und neurotisch werden. Die therapeutische Zielsetzung besteht darin, diese Urschmerzen wieder zu mobilisieren, was regelmäßig in der Weise geschieht, daß die Patienten »Urschreie« ausstoßen, um ihnen dadurch zu ermöglichen, daß sie in Zukunft »real« leben können und das gesamte, mit ihrem bisherigen irrealen Leben verbundene neurotische Gefüge von ihnen abfallen kann. Janov nimmt in seiner, von den klinischen Erfahrungen der therapeutischen Wirkung von Urschrei-Erlebnissen abgeleiteten Theorie Gedanken wieder auf, welche von Psychoanalytikern der frühen Epoche, vor allem O. Rank, schon angestellt worden waren, und in deren Zusammenhang sehr frühe, mit Angst verbundene Erlebnisse, angefangen bei den mit dem Geburtsvorgang verbundenen Todesängsten[31] die Konstellierung einer Neurosenbereitschaft verantwortlich gemacht wurden. Auch diejenigen Psychoanalytiker, die sich in den letzten Jahrzehnten mit den Entstehungsbedingungen von Psychosen befaßt haben, heben die sehr frühen traumatischen Erlebnisse während des Säuglingsalters immer wieder hervor. Ob die Urschrei-Therapie, über welche in der BRD noch keine Erfahrungen veröffentlicht wurden, das halten kann, was sie verspricht, nämlich, daß sie grundsätzlich bei allen Neurosen anwendbar sei, und zu besseren Heilungen führe als die Psychoanalyse und andere psychotherapeutische Methoden, bleibt abzuwarten.

30 A. Janov, Der Urschrei, ein neuer Weg der Psychotherapie. Frankfurt/Main 1973.

31 O. Rank, Das Trauma der Geburt und seine Bedeutung für die Psychoanalyse. Int. psychoanal. Bibliothek XIV. Wien 1924.

1.3.3 Sensitivitätstraining

Zu den überwiegend averbalen psychotherapeutischen Verfahren gehören auch die im einzelnen nach unterschiedlichen theoretischen Vorstellungsmodellen gehandhabten Gruppentechniken, die unter der Bezeichnung »*Sensitivitätstraining*« bekannt geworden sind. Es handelt sich hierbei um Gruppenarrangements, in welchen die Teilnehmer nach Anweisung des Leiters bestimmte Übungen und Handlungen ausführen, teils für sich allein, teils mit einem Partner und teils mit mehreren Partnern. Diese Übungen dienen dem Ziel, grundlegende Gefühle und Affekte in hohem Ausmaß auch Körpergefühle, bewußter wahrzunehmen. Einige dieser Übungen werden z. B., um die Konzentration auf die Wahrnehmungsvorgänge zu verstärken, mit geschlossenen Augen ausgeführt. Im Anschluß an die jeweils gemachten Übungen können die Teilnehmer über ihre ihnen bewußt gewordenen Wahrnehmungen berichten, daß sie z. B. intensive Geborgenheits- und Hingabegefühle gehabt haben, als sie mit geschlossenen Augen innerhalb eines geschlossenen Kreises von Teilnehmern von deren Händen sanft angestoßen und von anderen Händen wieder aufgefangen wurden.

Das Aussprechen dieser Erlebnisse fördert sowohl beim Sprechenden selbst als auch bei den übrigen Teilnehmern das Bewußtwerden ihrer Gefühle. Eine der verschiedenen Sonderformen dieser Behandlungsart ist das von dem Amerikaner G. Bach eingeführte Partnerschaftstraining. Bach geht von der Hypothese aus, daß nicht nur liebende Gefühle die Menschen miteinander verbinden, sondern daß auch die aggressiven Auseinandersetzungen von Partnern in hohem Maße kommunikativ wirken (»Streiten verbindet«). Er läßt deshalb seine Teilnehmer ritualisierte Partnerschaftssituationen wie z. B. »Herr und Knecht« spielen und verstärkt die dabei wach gerufenen aggressiven Emotionen. Er läßt die Teilnehmer erleben, daß sie über ein Stadium haßerfüllter aggressiver Auseinandersetzung hin zu einer abschließenden, von liebenden Gefühlen erfüllten Partnerschaft gelangen können.

Natürlich werden beim Sensitivitätstraining, da es sich um Gruppenveranstaltungen handelt, die wiederholt beschriebenen therapeutisch wirksamen Phänomene des feed back, der Wahrnehmungsverstärkung, der Interaktionsanalyse, des Rollenbewußtseins, der Rollenerwartung und des sozialen Lernens vom Gruppenleiter genutzt und gefördert.

1.4 Übende und konditionierende Verfahren

Unter diesen Oberbegriff fallen diejenigen therapeutischen Techniken, die durch festgelegte, vom Therapeuten angeordnete Übungen beim Patienten eine Normalisierung seiner körperlichen und psychischen Fehlfunktionen herbeiführen sollen. Sie verzichten im Gegensatz zur Psychoanalyse auf die Erkennung von Sinnzusammenhängen der Krankheitssymptome mit etwaigen unbewußten Persönlichkeitskonflikten des Patienten und sind deshalb nicht aufdeckender Art. Da sie sich mit verhältnismäßig geringem Aufwand erlernen lassen, vor allem wenn man sie mit dem großen Aufwand der psychoanalytischen Ausbildung vergleicht, und da ihre Anwendung in zahlreichen Fällen zu einer befriedigenden Verminderung der neurotischen Symptomatik führt, genießen sie mit Recht eine große Verbreitung.

1.4.1 Die Hypnose

Dieses Verfahren ist – im Gegensatz zu den Auffassungen Charcots, der die Hypnotisierbarkeit für den Ausdruck einer psychischen Erkrankung hysterischer Patienten hielt – ein bei allen Menschen anwendbares Verfahren. Es besteht darin, daß der Therapeut durch bestimmte, suggestiv gegebene Anweisungen den Patienten in einen Zustand versetzt, in welchem sich sein Bewußtsein in der Weise verändert, daß es sich nur noch auf die Mitteilungen und Anweisungen des Arztes einstellt, während alle anderen Bewußtseinsinhalte, also alle spontanen Außen- und Innenwahrnehmungen, »ausgeblendet« werden. Nur noch die Stimme des Therapeuten hat Bedeutung für ihn. Er ist völlig passiv und willenlos und kann deshalb in extremem Ausmaß alle ihm vom Therapeuten gegebenen Suggestionen befolgen. Dies ermöglicht ihm, einmal einen Zugang zu längst vergessenen, unter normalen Bewußtseinsbedingungen nicht reproduzierbaren persönlichen Erinnerungen zu bekommen und – das ist der entscheidende therapeutische Effekt – einen verändernden Einfluß auf seine neurotischen Symptome zu nehmen. So kann er beispielsweise unter einer vom Arzt gegebenen hypnotischen Suggestion den Vorsatz fassen, in einer am nächsten Tage bevorstehenden Prüfung keine Angst zu haben und diesen Vorsatz dann anläßlich der realen Prüfung auch verwirklichen.

Die Hypnose findet heute nur noch selten Anwendung, vor allem wohl deswegen, weil man deutlich erkannt hat, daß mit der hypnotischen Symptombeeinflussung die verursachenden krankhaften Persönlichkeitskonflikte nicht beseitigt sind, und das erneute Auftreten derselben Symptome oder neuer anderer Symptome nicht verhindert werden kann. Man führt Hypnose gelegentlich aus bei Symptomen, die besonders im partnerschaftlichen und sozialen Kontakt störend wirken, z. B. bei Errötungsfurcht, bei Prüfungs- oder sonstigen Erwartungsängsten, aber auch bei situationsgebundenen Ängsten wie Straßen- oder Raumphobien usw. Vereinzelt werden auch bei Alkoholismus und bei sexuellen Perversionen – ebenfalls im Dienste einer Verbesserung der sozialen Anpassung – Hypnosen gemacht.

1.4.2 Autogenes Training (»Konzentrative Entspannung«)

Dieses von dem Berliner Nervenarzt J. H. Schultz[32] eingeführte Verfahren geht von den durch die Hypnose erschlossenen Möglichkeiten einer intensiven Beeinflussung gestörter körperlicher Funktionen aus und bietet den großen Vorteil, daß es den Patienten von der ständigen Anwesenheit des Arztes während der Ausübung dieses Verfahrens unabhängig macht. Der Patient erlernt zunächst unter der Anleitung des Arztes einige Übungen, die ihm eine allgemeine körperliche und damit verbunden auch seelische Entspannung vermitteln. Gleichzeitig lernt er dabei, einen Teil der normalerweise außerhalb seiner Bewußtseinskontrolle sich automatisch abspielenden körperlichen Vorgänge wie Muskeltonus, Durchblutung, Herzschlag und Atmung, bewußt wahrzunehmen und in gewissem Grade durch Einstellung seiner nach innen gerichteten Aufmerksamkeit auf diese Vorgänge zu beeinflussen bzw. zu verändern. Hierdurch können zahlreiche, durch vegetative Fehlsteuerungen hervorgerufene Störungen, wie z. B. Durchblutungsstörungen in den Füßen (sog. kalte Füße), im Kopf (oft als Migräne oder Schwindel in Erscheinung tretend) oder anderen Organen, aber auch Muskelverkrampfungen, Herzrhythmusstörungen, asthmatische und andere Atemstörungen günstig beeinflußt werden. Je besser der Patient diese Übungen beherrscht, desto unabhängiger wird er dabei vom Arzt. Er kann den ganzen Übungsablauf schließlich ganz für sich allein durchführen.

In den höheren Stufen des Autogenen Trainings können manche Patienten – ähnlich wie in der Hypnose – sich formelhafte Vorsätze bilden (z. B. »ich werde bei der morgigen Betriebsbesprechung ganz ruhig sein«) und sich dadurch sozusagen für eine künftige, zu erwartende Stress-Situation »vorprogrammieren«.

Die letzten Stufen des Autogenen Trainings gehen über eine rein therapeutische Zielsetzung hinaus, indem sie dem Übenden einen erweiter-

32 J. H. Schultz, Das autogene Training. Stuttgart 1964.

ten und vertieften Zugang zur Gesamtheit seiner Körper-, Gefühls- und geistigen Erlebnisse eröffnen.

Es spricht im übrigen manches dafür, daß auf diese Weise – jetzt bewußt wahrgenommene – Erlebnisqualitäten wiederbelebt werden, die in sehr frühen psychischen Entwicklungsstadien (des ersten Lebensjahres) eine große Rolle gespielt hatten.

1.4.3. Verhaltensmodifikation

Die Bedeutung von *Lernvorgängen* für das Zustandekommen von Entwicklungen und Anpassungen an gegebene Zustände wurde im II. Kapitel und auch im Folgenden bei der Erörterung der Entstehungs- und Chronifizierungsbedingungen neurotischer Erkrankungen wiederholt unterstrichen. Ebenso wurden die Prozesse des individuellen und sozialen Lernens in diesem Abschnitt als wichtige Faktoren innerhalb des therapeutischen Wirkungsgefüges hervorgehoben. In der Psychologie hat sich nun in den letzten beiden Jahrzehnten eine an die Namen Wolpe, Rachman, Eysenck u. a. geknüpfte wissenschaftstheoretische und therapeutische Richtung entwickelt, welche diesen Anteil an der Verursachung und Behandlung neurotischer Erkrankungen nicht nur in den Mittelpunkt seiner Betrachtungen und therapeutischen Techniken stellt, sondern ihn sogar für den ausschließlich relevanten hält. Brengelmann und Tunner geben folgende Definition für den derzeitigen Stand der Verhaltenstherapie:

»... läßt sich Verhaltenstherapie als Disziplin charakterisieren, in der zum Zwecke therapeutischer Veränderung experimentelle Bedingungen auf der Basis der theoretischen und methodischen Erkenntnisse der Verhaltenswissenschaften, insbesondere der Lernpsychologie, eingesetzt werden.«[33]

Es werden dementsprechend – noch konsequenter als in den von den Gesprächstherapeuten vertretenen theoretischen Auffassungen – alle diejenigen Phänomene und Prozesse unbeachtet gelassen, welche auf die Existenz und die Wirksamkeit eines dynamischen Unbewußten hinweisen. Vereinfacht ausgedrückt meinen die Verhaltenstherapeuten, daß sich alle neurotischen Symptome ausschließlich als Ergebnisse von falsch gelaufenen Lernprozessen verstehen lassen, und daß die therapeutische Konsequenz demzufolge lauten muß, das falsch Eingelernte durch Umlernen, d. h. durch Erlernen des Richtigen (»Gesunden«) zu ersetzen.

33 J. C. Brengelmann u. W. Tunner, Behavior Therapy-Verhaltenstherapie. München / Berlin / Wien 1973, S. VI.

In den von einer solchen Betrachtungsweise abgeleiteten im Gegensatz zur Gesprächstherapie sehr aktiven Techniken der »Desensibilisierung« (z. B. bei Spinnen- oder Schlangenphobien), der »Reizüberflutung« (z. B. bei Zwangsneurosen) und der »Aversion« (Anerziehung von Ekelreflexen, z. B. bei Alkoholikern) und in den dabei therapeutisch genutzten Effekten der Verstärkung »gesunder«, d. h. hier sozial erwünschter Verhaltensweisen, finden sich Berührungspunkte sowohl zu bestimmten Kriterien der Psychoanalyse (»Durcharbeiten« und »korrigierende emotionale Erfahrung«), der Logotherapie (paradoxe Intention und Dereflexion), der Gesprächstherapie und der Gruppentherapie (Verstärkereffekt, Rollenwandel und soziales Lernen).

Kritisch ist gegenüber der rein lerntheoretischen Interpretation therapeutischer Ergebnisse einzuwenden, daß die u. E. zentrale Bedeutung der Wirkung von Übertragungs- und Gegenübertragungsvorgängen dabei völlig unberücksichtigt bleibt. Auch die Ausklammerung unbewußter psychodynamischer Wirkungsfaktoren bei der Entstehungstheorie neurotischer Einzel- und Charaktersymptome stellt eine nach dem heutigen Vorliegen wissenschaftlicher Beweise für unbewußte psychische Prozesse und deren Wirksamkeit nicht zu vertretende Einseitigkeit dar.

Dessenungeachtet rechtfertigen die relativ einfach und kurzfristig zu erzielenden Symptombesserungen bei bestimmten neurotischen Störungen, wie z. B. Tierphobien, sexuellen Funktionsstörungen, Stottern, manchen Zwangssymptomen und die Erfolge bei der sozialen Anpassung minderbegabter und verhaltensgestörter Kinder durchaus die Anwendung dieses Verfahrens, auch wenn das Risiko von späteren Rückfällen und Symptomverschiebungen bestehen bleibt. Es sollte das Ziel der Verhaltenstherapeuten – möglichst in Zusammenarbeit mit Psychoanalytikern – sein, die optimal auf Verhaltenstherapie ansprechenden neurotischen Symptome herauszustellen und sie gegenüber denjenigen abzugrenzen, die besser auf analytische Verfahren ansprechen. Nicht selten, wie z. B. bei manchen chronifizierten Zwangsneurosen, kann auch eine zeitliche Aufeinanderfolge (initiale Psychoanalyse und anschließende Verhaltenstherapie) angezeigt sein. Zur Zeit wird die Verhaltenstherapie, wie deren ernsthafte Vertreter selbst beklagen, stark durch die große Zahl unqualifizierter, aber dafür um so mehr engagierter Personen belastet, welche unter der Bezeichnung »Verhaltenstherapie« unkontrollierte und teilweise schädliche Aktivitäten entfalten und dadurch diese Methode in Mißkredit zu bringen drohen, ehe sie ihre Bewährungsprobe bestanden hat.

1.5 Medikamentöse und andere physische Behandlungsmethoden bei Neurosen

Die bei Neurosen angewandten körperlichen Behandlungsmethoden bestehen in der Verabreichung von ruhigstellenden, die Stimmung hebenden und harmonisierenden, Angstspannungen herabsetzenden und vegetative Funktionsstörungen ausgleichenden Medikamenten, in der Anwendung von Bädern, heilklimatischen und diätetischen Kuren sowie von Gymnastik und Massagen. Sie führen oft rasch zur Verringerung der neurotischen Leidenssymptome, erfordern nur ein Minimum an Zeitaufwand und stellen deshalb die zuerst und am häufigsten angewandten therapeutischen Maßnahmen bei Neurosen dar. Hierin liegt ihr großer Vorteil, aber auch gleichzeitig, wie früher schon gezeigt worden war, ihr entscheidender Nachteil. Denn die über oft längere Zeit erfolgreiche Verringerung des durch die neurotischen Krankheitssymptome hervorgerufenen Leidensgefühles täuscht sowohl den Patienten als auch häufig den Arzt über die Schwere und das Weiterbestehen der neurotischen Erkrankung hinweg. Dies hat zur Folge, daß sich die der Neurose zugrunde liegenden latenten psychischen Konflikte und die damit verbundenen Sekundärmechanismen, vor allem die Abwehrstrukturen, Überkompensationen usw. ausweiten, verhärten und chronifizieren. Sie sind dann zu dem Zeitpunkt, an welchem die Medikamente oder andere körperliche Methoden nicht mehr die Symptomatik unterdrücken können, einer dann aufgenommenen psychoanalytischen Behandlung schlechter zugänglich, als wenn diese Behandlung gleich zu Beginn der Symptomentstehung eingesetzt hätte. Sie verhindern damit die prognostisch am günstigsten einzuschätzende aufdeckende Frühbehandlung der Neurose.

Dieser Nachteil wird nur in einer gewissen Anzahl von Fällen in unterschiedlichem Ausmaß dadurch verringert oder ausgeglichen, daß der Arzt – bei der Wahrnehmung seiner organmedizinischen Aktivitäten – den Patienten immer auch – häufig von beiden unbemerkt – psychisch beeinflußt. Dieser unwillkürliche, jede zwischen dem Arzt und seinem Patienten stattfindende Interaktion begleitende Einfluß hat zwar, wie anläßlich der Darstellung der Balint-Gruppen gezeigt worden war, häufig therapeutischen Charakter, kann sich aber ebensogut »antitherapeutisch« auswirken, indem er ungewollt diejenigen psychischen Mechanismen im Patienten verstärkt, die sein neurotisches Verhaltensgefüge stabilisieren und damit etwaige spontane psychische Heilungsansätze behindern.

1.6 Kombinierte Behandlungsmethoden

Gleichzeitige oder zeitlich aufeinanderfolgende Kombinationen verschiedener der hier aufgezählten Behandlungsmethoden werden vielfach angewandt. Die sich an eine psychoanalytische Behandlung anschließende Verhaltenstherapie wurde bereits erwähnt (auch die umgekehrte Reihenfolge wird praktiziert). Es gibt ferner Therapeuten, die eine psychoanalytische Sitzung mit dem Autogenen Training einleiten, um den Patienten in eine entspannte und introvertierte Verfassung zu bringen, wodurch der Analytiker sich eine Begünstigung des Zustandekommens freier Einfälle und der Wahrnehmung von Gefühls- und Körpererlebnissen beim Patienten erhofft.

Bei sehr erregten oder von übermäßiger Angst erfüllten Patienten erweist sich manchmal eine neben der psychoanalytischen Behandlung einhergehende medikamentöse Therapie zur Herstellung eines ertragbaren Ausmaßes von psychischer Belastbarkeit als notwendig.

Die Teilnahme am Psychodrama, an der Heilgymnastik, der Gestaltungs- oder aktiven Musiktherapie neben der psychoanalytischen Einzelbehandlung stellt oft eine fruchtbare Ergänzung der Psychoanalyse dar. Wichtig ist bei dieser – wie auch bei allen anderen Kombinationsbehandlungen, sofern die »Hilfstherapie«-Formen von einem anderen Therapeuten ausgeführt werden –, daß zwischen diesem und dem Analytiker ein ständiger Informationsaustausch stattfindet.

Ob die Kombination einer Einzelanalyse mit einer gleichzeitig laufenden analytischen Gruppenbehandlung therapeutische Vorteile bietet, ist noch umstritten. Dem Vorteil eines um die soziale Dimension erweiterten Arrangements steht hier der Nachteil gegenüber, daß der Patient in Versuchung geraten kann, die eine Therapieform gegen die andere »auszuspielen«, d. h. sich weder in der Einzel- noch in der Gruppentherapie seinen Angst und andere Unlustgefühle hervorrufenden Konflikten zu »stellen«, da immer mit der Möglichkeit umgegangen wird, dieses Unlustvolle in die andere Therapieform zu bringen und damit ständig aufzuschieben. Aus diesem Grunde ist überhaupt davor zu warnen, zu häufig von der Kombination mehrerer Therapieformen Gebrauch zu machen. Denn ebenso wie in der Organmedizin stellt die vordergründig verlokkende Schlußfolgerung »Viel hilft viel« meist eine Illusion dar.

2. Die Rehabilitation von Neurotikern und psychosomatisch Kranken

Die Medizin ist in den letzten Jahrzehnten um die Bereiche der *Vorbeugung* und der *Rehabilitation* erweitert worden. Die Rehabilitation zielt darauf hin, durch Krankheit beeinträchtigte Funktionen durch Übungen zu verbessern (medizinische Rehabilitation) und den Patienten durch Erlernung neuer Fähigkeiten in seinem Selbstgefühl zu stärken und an die Erfordernisse des Arbeitslebens anzupassen (berufliche Rehabilitation).

Auf die beim Neurotiker gegebenen Voraussetzungen angewandt heißt dies, daß seine Rehabilitation immer seine gesamten Persönlichkeitsstörungen einbeziehen muß, da diese in jedem Fall die Ursache seiner Symptome darstellen, auch dann, wenn sie vordergründig isoliert in Erscheinung treten wie etwa bei einem Waschzwang oder einer Magenneurose.

Erforderlich werden Rehabilitationsmaßnahmen dann, wenn neurotische Erkrankungen einen solchen Schweregrad erreicht haben, daß sie zu erheblichen Störungen im Familien- und Arbeitsbereich geführt haben, z. B. zu mehrjähriger Arbeitsunfähigkeit. Es gibt eine große Zahl schwerer und schwerster Neurosen und psychosomatischer Krankheiten, für welche dies zutrifft. Ein Teil der hiervon betroffenen Patienten bietet nicht mehr die Voraussetzungen für die erfolgversprechende Anwendung medizinischer, hier psychotherapeutischer Maßnahmen. In diesem Fall sind von vornherein Maßnahmen im Sinne der beruflichen Rehabilitation wie Umschulungsförderungen, Arbeitsplatzwechsel bzw. sozialfürsorgliche Maßnahmen im familiären Bereich angezeigt.

Bestehen bleibt ein großer Kreis von zu rehabilitierenden Neurotikern, die unter besonderen Voraussetzungen durchaus noch in ihren neurotisch bedingten Symptomen und Funktionsbeeinträchtigungen mittels psycho- und sozialtherapeutischer Maßnahmen beeinflußt werden können. Diese Patienten bedürfen aber – und insofern geht hier der Bereich der Therapie fließend in denjenigen der Rehabilitation über – zusätzlicher Hilfen, die das sonst in der ambulanten psychoanalytischen Einzel- oder Gruppenbehandlung übliche und auch ausreichende Behandlungsarrangement ergänzen müssen. Es reicht bei diesen Patienten nicht aus, daß sie während der Analyse ein erweitertes Selbst-, Konflikt- und Sozialbewußtsein erlangt haben, und daß ihre Symptome verringert worden sind, sondern sie brauchen zusätzlich bestimmte äußere Voraussetzungen, um die in dieser ersten Phase der Behandlung gewonnenen Einsichten und Änderungsimpulse auch verwirklichen zu können. Diese äußeren Hilfen bestehen einmal in der Verbringung dieser Patienten in ein psychosoziale Lern- und Änderungsprozesse begünstigendes Milieu und zum anderen in der Einbeziehung von Hilfspersonen, die in ähnlicher Weise, wie es vom Psychodrama-Therapeuten geschildert worden war, die Funktion eines Hilfs-Ich's übernehmen, solange die in der vorangegangenen psychotherapeutischen Behandlungsphase mobilisierten neuen Ich-Kräfte des Patienten noch zu schwach sind, um den Erfordernissen und Belastungen des sozialen Arbeits- und privaten Zusammenlebens zu genügen bzw. standzuhalten.

Die Patienten werden, wenn sie in ein in der geschilderten Weise therapeutisch effektives psychosoziales Milieu verbracht werden, z. B. in eine Psychotherapeutische oder Psychosomatische Klinik oder eine psychotherapeutische Übergangseinrichtung mit Tag- und Nachtklinik und Arbeitserprobungseinrichtungen, gleichzeitig von dem für sie häufig übermäßig starken Druck ihres bisherigen häuslichen oder beruflichen Konfliktmilieus entlastet[34].

Da die mit Hilfe einer derartigen Kombination von analytisch-psychotherapeutischen mit rehabilitativen Maßnahmen noch behandelbaren und resozialisierungsfähigen Patienten sehr groß ist, wahrscheinlich gibt es eine halbe Million davon in der Bundesrepublik, und da andererseits die notwendigen, zur Rehabilitation erforderlichen zusätzlichen Einrichtungen nur in einer verschwindend kleinen Anzahl vorhanden sind, bedarf es bei der Planung einer künftigen ausreichenden Versorgung psychisch Kranker dringend der Errichtung von Rehabilitationsstätten für diese Gruppe sozial desintegrierter, aber noch resozialisierbarer Neurotiker und psychosomatisch Kranker. Auf Grund der im III. Kapitel beschriebenen, in unserer Gesellschaft wirksamen unbewußten kollektiven Kräfte ist die Wahrscheinlichkeit nicht sehr groß, daß diese – nur mit gesetzgeberischen Mitteln zu realisierenden – Rehabilitationsstätten für diese Gruppe von Neurotikern in absehbarer Zeit Wirklichkeit werden. Die Großgruppe Gesellschaft verhält sich nämlich so, daß sie sich sehr intensiv um die Gruppe der *auffallend psychisch Abnormen,* nämlich der Psychotiker, der Süchtigen und der Kriminellen kümmert, indem sie groß angelegte und kostspielige Untersuchungen über deren unzulängliche Versorgung anstellt (was natürlich auch zu begrüßen ist), indem sie damit aber gleichzeitig die Tatsache verschleiert und von dieser Tatsache ablenkt, daß es

34 An anderer Stelle wurde vom Verfasser ausführlicher zur Rehabilitation von Neurotikern Stellung genommen: F. Beese, Zum Problem einer Rehabilitation von Neurosekranken. Z. f. Psychosomat. Medizin und Psychoanalyse. XIX (1973), S. 315–326.

eine *wesentlich größere Gruppe* von behandelbaren psychisch Kranken gibt, deren Versorgung ebenso unzureichend ist, nämlich die Gruppe der Neurotiker und psychosomatisch Kranken. Diese unwillkürliche Tendenz der Großgruppe Staat zur Isolierung der auffallend psychisch Abnormen mit der darin enthaltenen unbewußten Absicht, alle übrigen als nicht psychisch krank hinstellen zu können, wird durch den Umstand begünstigt, daß die große Gruppe der Neurotiker und psychosomatisch Kranken in ihrer psychischen Gestörtheit *nicht so auffällt und stört* und ihr psychisches Kranksein deshalb sowohl von der Gesellschaft als auch von den Kranken dieser Gruppe selbst mit Erfolg verleugnet werden kann.

Die Zahl der behandlungsbedürftigen Neurotiker und psychosomatisch Kranken liegt in der BRD etwa zwischen vier und sieben Millionen, die vorher genannte Zahl von fünfhunderttausend betrifft nur diejenige Untergruppe davon, welche zusätzlicher rehabilitativer Maßnahmen bedarf.

Zu einer ausreichenden rehabilitativen und psychotherapeutischen Versorgung stellt die Errichtung einer genügenden Anzahl von stationären und halbstationären Behandlungs- und Rehabilitationseinrichtungen jedoch nur *eine* der notwendigen Voraussetzungen dar. Weiterhin ist nämlich die Erfüllung folgender Forderungen erforderlich:

1. Eine großzügige staatliche Förderung für die Ausbildung eines ausreichenden Nachwuchses von Psychotherapeuten, mit der Errichtung entsprechender Ausbildungsstätten, Vergabe von Stipendien usw. (Die Ist-Zahlen qualifizierter Psychotherapeuten betragen zur Zeit etwa 10 % der Soll-Zahlen).

2. Eine umfassende Förderung der psychotherapeutischen Fortbildung bereits in eigener Praxis oder in Kliniken tätiger Ärzte und klinischer Psychologen, damit sie im Rahmen ihrer künftigen Tätigkeit auch den psychischen Faktor sowohl diagnostisch als auch therapeutisch einsetzen können, dadurch therapeutisch erfolgreicher werden können, ihre Praxis durch Vermeidung somatischer Fehlbehandlungen ökonomischer machen und die qualifizierten Psychotherapeuten von der Überlastung mit leichter zu behandelnden Neurosen entlasten können.

3. Die Errichtung von ambulanten Behandlungseinrichtungen für Psychotherapie, die neben der ambulanten psychotherapeutischen Versorgung gleichzeitig der Ausbildung künftiger Psychotherapeuten sowie der Forschung dienen. Denn das Schwergewicht der Behandlung liegt im Gegensatz zu den meisten organmedizinischen Disziplinen einschließlich der Psychiatrie, in der Psychotherapie auf dem ambulanten Sektor, so daß die Ausbildung von Psychotherapeuten in erster Linie nicht in Kliniken stattfindet, sondern sich an ambulante Behandlungseinrichtungen wie Polikliniken u. ä. anlehnt.

4. Schaffung von institutionellen, wirtschaftlichen und personellen Vorausset-

zungen für eine weitreichende Forschung auf dem Gebiet der psychischen und sozialen Entstehungsbedingungen neurotischer und psychosomatischer Krankheiten, der wissenschaftlichen und praktischen Überprüfung psychotherapeutischer Behandlungsmethoden sowie der Entwicklung neuer Methoden. Zu diesem Zweck müssen die den Universitäten angehörenden Institutionen vermehrt und in ihren Arbeitsmöglichkeiten verbessert werden und darüber hinaus von den Universitäten unabhängig arbeitende Forschungseinrichtungen für wissenschaftliche Probleme der Psychotherapie und Psychosomatik geschaffen werden.

3. Die Vorbeugung gegen das Auftreten von Neurosen durch Maßnahmen des Einzelnen oder beim Einzelnen

Die Möglichkeiten des erwachsenen Menschen, sich vor krankmachenden Einflüssen aus seiner Umgebung zu schützen, sind zwar auch gegenüber organischen Krankheiten begrenzt, aber bei diesen in gewissem Umfange durchaus gegeben. Der Mensch kann sich warm anziehen, damit er sich nicht erkältet. Er kann beim Umgang mit mechanischen und elektrischen Geräten oder Kraftfahrzeugen Vorsicht walten lassen, um sich nicht zu verletzen. Er kann sich dank der Erkenntnisse der Ernährungswissenschaften gesund ernähren und dadurch gegen Vitaminmangel-Krankheiten, gegen Folgen einseitiger oder übermäßiger Ernährung wie Fettleibigkeit, Gicht u. ä. schützen, er kann das Risiko, an Lungenkrebs zu erkranken, erheblich verringern, indem er das Zigarettenrauchen aufgibt usw. Er ist allerdings machtlos gegenüber denjenigen krankmachenden Einflüssen, die als Folge- und Begleiterscheinungen der heutigen Zivilisation und des Arbeitslebens, an dem er ja zur Sicherung seiner Existenz teilnehmen muß, von der Umgebung her auf ihn einwirken. Er ist machtlos gegenüber der Luftverschmutzung, gegenüber gesundheitsschädlichem Lärm, gegenüber erhöhtem Unfallrisiko in manchen Betrieben und auch gegenüber der direkten (Zusatz von Chemikalien) und indirekten (Blei-, Quecksilber- und Hormonanreicherungen im Fisch- und Tierfleisch) Vergiftung einiger der von ihm genossenen Nahrungsmittel. Die theoretisch durchaus gegebene Möglichkeit des Einzelnen, über Aktivitäten in Politik, Wirtschaft, Wissenschaft und Massenmedien auf eine Verminderung der für jeden Einzelnen immer schädlicher werdenden Zivilisations- und Wohlstandsfolgeerscheinungen einzuwirken, scheint vorläufig weitgehend an der Dynamik des in der Gesellschaft vorherrschenden Leistungsprinzips mit seinen Abkömmlingen des Erfolgs- und Wohlstandsideals zu scheitern. Es ist derzeitig kaum vorstellbar, daß eine politische Partei, die zur Regierungsbildung erforderliche Mehrheit bekommen würde, welche als Punkt 1 ihres Programmes eine allgemeine Verminderung des Lebensstandards fordern würde, damit jeder Einzelne im Staat bessere Gesundheitsbedingungen haben könnte, indem er den gesundheitsschädlichen bis tödlichen Auswirkungen des extremen Leistungs- und Erfolgszwanges enthoben sein würde[35].

Die Möglichkeiten des Einzelnen zur Vorbeugung gegen das Auftreten einer neurotischen oder psychosomatischen Erkrankung bei ihm selbst sind noch wesentlich geringer als bei der Vorbeugung gegenüber organischen Krankheiten. Dies liegt vor allem daran, daß die meisten der zur Neurose führenden Vorgänge seiner bewußten Wahrnehmung und damit auch seiner bewußten vorbeugenden Einwirkungsmöglichkeit entzogen sind. Und zwar weiß der potentielle Neurotiker weder, daß er schon eine in der Kindheit erworbene latente Neurosenbereitschaft in sich trägt, noch merkt er, welchen aus seiner gegenwärtigen Umwelt kommenden Einflüssen er begegnen müßte, um das Ausbrechen seiner Neurose zu verhindern.

Allenfalls kann der Einzelne dadurch etwas gegen das Auftreten von psychisch bedingten Störungen tun, indem er Aktivitäten und Situationen vermeidet oder verringert, die zu einem unerträglichen Stress führen würden. Aber auch die meisten, denen diese Gefahr bewußt geworden ist, sind nicht in der Lage, diesen Vorsatz in die Tat umzusetzen, da die Dynamik des von außen kommenden Leistungszwanges und des damit korrespondierenden Selbstbehauptungs- und Machtbegehrens im Einzelnen stärker sind als diese Einsicht.

In sehr begrenztem Umfang kann der Einzelne noch eine gewisse Neurosenprophylaxe betreiben, indem er bestimmte Maßnahmen im Sinne einer »psychischen Hygiene« ergreift. So kann er sich z. B. dazu erziehen, daß er genügend schläft und sich auch über Mittag etwas ausruht, indem er ein- oder mehrmals am Tage für kurze Zeit »abschaltet« und entspannt, vielleicht unterstützt durch Übungen des Autogenen Trainings oder des Yoga, indem er sich ein ausreichendes Maß an Tätigkeiten sichert, die ihm Spaß machen, sei es nun ein Spaziergang in der Natur, eine Diskussion oder ein Skatabend mit Freunden, Schwimmen, ein Besuch kultureller Veranstaltungen, Basteln oder irgend ein anderes Hobby. Auch ein ausreichendes Maß an sexueller Befriedigung sowie emotionaler Kontakterlebnisse mit einzelnen oder mehreren Personen gehört zur seelischen Hygiene und damit zur Neurosenprophylaxe des Einzelnen.

Es spricht manches dafür, daß auch die Möglichkeit zur Abfuhr eines

35 Das Beispiel der politischen Entwicklung der letzten Jahrzehnte in Schweden unter Olof Palme scheint allerdings trotz mancher darin enthaltener Unzulänglichkeiten zu zeigen, daß eine derartige Entwicklung keine Utopie sein muß.

gewissen Maßes aggressiver Triebspannungen zur Neurosenvorbeugung gehört. Allerdings bietet unsere Gesellschaft mit ihren Normen nur wenig Möglichkeiten hierzu an. Ob die Identifizierung mit dem Western-Held im Fernsehen oder die aggressive Erregung, in die der Zuschauer auf dem Fußballplatz bei der Identifizierung mit »seinem« Spieler oder »seiner« Mannschaft gerät, hierfür ausreicht, muß dahingestellt bleiben[36]. Größer – jedenfalls theoretisch – sind die Chancen für eine Verringerung der Neurosenanfälligkeit und -häufigkeit im Hinblick auf Einflußnahmen von Familienangehörigen (»Primärobjekten«), von Erziehern (»Sekundärobjekten«) und Einwirkungen durch die Großgruppe Staat bzw. Gesellschaft und ihre Repräsentanten.

Mütter und Väter können in gleicher Weise, wie sie sich über gesunde Säuglingsernährung, über Vorbeugungsmaßnahmen gegen Kinderkrankheiten wie Impfungen und dgl. informieren, in Kursen lernen, unter welchen Bedingungen sich Säuglinge und Kleinkinder am besten seelisch entwickeln. Auch wenn nicht zu erwarten ist, daß etwaige unbewußte neurotische Haltungen, welche die psychische Entwicklung ihres Kindes behindern könnten, durch derartige Kurse bei den teilnehmenden Eltern abgebaut werden, so ist es doch immerhin möglich, daß die Mütter und Väter es lernen, eindeutige und grobe Erziehungsfehler zu vermeiden[37]. Die vorher (S. 247) aufgestellten Forderungen nach einer umfassenden Sanierung der seelischen Krankenbehandlung müssen unvollständig bleiben, wenn sie nicht auch die *Vorsorge* mit einschließen. Die Entstehung einer latenten Neurosenanfälligkeit kann bei einer großen Zahl von Menschen verhindert werden, wenn eine zukünftige Gesellschaft den Müttern und Vätern in gleicher Weise eine Aufklärung über die notwendige seelische Hygiene des Säuglings und Kleinkindes zusichert, wie es bisher nur auf dem Gebiet der körperlichen Hygiene der Fall war[38].

36 K. Lorenz (Das sogenannte Böse. Wien 1963) ist in dieser Hinsicht optimistisch und empfiehlt deshalb ausdrücklich derartige Aktivitäten, die zur Abreaktion und Neutralisierung gestauter aggressiver Triebspannungen führen können.

37 Eine in Stuttgart seit mehreren Jahren existierende »Elternschule« genannte derartige Einrichtung erfreut sich eines regen Zulaufes und hat, wie sich an Hand einzelner Entwicklungsbeobachtungen erkennen läßt, ihre Neurosen-prophylaktische Wirkung bewiesen.

38 Es ist z. B. mit Wahrscheinlichkeit zu erwarten, daß die Gesamtzahl der bei uns an *Zwangsneurosen* leidenden Menschen wesentlich geringer werden würde, wenn alle Mütter und Väter darüber überzeugend informiert wären, daß eine zu früh und zu streng einsetzende Sauberkeits- und Ordnungserziehung die Bereitschaft zu dieser Krankheit fördert.

Die im Dienste der Neurosenvorbeugung stehende psychologische Aufklärung und Beratung von Eltern und anderen erziehungsberechtigten Personen setzt sich in der Schule, in Lehrlingsausbildungsstätten, Wohnheimen, Jugendverbänden, kirchlichen Organisationen usw. fort. Das bedeutet, daß auch alle in diesen Bereichen für die Erziehung und psychologische Aufklärung von Kindern und Jugendlichen Verantwortlichen über die grundlegenden Gesetzmäßigkeiten einer gesunden seelischen und sozialen Entwicklung Bescheid wissen müssen. Demzufolge ist es notwendig, daß eine gründliche tiefenpsychologische Fortbildung dieser Verantwortlichen, es handelt sich um Lehrer, Heimleiter, Jugendgruppenleiter, Pfarrer, Bundeswehroffiziere und -unteroffiziere, aber auch um Sozialarbeiter, Jugendrichter, Bewährungshelfer, Rechtsbeistände sowie Aufsichtsbeamte in Jugendstrafanstalten, vom Staat sichergestellt wird. Bereits durch unzweckmäßige elterliche Erziehungsmaßnahmen bei den Kindern eingetretene Neurotisierungen können dann von den »Sekundärerziehern« wieder gemildert oder sogar aufgehoben werden, und das Zustandekommen von Neurotisierungen durch falsche Maßnahmen in der Schule und anderen sekundären Erziehungsmilieus können verhindert bzw. eine vorangegangene gesunde psychische Entwicklung weiter stabilisiert werden.

Die Herstellung dieser Voraussetzungen kann zwar in gewissem Grade »von unten her«, d. h. von einzelnen der betroffenen Personengruppen her (Eltern, Lehrer, Pfarrer usw.) in Angriff genommen werden. Die größten Erfolgsaussichten wären jedoch dann gegeben, wenn sich in der gesamten Gesellschaft ein Evidenzbewußtsein für die Notwendigkeit solcher Maßnahmen einstellen würde, und wenn der Staat dann auch bereit wäre, seine gesetzgeberischen Machtfunktionen einzusetzen, um diese der Neurosenvorbeugung dienenden Aktivitäten durchzusetzen. Gegenwärtig spricht jedoch nicht vieles dafür, daß ein solches kollektives Bewußtsein für die Notwendigkeit einer Neurosenprophylaxe so bald und in solchem Ausmaße zu erwarten wäre, wie es vor einigen Jahren ziemlich plötzlich bezüglich der Gefahren einer möglichen Umweltverschmutzung eingetreten ist.

4. Ist eine Verringerung der Neurosen durch Veränderung gesellschaftlicher Verhältnisse möglich?

Das Fragezeichen am Ende der Überschrift zu diesem Abschnitt soll zum Ausdruck bringen, daß mir eine Beantwortung dieses Problems derzeit nicht möglich erscheint. Ich will mich deshalb, an die im III. Kapitel angestellten kulturpsychologischen Erörterungen anknüpfend, auf diejenigen möglichen gesellschaftlichen Veränderungen beschränken, die zur

Herbeiführung eines größeren Ausmaßes psychischer Gesundheit des einzelnen in ihr Lebenden denkbar und wünschbar sind.

Abgesehen von unterschiedlichen Beurteilungen von Teilphänomenen unserer geschichtlichen und kulturellen Entwicklung scheint eine weitgehende Übereinstimmung darüber zu bestehen, daß unsere gegenwärtige Gesellschaft mit ihren Normen und Zwängen uns zu wenig Spielraum bietet, um unseren Erostrieb in ausreichendem Maße, d. h. in einem Ausmaß, welches neurotische Ersatzbildungen überflüssig macht, zu verwirklichen. Das Erosstreben schließt ein sowohl die Verwirklichung des individuellen Selbst wie auch das Bedürfnis nach Liebe und Sexualität in all ihren Spielarten und Reifungsstufen, also das beglückende Gefühl der All-Verbundenheit mit dem Gesamt der uns umgebenden belebten und unbelebten Welt, das Bedürfnis nach einer Sicherheit und Geborgenheit vermittelnden symbiotischen Verschmelzung mit einem geliebten Partner, die Beglückung in der lustvollen Wahrnehmung des eigenen Selbst mit ihren sinnlichen, sinnhaften und geistigen Anteilen, das Empfangen und Geben von Liebe, die Lust an der mit dem Aggressionstrieb vermischten, sich des anderen bemächtigenden oder von ihm bemächtigten Liebe, die Lust am Kreativen, Künstlerischen und Geistigen sowie in gleicher Weise die Lust beim Orgasmus in der sexuellen Vereinigung mit dem geliebten Partner. Es sind besonders die Fortsetzungen der als prägenital bezeichneten frühen Formen lustvoller Betätigungen im Erwachsenenleben, die von unserer Gesellschaft an ihrer Ausübung behindert werden. Eine »bessere« Gesellschaft müßte deshalb von Normen befreit sein, die einer unbehinderten und angstfreien narzißtischen Befriedigung, einer freieren Entfaltung von Bedürfnissen nach unbekümmertem Spielen, Tanzen, Toben und Singen, Weinen und Schreien sowie nach Malen, Bauen, Musizieren und Komponieren bisher im Wege stehen. In einer solchen Gesellschaft müßte Arbeit *auch* lustvolle und spielerische Tätigkeit sein dürfen und nicht nur ernste, verantwortungsvolle, der Bewährung dienende und dem Arbeitgeber zu erbringende Leistung.

Es war im III. Kapitel gezeigt worden, daß die als Abkömmlinge des kollektiven Todestriebes in unserer Gesellschaft in hohem Maße wirksamen Repressionen durch das Leistungs- und Erfolgsprinzip es unmöglich machen, eine Gesellschaft mit den eben beschriebenen besseren Möglichkeiten für den einzelnen hinsichtlich dessen Selbstverwirklichung zu schaffen. Das Leistungsprinzip mit seinen »Kindern«: Streben nach ständigem Mehrgewinn, nach mehr Macht, mehr Komfort, höherem Lebensstandard und Erfolg und seinen »Enkelkindern«: Spezialisierung und Verfremdung der Arbeitsprozesse, Konsumzwang, Informationsüberflutung durch die Massenmedien, Wissenschaftsgläubigkeit usw., bringt den

Einzelnen, obwohl er sich in seinem Bewußtsein durchaus als moderner, aufgeschlossener, fortschrittlicher Bürger seiner Zeit verstehen kann, (und woran ihn ein seit mehreren Jahren bestehendes nervöses Magenleiden nicht unbedingt zu hindern braucht), in immer stärkere innere Bedrängnis. Die wichtigste Veränderung im Bewußtsein der Öffentlichkeit müßte demnach die sein, das Leistungs-, Konsum- und Mehrgewinnprinzip als tödliche Gefahr für den Einzelnen zu erkennen und es danach abzubauen. Die weitere Veränderung, die im kollektiven Bewußtsein damit einhergehen müßte, wäre die allgemeine Verbreitung der Erkenntnis, daß der Einzelne seine realen Bedürfnisse besser wahrzunehmen lernt, d. h. die vorhin aufgezeigten Spielarten des Erosstrebens, und daß er lernt, diese zum Maßstab seines individuellen Handelns zu machen, und die ihm von der Leistungs- und Erfolgsgesellschaft anerzogenen Bedürfnisse nach einer ständigen Macht- und Besitzvermehrung als irreale und künstliche zu erkennen.

In der weiteren Konsequenz heißt dies, daß die Mitglieder unserer Gesellschaft, falls derartige Bewußtwerdungsprozesse in einer genügend großen Anzahl ihrer Mitglieder zustande kommen, in einer Übergangsperiode bis zur Vollendung einer veränderten Gesellschaft zum Teil erhebliche Verzichte auf bisher selbstverständlichen Besitz und gewohnte Macht leisten müßten. Diese notwendigen Verzichtleistungen betreffen möglicherweise auch menschlichen Beziehungen, die, wie in vielen der heute bestehenden monogamen ehelichen Partnerschaften, durch Besitz- und Machtausübung des einen gegenüber dem anderen gekennzeichnet sind, und die durch gültige patriarchalische, kirchliche und gesetzliche Ordnungen abgesichert sind. Es ist denkbar, daß durch eine Auflockerung offizieller ehelicher Bindungsverpflichtungen, durch moralische und gesellschaftliche »Aufwertung« geschiedener Ehepartner und nicht verehelichter Mütter, sowie durch eine Bereitschaft der Gesellschaft, neben der monogamen alternativ auch weitere soziale Partnerschafts- und Gesellungsformen zuzulassen und als gleichwertig anzuerkennen, zahlreiche Neurosen nicht mehr auftreten würden, die bisher bei vielen Ehepartnern aufgrund der in monogamen Ehen und Kleinfamilien weiterhin geforderten (und von dem individuellen Über-Ich mancher von ihnen noch zusätzlich verstärkt erlebten) Verzichte und Triebverdrängungen noch an der Tagesordnung sind.

Eine wichtige Vorbedingung für das Zustandekommen derartiger gesellschaftlicher Veränderungen ist nun, wie Mendel m. E. überzeugend dargelegt hat, die Frage, ob es den künftigen Mitgliedern unserer Gesellschaft gelingen wird, sich von der gewohnten kindlichen Gehorsamkeitseinstellung gegenüber der Gesellschaft als Obrigkeit und damit Vater-

Instanz zu befreien, und sich statt dessen im Sinne einer sozialen Identifizierung – mit der Funktion der Gesellschaft als für den Einzelnen notwendigem Bezugs-, Entwicklungs- und Ordnungssystem zu identifizieren, z. B. von gesellschaftsnotwendigen Funktionen und Verantwortungen, oder zumindest durch ideelle Identifikation mit der dann nicht mehr als »übergeordnet« erlebten Gesellschaft. Erst wenn der Einzelne auch auf der gesellschaftlichen Beziehungsebene seinen in der Individual-Entwicklung schon bewältigten Ödipuskonflikt produktiv löst, indem er die positiven Anteile der ihn lenkenden gesellschaftlichen Macht internalisiert und damit fähig wird, seinerseits an einer weiteren Reifung und Vervollkommnung dieser Gesellschaft mitzuwirken, können die vorher beschriebenen Prozesse des Abbaues und der Veränderung bisheriger repressiver Normen und der Verringerung von hierdurch ausgelösten mißglückten Selbstverwirklichungsversuchen in Form neurotischer Erkrankungen in Gang kommen.

Ob die erwähnten Prozesse zur Bildung einer insofern »besseren« Gesellschaft, als in ihr weniger Menschen neurotisch werden müssen als in der unsrigen, zustande kommen werden, ist fraglich. Zum augenblicklichen Zeitpunkt sind die das wirtschaftliche, politische, wissenschaftliche und selbst das kulturelle Leben bestimmenden Kräfte, die durch das Leistungsprinzip und seine Abkömmlinge bestimmt werden, bis auf wenige Ausnahmen in allen »entwickelten« Ländern sowohl der westlichen als auch der östlichen Welt gültig. Es ist fraglich, ob die sog. noch unterentwickelten Länder die Fehlentwicklung der »fortgeschrittenen« Länder erkennen und vermeiden werden, und sie die Chance wahrnehmen werden, nach der Phase der Sicherstellung ihrer menschlichen Elementarbedürfnisse zu gesellschaftlichen Entwicklungen zu gelangen, in denen das tödliche und Neurosen erzeugende Leistungs- und Wohlstandsideal nicht dieselbe zentrale Bedeutung erhalten wird wie bei uns.

Wie zurückhaltend wir hinsichtlich der Hoffnung auf eine bessere Gesellschaft bei uns selbst sein müssen, läßt sich nicht zuletzt auch von der Tatsache ableiten, daß sich sogar noch diejenigen von uns, welche mit der Behandlung von Neurosen beruflich zu tun haben, nämlich die Psychotherapeuten, jedenfalls eine nicht kleine Anzahl von ihnen, unwillkürlich in den Dienst des Leistungs- und Erfolgsprinzips einspannen lassen. Dies gilt in besonderer Weise für diejenigen, die unter völliger Verleugnung der Selbstverwirklichungstendenzen ihrer Patienten mit Verhaltensmodifikationen eine optimale Anpassung an die jeweils bestehenden gesellschaftlichen Gegebenheiten bewußt anstreben, und damit auch an alle mit diesen gesellschaftlichen Gegebenheiten verbundenen Nachteile und Unzulänglichkeiten.

Es gilt leider aber auch für diejenigen Psychoanalytiker, die nur für die Bewußtmachung der pathogenen Kindheitskonflikte und deren Auswirkungen in den Konflikten der Gegenwart sich für die Bedeutung und Rechte individueller Bedürfnisse des Patienten einsetzen, die sich aber der Gesellschaft gegenüber wie Kinder vor der Erreichung der ödipalen Stufe verhalten, indem sie nämlich die Überlegenheit und Allmacht der Obrigkeit, der Wissenschaft und des technischen Fortschrittes sowie die Notwendigkeit einer gehorsamen Anpassung (Unterwerfung) an diese kollektiven Vater-Instanzen voraussetzen und ohne daß sie dies ausdrücklich wollen, hierdurch bei ihren Patienten, die sich unwillkürlich damit identifizieren, eine gleiche Einstellung hervorrufen und sie auf diese Weise auch daran hindern, nicht nur als Individuen, sondern auch als gesellschaftliche Wesen reifer zu werden.

Es gibt etliche Anzeichen dafür, daß die Menschenart infolge der spezifischen Begabung des Menschen zur aktiven Veränderung seiner Umgebung und seiner sozialen Situation an den Rückwirkungen der von ihm selbst hervorgerufenen Umweltveränderungen vorzeitig durch eine bewußt nicht von ihm beabsichtigte Selbstvernichtung zugrunde gehen könnte. Eine solche Selbstvernichtung könnte rasch vor sich gehen, wenn sie durch einen Atomkrieg oder eine atomare Katastrophe zustande käme, sie könnte sich etwas verzögert einstellen, wenn die Lebensbedingungen, insbesondere die Ernährung und Atemluft durch eine totale Umweltverschmutzung weiteres Leben unmöglich machten, und sie könnte auf noch indirektere Weise und mit noch größerer zeitlicher Verzögerung dadurch zustande kommen, daß es zum Fortschreiten der bereits jetzt in erheblichem Ausmaß vorhandenen, wenn auch in diesem Maße von den Meisten noch nicht wahrgenommenen Neurotisierung kommt. – Wenn überhaupt noch eine Chance bestehen sollte, daß sich die Zukunft des Menschen in Richtung auf eine gesündere und von diesen Risiken befreite künftige Gesellschaft hin entwickeln kann, so ist jeder Einzelne von uns, ob er nun unmittelbar mit seelisch Kranken zu tun hat, ob er selbst seelisch krank ist, oder ob er das Glück gehabt hat, an den Klippen der Neurotisierung bisher vorbeigekommen zu sein, aufgerufen, in gleicher Weise wachsam und sensibel auf die in ihm zu seiner eigenen Selbstverwirklichung drängenden Kräfte wie auch auf die in seiner menschlichen Umwelt wirkenden gesellschaftlichen Kräfte zu achten, mit dem Ziel beide Kräfte in eine konstruktive Übereinstimmung zu bringen, um damit aus der biologischen Zweiheit seines Menschseins als Individuum *und* als Sozialwesen eine lebendige Einheit werden zu lassen.

Personenregister

(Lit. Angaben s. Fußnoten im Text)

Ackerknecht, E. H. 120, 123
Adler, A. 43, 210–213
Alexander, F. 136
Argelander, H. 32, 37

Bach, G. 239
Balint, M. 33, 37, 47, 232, 233, 234, 244
Beauvoir, S. de 159
Becher, E. 13
Beck, D. 136
Beckmann, D. 136
Beese, F. 18, 95, 247
Bergmann, G. v. 133 f.
Bolk 179, 181
Bräutigam, W. 134, 136
Brengelmann, I. C. 242
Bühler, Ch. 33, 227
Bühler, K. 43
Bugenthal 33

Charcot, J. M. 240
Christian, B. 136
Cohn, R. 238

Darwin, Ch. 20, 31
Dement 73
Döhl, I. 20
Dührssen, A. 115, 134, 136, 215

Enke, H. 134
Erikson, E. 202
Eysenck, J. 242

Fechner, G. Th. 13
Flegel, H. 129
Foucault, M. 182
Foulkes, D. 73
Frankl, V. E. 224 f.
Freud, A. 96
Freud, S. 17, 28, 31 f., 36 f., 39, 44, 47 f., 57, 72 ff., 100, 108, 165, 171 ff., 180, 183 ff., 189, 210 f., 214, 229
Friedan, B. 159

Grinberg 219

Hacker, F. 203
Hahn, P. 136
Hartmann, E. v. 13
Hartmann, H. 32, 37
Heidegger, M. 225
Hendrick, I. 187
Hitler, A. 177
Horney, K. 212, 215
Husserl, E. 42

Jacobi, I. 115, 211
James, W. 13
Janov, A. 238
Jaspers, K. 124
Joffe 37
Jores, A. 134
Jung, C. G. 31 f., 115, 211, 214

Kennedy, J. F. 10, 122

Kinsey, A. 65
Kohut 37
Kretschmer, E. 115, 134
Kris 32
Külpe 13
Kuiper, P. 136
Kulper, P. 136

Lacan 181
Langen, D. 134
Langer 213
Leibniz, G. W. 13
Lewin, K. 221
Lorenz, K. 20, 251
Loewenstein 32

Malan, H. 210
Mao Tse-tung 177
Marcuse, H. 178, 183 ff.
Massarik 33, 227
Masslow 33
Mendel, G. 178 ff., 185, 188 f., 254
Mitscherlich, A. 134, 140, 144 f.
Moreno 236
Mosse, H. 122

Orff, C. 236

Palme, O. 250
Pawlow, I. P. 25
Ploeger, A. 129
Portmann, A. 31

Quint, H. 136

Rachmann 242
Rank, O. 238
Rapaport, D. 17
Rensch, B. 18, 19, 20
Richter, H. E. 134, 136, 222
Rodgers, C. R. 228
Rodrigué 219
Rolland, R. 36
Ruffler 140

Sandler 37
Schelling, F. W. J. 13
Schindler, R. 219, 221
Schjelderup, Th. 221
Schneider, K. 138
Schopenhauer, A. 13
Schultz, J. H. 134, 241
Schultz-Hencke, H. 33, 42 f., 48, 114, 211 f., 214
Schwidder, W. 100, 134, 136
Siebeck, R. 134
Sigerist, H. E. 124
Spinoza, B. 13
Spitz, R. 41, 42
Stalin, J. W. 177

Tausch, R. 223, 230
Thiemann, E. 111
Thomä, H. 136
Tunner, W. 242

Veltin, A. 129
Vilar, E. 159

Wenzl, A. 14
Wallon, H. 39
Winnicott, D. 39, 41
Weizsäcker, V. v. 134
Winkler, W. Th. 134
Wolpe 242

Sachregister

Aberglauben 52, 92, 108
Ablösung 206
Abstammungslehre 18
Abwehrgefüge 238, 244
Abwehrmechanismus
–, individueller 95, 96, 99, 111, 112, 140, 168, 170, 231
–, kollektiver 157, 169, 170
Accelleration 64
Acht-Monats-Angst 41
Aggressionstrieb 21, 32, 45, 46, 49, 70, 145, 151, 173, 174, 211, 239, 251, 253
Aggressivität 126, 127, 145
Agieren, hysterisches 161
Agoraphobie 122, 138
Akupunktur 227
Alkoholismus 104, 137, 159, 165, 241, 243
Allgemeinpraxis, ärztliche 231
Allmacht(s-Phantasien, -s-Haltungen) 52, 57, 92, 134, 147, 177, 180, 256
Ambivalenz 108
Ammenschlaf 39
Amok 124
Anale Triebe (anale Entwicklungsstufe) 45, 47, 92, 94, 100, 107
Analytische Psychologie 32, 214
Analytische Psychotherapie 213
Anamnese, biographische 204
Ananke (Daseinsnot, Lebensnot) 172, 184, 185, 186
Anfälle, hysterische 136
Angina pectoris, psychogene 140
Angst, neurotische 80, 81, 82, 86, 98, 143, 199
Angst, reale 78, 79, 80, 82, 86
Angstgefühle 78, 84, 86, 87, 88, 89, 90, 177, 215
Angstneurosen 12, 81, 135, 138, 223
Angstreflexe 104, 143
Anlagefaktor (s. a. Erbfaktor) 138
Anorgasmie 139
Anorexia nervosa (s. a. psychogene Magersucht) 137
Anormalität (psychische) 121, 122, 123, 125, 126, 156, 157, 159, 195, 247, 248
Anpassung 28, 29, 30, 32, 50
Anstaltsartefakte 127
Antisemitismus 174
Antitherapeutische Wirkung 231
Anthropologie 29
Arbeitsstörung 137
Archaische Stufe (in der Menschheitsentwicklung) 180
Arterhaltung 173
Asoziale Verhaltensweisen 138
Ästhetisches Bedürfnis (und Empfinden) 70
Asthma bronchiale 141, 241
Atomkrieg 256
Aufdeckung (unbewußter psychischer Inhalte) 192, 193, 194, 205, 210, 224, 240, 244
Aufklärung, psychische 252

Ausbildung (psychoanalytische, psychotherapeutische) 204, 231, 248
Ausdrucksverhalten 112, 209, 231, 232, 235
Außenseiter 54, 99, 125, 170, 219
Autismus 42, 101
Autochthone Antriebe 212
Autoerotik, autoerotisch 59, 150, 186
Autogenes Training 192, 241, 245, 250
Autonormal 123
Autopathologisch 123
Averbale Psychotherapie (s. a. nichtverbale Psychotherapie) 236
Aversionstherapie 243

Balintgruppen 232, 233, 234, 244
Bedürfnisse, animalische 28
Bedürfnisse, vitale 30
Beendigung (der psychoanalytischen Behandlung) 206
Behavior therapy (s. a. Verhaltenstherapie) 242
»Bemeisterungstrieb« 187
Bequemlichkeit (s-Haltung) 117
Besetzung (mit psychischer Energie) 83, 111, 225
Besitzstreben 70, 212, 254
Bevölkerungsexplosion 29
Bevölkerungszuwachs 173
Bewußtes, bewußt 17
Bewußtseinserweiterung 199, 210, 215, 228, 236, 254
Bruder-Horde 175
Brutpflegeinstinkt 39
»Bösewicht«(-Rolle) 219

Charakter, Charakterbildung 62, 71, 72, 75, 83, 91, 94, 96, 100, 143, 164, 193, 199
Charakterneurose 22, 118, 137, 138, 140, 145
Charakterstruktur (s. a. Persönlichkeitsstruktur) 99, 100, 112
Christentum, christlich 150, 151, 177, 225
Clausthrophobie 138
Client-centered-Therapy 228
Coenästhetisch (e Funktion) 39, 40
Colitis ulcerosa 140, 206, 223
Cyclothyme Persönlichkeiten 115

Dämmerzustand, hysterischer 139
Denkfunktion 211
Depression, neurotische 12, 22, 81, 138, 198, 223
Depression, reaktive 137, 153
Depressive Charakter-Struktur 93, 102, 107, 111, 112, 117, 162
Depressive Verstimmung 126, 137
Dereflexion 225, 226, 243
Desensibilisierung 243
Desexualisierung 186
Destruktionstrieb 45, 189
Deutung 23, 199, 200, 201, 214, 221, 228, 233
Diabetes mellitus 141
Didaktische Gruppen 238
Diktatur, diktatorisch 131, 145, 177
Distanzierung (als Abwehrmechanismus) 236
»Doktorspiele« 64
»Droge Arzt« 234
Drogen-Mißbrauch 137
Dualismus, dualistisch 13, 17, 32, 225
Dual-Union 49, 52, 61, 92, 104
Durcharbeiten 243
Durchblutungsstörungen, psychische Faktoren bei 140, 241
Durchbruch, aggressiver 107
Durchfall 198, 206, 207, 208
Durst-Trieb 37, 70
Dyade, dyadisch 49
Dynamische Psychotherapie 215

Ehepaarpsychotherapie 222
Eigen(-Lehr-)Analyse 134, 204
Einfälle, freie 23
Einnässen (Enuresis) 137, 144
Einstellungstypen 115
Einzeldeutung 221

Ejaculatio praecox 139
Ejaculatio retardata 139
Ekelreflex 243
Ekstase, ekstatisch 124, 126
Elektroschockbehandlung 194
Elternschule 251
Emanzipation (der Frau) 160
Emanzipation (des heutigen Menschen) 166
Empfindungsfunktion 211
Enquête zur Untersuchung der Lage der psychisch Kranken in der BRD 132
Entfremdete Arbeit (s. Verfremdung)
Entlastung (s-Erlebnisse) (s. a. Katharsis) 215, 218, 235, 236
Entspannung 192, 193, 241
Erbanlage 131
Erektionsschwäche 139
Erfolgsideal 249
Erfolgsprinzip 152, 157, 167, 178, 253, 255
Erfolgszwang 189, 250
Eros, Erostriebe 46, 69, 171, 173, 174, 185, 187, 211, 253, 254
Errötungsfurcht 225, 241
Ersatzbefriedigung 137, 165
Ersatzobjekt 56
Erschöpfungszustand, neurotischer 137
Erstinterview, psychoanalytisches 204
Erwartungshaltung, passiv-orale 104
Erythrophobie 225
Erziehung 80, 114, 149, 150, 252
Es 32
Eßstörungen, neurotische 137
Evolution, evolutionär 18, 31, 166
Exhibitionismus 138
Existenzanalyse 224, 225, 226
Existenz-Philosophie 225
Exogamie 175
Extraversion, extravertiert 115, 211

Fallbesprechungsgruppen (s. a. Balintgruppen) 232
Familiendynamik 125
Familien-Neurose 222
Familien-Psychotherapie 222
Feed back 217, 232, 239
Fehlhaltungen, existentielle 142
Fehlhaltungen, neurotische 12, 99, 117, 144
Fehl-Identifikation 63, 70, 202, 203, 208
Fehlleistungen 74, 75, 76, 97
Fernsehen (psychische Wirkungen des:) 122, 155, 156, 164
Fetischismus 138
Fettsucht, psychogene 141
Finale Betrachtungsweise 30, 31, 32, 33, 34, 35, 37, 85, 231
Fixierung, neurotische 90, 91, 92, 99, 101, 107, 118, 210, 226
Flegeljahre 67
Fluchttrieb 70
Focus 209
Fokal-Therapie, psychoanalytische (s. a. Kurz-Therapie) 209
Forschung (Neurosen-) 9
Forschung, psychotherapeutische 248, 249
Fortbildung, psychotherapeutische 9, 10, 232, 248, 252
»Freischwebende Aufmerksamkeit« (des Therapeuten) 220
Freizeitgestaltung 154, 209
Frigidität 110, 139, 153
Frühbehandlung (der Neurosen) 244
Frustrationstoleranz 54, 61
Fühlfunktion 211
Funktionslust 43
Furcht 86

Ganzheits-Auffassung, Ganzheits-Prinzip 14, 16, 18, 19, 35
Geborgenheit (s-Bedürfnis) 35, 56, 220, 222, 234, 235, 239, 253
Geburtenkontrolle 29
Gefühl(s-Betonung) 161, 162
Gegenübertragung 204, 231, 243

Gehemmtheit 100, 168
Gehemmtheitsfolgen, sekundäre 118
Geist, geistige Funktionen 28, 50, 61, 69, 70, 211, 225, 253
Geisteskranke, geisteskrank, Geisteskrankheit (s. a. Psychose) 123, 125, 126, 127, 128, 130, 131, 132, 141
Gelenkrheumatismus, psychische Faktoren beim 137
Geltungsstreben, Geltungstrieb 43, 150, 210, 212
Gemütskrankheit (s. Geisteskrankheit oder Psychose)
Genitale Triebstufe 47, 109, 188
Genußfähigkeit 206
Gerontophilie 138
Geschlossene Gruppen 224
Gesellschaftswissenschaft 29
Gesprächspsychotherapie 228, 229, 230, 243
Gestaltungstherapie 235, 236
Gestik (als Ausdrucksvorgang) 13, 50, 209
Gesundheit, psychische 120, 121, 125, 126, 127, 168
Gesundheit, der Gesellschaft 119
Gewissen 151
Glauben 154, 155
Gliedmaßenlähmung, hysterische 112
Größenideen 123
Großgruppe 54, 88, 99, 121, 125, 220, 248
Grundrechte, des Menschen 148
Gruppenaggression 174
Gruppendeutung 221
Gruppendynamik, gruppendynamisch 237
Gruppengleichgewicht 53, 67, 224
Gruppenpsychotherapie 22, 23, 215, 233, 243, 245
Gruppentherapeut 220, 221
Gruppenziel 53
Gymnastik (Heilgymnastik) 235, 236, 244, 245

Hackordnung (bei Hühnern) 221
Halluzination 73, 123
Haltung, charakterliche 85, 117, 205
Hautflechten (s. a. Ekzem), psychogene 112, 141
Haut-Kontakt 101
Hemmung (psychischer Energien) 108, 212
Herzinfarkt 29, 137
Herzneurose 29, 137, 194, 223
Herzrhytmusstörungen 241
Heteronormal 123
Heteropathologisch 123
Hierarchie, hierarchisch 184, 221
Hilfs-Ich 237, 247
Hingabe-Bedürfnis 56, 57, 69, 70, 239
Historisch(-e Kräfte) 147
Homogene Gruppen 223
Homosexualität, homosexuell 11, 66, 123, 138, 150, 151, 185
Hospitalismus 42
Humanistische Psychologie 227
Hundephobie 137, 139
Hunger-Trieb 37, 70
Hygiene, psychische 250
Hypermotorik 114, 116
Hypersensibilität 114, 116
Hypersexualität 114, 116
Hypnose 240, 241
Hypomotorik 114
Hyposensibilität 114
Hyposexualität 114
Hysterie, hysterisch 22, 124, 161, 166
Hysterische Charakterstruktur 109, 110, 111, 112, 117

Ich, Ich-Bildung 21, 26, 32, 37, 38, 40, 41, 43, 49, 53, 54, 61, 62, 69, 165, 166, 186
Ich-Ideal (s. a. Ideal-Ich) 163, 226
Ich-Ideal, kollektives 182
Ich-Funktion 26, 27, 34, 41, 42, 43, 46, 49, 51, 52, 61, 64, 67, 71, 72, 92, 94, 100, 102, 106, 136, 148, 219, 231, 237, 247

Ich-Psychologie, psychoanalytische 21, 32
Ich-Schwäche 98, 100, 222
Ich-Stärke, Ich-Stärkung 75, 113, 115, 228
Ich-Stützung 226, 228, 230
Ich-Veränderung 139
Ideal-Ich (s. Ich-Ideal)
Identifizierung (Identifikation) 62, 63, 66, 68, 112, 113, 114, 122, 128, 143, 155, 163, 164, 168, 169, 176, 177, 182, 202, 203, 223, 230, 251, 255, 256
Identität, persönliche 197, 202, 203
Identität soziale 202, 203
Ideologie(n-Bildung) beim Einzelnen, in der Familie und in anderen Gruppen, einschließlich Großgruppen 53, 54, 63, 67, 82, 83, 84, 85, 98, 99, 104, 117, 118, 119, 145, 147
Imago (der Mutter, des Vaters, s. a. Urbilder) 163, 164, 176, 177, 179, 180, 181, 183, 189
Impotenz 139
Indikation (zu bestimmten psychotherapeutischen Behandlungsverfahren) 192, 205, 210, 222, 230
Individualpsychologie 43, 210, 213
Individuation 32, 177, 211, 214
Infantilisierung 181
Informationsüberflutung 253
Instinkt, instinktiv 24, 25, 26, 27, 39, 40
Intelligenz 28, 116, 205
Intentionalität, intentional 33, 42, 49, 100, 103, 111, 227
Interaktion 23, 218, 221, 230, 237, 244
Interaktions-Analyse 239
Internalisierung 150, 179
Interpersonelle Vorgänge 22, 34
Intrapsychische Betrachtungsweise 22, 34
Introjektion, introjizieren 62, 63, 105, 155, 168, 181, 202
Introspektion, introspektiv 199
Introspektionsfähigkeit 205
Introversion, introvertiert 115, 211
Intuitive Funktion 211
Inzest, Inzest-Tabu 67, 175
Irrational(e psychische Phänomene) 108, 128, 130, 154
Isolierung 108, 111, 168, 170

Jatrogen(e psychische Störungen) 127, 234

Kampf-Trieb 70
Kapitalismus (kapitalistisch) 147, 148, 149
Kaptativ 43, 102, 103
Kastrations-Komplex 59, 60, 62, 177
Kastrationskomplex, kollektiver 66
Katharsis, kathartisch (s. a. Entlastungserlebnisse) 236, 238
Kausale Betrachtungsweise 30, 31, 33, 34, 37, 85, 231
Kausale psychotherapeutische Behandlungen 194, 226
Kindergarten 144
Kinder-Psychotherapie 22
Kindheitskonflikt 209, 214, 256
Kirche, kirchlich 149, 150, 151, 252, 254
Kleinfamilie 159, 254
Kleingruppe 125, 217, 219, 220, 221
Klienten-zentrierte Therapie (s. a. client-centered therapy) 228
Körper-Wahrnehmung 235, 245
Koitus 66
Kollektiv-Meinung 131
Kombinatorische Phantasie 214
Kommunikation 49, 50, 51, 172, 236, 239
Kompensation (von Minderwertigkeitserlebnissen) 211
Komplex, unbewußter psychischer 214
Komplex-Psychologie 211
Kondition, konditionierend 240
Konflikt, Konfliktbewältigung 33, 70, 71
Konfliktspannung 74, 142, 161

Konformismus 156, 168
Kontakt, emotionaler 41, 235, 236, 250
Kontaktstörung 101, 137, 228
Konversion 111, 119
Konsum, konsumierendes Verhalten 154, 158
Konsumzwang 253, 254
Kopfschmerzen, psychogene 112, 119
Korrigierende emotionale Erfahrung 201, 202, 230, 243
Korrigierende soziale Erfahrung 219
Krankheit, psychische (Krankheitsbegriff) 120, 121, 122, 124, 127
»Krankheit« der Gesellschaft 190
Krankheitsgewinn, sekundärer 205
Kreativität (s. a. schöpferische Seelentätigkeit) 182, 220, 227, 235, 253
Kriminalität, kriminelle Verhaltensweisen 22, 67, 125, 247
Künstlerisches Erleben 253
Kultur, kulturell 28, 146, 161, 171, 173, 177, 184, 185, 188, 212, 253, 255
Kultur-Psychologie, kulturpsychologisch 147, 160, 171, 174, 178, 183, 189, 190, 252
Kurz-Psychotherapie, psychoanalytische 22, 206, 209, 215

Latenzphase 62, 64
Latente psychische Vorgänge 17, 211
Lebensnot (s. Ananke)
Lebensstandard 186, 249
Lebenstrieb 171, 172, 173, 185, 188
Lebensziel 227
Leib-Seele-Problem 13, 14, 16
Leidensdruck, sekundärer 137
Leistungsgesellschaft 152
Leistungsideal 152, 153, 168, 182, 183
Leistungsprinzip 152, 153, 156, 157, 167, 169, 170, 178, 186, 187, 249, 253, 254, 255
Leistungsstörungen, neurotische 135, 137
Leistungsstreben 212
Leistungszwang 189, 250
Lernen, Lernvorgänge 24, 25, 26, 27, 43, 50, 51, 55, 80, 113, 242
Lernen, soziales 213, 232, 239, 242, 243, 247
Lernstörung, neurotische 137
Lerntheorie, lerntheoretisch 229, 242, 243
Libido, libidinös 21, 25, 47, 48, 185, 187, 211
Libido-Theorie 194
Liebes-Objekt 58
Liebes-Verlust, Liebesentzug 113, 116
Logotherapie 224, 225, 226, 243
Lücken (im psychischen Erleben) 117, 214

Macht, Machtstreben 43, 45, 49, 150, 180, 210, 212, 250, 254
Mäusephobie 137, 139
Magengeschwür 140
Magenneurose 212, 232, 246
Magersucht, psychogene (s. a. Anorexia nervosa) 141
Magisches Denken (Erleben) 52, 55, 108, 109, 135, 200
Mangelerleben 77, 99, 117, 137, 214
Manie, manisch 123
Manisch-depressive Psychose 115
Maschinenstaat 182
Masochismus, masochistisch 107, 138, 150
Masochismus, moralischer 212
Massenmedien 142, 156, 157, 158, 191, 249, 253
Massenseele 178, 181, 182
Matriarchat, matriarchalisch 175, 176, 177, 180, 188
»Mechanisierung« neurotischer Symptome 226
Medikamente (in der Behandlung von Neurosen) 224, 245
Medizin-Studium 9, 234
Mehrgewinn 253, 254
Mehrpersonenbeziehung 53, 61, 94, 216

Menschenkenntnis, allgemeine 232
Mental-Health-Program (USA) 10, 132
Migräne, psychische Faktoren bei 140, 241
Mimik, mimisch 13, 50, 209
Minderwertige Funktion 211
Minderwertigkeitsgefühl (-komplex) 98, 117, 137, 153
Mischstruktur 111
Modellieren 235
Monismus, monistisch 14
Monogam 150, 159, 187, 189, 254
Monotheismus 176
Morphologie 31
Motivation (des Patienten zur Psychotherapie) 205
Motorik (als Ausdrucksvorgang) 209
Motorisches Bedürfnis 43, 102, 103, 104, 107, 114, 212, 236
Müdigkeit, neurotische 201
Musiktherapie 236, 245
Mütterlichkeit, primäre 39, 40
Mutter-Imago (s. Imago)
Muttersprache 50, 51

Nachahmung 25, 26, 112
Nägel-knabbern 137
Narzißmus, primärer 32, 33, 37, 38, 58, 70, 114, 150, 161, 162, 172, 185, 186, 211, 253
Narzißmus, sekundärer 58, 61, 109
Narzissos-Mythos 186
Natürliche Auslese 20
Neopsychoanalyse 100, 211, 212, 214, 215
Neubeginn 214, 219
Neurosenbereitschaft 118, 238
Neurosestruktur (s. a. Charakterstruktur) 212
Neurotizismus 229
Neutralisierung 46, 72, 188, 251
Nicht-Ich 40, 41
Nicht-verbale Psychotherapie (s. a. averbale Psychotherapie) 22, 23, 235
Noogen(e-Neurosen) 225
Normalität (psychische), normal 120, 121, 122, 123, 124, 125, 126, 128, 156, 157, 159, 168
Normen (gesellschaftliche, moralische und psychische) 120, 123, 130, 146, 147, 149, 150, 151, 156, 157, 158, 160, 161, 162, 164, 165, 166, 168, 170, 189, 203, 253, 255
Normenzwang 155
Notfallfunktion 78
Nutritive Einheit 36

Objekt 41, 49, 50, 52, 61
Objektbeziehungen 34, 41, 42, 49, 54, 101, 110
Objektkonturierung 41
Objekt-Libido 109
Ödipus-Komplex, Ödipus-Konflikt 58, 61, 62, 66, 110, 111, 177, 182, 185, 188, 194, 255, 256
Ödipus-Phase 216
Offene Gruppen 224
Onanie (s. a. Selbstbefriedigung) 57, 64, 65, 66
Orale Triebe, orale Entwicklungsstufe 37, 40, 47, 48, 92, 95, 102, 103
Organisationsstufen (der Libido) 47
Organ-Minderwertigkeit 211
Organ-Neurosen 212, 223
Organ-»Sprache« 86
Organ-Symptome, seelisch bedingte 135
Orgasmus 153, 253
Orpheus-Mythos 186
Ozeanisches Gefühl 36, 37

Pädophilie 138
Panpsychistischer Identismus 19
Paradoxe Intention 225, 226, 243
Parallelismus, psychophysischer 13
Partialtriebe 47
Partizipierende Teilnahme 223
Partnerschaftstraining 239

Patriarchalisch(es Prinzip), Patriarchat, paternal 150, 175, 176, 177, 180, 182, 254
Penisneid 59, 60
Perfektionismus, therapeutischer 210
Persönlichkeitsstruktur (s. a. Charakterstruktur) 224
Perversion, sexuelle 138, 241
Petting 66
Phallische Haltung 61
Phallisch-narzißtische Phase 47, 59, 94, 109
Phantasien (bewußte und unbewußte) 102, 187, 196, 199
Philosophie, philosophisch 13, 224
Phobie 22, 223, 226, 241
Politische Wissenschaften 29
Pollution 65
Polygam 159
Polytheismus 177
Potenzstörung 110
Prägenital(e Triebäußerungen) 47, 48, 185, 187, 188
Präsentier-Symptom 232
Präverbal 50, 51
Primärgruppe 52, 54, 61, 64, 144, 216, 217, 218, 220
Primärkonflikt 212
Primärobjekt 52, 93, 200, 251
Primärtherapie 238
Problem-Patient 232, 234
Projektion 98, 102, 111
Projektion, kollektive 181
Prometheus-Mythos 186
Prostitution 67
Protopsychisch 19
Prüfungsängste 241
»Prügelknabe« 54, 125, 219
Pseudo-Tetanie 133
Psychasthenie 133
Psychiatrie 130, 138
Psychiatrische Klinik 127, 128, 129, 130
Psychodrama 235, 236, 237, 245
Psychologie 29
Psychopathie 133, 138
Psychosen, psychotische Reaktionen, Psychotiker 22, 23, 94, 95, 98, 127, 128, 129, 130, 131, 132, 139, 227, 235, 238, 247
Psychosomatische Kliniken 223, 247
Psychosomatische Krankheiten 22, 28
Psychotherapeutische Kliniken 223, 247
Psychotherapie, ambulante 212, 248
Psychotherapie, stationäre 212

Rassen 145
Rational(e Einstellung) 162, 179, 180, 181, 182, 185
Rationalisierung 99, 117, 188, 204, 227
Realität, äußere 27, 55, 62, 70, 76, 102, 162, 186, 191
Realität, innere 27, 55, 162
Realitätsbewältigung 88
Realitätsprinzip 23, 24, 27, 55, 148, 162, 184, 187
Reflex, bedingter 25
Reflex, unbedingter 25
Regression, regressives Verhalten 93, 94, 95, 200, 205, 214, 215, 216
Regression, kollektive 179, 182
Rehabilitation (bei Neurotikern) 9, 246, 247, 248
Rehabilitationsstätte (für Neurotiker) 247, 248
Religiosität 28, 69
Repression (repressiv) 148, 155, 156, 162, 165, 166, 231, 255
Resozialisierung 132, 247
Retardierung (des Menschen im Verlaufe der Stammesgeschichte) 179
Retentiv(es Bedürfnis) 48, 49
Rheumatismus (psychische Faktoren beim) 141
Rhythmik, rhythmisch 235, 236
Ritual-Bildungen (im Denken und Handeln) 108
Rolle 53, 54, 67, 125, 135, 176, 219, 222, 233, 237
Rollenerwartung 134, 147, 233, 239

Rollenverhalten 54, 110, 125
Rollenwandel 243
Rollenzwang 219

Sadismus, sadistisch 45, 47, 48, 49, 92, 107, 126, 138, 150
Säugling 238, 251
Sauberkeitsgewöhnung 44, 45, 107, 152
Scheindiagnose 141
Schicksals-Situation, auslösende 118
Schiefhals 140
Schilddrüsenüberfunktion 141
Schizoide Charakterstruktur 98, 100, 101, 102, 111, 112, 117, 222
Schizophrenie 115, 139
Schizothym(e Persönlichkeiten) 115
Schlangen-Phobie 139, 243
Schmerz 79
Schöpferisch(e Seelentätigkeit) 33, 48, 49, 69, 70, 154, 175
Schreibkrampf, psychogener 76, 140
Schuld 78, 87, 170
Schuldgefühl 78, 87, 88, 89, 90, 96, 109, 153, 157, 159, 215
Schuldgefühl, kollektives 178, 188
Schule 144, 150, 152, 154, 181, 252
Schulen, tiefenpsychologische 213
Schwachsinn 12
Schweigen 33, 196, 223
Schwimmen 236
Schwindel 241
Sekundäre Geschlechtsmerkmale 65
Sekundärgruppe 53, 54, 64, 144, 216, 217, 220
Sekundär-Objekt 251
Sekundär-Verarbeitung, neurotische 215, 226, 244
Selbst 27, 30, 32, 34, 35, 38, 43, 58, 69, 109, 166, 202, 203, 225, 253
Selbstbefriedigung (s. a. Onanie) 111
Selbstbehauptung 250
Selbstbestrafung(s-Tendenz) 89, 119
Selbstdarstellungstendenz (der Tiere) 31
Selbsterfahrung(s-gruppe) 220, 234
Selbsterhaltungstrieb 27, 70, 172
Selbsterkenntnis 194, 235
Selbstheilungsversuch (des Organismus) 76, 77
Selbstvernichtung(stendenz der Menschheit) 256
Selbstverwirklichung(sentfaltung) 30, 33, 37, 49, 67, 69, 70, 74, 119, 135, 161, 162, 170, 172, 189, 193, 200, 202, 213, 227, 253, 255, 256
Selbstwahrnehmung 235
Selbstwertgefühl 156, 230
Selektions-Theorie (s. a. Abstammungslehre) 20, 30
Sensibilität 114
Sensitivitätstraining 239
Senso-motorische Phase 38
Setting, therapeutisches 215, 223
Sexualität 199
Sexualtrieb 21, 28, 32, 46, 48, 57, 63, 64, 114, 118, 119, 171, 172, 211, 212
Sicherheit(sbedürfnis) 220, 222, 253
Signalfunktion (des neurotischen Symptoms) 85, 119, 233
Simulation, Simulant 136, 195
Sinnestäuschung (s. a. Halluzination) 139
Sinnerfüllung (s. a. Sinnfindung) 225, 228
Sinnfindung 225, 228
Sinngebende psychotherapeutische Verfahren 224, 227
Sodomie 138
Soziale Beziehungen und Funktionen 22, 34, 40, 53
Soziales Bedürfnis 70
Sozialismus (sozialistisch) 147, 148, 149, 164
Sozialpsychiatrie 130
Sozialtherapie 246
Sozialverhalten 237
Sozialwissenschaften 221
Soziodynamik 34
Spasmen, nervöse 140

Spielstörung, neurotische 137
Spiel-Therapie 23
Spieltrieb 187, 253
Spinnen-Phobie 137, 139, 243
Sprache (als Ausdrucksmittel) 13, 49, 50, 172
Staatsideologie 148, 150, 164
Stammesgeschichte 20, 28
Sterilisation (von Geisteskranken) 12
Steuerung (psychischer Funktionen) 96
Stottern 137, 144, 243
Stress 145, 241, 250
Stützende psychotherapeutische Verfahren 224
Stuhlverstopfung, psychogene 112
Sublimierung 72, 187
Sucht, süchtiges Verhalten 22, 95, 104, 125, 137, 157, 165, 247
»Sündenbock« 125
Suggestion, suggestiv 200, 240
Symbiose, symbiotisch 35, 39, 49, 56, 223, 253
Symbol, symbolisch 231
Symptomatische (symptom-orientierte) Psychotherapie 194, 226
Symptom-Bildung 83, 85, 90, 97, 119
Symptom-Neurose 118, 138, 139, 140
Symptom-»Sprache« 86
Symptom-Verschiebung 226, 243

Tagtraum 102
Tag- und Nachtklinik 130, 247
Tanz 235, 236
Teil-Identifikation 202
Teil-Objekt 41
Themenzentrierte Gruppe 237
Theologie 13
Therapeutische Gemeinschaft 129, 130
Therapie, kausale (s. kausale Therapie)
Therapie, symptomatische (s. symptomatische Therapie)
Tick, nervöser 140
Tiefenpsychologisch fundierte Psychotherapie 213
Tierphobie 243
Tischtennis 236
Todesangst-Erlebnisse 238
Todestrieb 45, 171, 172, 173, 185, 188, 189, 253
Todeswünsche (unbewußte) 89, 90
Trägheitsgesetz, seelisches 91, 128, 167
Transvestitismus 123, 138
Trauer 126
Traum 23, 72, 73, 74, 75, 86, 97, 196, 208
Trauma (psychisches), traumatisch 238
Traumdeutung 214
Traumzensur 73
Trieb 30, 34, 56, 70
Triebaufschub 28, 61
Triebeinschränkung 28, 30, 81, 82, 184
Triebentmischung 46, 185
Triebmischung 46, 185, 188
Triebmodifizierung 184
Trieborganisation 185
Triebstauung 97, 193
Triebversagung 71
Triebverzicht 28, 61, 71, 72, 173, 185, 254
Triebwunsch 193
Trotzphase 55
Tugend 28

Übende psychotherapeutische Verfahren 192, 239, 240, 241
Übergangseinrichtungen (Behandlungsstätten) 130, 247
Übergangsobjekte 41, 49
Über-Ich 55, 56, 61, 65, 66, 69, 70, 71, 72, 73, 76, 80, 85, 87, 88, 91, 95, 106, 159, 162, 163, 164, 165, 166, 167, 168, 170, 188, 197, 226, 231, 254
Überkompensation 213, 244
Übertragung 90, 92, 93, 194, 200, 201, 203, 205, 209, 213, 214, 215, 226, 230, 231, 243
Übertragungsanalyse 200
Übertragungsliebe 204

Umlernen 215, 242
Umweltverschmutzung 28, 173, 249, 252, 256
Unbewußtes, unbewußt 17, 18, 21, 193, 213
Unbewußtes, dynamisches 213, 229
Unbewußtes, kollektives 211
Ungeschehenmachen 108, 109, 111
Unlustvermeidung 95, 96
Unterlegenheitsgefühle, kindliche 210, 211, 213
Urbilder, primäre, kindliche (s. a. Imago) 155
Ureinheit 101
Urelemente 36, 102
Ur-Geborgenheit 101
Ur-Horde 175
Ur-Schmerz 238
Ur-Schrei 238
Ur-Vertrauen 71

Vaginismus 139
Vaterhaß 147
Vatermord (-phantasien) 175, 180
Vegetative Dystonie 133, 169
Vegetative (Funktions-)Störungen 241, 244
Verbalisierung, Fähigkeit zur 223
Verdauungsstörungen, psychogene 137, 140
Verdichtung 214
Verdrängung, individuelle 82, 96, 97, 111, 113, 166, 167
Verdrängung, kollektive 147
Vererbung (psychischer Eigenschaften) 112, 113, 115
Vererbung, »soziale« 114, 143
Verfolgungsideen 123
Verfremdung (in der beruflichen Arbeit) 154, 187, 189, 253
Verhalten 17
Verhaltensänderung 229
Verhaltensforschung (der Tiere) 29, 221
Verhaltens-Modifikation (s. a. Verhaltens-Therapie) 213, 242, 243, 245, 255
Verhaltensmuster 202
Verhaltens-Therapie (s. a. Verhaltens-Modifikation)
Verharmlosung (als Abwehrmechanismus) 236
Verkrampfungen, nervöse 140
Verleugnung, individuelle 97, 98, 151, 255
Verleugnung, kollektive 178
Versagungszustand, neurotischer 137
Verschmelzung (s. a. Symbiose) 253
Verselbständigung 206
Verstärker-Wirkung 218, 237, 243
Versuchsdeutung 207
Versuchungs-(und Versagungs-)Situation 118
Verwahrlosung 67, 126, 157, 159
Voodoo-Tod 124
Vorbeugung (Vorsorge) gegen Neurosen 246, 249, 250, 251, 252
Vorbewußtes 17
Vor-Ich 40, 49, 101
Voyeurismus 138

Wahn(erlebnisse) 127, 139
Wahrnehmung(serlebnisse) 38, 96
Wahrnehmungsverstärkung 239
Wandlungsfähigkeit 205
Waschzwang 136, 226, 246
Wechselwirkung, psychophysische 13, 16, 17
Weichheit (des Gemüts) 115, 161
Weltgesundheitsorganisation 126
Werkstätten, geschützte 130
Widerstand (bewußter und unbewußter) 33, 194, 200, 201, 204, 213, 214
Wiedergutmachen, individuell 87, 89, 109
Wiedergutmachen, kollektiv 178
Wiederholungszwang 90, 91, 92, 128, 130
Willensakte (bzw. -funktionen) 136, 231
Willensfreiheit 27

Wissenschaftsgläubigkeit 152, 154, 155, 253
Wohlstandsideal 249, 255

Yoga 250

Zärtlichkeit(s-Streben, -s-Trieb) 56, 57, 69, 70, 235
Zivilisation 28, 29, 146, 171, 173, 212, 249
Zivilisationskrankheiten 29
Zusätzliche Unterdrückung 184, 186
Zwanghafte Charakterstruktur 105, 106, 107, 108, 111, 113, 117, 162
Zwangsneurose (zwangsneurotische Symptome) 12, 22, 52, 76, 81, 91, 92, 98, 105, 124, 135, 137, 138, 143, 223, 243, 251
Zweipersonen-Beziehung 53, 215, 216, 220, 222, 223
Zweiphasige Verdrängung 140

Alexander Mitscherlich

Auf dem Weg zur vaterlosen Gesellschaft

Ideen zur Sozialpsychologie. 10. Aufl., 88. Tsd. 407 Seiten. Leinen

»Die Ausführungen sind in gleicher Weise für den Laien wie für den Forscher aufschlußreich. Zentrales Thema ist die Autorität, deren Formen und Ursachen Mitscherlich in Familie, Schule, Staat, Organisationen aller Art nachgeht. Dabei bleibt er nicht bei der Analyse stecken, sondern läßt seine Auffassung von der Weise, wie die ›vaterlose Gesellschaft‹ beantwortet werden sollte, deutlich erkennen.« Westdeutsche Allgemeine

Alexander und Margarete Mitscherlich

Die Unfähigkeit zu trauern

Grundlagen kollektiven Verhaltens. 9. Aufl., 97. Tsd. 371 Seiten. Leinen

»Es ist zu wünschen, daß möglichst viele Leser sich die Gedanken dieses Aufklärers zu eigen machen, der in seltenem Maße die Eigenschaft besitzt, die ihm zufolge in Deutschland am wenigsten gefragt ist, Zivilcourage.« Zürcher Woche

Margarete Mitscherlich

Müssen wir hassen?

Über den Konflikt zwischen innerer und äußerer Realität.
2. Aufl., 30. Tsd. 296 Seiten. Linson

»Unter den zahlreichen Publikationen ... scheint mir dieses Buch mit Abstand am sympathischsten und gelungensten zu sein: Die Autorin bietet eine anschauliche, klar geschriebene und dabei keineswegs popularisierende Einführung in die Psychoanalyse – genauer in deren heutige Praxis ... Sie ist mit überzeugendem didaktischem Geschick zu Werke gegangen ...« Ivo Frenzel / Süddeutsche Zeitung

Piper

Jan Foudraine

Wer ist aus Holz

Neue Wege der Psychiatrie
383 Seiten. Leinen

»... Erfahrungsbericht über die Lehr- und Wanderjahre eines kritischen jungen Psychiaters – das ganze ist ein Lernprozeß, nachvollziehbar gemacht für den Leser, der außer den sehr lebendig geschilderten Erfahrungen Foudraines auch in subjektiver, aber recht umfassender Auswahl die Literatur zu den Reformproblemen der Psychiatrie kennenlernt. Foudraines Buch ist ein Dokument heilsamer Unruhe, und es trägt diese Unruhe dorthin, wo sie hingehört«. Die Zeit

»Die friedvoll selbstgefälligen Tage der Psychiatrie sind gezählt, Unruhe und Bestürzung breiten sich aus, angesichts der Tatsache, daß die babylonische Sprachverwirrung der psychiatrischen Nomenklatur den Blick für das leidende Individuum zu verstellen droht. Jan Foudraine, ein holländischer Psychiater, reflektiert seine Erfahrungen mit einer Psychiatrie, in die er jedes Vertrauen verloren hat. Sein ebenso sensationeller wie provozierender Bericht ist Autobiographie und wissenschaftliche Analyse zugleich und liest sich spannend wie ein Abenteuerroman«. Welt am Sonntag

»Das Buch ist eine scharfe Anklage gegen die Verständnislosigkeit und die ungewollte Grausamkeit der Gesellschaft wie der psychiatrischen Wissenschaft«. Prof. Dr. Carp, Leiden

Psychologie und Sozialpsychologie in der Serie Piper

56 Wolfgang Schmidbauer
Sensitivitätstraining und analytische Gruppendynamik
Mit einem Geleitwort von Günter Ammon.
1973. 2. Aufl., 13. Tsd. 1973. 180 Seiten

62 Erving Goffman
Interaktion: Spaß am Spiel / Rollendistanz
Aus dem Englischen von Hansheinz Werner. 1973. 171 Seiten

70 Günter Ammon
Psychoanalyse und Psychosomatik
Zur Genese, Struktur und Therapie psychosomatischer Erkrankungen. 1974. Etwa 300 Seiten

71 Hanne-Lore von Canitz
Droge und Sexualität
Eine Fallstudie. 1973. 181 Seiten

81 Wolfgang Schmidbauer
Emanzipation in der Gruppe
1974. 176 Seiten

82 **Hospitalisierungsschäden in psychiatrischen Krankenhäusern**
Ursachen, Behandlung, Prävention. Hrsg. von Asmus Finzen.
1974. Etwa 180 Seiten

Piper